02 小学数学教学法

曹培英 ◎主编

小学数学深度学习教学研究

跨越断层，走出误区

丛书序

（一）

教学法是一个多义词。

有作"教学方法"使用的，如讲授教学法、实验教学法等；也有视为多种方法综合的"教学模式"，如情境教学法、四步教学法、五步教学法等。

在教育理论界，有时即指教学论，讲的是教学的一般原理；有时则指某学科的教学法，如语文教学法、数学教学法等[1]。

这与西方近代教育理论似乎相近。例如，著名捷克教育家夸美纽斯（Comenius）早在1632年就已成书的《大教学论》共三十三章中，有五章阐述教学法，如科学教学法、艺术教学法、语文教学法等。可见，各科教学法最初是在"教学论胎内"孕育的，是一般教学论的应用和具体化。

在我国，先于《大教学论》1800多年的《学记》，论及了许多至今仍有指导意义且文化特色鲜明的教学原则与"善教""善学"之法，但总体上是教育教学的通论。到近代，学校教育兴起，则教学法引进在先，教学论形成在后。清末由日文翻译为教授法。1917年陶行知学成回国，对当时学校像是"教校""先生只管教，学生只管学"的状况极为不满，在南京高等师范学校把全部课程中的"教授法"改为"教学法"，从而赋"教学"以"教学生学"的语义[2]。

就小学数学学科而言，较早且较著名的有俞子夷编译的《小学算术教学

---

[1] 王策三. 教学论稿[M]. 北京：人民教育出版社，1985：2.

[2] 施良方，崔允漷. 教学理论：课堂教学的原理、策略与研究[M]. 上海：华东师范大学出版社，1999：6.

法》。内容包括教材的编排(书中叫做"学习的组织")、练习与习惯养成法、思考推理、个性的差异、成绩考查等。用今天的目光来看,仍不乏先进性。

至60年代,"学科教学法"改称"教材教法",如北京出版社于1963年出版的《小学算术教材教法》(北京市教育局中小学教材编审处编)。的确,学科教学法的研究内容大体上可以概括为"教什么""怎么教"两大问题。杜威(John Dewey)认为,没有脱离教材的方法,"方法乃是将教材有效地导向所希望的结果"。再说,教材怎么处理,其本身也是方法问题。

改革开放后,"普通教学法"陆续改称"教学论","理由似乎很简单,就是要提高理论性,区分层次性"[1]。较早且较著名的如王策三著的《教学论稿》,阐述的是"教学的一般原理"。显然,在我国,教学论是在教学法基础上演化而来,是学科教学法共性的提炼与升华。

随后,我国各师范大学纷纷仿效,将"学科教学法"改为"学科教学论",乃至"学科教育学"。实际上,大多是教学论、教育学的框架或理论加学科的例子。对此,有学者给出尖锐评论:"我国的教学法……到如今,竟走上了末路,成为淡化学科特点的'学科教育学'。"[2]虽说一家之言,但值得警醒、反思。

美国教育心理学家舒尔曼(Lee S.Shulman)针对美国教师资格认证、培训只关注教育通识而看不到学科的影子这一"缺失的范式",提出了学科教学知识(Pedagogical Content Knowledge,简称PCK)的概念,认为PCK在教师专业知识结构中处于核心地位。其实,学科教学法言说的就是结合教学内容的学科教学知识。

结合教学内容阐述教学方法的合理性在于:"教育学、教学论、课程论的那些'教学方法'即使确有根据(即撇开那些杜撰的'教学方法'),因游离于具体教材,也就不足以解决教学实践中对具体教材如何处理问题。"[3]

如果说由实践上升为理论,是一种创新研究,理论思辨层面的创新研究,

---

[1] 丁邦平."教学论"与"教学法"的关系探析——(跨文化)比较教学论的视角[J].教育学报,2015,11(05):53-64.

[2] 陈桂生.教学法的命运[J].全球教育展望,2007(04):18-21.

[3] 同[2].

那么将理论落地解决操作问题，同样是一种创新研究，实践应用层面的创新研究。

小学数学教学法就是一种将一般的理论应用于小学数学教学实际的研究结晶。它融合了数学的算术、代数、几何、概率统计等分支的基础知识，综合了教育学的德育论、课程论、教学论等分支的基本原理，以及心理学、认识论、数学史的相关研究成果，同时也是广大教师长期积累的实践经验和做法，即学科教学知识去粗取精的筛选、由表及里的分析、由此及彼的提炼。

因此，小学数学教学法能给教师提供"教学生学"的有效指导、有益借鉴，使教学实践少走弯路，更快地"得法"。

（二）

这套"小学数学教学法"丛书各册的主标题都是"跨越断层，走出误区"。什么断层？教育理论与教学实践的断层。正是因为断层的存在，导致认知出现某些偏差，实践进入一些误区，需要厘清，有待走出。为什么会有断层，原因是多方面的，其中很重要的一点，就是我们一直强调理论与教学实践的紧密联系，却不愿、不敢或者说不想直面两者的分野。

有学者撰文指出："20世纪50年代，在中小学，教学法颇为盛行……以致在很长时间里，从事一般教育理论研究的大学教师，如果不懂中小学教材教法，因同中小学教师缺乏共同语言，而很难走进中小学。""如今，不懂教学法的'专家'可以大摇大摆地进出中小学（惭愧，本人就是一例），而教研室的研究人员，大学的教学法教师，不论教育理论的功底如何，却玩起了'教学理念'。这就叫做'外行人干起了内行事，内行人干起了外行事'。"[1]

其实，有自知之明、正视研究边界的学者绝非个别。

记得20世纪80年代，一次教研活动中，一位教育期刊主编与特级教师就分数应用题的两种教法发生辩论，那位特级教师认为主编的对策不可行，说到激动时冒出一句：那你来教给我们看。主编反怼：演员可以不同意批评，但不

---

[1] 陈桂生.教学法的命运[J].全球教育展望，2007（04）：18-21.

应反过来要求评论家作示范表演。

前不久听说一位资深教授在同类场合给出相似隐喻：教育理论是美食家，不是厨师。真是"入木三分"。

历史地看，在我国，从孔夫子到陶行知，都是理论研究与实践操作集于一身者，都既是美食家，也是厨师。随着学术不断分化、专深，教学理论研究者与实践工作者分处不同场域，形成不同的思维方式和话语系统，难免导致脱节，各说各话。

曾有领导针对师范大学与区教育学院在教师继续教育上的分工与协作问题，拿医学作出类比：师范大学的研究相当于基础医学，区教育学院的研究犹如临床医学。两者的专攻以及相互依存关系，尽在不言之中。

毫无疑问，教育理论研究生成知识，教学实践研究生成技术。研究基础医学的教授绝不会对临床医生的手术指手画脚，因为那是拿生命开玩笑。

说白了，理论就是理论，理论不是说明书，也不是操作指南。教育理论能够在思想层面给我们以启迪、指引，却难以在实践层面告诉一线教师某一学段、某一学科、某一课题该怎么展开教学。如果某一教育理论能够解决小学数学的一系列具体教学问题，那么小学语文、中学数学呢？

实际教学中，面对特定的内容、学生，由于各种主客观因素的综合作用，教师会形成自己的教学行动习惯路径，就像一列"自带轨道的火车"，并没按照理论为其编制好的轨道驶向下一个站点[1]。他们会自觉反思，但常因纷繁事务的羁绊而缺乏足够时间，常因深深浸润其中而缺乏跳出来审视的宽阔视野。更由于教学工作的特殊性，不同于工程学有图纸、有工艺规程和各环节质量检测，也不同于医学有治疗标准、有各项监测指标和详细病历记录，以致有效的教学做法与经验常常处在自生自灭状态，很容易失落，得不到传承与发展。因此，作为断层间的行者，有责任"把优秀教师的实践教学法智慧系统地整理并呈现出来"[2]，以方便教师"做中学"，促进"做中悟"。

---

[1] 石中英.论教育实践的逻辑[J].教育研究,2006（01）：3-9.

[2] 舒尔曼.实践智慧：论教学、学习与学会教学[M].王艳玲,等译.上海：华东师范大学出版社,2014：158.

（三）

目前，我国教师队伍的实际状况是，职前都有教育学、心理学理论以及学科教学概论之类的学习经历。特别是自20世纪末国务院颁布的《教师资格条例》实施以来，非师范类专业毕业的教师也都通过了教育学、心理学的考试。

鉴于此，这套"小学数学教学法"丛书不再按照学科教学法通常的惯例，从教育目的、课程目标讲起，而是采用教学专题研究的方式确定各册的选题。

专题研究虽然不如分年级的教材教法那样，可以完全对应教师眼前的教学工作，但有助于克服教学的"碎片化"现象与"课时主义"弊端，也有利于教师确立教学的整体观，审视教学的系统及其过程。

我们的专题研究采取回溯式研究与探索式研究相结合的思路，基于历史，与时俱进，并精选、汇集了大量鲜活、典型的案例与课例。

这些立足课堂、源于实践的案例研究与课例研究，其实是一种螺旋上升、不断改进的行动研究。呈现出来的叙事、反思、分析、概括，其实正契合了后现代教育研究走向现象学和描述学的潮流，与理论研究方式的转型，可谓殊途同归。

我们的专题研究秉承实践性研究的价值观，努力将普遍的教育规律置于具体情境之中，理性地审视教学实践发生的过程与条件，尽可能将默会状态的实践性知识，用教师们熟悉的日常教学语言加以显性化和适度的理论诠释，力求达成理论与实践的通融。因而，本套丛书不再单独设立章节阐述理论。

长期的教师培训经验表明，"实例可以把理论具体地表现出来，或者读的人能够自己看了实例体会出理论来。这也是一种近乎归纳的学习法"[1]。

我们相信这样的论述方式，不仅便于教师理解与吸纳，有利于推动教学实践的深入，促进教师专业水平的提升，也是本土教育理论发展的源头活水。

与国际上实施全科教学的国家相比，我国小学一以贯之的分科教学体制凸显了教学的专业性，使数以百万计的小学数学教师可以持续几十年地专注

---

[1] 俞子夷.小学算术教学法[M].上海：商务印书馆，1926：1.

于一门学科的教材教法。它的弊端在于时间长了,容易出现思维的固化与眼界的窄化,但瑕不掩瑜的优点在于长期的工作、研究聚焦,有利于不断丰富本学段、本学科的教学实践经验。这一群体长期沉淀的学科教学知识是世界其他各国无法比拟的"富矿"。正是因为充分认识并发挥了这一得天独厚的优势,所以我们的回溯式与探索性相结合的研究,实乃"站在巨人肩膀上的攀登"。因此,本套丛书的出版既是一种"反哺""回馈",也是一种"交流""共享"。

愿丛书在惠及教师进而使学生得益的同时,成为繁荣学科教学法研究的引玉之砖。

2021 年 2 月

序

（一）

  历史地看，深度学习有着悠久的过去和短暂的历史。

  儒家经典《中庸》阐述的为学之道"博学之，审问之，慎思之，明辨之，笃行之"，用今天的语言来说，学习：要拓宽知识面、要追问到底、要思考理解，要质疑辨析，要实践应用。显见，我们今天所研究的深度学习，本就是古往今来学习的题中之义。古人提炼的这五大要点，也可以说是学习的五个层次、五个递进的阶段。如此深刻、全面的"深度学习论"，在我国已经流传了两千多年，称得上"悠久""漫长"。重温古训，实在令今人汗颜。

  历史的诡异在于，随着教育的普及，学习不再为聪慧人专属，蒙昧的儿童也要学习，且一个都不能少。于是，不知不觉间，课堂学习陷入了浅表。久而久之，终于有人道破。1976年，两位美国学者马顿（Ference Marton）和萨尔约（Roger Saljo），基于学生阅读实验区分出表层学习与深层学习。之后，深度学习很快出现了世界性传播。可见，现代意义的深度学习，出现至今还不到50年，说它"短暂"不为过。遗憾的是，这一次又是美国人捷足先登，使深度学习的理念变成了舶来品。

  深度学习之所以在各国不胫而走，实乃顺应了社会发展的大趋势。人类社会进入到21世纪，人人都能感受到信息化、全球化的深刻影响，人人都在惊呼"未来已来"。怎样才能使今天的学生，能够更加自如地适应未来工作内容与方式不断迭代、变化的加速？深度学习可谓"应运而生"。

  最先行动起来的是教育理论工作者。他们的研究，从编译、介绍国外的理论与实践，到探讨、剖析本土的实践与问题，进而一再指出：深度学习不是特定的教学方法，而是教学的思想、教学的理念；不是教学的模式，而是学习者能动地参与"主体性""对话性""协同性"学习活动的总称。的确如此，通识层面上的正确性不容置疑。

然而，自21世纪初启动的新一轮课程改革以来，一批又一批课改理念的强势宣传，让不少教师滋生"逆反"。也难怪，各种接踵而至的具有视觉、听觉冲击力的新说法、新口号，如同市场上层出不穷、越来越多的"最新款"商品广告，叫人应接不暇，真假难辨。

一方面，那些花样翻新的标语大大削弱了质朴理念的传播效果；另一方面，也确实需要解决具体的操作问题，才能使作为一种理念或应然的深度学习转化为教师有效教学的实然行为，落实在课堂上。否则，再好的理论，乌托邦的理想，也难免流于空谈，徒留浮夸的议论。

抚今追昔，感慨、抱怨，无济于事，觉悟之人理应有所作为。

为了解决小学阶段数学学科深度学习的教学实施问题，我们本着"儿童的深度学习品质并非与生俱来，而是可学习、可培养、可发展"的信念，基于长期的、执着的探索性实践，撰写本书。

（二）

学与教，是一个有机的生命体，学生有深度的"学"，离不开教师有深度的"教"。实践需要我们研究正确理念之下的一系列细节，细致入微而不是大而化之地在学段、学科层面探讨促进学生深度学习的具体教学策略，以避免理念只是贴在墙上唬人的标签。

任正非说，一个国家的强盛是在中小学教师的讲台上完成的。言辞背后企业家的拳拳之心令人动容。

为了不辱使命，让孩子学什么和怎么学是关键。

就"学什么"而言，小学生的深度学习，不能重蹈以往数学教学中"深挖洞"的覆辙，也不应贪多求全，步西方数学教育"一英里宽，一英寸厚"的后尘。同样，还应警惕走向"一英里深，一英寸宽"的另一极端。

好在小学数学课程经过一个多世纪的演进与发展，体系结构趋于成熟，课程标准趋于清晰，教材资源趋于丰富。这些都为我们通过教学改进促进学生深度学习，提供了有力的支撑。

我们所要做的，首先就是不忘初心、保持定力、不受干扰。然后才是深入钻研，把握知识的学科本质与学情实际，创设贴近儿童经验、形象直观的"迷你型"数学问题。从而让学生通过有意义学习，经历不拘一格或别具一格的猜想、验证与思考、辨析的过程，形成数学思想方法的"胚胎观念"，获得核心素养的积淀与发展。由此，提炼小学数学学科深度学习落脚点的框架，才能切实摆脱"深往何处去"的迷茫与不着边际的空泛讨论。这是本书的一个重点。

就"怎么学"来说，小学数学深度教学的改进方向，在中共中央、国务院印发的《中国教育现代化2035》中就已明确："创新人才培养方式，推行启发式、探究式、参与式、合作式等教学方式。"

我们要做的，一是明晰贯穿深度学习始终的数学理解，搞清它的特点与各种表现。在此基础上，才能有的放矢地探讨：如何将某一知识置于具体境脉之中，使学生获得自己的意义建构，在被链接起来的知识网络中臻于深度理解？

二是厘清生活经验、几何直观，以及数学推理方面的种种认识偏差，探析小学数学深度学习的主要路径，及其载体与相应的教学策略。

三是深入小学数学教学工作的主要环节，展开探讨：

◇ 怎样研究教材、驾驭内容，用好、用活教材，用出经验、用出改进、用出创意？

◇ 怎样研究学生、把握学情，特别是掌握学生关于某一具体内容的最近发展区，使深度学习真实发生？

◇ 怎样确立教学系统观，加强教学整体设计，使学习在知识境脉与链接中逐步递进？

◇ 怎样关注交互的效应，有效展开合作学习？

◇ 怎样改善练习的开发，追求理解应用实效？

◇ 怎样提高课堂应变力，有效调控教学进程？

解决这些教学设计、实施的操作性问题，才可能以一种系统性、复杂性思维来建构整体的、综合的教学策略，从而发挥启发式、探究式、参与式、合作式等教学方式的实效，使深度学习真正发生。这是本书的另一个重点。

（三）

本书是"小学数学教学法"丛书中比较独特的一本。相对于其他已经确定的书目来说，唯有本书超脱了小学数学的主要内容领域，阐述、探讨跨领域的教学实践。

鉴于深度学习本身就是学习理论的一个重要研究方向，如果撇开相关的理论研究，只谈实践操作，势必影响深入。因此，本书内含较多的理论研究（包括综述）篇幅。教师若不感兴趣，阅读时可以先跳过这些部分，有需要时再回过头来细细品读。因为其中的一些评论、阐述都是站在数学教师的立场上，基于长期实践经历、经验的有感而发，以及超越学科、学段的透视与剖析，相信一线教师读后也会有新的发现与感悟。

本套丛书"教师之友"的旨趣，以及期望成为小学数学一线教师和教研员的案头书、工具书的定位，又决定了各分册共同的特点，那就是尽可能增强教学研究论述的可读性。

为此，我们精心挑选、穿插了142个"情理之中意料之外"的案例与9个"自出机杼"有所突破、创新的课例，力求这些鲜活、生动的教学实例内涵"一叶知秋"的启迪。同时，在各章的分析、阐述过程中，试图引发作者与读者的思维碰撞、共振，共同思考问题，厘清认识偏差，以利于走出教学实践的误区。

我们相信，一线教师"博学之，审问之，慎思之，明辨之，笃行之"的努力，定能引领学生走向深度学习的远方。

在成书的过程中，我们多次请同仁试读，听取意见，反复修改。尽管力求完美，终不免存在瑕疵、失误，恳请读者指正。不胜感激！

2022年初春

目 录

第一章　深度学习的研究概述
　第一节　深度学习的研究背景　　　　　　　　　　　　/3
　第二节　深度学习的研究综述　　　　　　　　　　　　/15
　第三节　深度学习的理论支撑　　　　　　　　　　　　/31
　第四节　学科核心素养与深度学习　　　　　　　　　　/37

第二章　深度学习"深"往何处
　第一节　教育理论层面的论述与反思　　　　　　　　　/49
　第二节　基于学科实际的两种刻画框架　　　　　　　　/55
　第三节　数学学习的理解及其具体表现　　　　　　　　/74

第三章　深度学习的路径及其策略
　第一节　从事理到数理：激活生活经验　　　　　　　　/89
　第二节　从直观到抽象：借助几何直观　　　　　　　　/115
　第三节　从已知到未知：利用已有知识　　　　　　　　/144

第四章　深度学习的设计与实施
　第一节　研究教材，驾驭内容　　　　　　　　　　　　/178

第二节 研究学生，把握学情 /218
第三节 确立教学系统观，加强教学整体设计 /243
第四节 关注交互的效应，有效展开合作学习 /255
第五节 改善练习的开发，追求理解应用实效 /273
第六节 提高课堂应变力，灵活调控教学进程 /310

第五章 深度学习的关键表现与评价
第一节 学生视角：探寻深度学习的关键表现 /321
第二节 攻坚克难：突破学生提出问题的短板 /338
第三节 评价转型：实施教、学、评合一的学习性评价 /344

第一章
深度学习的研究概述

　　为什么世界各国的教育界不约而同地研究深度学习？深度学习面对着怎样的时代挑战？计算机领域与教育领域的深度学习似乎是两个概念，人工智能的深度学习带给我们哪些启示？这些都是研究深度学习首先必须明确的问题。

　　目前，国内外的相关研究已经取得哪些进展？小学数学的研究现状如何？存在怎样的误区？进一步的研究方向何在？

　　廓清这些问题，提升实践研究的起点；梳理深度学习的理论支撑，析取各自的合理内核。进而，才能更好地展开探索。

　　在这一章里，还穿插分析了值得推介的、价值存疑的典型案例，阐述了深度学习与立德树人、与深化课程改革、与培育核心素养的内在关联，并分别通过实例展示它们的有机融合。

　　同时，也给出了我们对深度学习的界定与认识。

信息化、全球化时代的到来与快速发展，给人们的生活、工作带来前所未有的改变。这种变化必然会对教育领域产生深远的影响，世界各国都在探索如何应对未来社会的挑战，培育适应 21 世纪复杂、多变环境的公民。

在"百度一下，你就知道"的年代，单方面接受、死记硬背式的浅层学习早已无法满足个体与社会的需求，而强调深入理解、批判性思维、建构、迁移的深度学习正在国际范围内得到越来越多的重视和推广。

被公认为教育技术更新发展风向标的《新媒体联盟地平线报告》(The NMC Horizon Report)，在其"2014 基础教育版"中预测的"近期趋势"，就是"重塑教师角色，追求深度学习"。报告指出："目前，在课堂教学中开展深度学习已经成为一个新的关注点"[1]。之后，2015、2016、2017 年地平线报告(基础教育版)，都将探索"深度学习策略"列入了"长期趋势"。看来，深度学习的研究与实践任重道远，已然成为教育领域专家的共识。

同样是在 2014 年，教育部基础教育课程教材发展中心在全国多个实验区开展了"'深度学习'教学改进"项目研究，努力在自觉的教育实验活动中探索教学规律，促进学生核心素养的发展，使教学活动真正成为培养人的理智活动，成为能够回应时代和社会发展要求的社会实践活动。

第一节 深度学习的研究背景

一、基础教育面向未来社会发展的必然选择

基础教育必须直面时代的呼唤，回答"培养什么样的人，如何培养人"的问题。由此，怎样深入开展学习方式的变革，提高学校育人的品质和实效，成为教学研究的热点话题。

---

[1] 约翰逊 L，亚当斯贝克尔 S，埃斯特拉达 V，弗里曼 A. 新媒体联盟地平线报告（2014 基础教育版）[J]. 张铁道，白晓晶，李国云，等译. 北京广播电视大学学报，2014（增刊）：40-80.

如今，互联网资源的丰富性、多重交互性，需要充分地发挥学习者的主动性、积极性；21世纪工作内容与方式的加速变化，需要学习者具有自我更新知识以适应新环境、新工作的学习力、创造力。这需要我们改变传统的教育教学方式，以深度学习引领学习方式的变革[1]，为学生的未来铺路。

早在100多年前，杜威（John Dewey）曾说："如果我们仍用昨天的教育培养今天的儿童，那么我们就是在剥夺他们的明天。"至今，这种状况似乎依然如故，以致佐藤学（Manabu Sato）感慨："今天的人们绝对不会使用100年前制造的汽车、30年前出品的洗衣机或者电视机，但为什么唯独对教育的宽容度这么大？！都21世纪了，我们居然还在用150年前的方式培养今天的孩子去适应未来。"

正是在面对新时代挑战的背景下，为了孩子的明天，人们不约而同地选择了"深度学习"。

二、深化小学数学课程教学改革的主要途径

2001年启动的基础教育课程改革，在实施层面致力于"改变过于强调接受学习、死记硬背、机械训练的现状，倡导学生主动参与、乐于探究、勤于动手，培养学生搜集和处理信息的能力、获取新知识的能力、分析和解决问题的能力，以及交流与合作的能力"[2]。

显然，旨在培养学生主动学习、灵活解决问题能力以及批判意识、创新精神等多重素养的深度学习，是与基础教育课程改革基本方向一致的学习方式。

基础教育课程改革已经走过了二十多个年头，有学者曾用"课堂变了、学生变了、教师变了"概括新一轮课改以来基础教育的变化。

然而，基于深入一线的长期观察，不得不承认你来我往、"一问一答"式的浅表理答仍是现实课堂的常态。在一些公开课上，教师不亦乐乎地开展各种短平快的探究活动、小组合作活动，一派热闹景象。这些表面繁荣现象，引发了各学科对"真学习""让学习真正发生"的呼唤。

---

[1] 何克抗.深度学习：网络时代学习方式的变革[J].教育研究，2018（5）：111-115.
[2] 中华人民共和国教育部.基础教育课程改革纲要（试行）[EB/OL].2001-06-08［2021-10-12］.http://www.moe.gov.cn/srcsite/A26/jcj_kcjcgh/200106/t20010608_167343.html.

1. 小学数学浅表学习的现状

无须讳言,当下小学数学课堂上,涛声依旧的浅表学习、机械学习并非个案。这不是教师不想改变,而是新理念落地的愿望难敌考试(现在是评价)的压力,教学行为的改变拗不过习惯的惰性。以致:"解题—算法"指向、"习题—练习"重心很大程度上顽固地控制着教学的实际过程;上完、看过招牌式教学表演的公开课之后,关起门来的家常课依然是过往的常态。

例如,上课预备铃响,让学生背数学公式与各种结论的现象仍然司空见惯。又如,一些超前学习的学生凭着一知半解成为师生互动的主角,更多的学生沦为听众,甚至因不知所云而游离于教学之外。再如,数学练习的注意力集中在教师关照的书写格式要求上。计算问题无暇关注是对什么数据、施行什么运算、应该得到怎样的结果,如 $3.8 \div 0.95$,商应大于 3.8。应用问题不是具体问题具体分析,而是凭记忆、对类型、用套路。

■ **案例 1-1** 分数应用问题的不同教学定位与表现。

一批货运走 $\frac{1}{3}$,还剩下 150 吨,运走多少吨?

教学定位:分数乘除法的综合应用。

多数学生按部就班:

解:设这批货共 x 吨。由题意得方程

$$x \times \left(1 - \frac{1}{3}\right) = 150,$$

解得 $x=225$。运走 $225 \times \frac{1}{3} = 75$(吨)。

教师如果跳出"先求看作单位'1'的量,再求单位'1'的几分之几"这一套路,让学生说一说$\left(\text{运走这批货的} \frac{1}{3},\text{剩下这批货的} \frac{2}{3}\right)$,或者画一画(图 1-1):

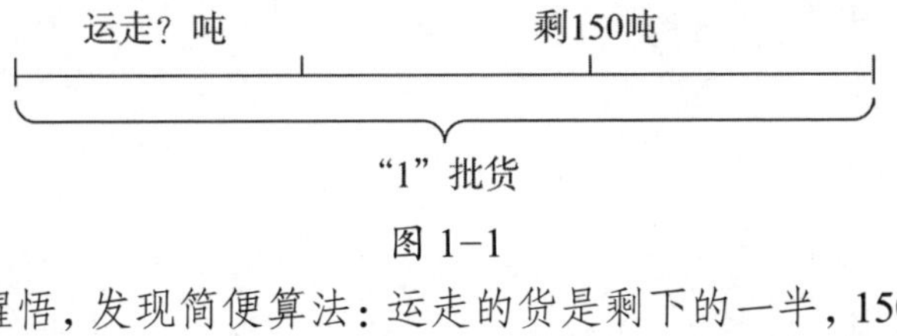

图 1-1

自然会有学生醒悟,发现简便算法:运走的货是剩下的一半,$150 \div (3-1)$ 就是答案。

显然,教学停留在浅表学习、机械学习层面,与当前社会、未来社会所需要的能够适应复杂多变情境的终身学习者,实乃南辕北辙。

当前,在"双减"政策落地的社会大背景下,数学教学"减负提质"的根本性举措,就是切实提升教师的专业水平与教学能力,走出依靠大量重复训练巩固浅层认知的误区,走向以"质"、以"少"取胜的深度学习。

2. 小学数学浅表学习的突破

苏联教育家苏霍姆林斯基(В.А.Сухомлинский)曾经有感于德国数学家克莱因(F. klein)的一个隐喻:把学生比作一门炮,"十年中往里装知识,然后发射,炮膛里空空荡荡,一无所有了。我观察被迫死记那种并不理解,不能在意识中引起鲜明概念、形象和联想的知识的孩子的脑力劳动,就想起了这愁人的戏言。用记忆替代思考,用背诵替代对现象本质的清晰理解和观察——是一大陋习,能使孩子变得迟钝,到头来会使他丧失学习的愿望"[1]。在这段话中没有出现"浅表学习"的概念,但是所指的教学现象小学数学中同样存在。

袁隆平院士曾说:"我最喜欢外语、地理、化学,最不喜欢数学,因为在学正负数的时候,我搞不清为什么负负得正,就去问老师,老师说:'你记住就是。'学几何时对一个定理有疑义去问,还是一样的回答。我由此得出结论:数学不讲道理,于是不再理会,学数学兴趣一直不大,成绩不好。"[2]

然而,也有一些资深学者回想小时候只知道怎么算,长大了才慢慢理解算理,因而认为小学数学学习可以从记忆通往理解。我们认为,这是过去教学水平低下的表现。而且,除了小部分成功人士能够自己由记忆悟出理解,大多数人的常态是记忆永远是记忆,记忆走向遗忘(心理规律)。

确实,老是接受那些"并不理解,不能在意识中引起鲜明概念、形象和联想的知识",不仅会使学生失去兴趣与求知欲,还容易形成不求甚解、死记硬背的"陋习"。而这,恰是浅表学习具有长远影响的一大弊端。

如何突破?试举一例。

---

[1] 苏霍姆林斯基.把整个心灵献给孩子[M].唐其慈,毕淑芝,赵玮,译.天津:天津人民出版社,1981:78.

[2] 刘志强,崔向锋.由为什么"负负得正"引发的一些思考[J].中学数学教学参考,2005(12):18-19.

案例 1-2 分数概念学习[1]

学习"真分数、假分数",似乎技能要点就是比较分子是否小于或等于、大于分母,只要记牢,解题不成问题。岂不知由于分数初步认识只涉及并强调整体与部分的关系,因此再次教学分数时,学生常常质疑:一个月饼,平均分成 4 份,最多 $\frac{4}{4}$,怎么可能 $\frac{5}{4}$?显然,疑惑后面的潜台词是"部分怎么可能大于整体呢"。

多年来,我们总认为真、假分数是数学的规定,无道理可讲,殊不知漠视学生困惑的负面影响是潜在的、多方面的,无形之中助长了"用记忆替代思考,用背诵替代对现象本质的清晰理解"。

那么,真、假分数的认识,能否启发学生突破思维定式,使相关概念学习成为全面理解单位"1"的一个认知节点呢?

目前,大多数教材借助几何直观引出概念(图 1-2):

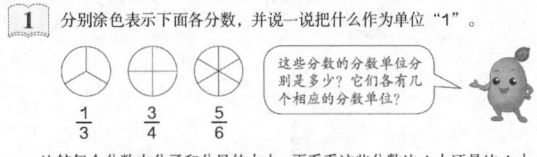

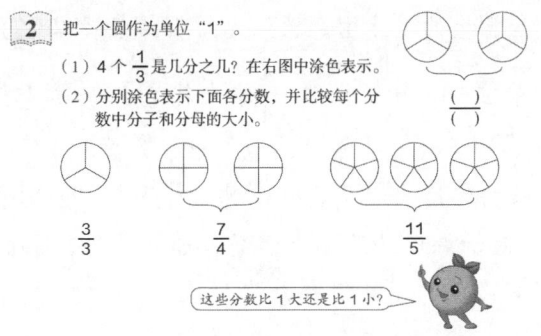

图 1-2

---

[1] 曹培英. 分数意义及相关教学之我见[J]. 小学数学教师, 2021 (1): 4-12.

与其他教材相比较，上述教材[1]的两道例题前后呼应，强调了"把一个圆作为单位'1'"，有助于避免误解（以为"大括号"表示一个整体，是将2个、3个圆看作单位"1"）。但仍有不少学生感到困惑：为什么不让我们把2个、3个圆看作一个整体（已经习惯把全部物体看作一个整体）？为什么叫假分数（假在哪里）？

长期的教学实践表明，要让抽象思维尚在初步发展过程中的儿童自己找到解释，体会定义的合理性，仅靠几何直观是不够的，还必须调动学生的生活经验帮助领悟。例如，创设问题情境（图1-3）：

三个小朋友，每人一个饼，每个饼平均分成4份。看图说一说，写一写。

图1-3

面对生活情境，学生的上述困惑已经无须教师多费口舌了，他们能自主释疑：把一个饼看作单位"1"理所当然；$\frac{4}{4}$本来就是1，$\frac{5}{4}$是1与$\frac{1}{4}$合起来的，叫做假分数合情合理。顺势还能非常自然地引出带分数。

这里，生活经验的作用超过了几何直观。对此，早在20世纪80年代初就有研究指出："学生对于图解并不如生活经验那样熟悉，因而在这种情况下感知反不及熟悉生活经验的作用来得有力。"[2]

---

[1] 人民教育出版社　课程教材研究所，小学数学教材研究开发中心. 义务教育教科书·数学（五年级下册）[M]. 北京：人民教育出版社，2013：53.

[2] 王宪钿，张梅玲，刘静和. 关于儿童对部分与整体关系认知发展的实验研究——小学儿童分数概念的形成[M]// 朱智贤. 小学儿童心理的发展. 北京：北京师范大学出版社，1982：89.

然而，这只是让学生感受到了真、假分数的客观存在及其现实意义，它们的数学意义还需要借助数轴启发学生深入理解（图1-4）[1]：

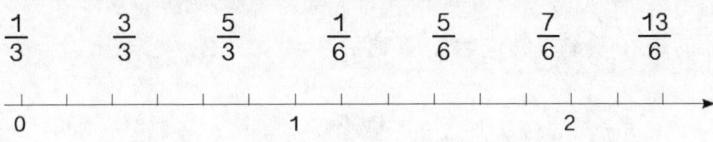

看一看，表示真分数的点和表示假分数的点分别在直线的哪一段上？

图1-4

这一练习能使学生感悟：真分数局限在0至1之间，有了假分数才能"突破限制"。

分析以上教学过程，它的认知心理实质是：从现实生活中表示"量"的需要自然而然地引进假分数，进而利用数轴，从抽象的"数"的视角加深对假分数的认识。

如图1-5，也有教师从分数单位的累加入手，$\frac{1}{3}$、$\frac{2}{3}$、$\frac{3}{3}$、$\frac{4}{3}$、$\frac{5}{3}$、$\frac{6}{3}$、$\frac{7}{3}$，让学生将每个分数标在数轴上，从而引出真、假分数的概念。

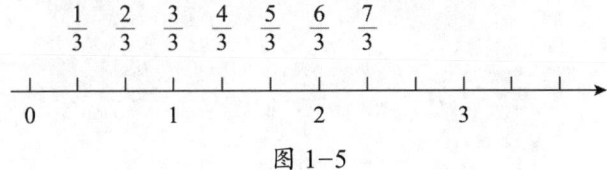

图1-5

这一设计也能简约、高效地诱导学生突破原有认知，借助类推"不得不"接受"假分数"，认同它的存在。

但是，要使学生真正从"数"的角度认识假分数，而不只是"顺水推舟"地接纳，更好的设计是：先让学生在数轴上指出整数1、2、3所在的点，重温每个数在数轴上都有唯一的点与之对应，再展开上述教学，从而使学生理解假分数在数系（正有理数）中的地位，扩充数概念的认知结构。

再进一步，真正摆脱分数表示"整体与部分关系"的思维定式，重构单位

---

[1] 人民教育出版社　课程教材研究所，小学数学课程教材研究开发中心．义务教育教科书·数学（五年级下册）[M]．北京：人民教育出版社，2013：54．

"1"的认知(既表示一个整体,也表示作为比较标准的一个量),还需要学习并应用分数与除法的关系,通过解决求一个数是另一个数的几分之几(百分之几)的问题,得以实现。

到了六年级解决按比例分配问题时,通过一题多解,就能进一步沟通分数与除法、比的内在联系,促进融会贯通。例如:

图 1-6

在图 1-6[1] 中,两个部分量的比转化为部分量占总量的分数,并解读为各量间的份数关系。分数作为一个数(整体)与分数作为分子、分母两部分的关系,能根据需要自如地相互转化,标志着分数的认识得到了深化与返璞归真。

透过这一案例,我们发现:当教学回避学生的困惑,按既定轨道实施时,学生所接受的"知识"自然就是课本的、教师的陈述,就难以抵御本能的排斥,

---

[1] 人民教育出版社　课程教材研究所,小学数学课程教材研究开发中心.义务教育教科书·数学(六年级上册)[M].北京:人民教育出版社,2013:54.

生成知识意义的理解。虽说通过练习也能正确解题（如判断一个分数是真分数，还是假分数），但认识浮于表面，充其量只是记忆性应答。

而要化解认知的对立、冲突，首先要使学生认同、接纳，进而建立新旧知识经验间的关联，才能获得实质性的理解。上述案例的亮点之一在于创设弥合新旧知识断裂带的情境，使学生产生"原来如此"的体验，从而自主释疑。

数学知识环环相扣的逻辑系统性，决定了数学教学必须重视承前启后的内在联系与内容的适当整合。上述案例的亮点之二就是贯通分数概念教学的各个阶段与环节，促进学生对分数意义的认识从最初的"整体与部分关系"，逐步拓展到更一般的"两量关系"。

综合诸如此类的案例，对浅表学习的不足，亦即它与深度学习的差异，从目标到结果加以简要概括：

学习目标：重记忆与操练，轻理解与应用；
学习内容：重结论与要点，轻联系与整合；
教学设计：重形式与预设，轻实质与开放；
教学实施：重讲解与训练，轻生成与质疑；
学习结果：重双基与正确，轻体验与迁移。

当然，两者绝不是二元对立的两极，而是"重"与"轻"双向渐变的一个连续体。

总之，小学数学的深度学习不仅要传授学科知识和学科技能，更重要的是呈现知识形成的过程与方法；让学生在获得知识和技能的同时，掌握有效的学科思维方式和方法，形成科学的态度和数学学科素养。

3. 小学数学学科育人的回归

培养、发展学生的核心素养是落实立德树人根本任务的一项重要举措，也是适应世界教育改革发展趋势、提升我国教育国际竞争力的迫切需要。它不仅强调"所知"，更看重"所为"，即：学生不只是掌握知识与技能，更为重要的是能够在真实、复杂、未来的情境中应用所学，思考、判断、解决复杂问题，从而更好地工作，更好地生活。

我们说，中国的基础教育为我国在短短几十年内发展成为世界公认的制造业大国、强国作出了不可磨灭的巨大贡献，也就是为造就千千万万个工程师、技术人员奠定了扎实的"双基"和问题解决能力。那么下一步的发展，要实现中国梦,还应为培养更多具有原创力的人才打好基础。这就要求我们必须在不忘初心的前提下,力求突破现有的教学。

教育的初心归结为一个根本点,就是立德树人,这也是育人的第一要义。任何学科任何时候都应自觉审视每节课的育人价值。然而,数学课堂教学育人价值的偏离往往不易觉察。除了在智育层面有悖于数学本质与科学精神,这种偏离甚至还表现在德育层面。

■ **案例** 1-3 数学应用:解决实际问题。

一次教学展示,执教者本着让学生体会数学源于生活、应用于生活,以及培养创新精神的意图,设计、实施了如下教学活动。

游乐园门票:个人票15元/人;团体票10元/人(50人及以上)。四(1)班同学与老师共42人,怎样购票更省钱?

起初,学生想到的解答非常朴实。

解法一:$15 \times 42 - 10 \times 50 = 130$(元)。

教师予以引导:多余8人票浪费可惜了,能不能利用起来?学生受到启发,出现了"收益最大化"的不同方案。

解法二:……$130 + 10 \times 8 = 210$(元)。

解法三:……$130 + 15 \times 8 = 250$(元)。

最后,一致同意解法三"最优"。教师从"数学的灵活应用""创新意识"等角度给予赞扬。

评课时,笔者不得不严肃指出:余8人票,可以赠送,不能"倒买倒卖"!创新、灵活应用与最优化,都必须在遵纪守法的前提下才有意义。

注意到该班学生学有余力,因此建议挖掘数学的内涵,展开真正的深度学习:

(1)至少多少人购买团体票才省钱?

(2)怎样表示购买团体票的人数与总价的关系?

问题(1)比较简单,学生能通过试探 $15 \times (\quad) > 500$,得到 $15 \times 33 = 495$,$15 \times 34 = 510$,即34人或更多人购买团体票才省钱。

问题(2)可以先放手让学生尝试,再提供团体票售价表(表1-1):

表1-1

人数	1	…	50	51	52	…	$50+n$
总价/元						…	

处理成表格能有效避开"分段函数"表达式的难点,一般的五年级学生都能正确给出最后一格的一般化答案"500+10n",并说清楚 n 表示超过 50 的人数。

还可利用方格纸给出折线统计图的纵、横轴,先让学生描点,画出表示个人票总价的折线(图 1-7):

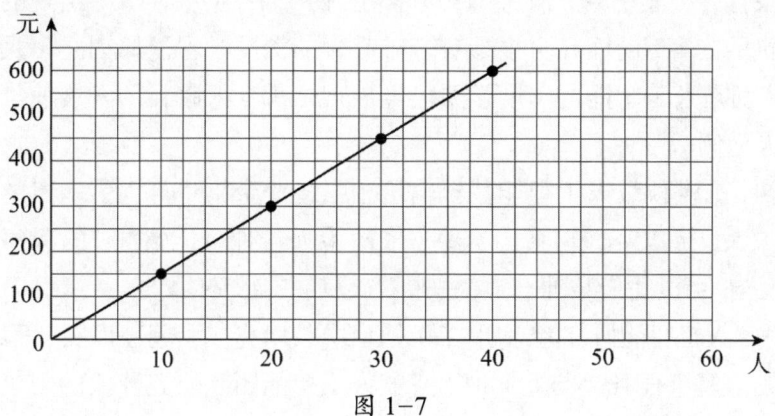

图 1-7

学生不难发现它是一条射线。再让他们尝试描点,画出表示团体票总价的折线。

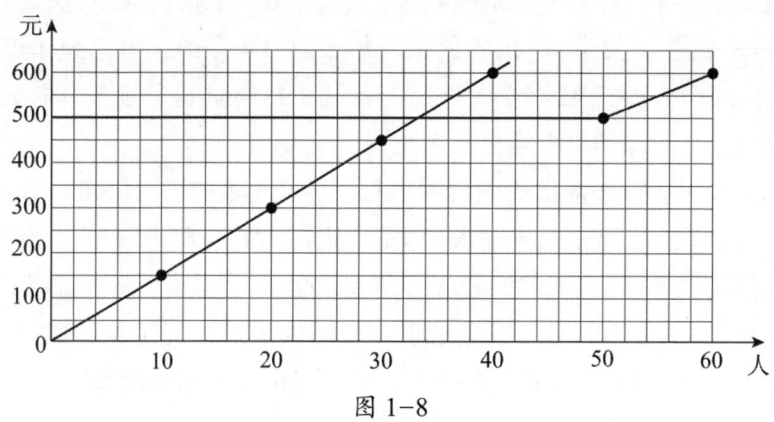

图 1-8

这条折线由两段组成,利用纵轴刻度只需再描两个点,表示 1 至 50 人团体票总价都是 500 元,后面每增加 10 人增加 100 元。

可见,关注德育与深层次学习完全能够并行不悖,和谐相融。立德树人也是数学深度学习的初心与必须守住的底线。

数学的应用必须自觉抵制社会乱象，回归数学的本质，这才是有意义的数学深度学习。

三、人工智能领域深度学习带来的深刻启示

如果打开搜索引擎，输入"深度学习"四个字，点击回车，出现的都是有关计算机的内容，前面几页很少有基础教育的深度学习。原因之一是计算机领域，特别是人工智能的深度学习已经展现出了令人瞩目的发展前景。以围棋机器人为例。

起初，围棋顶级人工智能甚至输给稍强的业余棋手。因为围棋的变化数量实在太大，足以令任何蛮力穷举（依次检索各种可能情况）的程序望而却步；而人类，可以凭借某种直觉，一眼看破棋局的形势。

后来，人工智能研究者运用"深度学习"技术完成了笔迹识别、面部识别、声音识别等复杂任务。与此同时，谷歌人工智能团队研究开发的阿尔法围棋程序（AlphaGo），在棋艺上获得了巨大提升。该程序的第一代于2015年10月以5∶0战胜了欧洲围棋冠军樊麾；第二代于2016年3月向曾经的围棋世界冠军、韩国棋手李世石（Lee Sedol）发起挑战，以4∶1获胜；第三代于2017年5月邀请世界排名第一的围棋世界冠军、中国棋手柯洁与之进行三番棋大战，以3∶0获胜。至此，围棋界公认阿尔法围棋程序的棋力已经超过人类职业围棋顶尖水平。这三代围棋程序需要花几个月的时间学习人类的数千万棋局从而战胜人类，即学习人类打败人类。

不久，该团队宣布推出第四代围棋程序，叫做阿尔法元（AlphaGo Zero）。阿尔法元不再学习人类，只要输入围棋的规则，由它自我学习在规则中赢。如此"自我博弈"三天，自己和自己下了490万棋局，一次比一次提高，无师自通，以100∶0的成绩打败了此前战胜李世石的第二代程序。又通过40天的自我完善，以89∶11击败了人类高手看来不可企及的第三代程序。

围棋是公认的最复杂的智力游戏，任何一个点可以放黑子或白子，也可以不放，有三种可能，361个点，因此围棋一共有3的361次方种变化。有一年北京的高考数学卷出了这样一道题，要考生判断围棋的变化数多，还是宇宙可观察的原子总数（10的80次方）多。计算表明，3^{361}远大于10^{80}。

为什么在这么复杂的游戏中，机器完胜人类？因为学习、使用规则，机器的运算速度极其快，能够进行更全面的检索与准确判断，且零失误，不会患得

患失;而我们人类有情感,情绪会波动,有时会犹豫,凭经验的直觉判断出错可能性大。

深度学习技术引爆的这场革命,使人工智能踏上了一个新的发展台阶,深度学习也因此迅速进入大众视野,火遍各个领域。

机器人的成就促使我们反思:相比机器,人类学习的优势是什么?

机器的自我学习只能在规则的框架内快速迭代完善,我们的优势在于学习、理解、掌握原理,灵活运用原理,用来解决更复杂、模糊的问题。

小学数学深度学习,不仅要掌握"规则",更要理解、应用"原理"。

第二节 深度学习的研究综述

一、深度学习的通识研究

如前所述,源于计算机人工神经网络与人工智能的深度学习,与教育领域的深度学习其实并不是一回事。

在教育领域,一般认为深度学习是美国学者马顿(Ference Marton)和萨尔约(Roger Saljo)于1976年基于学生阅读实验而提出的一个有关学习层次的概念。在两位学者看来,表层学习和深度学习使用的是不同的学习策略,一种是试图通过识记的方式记住文章内容,另一种则尝试理解文章中心思想和学术内涵,前者被称为表层学习(Surface Learning),后者被称为深度学习(Deep Learning)。

深度学习在我国教育领域的传播,始于教育技术界。这是因为数字化、网络化、移动化等新型学习工具和技术的盛行,难免伴随误用,网络甚至被认为是"滋生浅层学习的温床"。面对学习快餐化、碎片化、微型化带来的学习浅表化、浮躁化的忧虑与质疑[1],深度学习的引入可谓恰逢其时。

---

[1] 张浩,吴秀娟.深度学习的内涵及认知理论基础探析[J].中国电化教育,2012(10):7-11+21.

2004年，美国教育传播与技术协会（Association for Educational Communications and Technology，简称 AECT）重新修订的教育技术定义，突出强调了深度学习的理念，并将促进深度学习作为教育技术的重要目标[1]。这一变化很快引起国内学者的关注。2005年，上海师范大学教育技术系的何玲与黎加厚率先撰文阐述深度学习。之后，研究论文逐年递增，深度学习成为教育研究的热点之一（图1-9）。

图 1-9

1. 深度学习的内涵

目前学界关于深度学习内涵的代表性观点，可以概括为"认知加工说""主体能力说""学习方法说""学习过程说"等。

"认知加工说"。代表人物如澳大利亚的比格斯（John Biggs），认为深度学习包含高水平或主动的认知加工，浅层学习则采用低水平的认知加工[2]。国内学者何玲和黎加厚认为深度学习是"在理解学习的基础上，学习者能够批判性地学习新的思想和事实，并将它们融入原有的认知结构中，能够在众多思想间

---

[1] 雷钢. 从 AECT 定义演变看教育技术发展趋势[J]. 中国电化教育，2008（12）：13-15.

[2] Biggs J B. Individual Differences in Study Process and the Quality of Learning Outcomes [J]. Higher Education, 1979, 8（4）: 381-394.

进行联系,并能够将已有的知识迁移到新的情境中,作出决策和解决问题"[1]。深度学习的有意义性,不仅建立在理解的基础上,还在于新旧思想、经验在认知结构中的整合以及在新情境中的迁移,去决策和解决问题。吴永军认为深度学习认知加工的观点体现了心理学流派中的"信息加工理论",特别是奥苏贝尔(David Pawl Ausubel)的有意义学习理论[2]。

"主体能力说"。代表者有美国威廉和弗洛拉·休利特基金会(William and Flora Hewlett Foundation),该基金会在深度学习研究项目实施过程中,将深度学习视作学生胜任21世纪工作和公民生活的必备能力。这些能力包括认知领域的掌握核心学科知识、批判性思维,人际领域的有效沟通、团队协作,个人领域的学会学习、学习毅力。这六项基本能力都属于深度学习的能力[3]。国内学者陈静静认为,深度学习是基于学习者自发自主的内在学习动机,并依靠对问题本身探究的内在兴趣维持的一种长期的、全身心投入的持久学习力[4]。钟启泉认为,深度学习是"学习者能动地参与教学的总称",亦即"通过学习者能动地学习,旨在培育囊括认知性·伦理性·社会性能力,以及教养·知识·体验在内的通用能力"[5]。

"学习方法说"。如付亦宁认为,教育领域的深层学习是以激发学习者内在动机为前提,以学习者高度的情感投入与行为投入为基础,以多元化学习策略运用为手段,以元认知为调控,指向实际问题解决和高阶思维养成的学习方法[6]。

"学习过程说"。如郭华认为,"所谓深度学习,就是指在教师引领下,学生围绕着具有挑战性的学习主题,全身心积极参与、体验成功、获得发展的

---

[1] 何玲,黎加厚.促进学生深度学习[J].计算机教与学,2005(5):29-30.

[2] 吴永军.关于深度学习的再认识[J].课程·教材·教法,2019(2):51-58+36.

[3] 卜彩丽,冯晓晓,张宝辉.深度学习的概念、策略、效果及其启示——美国深度学习项目(SDL)的解读与分析[J].远程教育杂志,2016(5):75-82.

[4] 陈静静,谈杨.课堂的困境与变革:从浅表学习到深度学习——基于对中小学生真实学习历程的长期考察[J].教育发展研究,2018(Z2):90-96.

[5] 钟启泉.深度学习:课堂转型的标识[J].全球教育展望,2021(1):14-33.

[6] 付亦宁.深度(层)学习:内涵、流变与展望[J].南京师大学报(社会科学版),2021(2):67-75.

有意义的学习过程"[1]。孙智昌指出，所谓深度学习，就是学习者遵循学习原理，在学校场域对以重要概念为核心的知识进行理解性和创新性学习的有效学习过程[2]。

总体来说，深度学习的内涵界定反映了学者们"仁者见仁，智者见智"的不同见解。这种学术观点的分歧，是深度学习研究过程中必然经历的阶段。

对于一线教师来讲，作为深度学习的实践探索者，只要克服人云亦云的习惯，将各种观点看作对同一事物多个侧面的刻画，就不难摆脱偏执一端的倾向，做到兼容并蓄，择善而从。

2. 深度学习的特征

深度学习的特征是判断深度学习有无真实发生的依据，也便于我们在实践中把握深度学习的实施样态。

郭华认为，可以从五个方面来判断深度学习是否发生：联想与结构；活动与体验；本质与变式；迁移与应用；价值与评价[3]。

付亦宁根据深度学习内涵的五个维度概括出的深度学习的特征，认为深度学习的首要特征是理解认知，固有特征是高阶思维，本质特征是整体联通，必要特征是创造批判，趋向特征是专家建构[4]。

也有部分学者试图诠释深度学习之"深"的含义，通过概括深度学习的目标层次来挖掘深度学习的特征，或者从深度学习与浅层学习的差异性特征来梳理深度学习所具有的特征。

张浩和吴秀娟比较了深度学习与浅层学习的差异（表1-2）[5]：

---

[1] 郭华.如何理解"深度学习"[J].四川师范大学学报（社会科学版），2020（1）：89-95.

[2] 孙智昌.学习科学视阈的深度学习[J].课程·教材·教法，2018（1）：20-26.

[3] 郭华.深度学习及其意义[J].课程·教材·教法，2016（11）：25-32.

[4] 付亦宁.深度学习的教学范式[J].全球教育展望，2017（7）：47-56.

[5] 张浩，吴秀娟.深度学习的内涵及认知理论基础探析[J].中国电化教育，2012（10）：7-11+21.

表 1-2 深度学习与浅层学习的比较

	深度学习	浅层学习
记忆方式	强调理解基础上的记忆	机械记忆
知识体系	在新知识和原有知识之间建立联系,掌握复杂概念、深层知识等非结构化知识	零散的、孤立的、当下所学的知识,且都是概念、原理等结构化的浅层知识
关注焦点	关注解决问题所需的核心论点和概念	关注解决问题所需的公式和外在线索
投入程度	主动学习	被动学习
反思状态	逐步加深理解,批判性思维、自我反思	学习过程中缺少反思
迁移能力	能把所学知识迁移应用到实践中	不能灵活运用所学知识
思维层次	高阶思维	低阶思维
学习动机	学习是因为自身需求	学习是因为外在压力

基于此,张浩和吴秀娟总结出深度学习具有注重批判理解、强调信息整合、促进知识建构、着意迁移运用、面向问题解决、提倡主动终身等特征,并指出这些特征是相互联系的整体,共同促进深度学习的实现。安富海认为,深度学习与浅层学习在学习目标、知识呈现方式、学习者的学习状态以及学习结果的迁移等方面都有着明显差异,由此将深度学习的特征概括为四个方面:注重知识学习的批判理解;强调学习内容的有机整合;着意学习过程的建构反思;重视学习的迁移运用和问题解决[1]。

与深度学习的内涵界定一样,呈现不同的观点与见解。

我们可以从学习动力、学习过程、学习内容和学习结果等维度梳理深度学习的特征,从中发现学者对深度学习理解的某些共性观点。

从学习动力维度来看,大多数学者都认识到深度学习是一种主动、积极的学习态势,有情感的投入,甚至是一种对学习的沉浸状态。这也可以从我国古代的"孔颜乐处""乐而好学"中找到共通之处。

从学习过程维度来看,深度学习无疑是一种认知的深度加工过程,表现为

---

[1] 安富海.促进深度学习的课堂教学策略研究[J].课程·教材·教法,2014(11):57-62.

批判理解、建构反思、迁移应用，以及元认知的调控。同时还应注意郭华教授的提醒：不应将深度学习视为一种自学，而是教师领导下的学习，因此这一过程还具有教师促进性引导的特征。

从学习内容维度来看，学者们强调了学习内容的挑战性、结构性、整合性、情境性等特征。

从学习结果维度来看，深度学习最终的归宿是高阶思维能力的获得，"成为既具独立性、批判性、创造性又有合作精神，基础扎实的优秀的学习者，成为未来社会历史实践的主人"[1]。

3. 深度学习的影响因素

国外对深度学习的影响因素研究，主要集中于考察学习环境因素、学生个体因素以及教师教学因素对学生深度学习的影响。

关于学习环境因素，斯特鲁伊文（Struyven）等人的研究发现，能激励学生学习的教学环境有助于促进学生的深度学习[2]。巴腾（Baeten）等人研究了学习环境因素对于学生使用深度学习方法的影响，发现以学为中心的学习环境中，鼓励和抑制学生使用深度学习方法的因素都存在。学习环境因素与学生使用深度学习的方法密切相关[3]。也有研究指出，基于问题的学习小组有助于深度学习[4]。

在学生个体因素方面，沃伯顿（Warburton）分析了元认知、先前知识等对

---

[1] 郭华. 深度学习及其意义[J]. 课程·教材·教法, 2016（11）: 25-32.

[2] Struyven K, Dochy F, Janssens S, et al. On the dynamics of students' approaches to learning: The effects of the teaching/learning environment [J]. Learning & Instruction, 2006, 16（4）: 279-294.

[3] Baeten M, Kyndt E, Struyven K, et al. Using student-centred learning environments to stimulate deep approaches to learning: Factors encouraging or discouraging their effectiveness [J]. Educational Research Review, 2010, 5（3）: 243-260.

[4] Loyens S M M, Gijbels D, Coertjens L, et al. Students' approaches to learning in problembased learning: Taking into account professional behavior in the tutorial groups, self-study time, and different assessment aspects [J]. Studies in Educational Evaluation, 2013, 39（1）: 23-32.

于学生深度学习的影响[1]。元认知调控着学习者的学习策略，监控着学习者的学习过程，影响着学习者的反思以及认知。先前知识的不足会影响学习者新旧经验的联系以及认知结构对新经验的吸纳，使得学习者更可能采用浅表化的学习方式。

有研究表明，相比深度学习策略，内在动机的转变更加困难[2]。这也提示我们，深度学习提倡的内在动机以及学习者投入状态的转变，需要一个较为长期的过程。

在教师教学因素方面，教师的知识呈现方式，以及促使学生认知准备与学习行为的协同化，有利于激活学生主动建构知识的水平[3]。

马顿和萨尔约曾指出，深度学习是由内在需求驱动的，并且与理解意图相关，而不是简单地通过评估任务[4]。由此，并不是所有的评价方式都能促进学生的深度学习，与深度学习相匹配的评价方式有表现性评价等方式[5]。

一般认为，具备深度学习能力可以让学习者深度理解和灵活掌握学科知识，并且应用这些知识去解决课堂和生活中的问题[6]。学生深度学习能力的培养有赖于教师的深度教学，而合理、高效的策略运用是促进学生掌握深度学习能力的基础和保障。由此，国内的相关研究侧重深度学习的教学策略。

郭华认为，要引发学生的深度学习，教师需做几件事：一是确定学生自觉发展的最近发展区；二是确定通过什么样的内容来提升、发展学生，即转化教

---

[1] Warburton K. Deep learning and education for sustainability [J]. International Journal of Sustainability in Higher Education, 2003, 4（1）: 44-56.

[2] Balasooriya C D, Hughes C, Toohey S. Impact of a new integrated medicine program on students' approaches to learning [J]. Higher Education Research and Development, 2009, 28（3）: 289-302.

[3] 胡月. 教师控制学生认知负荷的教学行为调节探讨——以数学课堂教学为例 [J]. 教育理论与实践, 2018, 38（5）: 51-53.

[4] Marton F, Säljö R. Approaches to learning M// Marton F, Hounsell D, Entwistle. The experience of learning. Implications for teaching and studying in higher education（2nd ed）. Edinburgh: Scottish Academic Press, 1997: 39-59.

[5] 周文叶, 陈铭洲. 指向深度学习的表现性评价——访斯坦福大学评价、学习与公平中心主任 Ray Pecheone 教授 [J]. 全球教育展望, 2017（7）: 3-9.

[6] Bitter C, Loney E. Deeper learning: Improving student outcomes for college, career, and civic life [R]. Washington, DC: American Institutes for Research, 2015.

学内容，提供恰当的"教学材料"；三是帮助学生"亲身"经历知识的发现与建构过程，使学生真正成为教学的主体[1]。崔允漷则提倡利用学历案促进学生的深度学习，让学习过程"看得见"，将学习知识条件化、情境化、结构化，便于学生发现意义并实现深度理解和应用[2]。

华志远提出从开发本源性问题、注重整体理解、对话互动生成、开展探究性学习四个方面进行教学路径设计，最终体现数学深度学习的本源性、整体性、联系性和建构性等特点[3]。

上述深度学习的实施策略旨在围绕学科核心内容，整体剖析知识群，挖掘学科本质，体现知识网络的广度、深度和关联度，引导学生主动学习、深入思考，深刻理解所学内容，体验其中的思想方法，提高发现和解决问题的能力，促进学科核心素养的形成。

4. 深度学习的评价

深度学习评价的研究主要集中在探索切合深度学习过程以及能力培育的评价方式和方法上面。

我国学者张浩等人[4]构建了以布鲁姆（Benjamin Bloom）的认知目标分类法、比格斯的 SOLO（Structure of the Observed Learning Outcome，可观察的学习结果的结构）分类法、辛普森（E. J. Simpson）的动作技能目标分类法和克拉斯沃尔（Krathwohl）的情感目标分类法为基础的，认知、思维结构、动作技能和情感四位一体的深度学习多维评价体系（表 1-3）。

表 1-3 教育目标分类理论的评价体系

学习类型	认知目标层次	SOLO 层次	动作技能目标层次	情感目标层次
浅层学习	记忆 理解	单一结构 多元结构	有指导的反应 机械动作	接受 反应

---

[1] 郭华. 深度学习之"深"[J]. 新课程评论，2018（6）：11–16.

[2] 崔允漷. 指向深度学习的学历案[J]. 人民教育，2017（20）：43–48.

[3] 华志远. 在深度学习中构建数学核心素养[J]. 中国数学教育，2017（10）：2–4+9.

[4] 张浩，吴秀娟，王静. 深度学习的目标与评价体系构建[J]. 中国电化教育，2014（7）：51–55.

（续表）

学习类型	认知目标层次	SOLO层次	动作技能目标层次	情感目标层次
深度学习	应用 分析 评价 创造	关联结构 抽象拓展结构	复杂的外显反应 适应 创新	价值评价 组织 价值体系个性化

郑东辉提出，促进深度学习的课堂评价可以通过四条相互关联的路径来实施：将评价活动设计进教案，运用多种方法收集深度学习信息，合情合理地反馈学习结果，引导学生自我评价[1]。

殷常鸿等人认为，深度学习的发生过程就是学习者思维逐步生成概念并使其发生转变的动态过程，由此整合皮亚杰（Jean Piaget）与比格斯的理论框架，概念转变从同化阶段（重述、综述、抽象、追溯）向顺应阶段（修正、重构以及迁移）发展的深度学习评价指标。该指标的优点在于描述与评价学习过程中的表现，这是对一些评价体系过于强调学习结果的改进与修正，但它比较适合概念学习的内容[2]。

以深度学习的视角审视课堂上学生深度学习的真实情况，评价学习的质量，对丰富深度学习相关理论，改进课堂教学有着重要意义。

但综观现有研究可以发现，深度学习的评价研究从数量上来说，较之其他方面明显较少。已有研究虽提供了一些思路和建议，但缺乏付诸实施的操作检验。这是目前深度学习研究的一个短板。

同时，深度学习的评价如何与现有的学科教学活动以及综合实践活动相结合，成为促进学生深度学习的有机组成部分，也是有待深化的一个研究方向。

二、数学学科深度学习的研究

近年来，数学学科教学领域对于深度学习的研究逐渐呈现活跃态势。为

---

[1] 郑东辉.促进深度学习的课堂评价：内涵与路径[J].课程·教材·教法，2019（2）：59-65.

[2] 殷常鸿，张义兵，高伟，等."皮亚杰—比格斯"深度学习评价模型构建[J].电化教育研究，2019（7）：13-20.

了总结经验，下面以小学阶段为主，兼顾义务教育初中阶段，就相关研究作一简要梳理。

1. 小学数学深度学习的内涵与特征

马云鹏认为，小学数学深度学习是以数学学科的核心内容为载体，以提升学生的综合素养为目标，整体分析与理解相关内容本质，提炼深度探究的目标与主题，了解学生学习特定内容的状况，通过精心设计问题情境，引发学生认知冲突，组织学生全身心参与学习活动，围绕具有挑战性的学习主题深度探究，使学生体验成功、获得发展的有意义的学习过程[1]。

吕亚军、顾正刚认为，初中数学深度学习是指在浅层学习的基础上，向探究式学习、发展高阶思维能力、构建拓展抽象型知识结构三方面转化，主动建构并进行有效迁移的过程。这一过程具有主动理解与批判接受、激活经验与建构新知、知识整合与深层加工、把握本质与渗透思想、有效迁移与问题解决五大特征[2]。

孙学东、周建勋从核心素养的角度指出数学深度学习的五大特征：学习内容整体认知；知识架构；积极合作且个性化了解；把握数学知识本质；知识迁移与应用[3]。

显然，义务教育的不同学段对于数学深度学习的内涵，都强调了学习过程中的探究和体验，注重把握所学内容的数学本质，面向问题解决，促进学生关键能力与核心素养的发展。

2. 小学数学深度学习的设计与实施

（1）已有经验的梳理

---

[1] 马云鹏.深度学习的理解与实践模式——以小学数学学科为例[J].课程·教材·教法，2017（4）：60-67.

[2] 吕亚军，顾正刚.初中数学深度学习的内涵及促进策略探析[J].教育研究与评论（中学教育教学），2017（5）：55-60.

[3] 孙学东，周建勋.数学"深度学习"是什么？常态课堂如何可为？[J].中学数学教学参考，2017（14）：57-60.

教学设计作为教育的"技术学",旨在运用系统方法,将学习理论与教学理论的原理转换成对教学的目标与内容、过程与方法、策略与评价等的具体计划,创设教与学的"系统"或"程序"[1]。

深度学习作为一种有意义的挑战性学习过程,对教学活动设计提出了更高的要求。

马云鹏构建了深度学习教学设计的一个实践流程:学习单元的选择,单元内容的整体分析,单元整体目标和探究主题的确定,教学策略与方法的选择,持续性评价设计,教学实施与反馈。他又从学科内容、学生理解和学科教学三个要素的互动视角,提出了深度学习的教学设计要点:基于学科核心内容提炼学习主题,实现少量主题的深度覆盖;基于核心内容本质与学情分析,确定以学科高阶思维为重点的教学目标;创设针对性的问题情境,引起学生认知冲突;组织多样化深度探究活动,提升学生综合素养[2]。

杜娟、李兆君和郭丽文构建了深度学习的教学设计框架:目标的确定——发展高阶思维能力;内容的重组——设置知识建构的主题(或问题);策略的运用——以学习者为中心;技术的支持——成为学习者的认知工具[3]。

吕亚军、顾正刚提出激活探究建体系、以元认知引反思、过程性评价促发展、数学本质悟思想的数学课堂优化路径[4]。

何杰和席爱勇认为,从单元学理分析、单元学材开发、单元学情调研、单元学程设计和单元学评检测等五个维度对单元整体设计与系统架构,可以形成深度学习的循环系统,促进学生数学核心素养的发展[5]。

在中国知网以篇名"小学数学深度学习"为选项,检索显示有近千条结

---

[1] 何克抗.也论教学设计与教学论——与李秉德先生商榷[J].电化教育研究,2001(4):3-10.

[2] 马云鹏.深度学习视域下的课堂变革[J].全球教育展望,2018(10):52-63.

[3] 杜娟,李兆君,郭丽文.促进深度学习的信息化教学设计的策略研究[J].电化教育研究,2013(10):14-20.

[4] 吕亚军,顾正刚.从浅层到深层:基于深度学习的初中数学课堂优化路径[J].中学数学月刊,2017(7):25-28+31.

[5] 何杰,席爱勇.深度学习视野下小学数学单元整体设计维度与注意问题[J].淮阴师范学院学报(自然科学版),2019(4):365-368.

果,以经验总结、教学案例居多。其中,不乏精彩的设计。

（2）值得推介的案例

例如,张晓芸"单价、数量、总价"的教学设计[1]。作者通过实践发现,这一生活中常见的数量关系,对小学生来讲却是"熟悉的陌生人"。儿童习惯于"每个 x 元""每箱 x 元"等以离散量为单位的单价,对"每千克的价格""每米的价格"等以连续量为单位的单价感到陌生。尤其是多数学生以为单价的单位是元,不理解单价的单位是由元和计量单位共同组成的复合单位。正是因为摸清了学生概念理解上常被忽视的问题,所以教学设计与实施有的放矢,进而有较充裕的时间展开辨析与拓展。

辨析问题:

① 选择适合的单价信息（图1-10）。

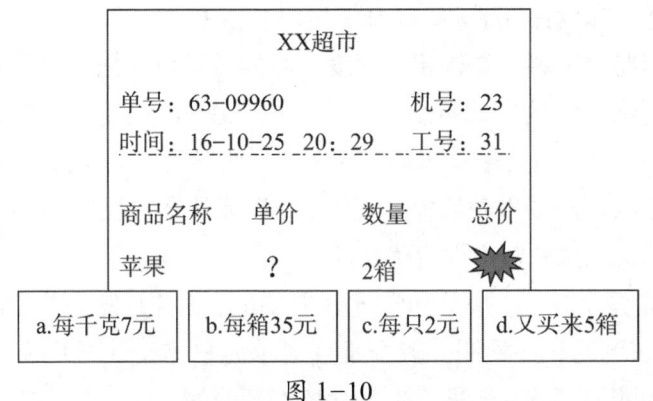

图1-10

什么情况下,用每千克7元的单价?每只2元呢?

② 每箱可乐80元,每车装8箱,每车可乐多少元?

每箱可乐80元,每箱有8瓶,每瓶可乐多少元?

拓展问题（图1-11）:

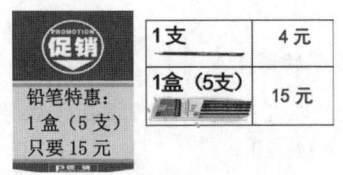

图1-11

---

[1] 张晓芸."单价、数量、总价"的教学解读与设计[J].小学数学教育,2017（7/8）:43-45.

① 买 4 支,怎样买合算?
② 买更多支,你有什么发现(表 1-4)?

表 1-4

数量/支	1	2	3	4	5	6	7	8	9	10
总价/元										

其中,买 8 支出现了争论。经过比较,学生认同买 2 盒(15×2)不如 1 盒加 3 支(15+4×3)。

具有挑战性的问题设计,使学生有机会"跳一跳"进入比较适切的数学应用最近发展区。所谓"适切的",是指适合三年级学生的最近发展区。事实上,拓展问题②还可深化。

例如,按除以 5 的余数把支数分成 5 类(设 n 是从 0 开始的自然数):

支数为 1, 6, 11, 16, …, $5n+1$ 时,总价(元)为 $15n+4$;

支数为 2, 7, 12, 17, …, $5n+2$ 时,总价(元)为 $15n+8$;

支数为 3, 8, 13, 18, …, $5n+3$ 时,总价(元)为 $15n+12$;

支数为 4, 9, 14, 19, …, $5n+4$ 时,总价(元)为 $15(n+1)$;

支数为 5, 10, 15, 20, …, $5(n+1)$ 时,总价(元)为 $15(n+1)$。

当然,这比较适合高年级学生探究,找到这个铅笔购买问题的一般答案。

(3) 价值存疑的案例

在资料阅读过程中也发现了一些"钻牛角尖"的深度学习案例。例如,教学"过两点画直线",教师有意提出问题"小朋友,线有粗细吗",通过长时间的互动对话,想方设法让学生体会"直线没有粗细"。实在是为难学生,也难为了教师自己。因为即使在教师的反复启发下部分学生"似乎"接受了这一说辞,也至多是"知其然"。

若要追溯其"所以然",则源头在于"点没有大小"。因为点无大小(抽象),所以它的连续移动才形成没有粗细的线(推理)。将基于抽象的推理问题演变成思辨问题,岂不与中世纪的哲学辩题"一个针尖上能站下几个天使跳舞"如出一辙。

注意到教师给出的问题(图 1-12),两个点似乎有意识画大了一些,与一般教师通常所强调的"点像针尖"大相径庭:

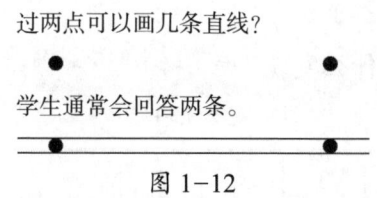

图1-12

这无疑是从源头上给学生设置陷阱。不从源头释疑，却从源头刻意"挖坑"，实在大可不必。

数学为何规定点无大小、线无粗细、面无厚薄，一直是小学数学教师本体性知识培训的内容。常有教师好像理解了，却又生出疑问：线段是点的集合，为什么点无大小，线段却有长度？此类疑问的症结在于不清楚有限与无限具有质的区别，且将数学的规定问题与测度问题混为一谈，同时也暴露出教师并未真正理解约定点无大小是数学抽象研究的需要。套用法国数学家庞加莱（Jules Henri Poincaré）的一句话，"几何点是不真实的，但它是有用的"。既然如此，何必"哪壶不开提哪壶"？

作为几何的"基本事实"，"经过两点只能画一条直线"的数学实质是"两点确定唯一直线"。它位列欧氏几何5条公设（公认的假设，即公理）之首，成为推演几何命题，以及尺规作图的依据。同时，直线是数学中不加定义的原始概念，它的特征也需要公理作出刻画。

不妨先来看看，目前的主流教材对该内容是如何处理的（图1-13）：

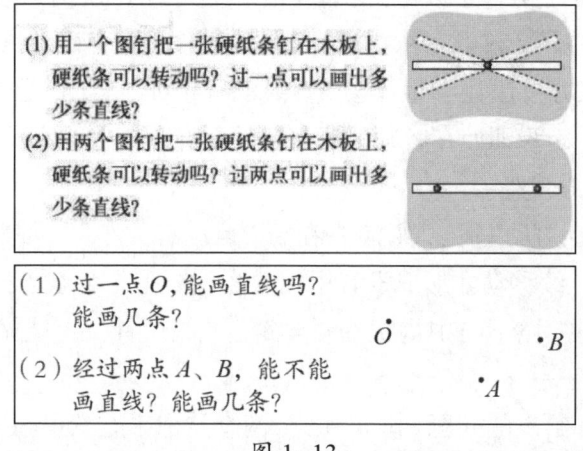

图1-13

显然，前者旨在通过现实情境，激活学生的生活经验，感悟、抽象出数学认知；后者意在通过动手操作，在画图中获得感悟。

两者的共同点，一是避开"小学不宜"的争论，引导学生关注数学的实质；二是从过一点到过两点，以便学生通过对比，获得感悟。可见，所谓"学生在理解'线无粗细'之前学习'两点一线'只能机械记忆，数学学习就会成为无趣的任务"[1]，实在是非数学教育研究者的"想当然"。

如果还想深入，那也应当引导学生通过画图感悟直线的本质特征：一是"直"，二是"可任意延长"。

学生想不到，教师可以有意引导。例如，学生汇报了过两点画一条直线，教师追问：为什么经过两点只能画一条？并通过图示（图1-14）启发：

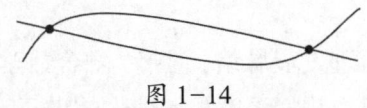

图1-14

实践表明，学生会说，直线是笔直的，不能弯，如果弯曲，就可以画无数条了。个别学生还能补充，我知道点是没有大小的，如果有大小，也不止画一条[2]。至于如何诱导其他学生自行感悟教学规定"点无大小"的合理性、必要性，将在第四章讨论"教学的系统观与整体设计"时再作介绍（案例4-31）。

同样，还可以提出问题：如果把两个点拉开，使它们相隔更远，还能连成一条直线吗？让学生自己悟出"直线可延长"。

可见，只要启发得当，小学生对几何基本事实也能有自己的感悟。重要的是教师基于自身的数学素养与对学生的了解，对知识的"意义"作出价值判断，进而分清主次、认准方向，施加适当的引导。

有学者"研究了3000节课，观察了5000多个学生"，得出的结论中有这么一条——"教师要保障每一个孩子高品质的学习，一定要成为学科专家"[3]。的确如此，数学学科深度学习的引导者，除了教学技能、技巧，一定的数学知识储备与理解是不可或缺的。

对此，早就有研究者指出，"迄今为止的课堂，大多以学科教学为载体，'去学科'的课堂改进至少是一种缺失，不了解、曲解学科本意的改进甚至是

---

[1] 郭华.如何改进学校整体的教学[J].基础教育论坛，2018（6）：1.

[2] 曹培英.跨越断层，走出误区：小学数学课程新增内容及其教学的实践研究（四）[J].小学数学教师，2020（10）：4-13.

[3] 陈静静.课堂的真相与学习的真相[N].中国教师报，2019-12-04（4）.

一种危险"[1]。

3. 小结与思考

总体而言，国内对深度学习的研究虽说起步较晚，但已有多方面的进展。就小学数学学科的深度学习来说，目前尚处初级阶段。

（1）有待重点推进的研究方向

第一是加强理论研究与系统研究。小学数学学科深度学习的研究，虽然关注度不断上升，但还缺乏理论研究的支撑，实践研究的整体性、系统性也需要进一步提高。

在理论研究方面，梳理发展脉络，对接、融合数学学习本身的理论与深度学习的理论体系，既是建构数学深度学习理论的需要，更为重要的是能为实践提供较为扎实的理论基础，指引教学探索的方向。

第二是深化实践研究与案例研究。当前的研究成果，无论是概念的内涵界定，还是教学的设计、实施与评价，均带有较强的个人思辨与经验总结色彩，缺乏丝丝入扣的实证研究支撑。虽能带来启发，毕竟影响研究结果的说服力，同时也难以落实到实践层面，指导广大数学教师的实际操作。而且，现有的教学案例大多比较一般化，给人与之前的教学差不多的印象。

因此，需要加强小学阶段数学学科确有深入的教学课例研究和分析，在丰富质性实证的同时，也为教师提供行之有效的实践经验。

第三是完善可操作的评价研究。科学的评价是促进深度学习发展的有力保障，是检验深度学习设计和实施效果的关键步骤，及时的反馈有助于教师"教"的调整和学生"学"的改进。

数学课堂上学生的深度学习是否真正发生？发生的质量究竟如何？对提升学生的核心素养产生怎样的影响？这些问题具有重要的现实意义。

目前的评价研究侧重理论的探讨与设想的建议。关于如何考量学生深度学习的质量情况，鲜有可操作的回应，需要进一步探索科学的评价方法，创新有效的评价工具。

---

[1] 顾泠沅.教师行动学习若干问题讨论.转引自上海普教科研网（www.pjky.com）：互通有无，差异推动进取——名古屋大学教授访问上海教科院教师发展研究中心（2008-3-20）.

（2）我们对深度学习的认识

在资料检索、研究综述的基础上，通过反复探讨与教学研究，我们团队达成了如下共识：

深度学习是在教师引导下，学生面对挑战主动投入，选用恰当方式深入理解与批判、建构与反思、迁移与应用，从而发展核心素养的学习过程、状态和结果。

深度学习的过程是情感与认知、过程与方法、目标与结果（包括"四基"与"四能"）的有机综合体。

首先，实践表明学生自然发生的深度学习可遇而不可求。因此，深度学习的前提条件是教师有预设、有意识的引导。换句话说，深度学习是深度教学的结果。

其次，深度学习是学生面对挑战性学习任务的"递进式学习"，问题解决的"探究式学习"，情感高度投入的"浸润式学习"。

通过实践与反思，我们还澄清了一些认识：深度学习不是超标学习、不是超前学习、不是解难题；而是摒弃浮华，在知识的生成、获取与灵活应用上下功夫，是追求提升学科内涵、发展核心素养的教学。

第三节 深度学习的理论支撑

历史地看，心理学与教育学这对孪生兄弟都曾经是哲学的奴婢，又差不多同时摆脱哲学，走向科学化。但历史的吊诡之处在于，二者其后的命运截然不同。

教育学的科学化自赫尔巴特（Johann Friedrich Herbart）的《普通教育学》问世后便踟蹰不前，而心理学在冯特（Wilhelm Wundt）创建心理实验室之后，经过短短几十年的长足进步，就基本奠定了科学地位。至20世纪初叶，在科学大道上把教育学家远远甩在后面的心理学家，开始了说不清是拯救教育学还是征服教育学的新冒险[1],各种学习理论层出不穷。至今,我们不得不承认,任何脱离心理学支撑的教学研究都是走不远的,深度学习的研究自然也不例外。

从心理认知科学和学习科学的视角探索深度学习的理论依据,对于揭示深度学习的内在机制,指导教学实施都极具现实的理论意义。

与深度学习有关的理论很多,一般认为,与其密切关联的主要是建构主义理论、情境式认知理论、分布式认知理论及元认知理论。当然,小学数学还不能忘了学科自身的教学理论。

一、建构主义理论

建构主义理论是认知心理学派的一个分支,源自儿童认知发展理论,最初的奠基人主要有瑞士心理学家皮亚杰和苏联心理学家维果茨基(Lev Vygotsky)等。

建构主义理论相当丰富,提出了许多富有创见、令人耳目一新的教学思想,对传统教育观进行了极其猛烈的革命性抨击。作为一种学习理论,必须回答三个基本问题:学习的实质是什么?学习的过程是什么?学习的条件是什么?建构主义的回答可用图1-15大致勾勒[2]:

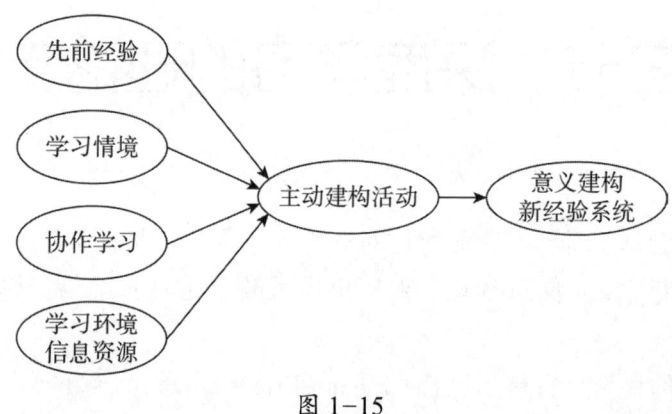

图 1-15

---

[1] 郑旭东.一位教育学者眼中的学习科学:过去、现在与未来[J].教学研究,2020(1):14-16.

[2] 刘儒德.建构主义:知识观、学习观、教学观[J].人民教育,2005(17)9-11.

具体而言,建构主义认为学习的实质是经验系统的变化,学习的过程是学生的主动建构,学习的条件包括经验、情境、协作、环境与资源。它对教学的指导意义主要体现为小学数学教师普遍耳熟能详的几个"强调":

强调以学生为主体;强调情境、协作对意义建构的关键作用;强调学习环境、信息资源的重要支持;强调学习的最终目的是自己的意义建构。

建构主义的学习观、学生观、教师观、教学观,都源于它的知识观。建构主义者一般强调知识不是客观的东西,不是问题的最终答案,而是主体的经验、解释和假设;并且认为知识不可能以实体的形式存在于个体之外。

这些明显带有唯心主义色彩的理念,也许适合社会领域,适合常识的获取。各举一例:某人腹泻,西医说是胃炎,要打针,中医说是肝脾不和,用草药;儿童认知雪,飘着像鹅毛,落地像棉花,摸一摸似乎是水,又不是水。

无可争议的是,夸大知识的相对性和动态性,忽略知识的客观性与稳定性,对于数学学习是极其不利的。最简单的例子:1+1=?联系婚姻实际的意义建构,等于2,甚至3、4、5现在都是允许的。但这还是数学吗?

再者,小学生的数学学习肯定离不开经验的支撑,但数学的特点又决定了它的去经验性。仅从"无理数""虚数"之类的名词能够堂而皇之登上数学殿堂,就已淋漓尽致地显示出数学何等的"牛气":你说无理就无理,你说虚就虚吧,全然不顾世俗的偏见。而这些世俗的偏见,恰恰证明"经验"曾经一而再、再而三地阻碍着大众接受、认同新的数学发现。前面提到的与孩子讨论"线无粗细"的尴尬,不就是小学数学的一个实例吗?

因此,正确的态度无疑不是照单全收,而是批判地吸收:去除其偏激、谬误之处,采纳其合理、可行的见解。

例如,建构主义的知识观还认为,在具体的问题解决中,知识不可能一用就准、一用就灵,需要针对具体问题情境对原有知识进行再加工和再创造。显然,这符合数学问题解决的实际,是一种建设性的提醒。

二、情境式认知理论

情境认知理论是继行为主义"刺激—反应"学习理论与认知心理学"信息加工"学习理论之后,与建构主义大约同时出现的又一个重要研究取向。它试图纠正刺激反应理论和符号学说的偏颇:仅仅关注推理和思考的认知,忽视文化和物理背景的认知。情境认知理论认为,知识是情境化的,知与行是交互的，通过活动不断深化认识。这些观点都有其合理性。

然而，情境对于数学学习不是绝对的。一方面，数学教学使用的情境既包括物理的、社会生活的问题情境，也包括脱离现实的纯数学问题情境；另一方面，"情境化"与"数学化"相辅相成早已成为我国数学教师的共识。

一般认为，新知建构阶段需要情境再造，新知应用阶段需要情境剔除。其实不然，无论是新知建构还是新知应用，都有可能适合、并且需要两者结合。例如，前面的案例1-1就是新授课综合运用再生情境（小朋友吃饼）与去情境（真、假分数落在数轴上）的典型样例。

三、分布式认知理论

认知心理学发展至20世纪90年代，一直关注认知个体的研究。随着教育信息技术的使用趋向普及，人们开始认识到"要在由参与者全体、人工制品所组成的功能系统的层次来解释认知现象"[1]。由此形成认知科学的一个新分支——分布式认知理论。

分布式认知理论借鉴了认知科学、认知人类学、社会学以及社会心理学的理论和方法，认为认知是一个包括认知主体和环境的系统，主张以生态学的方法替代信息加工模型。

认知的分布性不仅指认知在个体内的分布，还包括认知在个体之间的分布，认知在媒介、社会、文化中和时间上的分布。

分布式认知理论给深度学习的提示，主要是关注认知各要素间的交互作用，特别是师生之间、学生之间、学生与各种教学手段之间的互动，以及关注信息共享、情境脉络（如由情境串生成的问题链）等。以认知与多媒体课件的交互为例，研究表明动画演示比图文静态材料所带来的学习效果更好，由此证实了教学中的"动画效应"。

四、元认知理论

元认知的思想源远流长，如同心理学，有着漫长的过去和短暂的历史。最

---

[1] 周国梅，傅小兰. 分布式认知——一种新的认知观点[J]. 心理科学进展，2002（2）：147–153.

初表现为个人的内省，如两千多年前的《论语》中就有"吾日三省吾身"。自 1970 年弗莱维尔（J.Flavell）首次提出元认知的概念，才成为认知心理学的研究对象。

所谓元认知，是认知主体对自身心理状态、能力、任务目标、认知策略等方面的认识和对自身各种认知活动的计划、监控和调节。它是元认知知识、体验和能力的有机体。简单点说，就是对认知的认知。

显然，深度学习需要学生对自己的观察、操作、思维等活动加以自我觉察、自我监控和自我调节。反过来，深度学习也能培养、发展学生的元认知。

五、数学教育理论

严格地说，数学教育理论正在形成过程中，它的研究对象、研究方法、研究评价标准等一系列问题都呈现多元化，且存在争议。

较早传入我国并产生影响的当数苏联克鲁切茨基（В.А.Крутецкий）所著《中小学生数学能力心理学》。作者在分析大量文献的基础上，提出了数学能力结构的假设，进而设计途径与方法证实假设。

克鲁切茨基把学生解数学题的心理活动分为信息搜集、信息加工和信息保持三个基本阶段，然后对各个阶段所表现出来的特征进行量和质的分析。

信息搜集阶段是对题目的最初定向。实验材料包括未说明问题的题目、信息不全的题目和有多余信息的题目。通过质性分析，揭示出不同数学能力的学生知觉（领会）数学材料的两个特点：知觉数学题目时的分析综合特点，最初心理定向中推理过程的简缩特点。结论是，形式化知觉是信息搜集阶段的重要数学能力。

信息加工阶段学生的心理过程最为复杂多样。克鲁切茨基从学生表现出来的心理特性中提炼出：概括数学材料的能力；简缩数学推理、运算过程的能力；重组心理活动（摆脱已形成的解法模式，代之以新的解法模式）的能力；逆转心理过程（从顺向思维系列转向逆向思维系列）的能力。

信息保持阶段，数学能力强和弱的差别不是一般记忆，而是数学概括（数学关系和形式）记忆上的强弱。

克鲁切茨基又根据研究结果所得参数，概括出三种数学气质类型：分析型、几何型、调和型。他还指出一个人的数学能力与下列个性特征有着密切的联系：对数学的兴趣爱好与积极的态度，一种独特的美感（数与形的和谐感），坚韧、勤奋、创新精神以及自谦的品质。

上述研究结论，对小学数学学科的深度学习具有直接的指导意义。

苏联斯托利亚尔（А.А.Столяр）所著《数学教育学》，对于我国数学教育学的教学与课程建设也起了一定的作用[1]，特别是作者最主要的观点"数学教学是数学活动（思维活动）的教学"，在我国当时的数学教育界引起很大反响。作者关于数学活动教学情境的分类（表1-5），具有鲜明的学科特征：

表1-5

数学活动的主要方面	问题情境的基本类型			
	目的	已知	未知	结果
经验材料的数学化	引入新概念，扩充理论知识	经验材料，应有的数学描述	描述经验材料必要的数学语言与工具	新的数学知识
数学材料的逻辑组织化	知识的系统化	数学材料、经验材料的模型	数学材料逻辑组织化的方法、模型研究	数学知识体系
数学理论的应用	新情境下知识的应用	经验材料与数学理论	将数学理论应用于新经验、新情境的方法	数学知识迁移

对我国影响比较大的西方数学家、数学教育家，一是美籍匈牙利数学家、数学教育家波利亚（George Polya），二是荷兰数学家、数学教育家弗赖登塔尔（H. Freudenthal）。前者及其代表作《怎样解题》在本套丛书第一册《跨越断层，走出误区：小学数学问题解决教学研究》中已有介绍。后者的数学教育理论，其主要观点可概括为三个关键词：

"数学现实"。指数学来源于现实，扎根于现实，应用于现实；又指"每个人都有自己的数学现实"。弗赖登塔尔指出"数学属于所有人"，但达到怎样的数学层次，因人而异。他相信，一个多数人能达到的层次必然存在。他认为数学教育家的任务就是帮助多数人达到这个层次，不断提高这个层次，并指出了到达这一层次的途径。

---

[1] 唐复苏.数学教学是数学活动的教学——读（苏）斯托利亚尔著《数学教育学》第三版[J].数学通报，1991（4）：8-10.

"数学化"。这既是数学活动的特征,也是数学教育的目标。弗赖登塔尔认为:与其说是学习数学,还不如说是学习"数学化";与其说是学习公理系统,还不如说是学习"公理化";与其说是学习形式体系,还不如说是学习"形式化"。

"再创造"。其核心是数学过程再现。学生通过"再创造"来学习数学的过程实际上就是一个"做数学"的过程。

这些在全世界都有广泛影响的观点,对于我们研究、实践深度学习的指导力是不言而喻的。

第四节 学科核心素养与深度学习

关于学生发展核心素养,目前主流的界定是指学生必须具备的,能够适应终身发展和社会发展需要的必备品格和关键能力。

核心素养的本质与内涵决定了指向核心素养的学习不能停留于接受、记忆和再现,应走向自主探究、批判思维、高阶认知、情境迁移,这些正是深度学习的表征。因此,核心素养的培养与发展,召唤我们必须走向深度学习。

一、小学数学学科核心素养的演变

就关键能力而言,我国的小学数学学科,从清朝末年小学堂算术开始,就对学科能力提出了要求。《奏定初等小学堂章程》中提出算术课程目标为"使知日用之计算,与以自谋生计必需之知识",《奏定高等小学堂章程》中则提到了"兼使习熟运算之法"[1],虽然没有明确提出"说明运算之方法理由"(民国初《小学校教则及课程表》)[2]的要求,但实际上已内含计算能力和应用能力的

---

[1] 课程教材研究所. 20世纪中国中小学课程标准·教学大纲汇编(数学卷)[G].北京:人民教育出版社,2001:6-8.

[2] 同上:9-11.

雏形。因为能将计算应用于解决自谋生计的问题，就足以表明技能在向能力转化。

中华人民共和国成立后，1952年的《小学算术教学大纲（草案）》在原有基础上明确提出了"培养和发展儿童的逻辑思维"[1]的要求。1956年的《小学算术教学大纲（修订草案）》第一次提出"发展学生的空间观念"[2]的要求。至1963年的《全日制小学算术教学大纲（草案）》，小学算术"四大能力"趋于清晰，即"培养学生正确地、迅速地进行四则计算的能力，正确地解答应用题的能力，以及具有初步的逻辑推理的能力和空间观念，以适应他们毕业后参加生产劳动和进一步学习的需要"[3]。此后至20世纪末的各版教学大纲，基本延续这四项能力，部分名称有所改进，如1978年的《小学数学教学大纲（试行草案）》将"逻辑推理能力"改为"逻辑思维能力"，将"解答应用题"改为"解决日常生活和生产中的简单的实际问题"[4]。2001年的《全日制义务教育数学课程标准（实验稿）》（以下简称"课标实验稿"）中去掉了计算能力，增加了数感、符号感和统计观念[5]。《义务教育数学课程标准（2011年版）》（以下简称"课标2011年版"）恢复了运算能力，并增加了几何直观、模型思想和创新意识[6]。《义务教育数学课程标准（2022年版）》（以下简称"课标2022年版"）在此基础上增加了量感。

显而易见，一百多年来，从小学堂算术到小学数学，学科关键能力一直在做加法，什么重要加什么（图1-16）。这从一个侧面反映出我们的研究仍在不断深究、细化，难以割舍枝叶，还在摸索、探寻到底什么才是数学素养的核心，怎样才能削枝强干。

---

[1] 课程教材研究所. 20世纪中国中小学课程标准·教学大纲汇编（数学卷）[G]. 北京：人民教育出版社，2001：55.

[2] 同上：71.

[3] 同上：82.

[4] 同上：98.

[5] 中华人民共和国教育部. 全日制义务教育数学课程标准（实验稿）[S]. 北京：北京师范大学出版社，2001：4-5.

[6] 中华人民共和国教育部. 义务教育数学课程标准（2011年版）[S]. 北京：北京师范大学出版社，2012：5-7.

1904	1952	1963	1978	2001	2011	2022
					数感	数感
				数感	符号意识	量感
				符号感	空间观念	符号意识
				空间观念	几何直观	运算能力
		计算能力	计算能力	统计观念	推理能力	几何直观
计算	逻辑思维	解应用题能力	逻辑思维能力	应用意识	数据分析观念	空间观念
日用	计算技巧	逻辑推理能力	空间观念	推理能力	运算能力	推理意识
		空间观念	解决实际问题		模型思想	数据意识
					应用意识	模型意识
					创新意识	应用意识
						创新意识
小 学 算 术			小 学 数 学			

图 1-16

二、小学数学学科核心素养的提炼

本着有主有次的思想方法，数学学科关键能力中处于相对核心地位的是初步的抽象意识、推理意识、应用意识和一定的运算能力、空间观念、数据观念。

尽管小学阶段不可能要求学生一般地理解数学抽象的特点，体会数学抽象是为了数学研究的需要和方便，也不提倡有意挑起"点有没有大小""线有没有粗细"之类的争论，但毕竟没有抽象就没有数学，也就没有数学学习的内容。小学数学从教学第一个数起，就在进行抽象（图 1-17）：

图 1-17

同样，任何一种几何图形，也是抽象的结果。例如（图 1-18）[1]：

---

[1] 人民教育出版社 课程教材研究所，小学数学课程教材研究开发中心．义务教育教科书·数学（四年级上册）[M]．北京：人民教育出版社，2013：64．

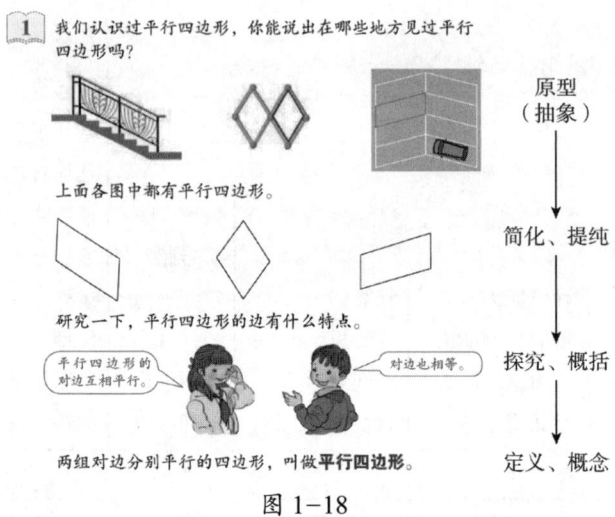

图 1-18

而且，引出数、形后的教学，仍在不失时机、不遗余力地培养学生初步的抽象意识。例如，一年级从实物数量的比较过渡到数的大小的比较。

案例 1-4　比多少。

图 1-19

如图 1-19，学生必须摒弃动物（猴）与水果（桃、香蕉、梨）各自的多种物理属性，抽象出共同的数量属性"几个"，借助一一对应纯粹比较多少。

在此基础上，再由学生自己选择三种水果中的两种比较多少，抽象成数的大小比较，用符号表示比较的结果。从中还能使学生感悟，因为猴与桃个数相等，所以桃与香蕉、桃与梨比多少，结果也是 3>2，3<4（图 1-20）。这一概括

尽管仍然停留在数的抽象水平，但对儿童来说，却是进了一步的二次抽象。

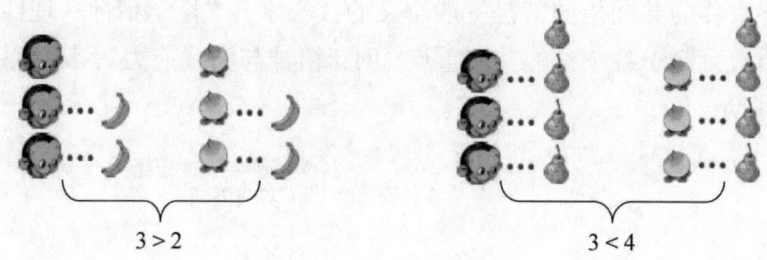

图 1-20

这些实践表明，从一年级开始，我们在培育小学生抽象意识上的努力与效果都是不可否认的。认为小学数学"谈不上抽象"的观点，实在是远离教学实际的书斋内的主观臆断。

可以说，通过学习数学培养学生的抽象意识，对于学习研究其他领域的问题，对于今后在各种场合面对事物错综复杂的多种因素，主动进行舍去次要因素、提取主要因素的分析活动，具有其他学科难以比拟的基础训练价值[1]。

数学抽象出数与形，通过推理，得到一系列结论、算法，再回馈于现实世界。也就是说，抽象、推理、应用对应了数学的来源、发展与现实应用，也正好对应数学的三大特点，即高度的抽象性、严谨的逻辑性、广泛的应用性，因而是数学学科第一层面即思想方法层面的核心素养。

第二层面的运算能力、空间观念与数据观念，分别是数与代数、图形与几何、统计与概率三大内容领域的核心素养。

其他各种表现都是这六大素养的从属素养或衍生素养。例如，数感从属于抽象与运算能力，符号意识是抽象意识的衍生，几何直观是空间观念的衍生与发展，模型意识是数学抽象、数学应用的衍生与综合，等等。

以数感为例，我们总以为数感的培养主要靠数概念的教学，其实理论分析与教学实证都能告诉我们，数的运算伴随着数感，数感与运算能力的发展相辅相成[2]。如果从教学课时数来看，那么数概念的课时数只占一小部分，小学数学超过一半的课时用来教学整数、小数、分数的四则运算以及四则运算的应

---

[1] 曹培英. 从学科核心素养与学科育人价值看数学基本思想[J]. 课程·教材·教法, 2015（9）：40-43+48.

[2] 曹培英. 跨越断层，走出误区："数学课程标准"核心词的解读与实践研究[M]. 上海：上海教育出版社, 2017：12-13.

用。因此，数感发展的主要渠道在运算教学中。

这些素养的共同指向就是一般意义的核心素养"科学精神—理性思维"，以及素质教育赋予各学科的共同重点"创新精神与实践能力"，其关系模型如图 1-21 所示。

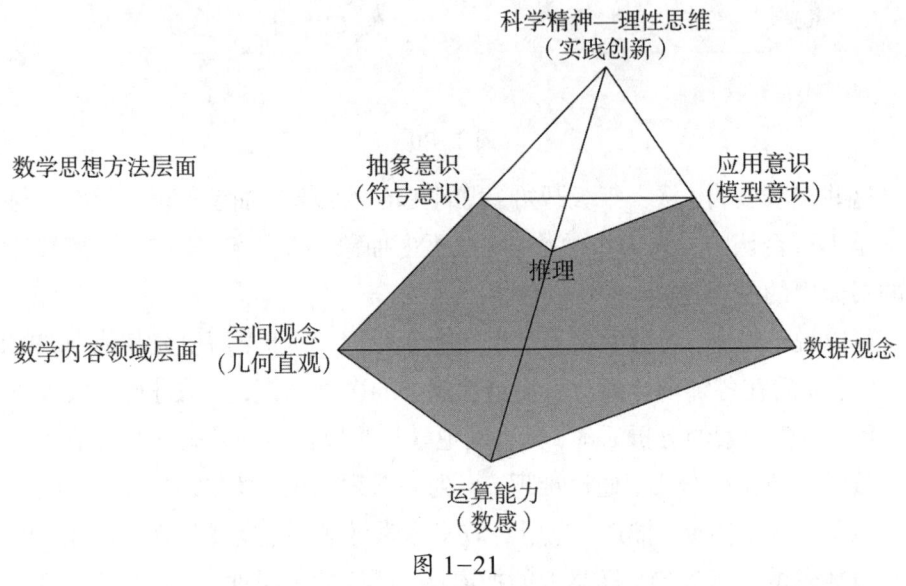

图 1-21

毫无疑问，两个层面六项核心素养都是学科特征极其鲜明的数学关键能力，能为义务教育培育一般的核心素养和落实素质教育两大重点发挥其他学科无可比拟的作用。

"课标 2022 年版"就核心素养的内涵与构成提出了"三会"的表述：会用数学的眼光观察现实世界、会用数学的思维思考现实世界、会用数学的语言表达现实世界。

必须肯定，这是一种相当通俗的概括与平易近人的表达，具有很好的传播、鼓动效果。任何不带偏见的人都能认同、接受。

然而，事物都有双面性。正是因为"通俗概括"，所以没能明示学科内涵。不难发现，"三会"是一种学科核心素养的"通用模型"，它的学科内涵全靠"数学的"予以规定，换成"物理的""历史的"……同样适合。因为每一门学科都有自己独特的"眼光""思维"和"语言"。这种潜在的通用性很容易成为一个什么都能往里装的筐。这方面，我们已经有了很多前车之鉴。

从学理来讲，眼光是受思维指引的，离开了思维，看了也白看，而语言则是思维的外壳。可见，"三会"的实质是"一会"即会用数学的思维思考现实世界。

"三会"的紧密内在联系,决定了不宜将其割裂,它们各自的要素必须整体把握。

从教学实践来看,任何新颖的教育理念,只要切合实际,就必定能在先前的教学实践中找到它的最初形态。请看——

■ 案例 1-5 一年级的问题解决。

图 1-22

如图 1-22,这是一年级首次出现的应用问题[1]。它要求小学生排除情境的干扰因素(如兔子的服饰、行为及物品),用"数学的眼光观察"兔的只数,然后"用数学的思维思考"选择什么运算求一共有几只,最后"用数学语言表达":4+2=6。

类似的"三会"典型例证,举不胜举。

自然,我们并不满足于小学生初学数学时浅层次的"三会",随着学习的进展,还会不断提高"三会"的水平与深度。但数学学科的抽象性、严谨性特点决定了小学数学"三会"的深度毕竟是有限的大众水平。例如抽屉原理,看似浅显的结论"把多于 n 个的物体放到 n 个抽屉里,则至少有一个抽屉里的物体不少于两个",指望小学生自己观察、思考、表达,并不具有普适性,需要教师精心启发、点拨。

也就是说,"三会"具有"低起点、高境界"的特点。它为我们开拓了教学

---

[1] 人民教育出版社 课程教材研究所,小学数学课程教材研究开发中心.义务教育教科书·数学(一年级上册)[M].北京:人民教育出版社,2013:46.

空间,但我们又必须把握学生的最近发展区。

三、培育学科核心素养的深度学习

为什么构建了"中国学生发展核心素养"体系之后,还要提出各学科的核心素养,就是期望每一门学科都能基于自己的特点,从不同侧面发挥各自独特的功能,形成合力。

理论与实践都表明,核心素养的作用具有整合性,通常不是单一素养在起作用,而是多种素养的综合发挥。

案例 1-6 综合实践活动"1亿有多大"。

图 1-23

如图 1-23,这是针对同一主题教学效果最为突出的一种设计[1]。它与苏

---

[1] 人民教育出版社　课程教材研究所,小学数学课程教材研究开发中心. 义务教育教科书·数学(四年级上册)[M]. 北京:人民教育出版社,2013:33.

教版"1亿有多大"的推荐活动"数1亿本练习本要多少时间"异曲同工,都无法操作完成,需要依靠数学,但测纸摞起来的高度比数练习本更易实施、更节省时间,且推算无须借助计算器(将秒化成年的计算量很大),根据数概念口算即可完成。

实验获得100张纸的厚度是1厘米,则:

100×100张纸摞起来高100厘米,即1万张纸高1米;

1万×1万张纸摞起来高1万米,即1亿张纸高1万米。

这里用到了两个数概念的推论。其中,100个百是1万,大多数小学生都有生活经验支撑(100张扎成一叠的百元人民币是1万元);10000个万是1亿,是中国孩子"应知"的数学常识。

为加深印象,不妨提出问题:1万米有多高?

世界上最高的山峰珠穆朗玛峰只有8848.86米,人类迄今的最高建筑迪拜的哈利法塔高828米,还不到1千米(图1-24)。

图1-24

两个实例分别是自然的、人工的最高纪录,教学的意图并非启发学生想象两者的壮观,而是诱发学生在头脑中进行抽象(排除高度以外的一切属性)的比较。因此,以上活动与其说是培养数感,不如说是通过感受数学推理的力量,培养理性思维和科学精神。更值得肯定的是,这一具有认知冲击力的活动能给学生带来不可多得的感悟:依靠数学推理所获结论,它的正确性有时无法通过实践检验(即使有1亿张纸也垒不起来),也无需实践检验,因为整个推算是正确的,经得起验证。

这才是体现数学本质特征与精髓的深度学习活动。

我们有那么多的实验科学,如物理、化学、生物等,这些学科强调用实验说话,眼见为实。但是,只相信眼见为实,恰恰是理性思维缺失的表现。数学独特的、其他学科无可替代的育人功能由此得到了彰显。

这应该成为小学数学深度学习的价值追求。

第二章
深度学习"深"往何处

各学科教师在实践深度学习时最为纠结的问题就是:深度学习从何入手?深往何处?深到什么程度?

尤其是面对小学儿童的数学教学,那么一点点内容,似乎都很浅显,学生尚未褪去天真、童稚,能开展数学的深度学习吗?

这一章,将面对教学中的这些"真问题",展开研讨。

首先,在介绍、反思理论上的通识性回答,剖析、厘清高阶思维与深度学习关系的基础上,本着"直面理论与实践的断层,择善而从"的思想,给出我们从理解起步施行数学深度学习的落实框架,借用SOLO分类框架,刻画学习水平。

然后,展现数与代数、图形与几何、统计与概率领域深度学习的典型课例,实证两种框架的可行性。

进一步,对数学理解的多样化表现加以梳理、阐述,并辅以实例举证,以夯实践行深度学习的必要基础。

探讨深度学习,"深往何处"是首当其冲、不能回避的问题。各类研究者从不同层面、视角,作出了不同的回答。先看教育理论工作者的诠释。

第一节 教育理论层面的论述与反思

一、泛学科的深度学习维度

郭华站在教育学理论的高度,指出了"深往何处去"的两个维度[1]。

维度一:"深度学习,首先'深'在人的心灵里,'深'在人的精神境界上"。因为"人的学习若不能触及心灵(内心、灵魂),至多只是抽象个体的心理活动,而不是一个活生生的有思想、有灵魂的人的活动。只有当心灵(灵魂)伴随着感知觉以及其他客观的心理活动进入学习当中,学生才真正作为主体主动、积极地展开学习";"教育所要培养的,绝不仅仅是有小情小爱的、抽象的、偶然的个体,而是能进入伟大的社会历史实践进程的、具体的、社会的人,要有历史感、责任感和担当意识"。

这是从情感、价值观与人的社会性视角给出的刻画。

维度二:"深度学习,还'深'在系统结构中,'深'在教学规律中"。因为"学生的深度学习也是一个系统,需要整体把握。并不是每一节课、每一个活动都得'深度加工',而是要根据教学规律有节奏地展开……依循教学规律,才是真正的'深'"。

这是从教学的系统性、整体性视角给出的刻画。

自然,学术性阐述希冀"说一百年都不会错",但对于一线教师来讲,那

---

[1] 郭华.深度学习之"深"[J].新课程评论,2018(6):11-16.

就难免感觉有点"玄""虚"。有教师在微信中用"带花边的篮子"图片表征自己聆听讲座的收获,怕同伴不解其意,又补上一句"拎了一个美丽的空篮子回来"。

平心而论,对于教育学研究者的论述,如果小学数学教师满意了,那么小学语文教师、中学数学教师又会有何感受?教育理论只有跳出学段、超脱学科的羁绊,才能获得更一般层面上的普适意义。

上述两个维度的泛学科诠释,至少能给我们两点高屋建瓴的启示:深度学习不仅要入脑,还要入心,要为培养具有责任担当意识的社会人奠基;深度学习不能一刀切,有张有弛、深浅相宜才能焕发教学的生命活力。

也有教研员从小学数学学科教学实践中加以提炼,认为实现小学数学深度学习有四个维度:深度参与、深度理解、深度引领和深度拓展[1]。这四个维度实际上也是泛学科的落脚点。

二、高阶思维与深度学习

深度学习"深到什么程度"?涉及认知水平层次的划分,很容易使人联想起布鲁姆的教育目标分类中,关于低阶思维、高阶思维的划分(图2-1):

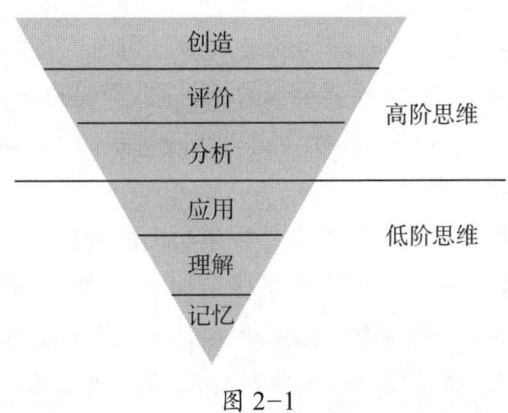

图 2-1

然而,在小学数学教学中,理解和应用可能是浅层次的,也可能是深层次的。

---

[1] 李慧清.实现小学数学深度学习的四个维度[J].青海教育,2018(3):39-40.

■ **案例** 2-1　平行四边形的面积。

先看学生"理解"平行四边形面积公式的推导过程。不同的教学中，理解水平大相径庭。有的是基于课本给出的、单一剪拼方法（图 2-2[1]）的理解，也有的是通过交流，基于多种不同剪拼方法（图 2-3）的理解。

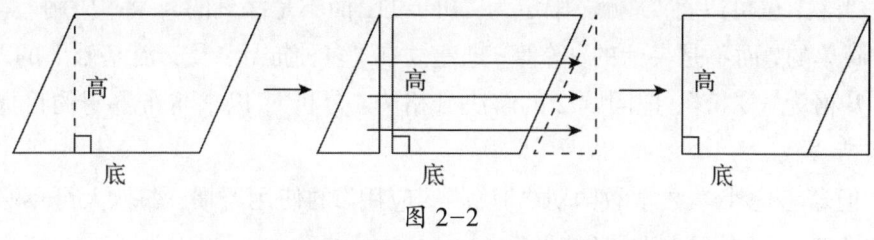

图 2-2

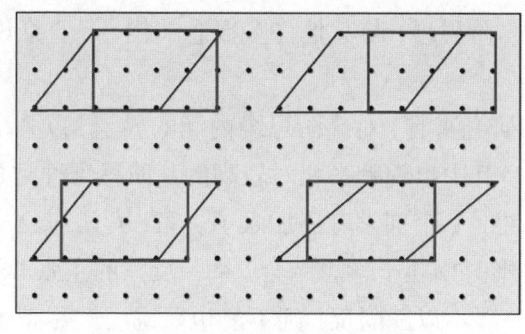

图 2-3

都是"形变积不变"转化为长方形，但单一推导与多样化推导显然不能相提并论。

再说学生"应用"平行四边形面积公式解决问题的差异。

问题 1：一块平行四边形草地，底为 20 米，高为 4 米，它的面积是多少平方米？

问题 2：下面方格纸上三个平行四边形的面积各是多少？你发现了什么？

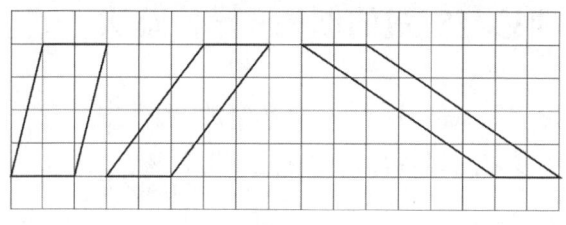

图 2-4

---

［1］人民教育出版社　课程教材研究所，小学数学课程教材研究开发中心. 义务教育教科书·数学（五年级上册）[M]. 北京：人民教育出版社，2013：88.

51

很明显，都是"平行四边形面积＝底×高"的应用，但解决问题1只需将数据代入公式即可，而解决问题2在应用公式之后，还生成了新的知识"等底等高的平行四边形面积相等"。

可见，把理解、应用一概划入低阶思维，并不适合小学数学教学实际。

当然，也可以将"理解"限定为"初步的，而不是深刻的"，将"应用"限定为"简单的，而不是灵活的"等等；把建立在"多种推导"及交流基础上的"理解"升格为"评价"，把问题2的解决升格为"分析"，以求与布鲁姆的目标体系保持一致。

但若考虑小学数学教师对"理解""应用"的使用习惯，那就大可不必为了迎合某一理论而"削足适履"。

事实上，所谓高阶思维，与其他许多概念一样，一直众说纷纭，从未有过公认的定义。

从目前已有的研究来看，对高阶思维内涵的界定，以列举"高阶思维包含哪些构成"的居多。其中出现频率相对较高的高阶思维种类是问题解决、批判性思维和创造性思维[1]，个别学者还加入了决策、元认知。

历史上我国先秦时期孔子学思结合、举一反三的主张"学而不思则罔，思而不学则殆""举一隅不以三隅反，则不复也"，孟子"尽信书则不如无书"的观点，以及宋代朱熹、明代陈献章等人的"学贵有疑说"，都内含批判性思维和创造性思维。

问题在于，界定高阶思维的成分并不能用来一般地刻画思维的水平，区分出层次。

既然高阶思维的成分难以区分层次，布鲁姆认知领域高低层级的内涵与小学数学教学实际有出入，不便采用，为什么就不能换一种更适合的呢？

三、直面理论与实践的断层：择善而从

关于教育理论与实践的分野，本套丛书的"序"中已有深入浅出的分析阐述。直面理论与实践之间客观存在的断层，我们该怎么办？

---

[1] 汪茂华.高阶思维能力评价研究[D].上海：华东师范大学，2018：19.

1. 必须秉承的思想

回顾历史，1978年那场关于真理标准的大讨论，恢复和重新确立了解放思想、实事求是的思想路线，拉开了改革开放的序幕。我国的经济建设和各项事业取得举世公认的伟大成就，整个社会面貌发生了历史性的巨大变化，可以说与这场大讨论是分不开的。其中蕴含的反教条主义、实践第一、一切从实际出发、理论同实践相结合等思想，至今仍显示出超越历史时空的价值。

然而，当年全国上下的共识"实践是检验真理的唯一标准"，在如今的教育界却鲜有人提及。21世纪初以来，教育人谁都在谈理念，都在比谁说的更具感官冲击力。自然而然、不知不觉地，"理念为先"屏蔽了"实践检验"。就拿评课来说，一线教师，即使是新教师，开口、闭口都充斥着最新的理论口号。殊不知评析一节课的得失，最根本的就是亮出证据，确认学生获得了什么，这才是分析教学最实在的评判标准。

因此，自觉摒弃理论检验教学实践的倾向，秉承一切从教与学的实际出发，用实践检验理论的思想，是绝对必要的。

2. 一线教师的作为

就一般情况而言，广大一线教师群体不是教育理论的生产者，而是教育理论的消费者，这是由教师教书育人的工作职责决定的。既然是"消费"，为什么不能有自己的选择呢？

再者，教师的教学研究本质上是理论的应用研究。因此，立足实践审视理论，聚焦课堂生成策略，进而总结经验教训（实践性理论），是智慧型、研究型教师和"园丁""人类灵魂工程师"称号的题中之意。

当下，教师最缺乏的是高阶思维中的批判性思维。长期以来，我们习惯听从理论、人云亦云，疏于基于经验、反思批判。

例如，关于"数感"，"课标实验稿"的描述中有"数感主要表现在……能为解决问题而选择适当的算法"，"课标2011年版"的界定中有"数感主要是指关于……数量关系……等方面的感悟"。事实是否如此呢？

有经验的数学教师都知道，小学低年级，数感有时会有助于选择算法，感悟数量关系，但到高年级"就不好使了"。

案例 2-2 数感与选择算法、感悟数量关系。

小胖和小巧看一本童话书（图 2-5）。

图 2-5

小巧看了多少页？

这里，数感能使学生摆脱字面上"多"的干扰，选择用减法求小巧看的页数，并理解数量关系，如"小胖看的页数 −3= 小巧看的页数"。

可是到了高年级，遇到数量关系雷同的实际问题：

今年产量 3650 万吨，比计划多 353 万吨，今年计划产量多少万吨？

常有学生陷入迷茫，用加法还是用减法，犹豫不决，以致教师不得不采取更换数据的策略：

今年实际产量 13 万吨，实际比计划多 3 万吨，今年计划产量多少万吨？

实践表明，简化了的数据能有效帮助学生正确选择算法，并感悟数量关系"实际生产吨数 −3= 计划生产吨数"。

不难发现，这里起主要作用的其实是简单数据的口算。

诸如此类的现象告诉我们，在很多情况下学生真正理解数量关系并据此选择算法，需要排除数据干扰，透过"数"看到"量"，进而把握量与量之间的关系。

因此，在本套丛书的第一册《跨越断层，走出误区：小学数学问题解决教学研究》中，关于审题训练的要点，特别针对"学生一读到位数多的数，只顾停下来数数，从而影响了完整地理解题意。而且有不少学生错误地认为，条件就是数据"[1]，提出了相应的教学对策。

为何教师的经验会处于休眠状态，想不到用实践来检验理论？"不敢"怀疑的背后，无疑是批判精神的缺失。

正是本着从实际出发，立足实践、矫正理论的思想路线，我们筛选、总结了回归数感的本来面目，从数出数感入手，到读出、看出、推出、悟出数感，再到算出、估出、用出数感的一系列培养策略。

基于经验的反思、质疑，常常是创新实践的先声、发端。要培养学生的高阶思维，应当从确立教师的批判意识，提升教师的批判性思维开始。

---

[1] 曹培英, 张晓芸. 跨越断层，走出误区：小学数学问题解决教学研究[M]. 上海：上海教育出版社, 2021: 123.

第二节 基于学科实际的两种刻画框架

一、数学深度学习的落实框架

如何跨越理论与实践的断层？最佳对策就是行动，让实践说话。

我们团队经过多年的实践、研究、反思、再实践、再反思、再研究，提炼出小学数学深度学习两个维度的落脚点。

第一个维度：深在数学的内涵与本质上；第二个维度：深在教与学的过程和方法中。每个维度都有两个落脚点，内涵和本质的落脚点包括之所以然的解释与数学思想的感悟；过程与方法的落脚点也是两个，包括知识的来龙去脉以及学习的经历体验。这四个落脚点，都可以从理解起步（图 2-6）：

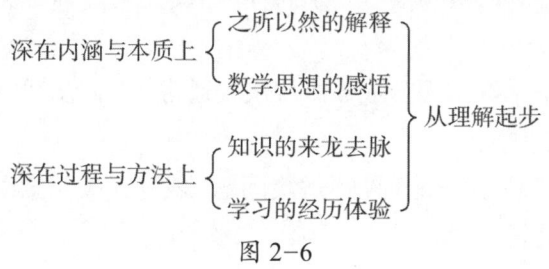

图 2-6

两个维度是相交、相融的，分列是为了研究的需要、叙述的方便。

这一框架并不全面，但切合小学学段、数学学科的特点，具有较强的可操作性。

实践表明，只有当深度学习有了比较容易把握的具体操作点，明确从哪里展开、从何处深化，才有可能实现"入脑""入心"的境界追求，才有可能点面结合，体现教学的系统性、规律性。换句话说，这一为小学数学度身定制的落实点框架,是对前述教育理论二维框架的具体化和操作性补充。

二、数学深度学习的水平分层框架

选择什么样的学习水平分层框架,来区分学生理解、应用、迁移的水平层级,是我们团队在研究中长期探索的又一个问题。经过多次尝试、比较,发现 SOLO 分类是相对可行的选择。

由澳大利亚教育心理学教授比格斯和他的同事科利斯（Kevin F. Collis）于 1982 年提出的 SOLO 分类法,是一种以等级描述为基本特征的质性评价方法。他们认为,人的思维方式与认知结构都是内隐的,但能通过回答或解决问题表现出来。

SOLO 分类的最大特点是比较具体地概述了可观察的学习成果,比布鲁姆主要依据心理学术语的认知目标分类更容易应用于教学实际。

尤为重要的是,认知目标分类的递进层级划分过于线性化,与深度学习实际常常脱节。最典型的如：记忆不等同于浅层学习,有意义的深度学习并不排斥记忆,而是基于理解的记忆；理解不等同于低阶思维,从初步的理解到深入的理解,也可能体现"分析""评价"等层次的高阶思维。而且,同一学生在不同内容上常常表现出不同的水平,面对熟悉的情境,一般学生也能完成某些更高水平的任务。SOLO 分类将视线转到了对问题的回答上,通过学生解决具体问题的反应,客观评判其学习处于何种水平,是对认知分类理论的发展,更具可操作性。

SOLO 分类把学习水平分成 5 个层次。通常,人们从回答问题的视角对 5 个层次作出解读：

"前结构层次"是指未能理解、解决问题,或受无关信息误导,回答问题逻辑混乱,或同义反复；

"单点结构层次"是指回答问题时,只能联系单一要点,或找到一个线索就立即跳到结论上去；

"多点结构层次"是指回答问题时,能联系多个孤立要点,但未形成相关问题的知识网络；

"关联结构层次"是指回答问题时,能联想多个要点,并将它们联系起来,融合成一个整体；

"拓展抽象结构层次"是指回答问题时,能够进行抽象概括,结论具有开放性或一般性,使问题本身的意义得到拓展。

教师可以参照上述标准的概述,根据学生对相关问题的回答,判断学生某项知识的学习水平。也可以将确有层次差异的学习表现,按实际情况对描述作出修改。毕竟"单点→多点→关联→拓展抽象"的语义比"理解→应用→分析→评价→创造"更直白,更易于区分。

而且,这一分类也可以视为形成性学业评价的一种方式,用来帮助教师据此进行教学诊断,以及向学生提供具体的学习反馈。

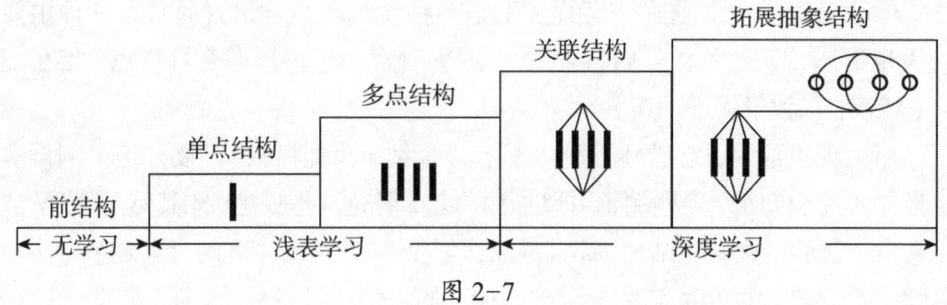

图 2-7

如图 2-7,一般认为,关联结构、拓展抽象结构层次属于高阶思维、深度学习。

对于小学生来说,也可以认为从多点结构水平起,就开始进入深度学习。

三、两种框架适用性的教学实证课例

在各地与教师交流时,大家普遍认同上述两个理论框架的可行性:"感觉挺接地气的""能让数学深度学习落到实处"。同时又希望最好能够给出具体的课例,看看这两个框架到底在教学中是怎么体现的。下面就分别从数与代数、图形与几何、统计与概率三个领域各选择一个实例来说明。

1. 数与代数领域的实例

数与代数领域深度学习的实践研究点很多,这里介绍"运算律"单元分配律的教学。它是数学最为重要的核心基础知识之一,也是各套教材大同小异的教学内容。教材编排上的差异主要是交换律、结合律的处理。有的教材将两条交换律安排在一课,然后是两条结合律的连续教学;多数教材以运算为序,先学加法交换律、结合律,再学乘法交换律、结合律。共同点都是最后学习分配律。

分配律目前通行的教学流程如下：

呈现问题情境→得到两种算法→计算发现不同算法结果相等→思考这里的"相等"是偶然的还是必然的→举例验证，确信相等→概括结论。

不同教材细节处理上的主要区别：一是个别教材只用字母表征，没有给出文字语言的叙述（其他运算律也是如此）；二是个别教材只出现一个实例，就作出概括。

对于前一处理，不少教师基于自己的理解予以解读：不出现语言叙述意在杜绝学生背诵结论。这在一定程度上是一种误解。数学语言通常有三种主要的表现形态，即文字语言、符号语言、图形语言。三种形态各具特点，相互配合、转换，有利于促进理解。

后一现象常常引起教师质疑："只有一个例子怎能概括？"要知道举例再多也还是不完全归纳，多些例子可以加深印象，但充其量只是"知其然"。小学数学常常依靠验证来确认结论，那是难以让学生"知其所以然"的无奈之举。从培养学生数学素养的角度来讲，若能"说理"则用"说理"替代"验证"是"上策"。

在分配律的教学中，很长一段时期里都只是举例验证。直到2014年秋，终于有教材引进了依据乘法概念的说理（图2-8）[1]：

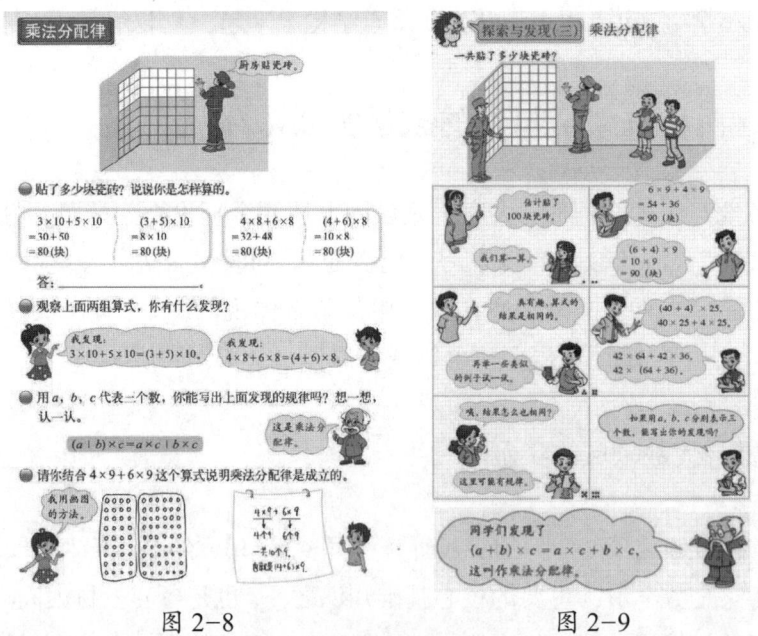

图 2-8　　　　　　　　　　图 2-9

---

[1] 刘坚, 孔企平, 张丹. 义务教育教科书·数学（四年级上册）[M]. 北京：北京师范大学出版社, 2014：56.

发人深省的是，一些使用该教材的教师只知道教材的情境修改了（瓷砖由白色变成了两色），居然教了也没发现教材用说理替代了验证："不可能吧，怎么会去掉验证环节呢？"仔细看教材，才发现确实删去了"再举一些类似的例子试一试"（图 2-9）[1]，但仍然试图找理由为"一例不能概括结论"的观点辩护"双色瓷砖相当于两个例子"，随即遭到反驳"两个例子就来归纳也太少"。

说来说去，还未醒悟"想明白了就无需再多举例"，因为无论相同加数是多少、有几个，等式都是成立的[2]。

进一步，分配律作为五条运算律之末，与前面已学的运算律难道没有联系？能不能启发学生根据已学运算律由等号一边推出另一边呢？非常遗憾，目前还没有哪套教材注意到了分配律的这一深度学习点。

学情调研发现，学了分配律之后一定会有学生将它与乘法结合律混淆。例如（25+7）×4，常有学生算成 25×4×7，什么原因？是不是如同长方形，只学周长没事，学了面积之后必然出现与周长混淆那样的通病。难道全是学生的问题，不是教学的问题？我们能否做些防患于未然的努力？

通过反思、分析，发现一个重要原因：在教学分配律时，没有凸显新知识与前面所学知识的实质性区别。那么，分配律和交换律、结合律的实质性区别又是什么呢？

这一系列问题，都将通过下面的课例给出回答。

课例 2-1　乘法对加法的分配律。

（一）复习引入

师：课件出示：我们已经学了加法、乘法的四条运算律，同学们都能用字母表示。

> 我们已经学了加法、乘法的运算规律，用字母表示：
> 加法交换律_____，加法结合律_____，适用于_____运算。
> 乘法交换律_____，乘法结合律_____，适用于_____运算。

师：谁再来说说，最右边两空填什么？

---

[1] 义务教育数学课程标准研制组.义务教育课程标准实验教科书·数学（四年级上册）[M].北京：北京师范大学出版社，2004：48-49.

[2] 曹培英.跨越断层，走出误区："数学课程标准"核心词的解读与实践研究[M].上海：上海教育出版社，2017：127.

生：加法交换律、结合律，适用于加法运算；乘法交换律、结合律，适用于乘法运算。

师：完全正确，这四条都是单一运算的规律，那么加法运算和乘法运算之间有什么规律呢？

学生愕然。

师：不知道没关系，这就是我们今天要学习的新知识。

［评析］以上复习，与众不同的首先是以"最右边两空"提醒学生注意，前面学的都是"单一运算的规律"。其次是通过设问，让"学生愕然"。为什么那么多学生通过各种方式超前学习了，却"不知道"？因为家长、补习机构的教师，还有教材都将分配律称为"乘法分配律"。学生将它归入单一运算规律，本在预判之中。恰恰是这"愕然""不知道"，使学生从一开始就引起警觉，对新旧知识作出了明确的、实质性的区分。这是教师有意识发挥"先入为主"心理优势的成功之举。它的效果还在于单刀直入，使学生带着"一探究竟"的求知欲进入学习。

（二）解决问题

师：想怎么学？

生：像前面那样，老师给问题让我们计算，发现规律。

师：好的。(出示图2-10)两个实际问题，同桌协商，每人各解决一题，完成后相互交换检查。

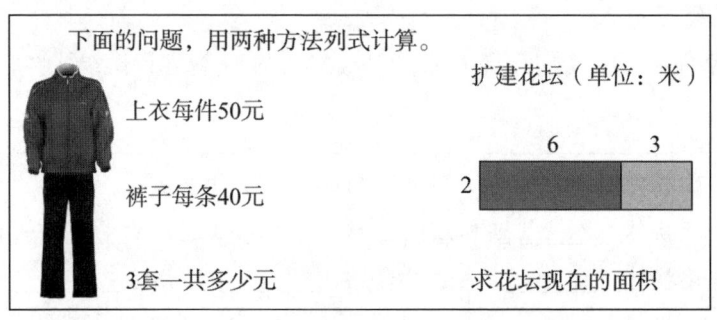

图2-10

（1）独立思考，同桌互动。(略)

（2）全班交流，解释算理。

师：通过解答这两个问题并交换检查，你发现了什么？

生：两个问题都有两种算法，结果相等。

教师根据学生的回答，先板书算式，再添上等号：

（50+40）×3=50×3+40×3　　　　（6+3）×2=6×2+3×2

师：为什么会相等？讲一讲道理。

生：3件衣服的钱加3条裤子的钱当然是3套衣服的钱。两种算法都是单价乘数量等于总价。

生：花坛的宽不变，长增加了，现在的面积可以看成一个长方形，也可以看成两个长方形相加，只要没算错，肯定相等。

师：这是联系数量关系、图形加以说明。能不能从左边的算式推出右边的算式呢？

师：愣住了，先看左边，括号乘3什么意思？

生：表示3个（表示50+40）的和。

师：没错，写下来。

教师板书：（50+40）×3=50+40+50+40+50+40。

师：哦，连加，前面学的什么运算律可以派用处了？

生：可以根据加法交换律、结合律，把3个50相加写在一起，3个40相加写在一起。

师：继续。

生：然后就是50×3+40×3。

师：哇！根据乘法的意义和加法交换律、结合律，就可以从左边推出右边。现在明白了，这个等式的意思是？

生1：3个90等于3个50加3个40。

生2：我看作90个3等于50个3加40个3。

师：是的，都说得通。那么，从右边推出左边怎么说？

生：3个50加3个40等于3个90。

[评析]教师并不满足于学生根据事理和数量关系，以及几何直观展开说理，还启发学生进行推导。听课的教师也和学生一样情不自禁地"哇"：原来分配律也能由小学生自己推导。

非常值得分析的是：为什么连教材编者与教师都未曾想到的推导，能如此轻易地由学生作出？有何诀窍？

试想：如果教师采用当下流行的提问方式，如"你看到了什么""你想说什么"，或者提出"大问题""核心问题"，如"数学原理是什么""怎么推导"，那么学生恐怕只能摇头。而针对思考的关键点、转折处加以具体点拨（如上述片断中，提问"左边括号乘3是什么意思"），自然就不会启而不发了。原来，

"诀窍"在于：抽象化的教学主张"远水救不了近火"，具体化的教学引导才能启迪学生的思维。

师：了不起！都是小小数学家。第2个例子从左边推出右边，动手试一试。

学生独立完成，然后交流：

（6+3）×2=6+3+6+3=6+6+3+3=6×2+3×2。

师：还要再举例吗？为什么？

生：不要了。把上衣、裤子换成别的单价，还是这样的等式。

师：不错，那就把单价、数量换成可以表示不同数的字母（边说边把50、40、3改写成 a、b、c，如图2-11所示）。

生：花坛问题也是，长、宽换其他数字，算式还是那样，也可以换成字母。

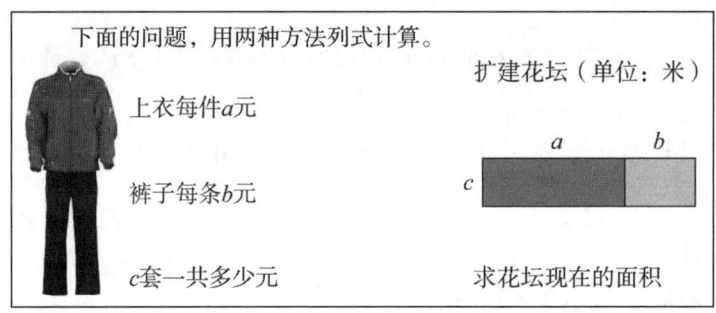

图 2-11

[评析] 至此，才明白教师之所以选择3套、2米这样的数据，是为了便于学生完成推导的书写，当堂巩固，使人人都能基本掌握这样的推导过程。

之后，"出乎意料"的提问"还要再举例吗？为什么？"，引发学生"情理之中"的回答，给"只知举例验证"的教师上了生动的一课。

再者，教师顺水推舟将数换成字母，展现由具体到抽象的过程，使不同程度的学生都能自然而然地理解字母的一般意义。对比之下，以往简单化的做法——一下子"用字母表示"整个结论，只适合一些抽象思维能力强的学生，更多的学生只能"依葫芦画瓢"，并没有真正理解抽象的必要性、合理性。

（三）概括结论

师：你能总结吗？同桌互相说一说，有困难看课本。最后把课本上的空白填完（图2-12）[1]。

---

[1] 人民教育出版社 课程教材研究所，小学数学课程教材研究开发中心. 义务教育教科书·数学（四年级下册）[M]. 北京：人民教育出版社，2014：26.

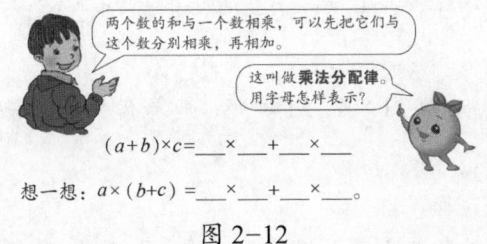

图 2-12

师：请看课本，两个数的和与一个数相乘，一共几个数？（生：三个）用字母表示 a、b、c，用文字表示两个、一个，哪种好？（生：字母）再读下去，可以把它们，"它们"指谁？（生：两个数）与"这个数"相乘，和谁相乘？（生：一个数）什么感觉？

生：用文字表示有点啰嗦，用字母表示更清楚。

师：是呀！用文字语言表示，规律稍复杂，就难免这个、那个，说不太清楚；用字母和数学符号表示，三个数先加后乘、先乘后加都一目了然。

师：知道这条关系加法和乘法的运算律叫什么吗？

生1：乘法分配律。

生2：乘法和加法的联系律。

师：有道理，数学中叫做乘法对加法的分配律，习惯上常常简称乘法分配律。一定要注意，它是加、乘两种运算的规律。

［评析］这里又给听课教师上了生动的一课。原来，用文字语言叙述能使学生体会数学符号语言的优势，培育抽象的衍生素养符号意识；原来，乘法分配律应该出示完整的名称，以凸显它所揭示的加、乘两种运算的重要联系。"课标2011年版"已经清晰注明"乘法对加法的分配律"，相信各版本的教材不久也会更改。

本课中，数学语言的三种形态——从图形语言到文字语言、符号语言——先后呈现在学生的眼前。执教者较为成功地比较了其中的两种形态，使学生体会到了符号语言的特点。对于四年级学生，有所感悟即可。作为教师，还应清楚图语言的局限性：表示长度的字母只能取正数值，而符号语言中的字母还可以表示负数。

（四）巩固练习（略）

（五）联系旧知

师：乘法对加法的分配律，今天才学，但过去早已悄悄在用。回想一下。

教师指了指黑板上的长方形。

生：长方形周长，长×2+宽×2=（长+宽）×2，就用到了乘法对加法的分配律。

师：还有乘法，比如21×4，21×35，是怎么根据乘法对加法的分配律来计算的？

……

[评析]新旧知识相互联系，促进融会贯通，是众所周知的数学教学策略。但在过去的教学中，这一策略很少出现在运算律的教材、教学中，究其原因，主要是一直以为运算律的应用就是简便运算。这是十分狭隘的。本课的"联系旧知"环节，弥补了这一不足。

（六）拓展学习

师：计算102×3，还需要打草稿吗？

生1：不要了，可以口算100个3加2个3，等于306。

生2：也可以想3个100加3个2，是306。

师：真好。那么98×3呢？怎么口算？

生：把98看作100减2的差，口算100个3减去2个3，等于294。

板书：（100-2）×3=100×3-2×3。

师：咦，是不是乘法对减法也有分配律呀？

生：是的。

师：你们能讲讲道理吗？能从算式的左边推出右边吗？

生3：用买衣服打比方，就是c件上衣比c条裤子贵多少元。

生4：花坛不是扩建，而是缩小，也可以说明$(a-b)×c=a×c-b×c$。

生5：用字母从左边推出右边我不知道怎么写，数字可以的，就是3个（100-2）的差……

教师按照学生的叙述板书：

（100-2）×3=100-2+100-2+100-2=100+100+100-2-2-2=100×3-2×3。

……

从二维落脚点框架来看，本课的主要表现相当典型：

深在内涵与本质上 { 之所以然的解释：根据事理、图形、算理说明
数学思想的感悟：演绎推理、抽象、数形结合

深在过程与方法上 { 知识的来龙去脉：源于乘法意义与加法运算律
学习的经历体验：特殊到一般，等式两边互推

对照 SOLO 分类,我们认为:

以往的教学大多属于单点结构水平。有的教师很形象地说:c 要分配给 a,c 也要分配给 b,才公平。如此富有儿童色彩的语言加工,实质还是就分配律讲分配律。

多点结构水平表现为数字算式、实际问题、几何图形等多侧面的展现,但缺乏内在原理的沟通。

关联结构水平的表现首先是多种实例获得共同算理的数学解释,其次是了解了运算律在计算法则、求积公式推导等方面的重要应用。

拓展抽象结构水平主要表现为由 $(a+b)×c$ 拓展至 $(a-b)×c$,同样面对多种实例,用共同算理作出解释,可以说学习进入了拓展抽象结构水平。

2. 图形与几何领域的实例

小学数学图形与几何领域几乎所有的学习内容都具有直观性与可物化、可操作的特点,因此,相对其他内容领域来讲,更易于设计探究实验活动。

然而,正如奥苏贝尔所指出,采用发现法的学习可能是有意义的,也可能是机械的。这种情况在小学的几何教学中同样存在。

以长方体体积计算的探究为例。通常的设计是引导学生用体积单位的小立方体摆出长方体,然后思考一共用了多少个体积单位,体积单位的总个数与长方体的长、宽、高有什么关系,最后总结算法,得出公式,如图 2-13[1] 所示。

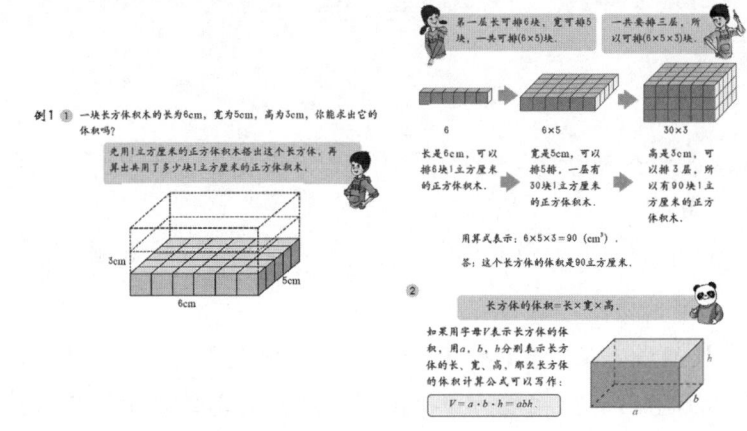

图 2-13

---

[1] 上海市中小学(幼儿园)课程改革委员会.九年义务教育课本·数学·五年级第二学期(试用本)[M].上海:上海教育出版社,2015:40-41.

应该说，引导丝丝入扣，算理细致入微，从一行与长的关系，到一层与长乘宽的关系，再到几层与长乘宽乘高的关系，清清楚楚。

但从深度学习的视角看，首先，探究路径是教师给定的，不是学生自己想到的，他们并没有思考为什么要观察长、宽、高与体积的关系；其次，学生沿着预设路线进入了一条无障碍学习通道，失去了探究的挑战性，而且就长方体体积论长方体体积，缺失长方形与长方体、面积与体积的类比。

基于反思，我们的教学改进力图释放思考、探索空间，尽可能发挥学生的主观能动性。

课例 2-2 长方体的体积。

（一）启发猜想

开门见山，直接抛出问题：怎样计算长方体的体积？你有哪些想法？或者略加点拨：我们前面学了长方形的面积计算，长方形面积与什么有关？怎样计算？长方体呢？你有什么猜想？

生1：长方形的面积大小是由长和宽决定的，长方体的体积大小是由长、宽、高决定的，多了一个高。

生2：长方体越长，体积越大；长方体越宽、越高，它的体积也会越大。

随着学生的回答，教师逐步出示（图2-14）：

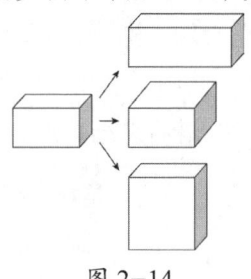

图 2-14

生：计算长方形面积的公式是长 × 宽，计算长方体体积的公式我想应该是长 × 宽 × 高。

师：真好，看到长方体联想到长方形，由长方形面积计算类推长方体体积计算。有不同意见吗？

[评析] 教师先不呈现实际问题，直接从数学视角切入，有助于学生集中注意力，由平面图形类比相应的立体图形。这样的类比是中学几何教学普遍采用的策略，小学也应该且可以采用。学生在三年级就已经领悟长方形面积大小取决于长和宽，虽然时隔两年，似乎记忆犹新，因此很容易由此及彼，推测长方体的体积大小取决于长、宽、高。个中原因，无非是长方形、长方体的

大小是生活中时常有的感受,具有足够的经验支撑。教材、教学忽略这一类比猜想,是非常可惜的。

(二)实验验证

师:有了想法,再来联系实际。这是一块长方体木头,怎样求出它的体积?

生:先要量出它的长、宽、高。

师:每个小组都有相同的一块木头,动手量一量、算一算。

学生量得木头长4厘米、宽3厘米、高2厘米。

师:按照你们的猜想,这个长方体的体积是?

生:4×3×2=24(立方厘米)。

师:小组合作,拿出体积单位的学具,按尺寸摆一个长方体,验证并说明为什么这样算。

[评析]由教材、教师给出长、宽、高,到学生自己想到、自己测量,这一不起眼的改变,使学习由以往"受指挥、被摆布"的探究提升为"自我觉悟、自主实施"的探究;也基本解决了"为什么要这样探究""怎么想到的"等探究的目的性、自主性问题,促进了学生元认知的发展。

(三)交流说理

师:同学们通过实验验证了按照长4厘米、宽3厘米、高2厘米摆出来的长方体体积确实是24个立方厘米。谁来说说摆的过程与长×宽×高的联系?

生1:一行摆4个,一层摆3行,摆2层,4×3×2,一共有24个立方厘米。

生2:因为长4厘米,说明一行有4个立方厘米;宽3厘米说明正好摆3行;高2厘米,说明有2层。所以,一共是4×3×2个立方厘米。

教师根据学生的回答依次演示(图2-15):

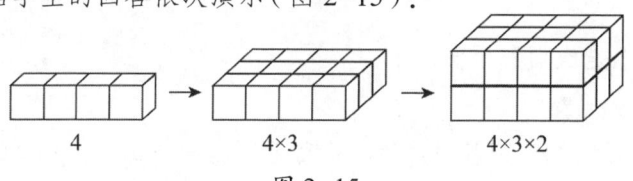

图2-15

师:把长、宽、高看作体积单位的个数,用乘法就可以算出长方体一共含有多少个体积单位,也就是它的体积。理解了原理,还要再举例吗?为什么?

生:不需要再举例了,因为再举例只不过每一行的个数、行数、层数不同,计算方法和原理是一样的。

师:有道理,那就总结公式,用字母表示。先独立思考,再打开课本,看看书上是怎么总结、怎么表示的。

……

[评析]这里我们再次看到,一旦知其所以然了,举例验证也就可有可无了。"可有"是为了照顾那些抽象思维能力较弱的学生,消除他们的"将信将疑";"可无"是适应学生已经"想明白",并认识到再举例是多余之举的实际水平。

(四)应用巩固

(1)填表。

表 2-1

	长 /dm	宽 /dm	高 /dm	体积 /dm³
长方体 1	12.5	8	5	
长方体 2		6	7	420
长方体 3	100dm²		6.5	

(2)引出底面积乘高:$V=Sh$。

[评析]练习采用填表形式,有利于提高学习效率。表中的长方体 3,为提炼"底面积 × 高"的公式作了铺垫。

从 $V=abh$ 到 $V=Sh$,体积计算水平有了质的提升,因为两者的应用范围是无法等量齐观的。教师必须注意,小学数学不出现柱体的概念,也不涉及祖暅原理,因此难以对 $V=Sh$ 作出一般的算理说明。

(五)拓展变化

(1)讨论柱体体积。

师:像这样横截面处处相等的立体图形(图 2-16),你会算它的体积吗?

生:会,也是底面积乘高。

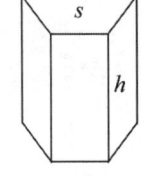

图 2-16

师:为什么呢?

生:因为可以把它割补成底面积、高不变的长方体,长方体的体积就是它的体积。

师:很好,把平面图形的割补用到立体图形上来了。上学期我们学了立体图形横截面的计算,现在呢?

出示图 2-17[1]:

---

[1] 孙丽谷,王林. 义务教育教科书·数学(五年级上册)[M]. 南京:江苏教育出版社,2013:19.

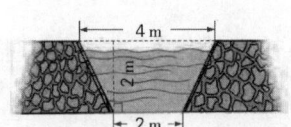 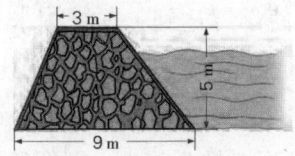

图 2-17

生：现在只要再告诉我们水渠、堤坝的长度，就可以求它们的体积了。

（2）实际应用练习。

求下面燕尾槽（图 2-18，右边部分）的体积（单位：厘米），已知缺口的梯形上底为 2 厘米，下底为 4 厘米，高为 2 厘米。

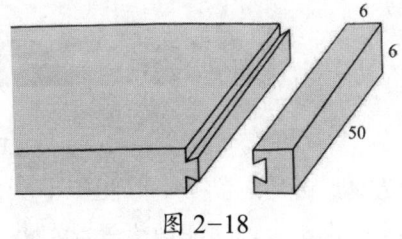

图 2-18

横截面的面积：6×6-(2+4)×2÷2=30（平方厘米）；

燕尾槽的体积：30×50=1500（立方厘米）。

[评析] 这是比较常见的拓展，但上述教学有两个值得评介的特色。

一是启发学生说出：为什么由长方体体积计算得出的公式，也能用于这个明显不是长方体的形体？从而在一定程度上弥补了 $V=Sh$ 算理解释的缺失。

二是一如既往地启发学生联系平面几何的相关内容，展开类比，促进对立体图形体积计算的理解。

在这一课例中，二维框架的四个落脚点也都有所体现：

所以然的解释，主要是"长 × 宽 × 高"过程的说理；

数学思想的感悟，较突出的是等积转化的推理；

知识来龙去脉的主线为"长方形面积→长方体体积→柱体体积"；

学习的经历体验，除了二维图形与三维图形及其计算的类比经验，还有自发生成探究目的、探究思路，自主实施探究操作的体验。

用 SOLO 分类来评价，则学生的学习成果足以表明教学进入了第 4、5 层次。它给我们的启示是：以教学系统的整体观分析相关教学内容，把握前后知识之间的内在联系，就有可能让学生主动跳一跳、摘果子。事实上，一般学生都能由此及彼，由长方形类比长方体，由面积类比体积，自己发现、验证、解释体积公式,使学习达到关联结构水平。

后续练习课能否进一步拓展变化,将长方体体积计算方法推广至更一般的柱体,使学习向拓展抽象结构水平迈进?

我们的实验性教学表明,即便给出斜棱柱(图 2-19),不少学生也能猜想它的体积计算方法 $V=Sh$（h 为上、下底之间的距离）。过去总以为这在小学很难验证、讲清道理,所以一直以来教师通常不主动提出这类变化。实践中发现,只要拿一沓练习本,就能轻而易举地作出直观说明(图 2-20):

图 2-19　　　　　　图 2-20

先将练习本摞成长方体,再均匀斜放,形变积不变,两种形体体积的内在联系显露无遗。可见,适当的实物直观能放大学生的最近发展区。

3. 统计与概率领域的实例

小学数学统计与概率的学习内容大多比较简单,难度不大,以致不少教师认为这一领域难以开展深度学习。其实不然。就拿平均数来说,小学主要学习算术平均数,但适当渗透具有加权平均背景的实际问题,也是可行的。

例如,学习"平均数"后,有一名学生提出了这样的问题:我在帮语文老师进行班级成绩统计时,经常看到各分数段的统计表,那样的表格可以进行各班平均分的计算和比较吗?

教师意识到学生提出了一个可供拓展学习的问题,于是在练习课中设计了一项探究活动。

课例 2-3　利用成绩分段统计表,估计平均数。

（一）提出问题

师:××同学在协助语文老师统计成绩时提出了一个有关平均数的问题。

出示表 2-2:

表 2-2　五年级语文测试成绩统计表

分数段/分	100	99~90	89~80	79~70	69~60	59及以下
五(1)班	0	10	20	9	1	0
五(2)班	0	11	21	8	0	0
五(3)班	0	7	6	19	8	0
五(4)班	0	16	18	3	3	0
五(5)班	0	12	24	3	1	0

（1）看表能估计各班的平均分吗？

（2）怎样利用表中的数据求各班平均分的近似值？

师：小组合作，先讨论解决第（1）题的估计问题，再列出算式，用计算器计算，回答第（2）题。

[评析]教师利用学生发现、提出的问题，精心选择数据，设计了上面的频数分布表，以便于学生有所发现，感悟各段数据对整体平均数的影响。

（二）解决问题（1）

学生兴趣盎然，各抒己见，第（1）题基本能达成共识：

五（1）班89分以上与80分以下的都是10人，89~80分人数最多，占了一半，平均数一定在89~80之间，所以估计全班平均分在85分左右。

五（2）班也是89~80分人数最多，超过一半，平均数也应该在89~80之间，89分以上人数比80分以下人数多，所以平均分肯定比五（1）班高一点。

五（3）班79~70分人数最多，79分以上有13人，70分以下8人，平均数应该在79~70之间，比75分高一点。

……

师：很好，大家都能自觉根据移多补少的思路，进行平均数的估计。

[评析]在以往的教学中，移多补少大多用于较为简单、数据较少的情况，通过口算求平均数；极少将移多补少用于平均数的估计。不难看出，学生估计的有效性得益于教师设计的数据隐含了些许提示。

（三）解决问题（2）

（1）求平均数的近似值。

第（2）题难以达成一致。有的小组认为只能算出各班平均分低于、高于多少，方法是用每个分数段最高分、最低分乘人数，算出总分，再除以总人数。

例如：

五（1）班的平均分最高为：（99×10+89×20+79×9+69）÷40=88.75（分）；

五（1）班的平均分最低为：（90×10+80×20+70×9+60）÷40=79.75（分）。

有学生补充，算出了可能的最高平均分，最低平均分就不用再从头算了，只要减去9就行了，因为每个分数都少了9，平均数一定减9。

[评析]这是执教者并未预设的一个意外收获。学生观察计算器的计算结果，发现了其中的规律，并给出了因果关系的合理解释，可以说是一种科学归纳推理（不完全归纳+原理揭示）。

也有小组认为可以用每个分数段的"中间数"乘人数来算总分，如何取"中间数"呢？有的小组认为中间数的个位是5，即95、85、75、65；有的小组认为应该是每个分数段头尾两数的平均数。两种看法各有理由，学生争论不下。

师：每段的数十位相同，个位可以是0~9，"中间数"是5吗？

板书：0、1、2、3、4、5、6、7、8、9。

学生马上反应过来：比5小的是0~4，有5个；比5大的是6~9，只有4个；5不在正中间。也就是说，个位一共十个数，"中间数"应该在4、5之间，取4.5才合理。

补充完善：0、1、2、3、4、4.5、5、6、7、8、9。

这才使全班认同"头尾两数平均"的方法。

[评析]这是教师预设的探究重点之一，用"组中值"代表该组的实际数据，把"频数"看作各组中值的"权重"。用"组中值×频数"求各组的总分。这本是统计学中利用频数分布表求加权平均数的普通方法，可贵的是学生跳过了名词术语，通过试误、比较，凭自己的理解发现并掌握了统计学的方法。

（2）渗透数据离散性的比较。

作为练习，每人选择一个班，用公认的方法计算该班平均分。

学生交流后发现，五（4）班与五（5）班的平均分相等：

（94.5×16+84.5×18+74.5×3+64.5×3）÷40=86.25；

（94.5×12+84.5×24+74.5×3+64.5×1）÷40=86.25。

教师顺水推舟，追问：两班的平均分相等，他们成绩的总体情况就没有差异了吗？学生一下愣住了。在教师提醒下，他们再次观察表中数据，很快发现了端倪。

生1：如果把80分以上算优良，那么五（4）班优良人数比五（5）班更少。

生2：五（4）班高于89分、低于80分的人数比五（5）班都更多，说明他们班的成绩没有五（5）班整齐。

师：对，五（5）班的成绩确实更均匀一些。通过比较，我们发现平均数只能表示一组数据的一般水平。因此，以后还要学习怎样用一个数表示一组数据参差不齐的程度。

［评析］至此，教师的设计意图显露无遗。对于五（4）班与五（5）班，用通法求出的平均分正好相等，两班的成绩有没有差异呢？学生通过观察、思考，发现了眉目，小学生的数据分析意识由此充实了新的内涵。

从深度学习的落脚点来看，两个维度、四个方面，本课都有淋漓尽致的表现。最为突出的是数学思想方法的感悟与数学活动的经历与体验。综观整个教学活动，教师颇具匠心的设计促使学生的认知在原有基础上逐步深化、逐步拓宽。

看表估计：渗透数据的正态、偏态分布，调动学生移多补少的认识，用于平均数的估计。

探究根据分段统计表（频数分布表）求平均数的方法：渗透中位数，激活学生求某一范围内最大、最小值的经验，发现、归纳计算平均数的新方法。其间还有教师意料之外的收获：发现了最大值与最小值之间的规律。

应用、巩固新方法：感悟平均数作为统计量的局限性，为进入中学学习一组数据的差异量数作了铺垫。

很明显，在这灵活应用、探究新知的活动中，学生的认知进入了平均数相关知识的融会贯通与深化拓展层面。保守地说，至少处在"关联结构水平"与"拓展抽象结构水平"之间。

其间，学生在解决问题（2）时的磕磕碰碰，印证了建构主义的一个观点：知识并非一用就准，一用就灵，需要针对问题的具体情境对原有知识进行再加工和再创造。

4. 不同内容领域实施深度学习的共同关键

为了回应教师的关切，我们对以上三个内容领域的课例都作了对照两个理论框架的分析。

我们的实践体会是，这些框架为教师提供了设计、施教、评价的线索，但实现深度学习的关键，还在于整合教材研究与学情研究的教学前端分析。

以知识来龙去脉的分析为例，仅仅聚焦整个单元是不够的，还必须通观内容领域的全局，并将中小学数学的衔接、贯通纳入我们的视野。例如：

四年级乘法对加法的分配律，既联结二年级学习的乘法意义，又考虑到学习有理数之后加减法统一成代数和，即$(a±b)×c=a×c±b×c$。这就构成了整节课的主要教学脉络。

五年级长方体的体积，既联系三年级长方形的面积计算，又关照中学立体几何中柱体、祖暅原理等知识，有机渗透。

类似地，五年级的平均数，以三、四年级估算和估计算式取值范围的学习为基础，并由刻画数据集中趋势的算术平均数，向加权平均数和数据离散趋势的刻画伸出触角。

这些针对后续数学学习内容的恰如其分的渗透与铺垫，其"度"的把握，离不开对学情的深入了解。

所谓"吃透教材、吃透学生"，实乃有效实施深度学习必须遵循的教学基本规律。我们将在第四章中展开专题探讨。

第三节　数学学习的理解及其具体表现

如前所述，深度学习从理解起步，又在理解中展开、深化。国际上所提倡的"为理解而教"虽不是全新理念，但无疑是数学教学的至真追求。

教师们都知道理解至关重要，同时又都清楚"真正理解"进而"认识本质""内化知识"并不容易。因此，有必要对理解作一番较为深入的探讨。

一、数学理解的理论

1. 关于理解

古往今来，无数学者从哲学、心理学、社会学等众多视角给出自己对"理解"的解释。在我国,"理解万岁"曾经成为大众的流行语,铸造了一代人的良好品格。在教育领域,理解历来是教学价值的重要体现。

遗憾的是,"(理解)这个词,曾经被心理学家和教育学家们用得如此含糊,以致教师们也在相当随便地使用它而不能给它明白地下定义"[1]。

什么是理解?心理学的不同学派有着各自的见解。巴甫洛夫(Иван Петрович Павлов)的"条件反射学说"与行为主义学派认为,理解就是多次刺激反应的联结,由旧联想形成新联想;格式塔学派的"顿悟学说"认为,理解是对事物间联系的突然领悟与贯通;认知心理学认为,"理解实质上就是一个学习者以信息的传输、编码为基础,根据已有信息建构内部的心理表征,并进而获得心理意义的过程"[2];建构主义理论则强调理解的主动性、意义的个性化。近年来的演化,趋向于整合的理解观,即在关注个体认知与建构的同时,还重视情境与文化等外在因素对理解的影响。

可见,随着历史与时代的变迁,心理学的理解观也在不断与时俱进,如今又得到了大脑神经科学研究的生理学支撑。然而,脑科学研究的进步,迄今只是精准测定了某些思维活动的大脑区位及其神经环路,离真正打开人类思维活动黑箱一探究竟,还很遥远。

事实上,无论是最初基于动物实验的"刺激—反应—强化"理论与"顿悟"理论,还是当下正在获得神经科学实验佐证的认知心理学与建构主义理论,都是从不同侧面对理解的刻画,都是"盲人摸象"与"一叶知秋"的混合体,都有一定的解释力,因而都有可能在小学数学学习中找到有效实践的印证。试举一例。

■ **案例** 2-3 探究和的奇偶性[3]。

(1)课前游戏。

① 给图形分类(图 2-21)。

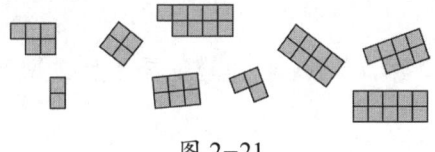

图 2-21

---

[1] 比格 M L. 学习的基本理论与教学实践[M]. 张敷荣, 张粹然, 王道宗, 等译. 北京:人民教育出版社, 1991: 363.

[2] 李新成. 现代认知心理学关于理解过程的研究[J]. 教育理论与实践, 1997(2): 46-50.

[3] 李雯. "奇数与偶数"教学实录[J]. 小学数学教育, 2017(3): 55-57.

② 找两个能拼成长方形的图形。

如图 2-22：

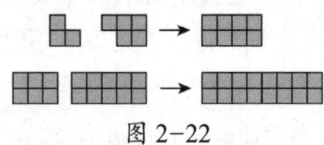

图 2-22

（2）激活生活经验。

① 剧院看戏单、双号门进入。

② 汽车按尾号限行。

图 2-23

（3）认识奇数、偶数，引进图形表示。（略）

（4）探究：偶数加偶数、奇数加奇数。

① 有奖游戏。

游戏规则：转动转盘，停下后指针指的那个数，再加这个数本身。和是奇数，就有大奖；如果是偶数，就没有奖。

学生尝试，很快有人发现不可能得奖。为什么？引出猜想：偶数＋偶数＝偶数，奇数＋奇数＝偶数。

② 独立思考，验证猜想。

③ 全班交流。

生：我研究的是偶数加偶数，我的验证是 2 加 2 等于 4，结果是偶数加偶数等于偶数。

师：她用两个相同的加数来举例验证。还有其他的验证吗？

生：可以 2 加 4 等于 6。

生：还有，0 加 2 等于 2，2 加 10 等于 12，和都是偶数。

生：我通过拼图形来验证，长方形再拼上一个长方形还是长方形。

师：如果更大的两个偶数相加，还需要再举例子验证吗？为什么？

生：不用再验证了，因为偶数都可以摆成一样宽的长方形，两个合起来还是一个长方形。

　　生：我用数字说明，偶数不管多大，个位都是0、2、4、6、8,其中任何两个相加都是偶数。

　　"奇数+奇数=偶数"的说理。（略）

　　（5）类推偶数加奇数的结论。

　　师：还有哪种情况刚才有奖游戏中没有出现？

　　生：还有一种情况，奇数加偶数，结果一定是奇数。

　　师：还需要验证吗？能说理吗？

　　生：不需要了，因为长方形和缺一个角的拼起来，还是缺一个角。

　　师：是的，用我们的图形拼，一眼就看出来了，一奇加一偶肯定是一个奇数。

　　……

　　以上教学片断中，建构主义与情境认知理论的色彩鲜明：教师创设的问题情境多样、生动，且揭示了数学概念的丰富现实背景；学生的意义建构也颇具个性，且吻合数学内涵。从中可以看到情境与文化等外在因素对理解的积极影响。

　　除此之外：学生各自不同数据、图形的举例验证，相当于"刺激—反应"的反复"强化"，其实质是数学的事实性理解；教师的点拨"如果更大的两个偶数相加，还需要再举例子吗？为什么"促发了学生的"顿悟"，他们分别从形与数两方面作出说理，其实质是数学的原理性理解。后面的类推，进一步提供了学生"豁然开朗"的证据。

　　20世纪90年代美国零点项目和哈佛大学教育研究生院基于30多年实践研究，开发了"为理解而教"的培训项目，成为在美国兴起理解性学习思潮的组成部分，旨在帮助教师设计、实行并反思以促进学生理解为目的的课堂实践。我国上海、北京等多地的教师培训机构曾经引进了该培训项目。

　　该项目给出了其对理解的解读：理解是指有能力针对一个主题展开一系列的思考活动；理解作为一个过程是指个体运用已有知识、经验去认识未知事物的属性、联系，直至揭示其本质及规律的思维过程。这是从教学活动、思维过程视角作出的诠释，比较贴近课堂教学的实际。

2. 关于数学理解

　　说到数学理解，人们常常引用两位美国教授希伯特（J. Hiebert）和卡彭特（T. P. Carpenter）的定义："一个数学的概念或方法或事实被理解了，那么它就会成为个人内部网络的一部分……理解的程度是由联系的数目和强度决定的。"[1]我国李士锜教授认为："学习一个数学概念、原理、法则，如果在心理上能组织起适当的有效的认知结构，并使之成为个人内部的知识网络的一部分，那才说明是理解了。"[2]两者的共同点，都是从认知结构的视角给出数学理解的界定，与心理学关于理解的一般化界定相比，并无实质性的具体化。

换个角度，采用分类的方法刻画数学理解的成分，给研究带来了新的进展，如英国数学教育研究者斯肯普（R. Skemp）在1976年发表的论文《关系性理解与工具性理解》[3]。两类理解的差异，简言之即知其所以然与只知其然。这一分类很快引起学界争议，主要的批评意见如：理解不是全对、全错的结果，也不存在全有、全无的两个极端。到了1987年，斯肯普对数学理解的内涵作了补充，增加了形式性理解。

在斯肯普的三种理解基础上，又有学者添加了第四种理解——直觉性理解（Fischbein, 1987; Stavy, Tirosh, Tsamir & Ronen, 1996; Tirosh & Stavy, 1999）。

这一按理解水平层次的分类，同样可以在小学数学学习中找出对应的实例。就拿案例2-3来说：

学生会用摆成两行的长方形表示偶数、奇数，并用来探究，但不知道为什么这样摆，属于工具性理解。

学生不但会运用偶数、奇数的这种几何模型（图2-24），还能在学了奇偶数概念之后根据定义讲出道理，如"因为偶数是2的倍数，所以摆成两行的长方形很合适"，这就是关系性理解。

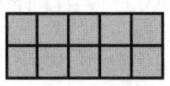 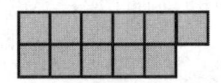

2的倍数：偶数　　　　除以2余1的数：奇数

图2-24

---

[1] 格劳斯 D A. 数学教与学研究手册[M]. 陈昌平，王继延，陈美廉，等译. 上海：上海教育出版社，1999：131-136.

[2] 李士锜. PME：数学教育心理[M]. 上海：华东师范大学出版社，2001：64.

[3] Skemp R R. Relational and instrumental understanding[J]. Mathematics Teaching, 1976（77）：20-26.

学生借助偶数、奇数的几何模型，推知"偶数＋奇数＝奇数"等结论，所谓"一眼看出"是直觉性理解的典型表现。

进一步，有些学生还能对结论作出令人信服的解释，如：偶数不论大小，都能摆成恰好两行的长方形，奇数都能摆成两行缺了一块的长方形，它们拼起来都是一个两行缺一块的长方形。这样的陈述，实际上已是一种几何证明图2-25）：

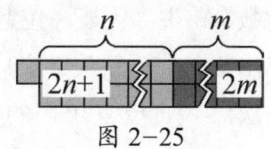

图 2-25

它与形式化的证明

$$（2n+1）+2m=2（n+m）+1$$

只是表达方式上有差异，本质上是一致的。

二、数学理解的表现

既然关于数学理解的界定不可能获得公认，甚至趋于统一都是一种奢望，那就不如回到教学实践场域，从数学理解的表现切入，给出大致趋同的刻画。

例如，我国1992年颁布的《九年义务教育全日制小学数学教学大纲（试用）》关于教学要求用语的说明中有如下表述："理解：是指对所学的知识有理性的认识，能够用语言表述它的确切含义，知道它的用途，知道它和其他知识间的联系和区别。""课标实验稿"对"理解"的刻画是"能描述对象的特征和由来，能明确地阐述此对象与有关对象之间的区别和联系"。"课标2011年版"的说法基本不变。

从小学数学教学实际来看，学生的数学理解可以表现在很多方面。课标刻画的"描述""阐述"两类学习行为，主要有以下四方面基本的具体表现。

1. 解释说明

学生的说明除了陈述数学事实，解释"是什么"，还应尽可能描述对象的特征、由来和应用，说明"为什么"，以达成较为本质的数学理解。

同时，还应在允许学生复述课本陈述的前提下，鼓励他们尽可能用自己的语言解释说明。这对学生是一种挑战,对教师的敏锐判断、回应也是一种考验。

例如,什么是循环小数?教材的描述是"一个数的小数部分,从某一位起,一个数字或几个数字依次不断重复出现,这样的小数叫做循环小数"。让学生用自己的话回答:

① 数字反复不断出现的数(缺失"小数部分""从某一位起""依次");
② 小数部分没完没了的数(缺失"从某一位起""依次""重复");
③ 小数部分数字有规律出现的数(缺失"从某一位起""不断");
④ 小数点后面的数字按次序一直反复出现的数(缺失"从某一位起");
⑤ 小数点后面从某一位开始的数字按规律反复出现无数次的数(认可)。

2. 寻找例证

数学知识的解释说明还可以结合举例,这是小学数学比较常用的方式。学生的举例可以是数学对象的例子,也可以是现实生活中的实例。除了举出正例,必要时也可要求举出反例。

多数情况下,让学生举例说明所学数学知识,轻而易举。但数学的抽象性又决定了寻找例证并非处处"通行无阻"。例如,直线就是不宜举例的数学概念。

又如,学习循环小数时,学生很自然会问:有没有无限不循环的小数?教师一般回答"有,六年级学习的圆周率就是一个"。然而,个别学生还是将信将疑,尤其是当教师应用抽屉原理说明两个整数(除数不为0)的商,如果不是有限小数,一定会出现循环,他们的困惑更加挥之不去:"明明商不是有限小数,就是无限循环小数,怎么还会有无限不循环小数呢?"教师只能用"圆周率印成一本厚厚的书还没到头""数学家已经证明它是无限不循环小数"等说辞来"搪塞"。

一般认为,历史上最早发现的无理数源于古希腊数学家、毕达哥拉斯学派的希帕索斯(Hippasus)发现正方形边长与对角线"不可公度"[1];小学数学课

---

[1] 指边长为1的正方形,它的对角线不能表示成两个整数之比。这与毕氏学派"万物皆数"(指有理数)的信念大相径庭。传说希帕索斯因违反了针对这一发现的"封口令"而遭到灭顶之灾。

本中出现的唯一无理数是圆周率。但是，$\sqrt{2}$ 和 π 用小数表示无论取多少位，都无法让小学生感知"无限不循环"。无理数的其他来源更远离小学生的接受水平。还原数学史的真实，在这里恐怕行不通。

不妨跳出历史与理论的羁绊，人为构造小学生看得懂的无限不循环小数。例如，2.010010001……既是无限不循环小数的正例，也是无限循环小数的反例。

实践表明，构造这样的实例迎合了小学生善于找规律的特点，他们不但一下就能发现这个小数确实无限不循环，还能自己尝试举例，并感悟这样的无限不循环小数有无数个[1]。

3. 自我表征

教师、课本及其他各种媒体呈现的信息（称为外部表征），进入学生大脑，就会被加工形成个人自己的存储、表达方式（称为内部表征，即心理表征）。心理表征（简称表征）就是信息在头脑中的呈现方式。有人说高手与普通人的区别，在于前者拥有更多、更好的心理表征。这话不无道理。

双重编码理论认为，人有两种不同的心理表征系统，即语词系统、图形或表象系统。让学生解释说明，就是语词表征的外显。因为信息的加工、提取与存储、表达，语言与非语言的表征同等重要，所以除了语言表达，还应重视学生数学理解的非语言表征。

例如，教学"集合"（图 2-26）[2]：

| 1 | 下面是三（1）班参加跳绳、踢毽比赛的学生名单。 |

跳绳	杨明	陈东	刘红	李芳	王爱华	马超	丁旭	赵军	徐强
踢毽	刘红	于丽	周晓	杨明	朱小东	李芳	陶伟	卢强	

参加这两项比赛的共有多少人？

图 2-26

学生对于本题数量关系的表征可谓五花八门（图 2-27）：

---

[1] 曹培英.民族文化促进数学理解例谈——兼议 HPM 的实践探索[J].小学数学教师，2021（2）：4-14.

[2] 人民教育出版社　课程教材研究所，小学数学课程教材研究开发中心.义务教育教科书·数学（三年级上册）[M].北京：人民教育出版社，2014：104.

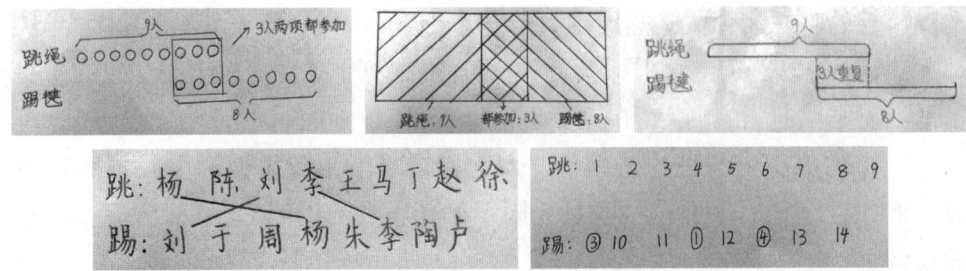

图 2-27

上述表征能够反映出学生的理解,有助于一部分不善言辞的学生扬长避短。同时,大量的实践表明,以多元表征外化学生思维,也是促进理解的有效策略。

4. 辨析异同

国外关于有效教学的研究指出,"鉴别相似性和相异性的心理操作是人类思维的基础,确实可以把它们当作所有学习的核心"。有研究表明,影响学生成绩的多种教学策略中,"鉴别相似性和相异性"的"平均效应值"位居第一[1]。

所谓的"鉴别相似性和相异性",恰恰是我国小学数学最常用的"比较异同"教学策略,也是学生数学理解的重要表现之一。

例如,判断质数与合数,都是根据一个大于 0 的整数所含因数的个数来区分的:质数只有 1 与它本身两个因数,合数除了 1 与它本身还有其他因数。也可以说质数只有两个因数,合数有三个或更多个因数。

有时,还有必要联系容易混淆的概念加以辨析。以质数、合数与偶数、奇数为例。首先区分概念:

质数、合数(是否多于 2 个因数);

偶数、奇数(是不是 2 的倍数)。

然后让学生独立思考,完成填空:

① 既是质数,又是偶数＿＿＿＿；

② 既是质数,又是奇数＿＿＿＿；

③ 既是合数,又是偶数＿＿＿＿；

---

[1] 玛扎诺,皮克林,波洛克.有效课堂——提高学生成绩的实用策略[M].张新立,译.北京:中国轻工业出版社,2003:8-14.

④ 既是合数，又是奇数_____。

也可以只出示①，由学生类推提出后三个问题，自问自答。

除了数学概念，有关性质、算法、公式等，也都可以根据需要，引导学生辨析异同。比较典型的如：棱长6厘米的正方体，它的表面积与体积。学生一般都能发现：结果数值相同，都是216，但算法含义及216的几何意义、单位都有本质区别。

如果说解释说明、寻找例证、自我表征是"描述对象特征和由来"的表现，那么辨析异同无疑属于"阐述此对象与有关对象之间的区别和联系"的表现。

再进一步，学生的数学理解还有以下两方面的表现。

5. 归纳概括

归纳概括是数学理解的深化表现。它是在辨析异同基础上由此及彼、由表及里深入思考的结果，其核心是提炼。

小学生对于数学知识的归纳概括，可以用数学语言陈述，也可以是非数学语言的比喻。

例如，整数、小数加减法的算法可以归纳为：数位对齐、低位算起、满十进一，退一作十。整数、小数、分数加减法的原理可以概括为：相同计数单位的数才能直接相加减。

又如，平行四边形、长方形、正方形都是对边平行且相等的四边形，它们之间一般与特殊的关系（长方形四个角都是直角，正方形四个角都是直角且四边相等），有学生将其比喻为"都是少先队员，长方形、正方形好比是少先队员中的小队长、大队长"。虽说不很确切，但也是一种有助于类比理解的个性化意义建构。

6. 解决问题

数学问题解决离不开相关的知识基础，因此学生的数学理解在问题解决中也会有大量的表现。理解的最好证明就是将所学知识应用于新情境下的问题解决。反过来，通过解决问题的应用，也能加深对相关知识的理解。

例如：一种玩具原价每件45元，涨价后，原来买4件的钱现在正好买3件。这种玩具每件涨价多少元？

理解了"单价 × 数量 = 总价"关系的学生，不难加以综合应用：先求原来4件的总价，再求现在的单价，最后求单价的差。列成综合算式：

$$45 \times 4 \div 3 - 45 = 15（元）$$

会动脑筋的学生还能发现：涨价后少买一件的钱分摊给了3件，所以每件多了 $45 \div 3 = 15$ 元。三步运算的问题一步就能解决。

显然，只有在理解的基础上才可能有如此灵活应用的巧算。

此外，数学理解还表现在所学知识的迁移拓展上。考虑到迁移拓展大多以问题解决为载体，因此不再单列。

鉴于理解对于数学深度学习的重要性，这里再选择一个知识点，按上面梳理的六方面框架给出具体实例，以供参考。

案例 2-4 关于射线概念的学生理解表现。

对于什么是射线，教材采用"发生式"描述，如"把线段向一端无限延伸，就得到一条射线"，学生完全用自己的话语或其他方式来说明并不容易。这取决于教师的教学是否到位，以及平时的训练中是否经常、不断提供学生表现的机会。

（1）解释说明。

学生的描述：

①"线段一端不动，一端不停延长，就是射线"；

②"只有起点，没有终点的线"；

③"笔直的，只有一个端点的线"。

三种描述，都不错。第③种描述反映出学生较为独到的理解：射线保持了线段"直"的本质属性。这在很大程度上与教师的教学展开、点拨有关。

就目前的教材而言，大多侧重指出线段、射线、直线的区别（图 2-28）：

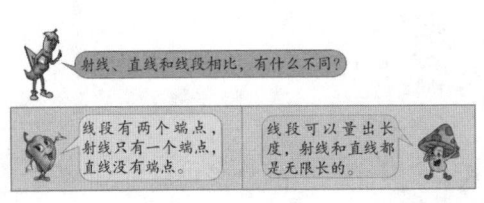 

图 2-28

却忽略了它们的共同点（都是"直"的）和联系（射线、线段都是所在直线的一部分，如图 2-29 所示）：

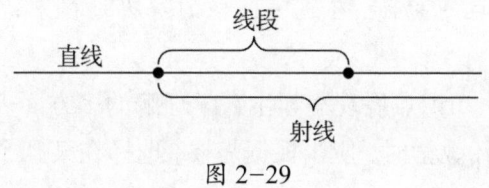

图 2-29

因此,绝大多数学生想不到线段、射线、直线的共同本质"直",不足为奇。

(2)寻找例证。

学生最易想到的实例是手电筒、探照灯等射出的光线,以及想象中的"激光""太阳光线"。个别学生也能想到具有典型意义的反例,如"高射炮发出炮弹的路线",既有两个端点,又是曲线,所以不是射线。

(3)自我表征。

例如,学生自创的射线图示(图2-30):

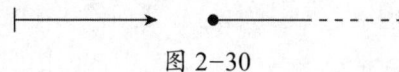

图 2-30

(4)辨析异同。

对于线段、射线、直线的辨析,实践表明,一旦教师突破现有教学的不足,提出问题:线段、射线、直线有什么联系?有什么共同点?学生一般都能给出令人满意的回答:射线、线段是直线的一部分,它们都是"直"的线。

(5)归纳概括。

对于直线、射线、线段的区别,除了用数学语言归纳概括为"直线、射线无限长,线段有限长,可以度量",也有学生借用成语归纳概括为"无始无终""有始无终""有始有终"。这是中文语境下数学理解的绝佳表现。

(6)解决问题。

例如:数一数,下图(图2-31)有多少条线段?

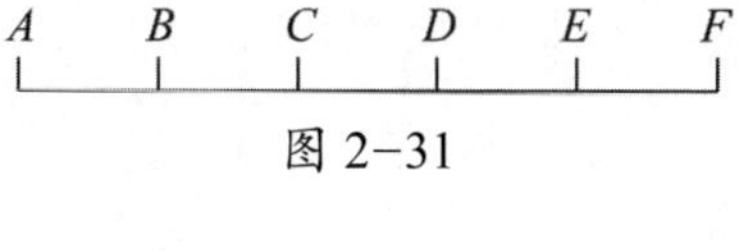

$A\quad B\quad C\quad D\quad E\quad F$

图 2-31

可以按线段的长短(或者说构造)分类计数:单独一小段的有5条,由2、3、4、5小段构成的分别有4、3、2、1条,共5+4+3+2+1=15条。

还可以根据两个端点从左往右的异同分类。例如,起点为 A 的线段有 AB、AC、AD、AE、AF 共5条,起点为 B 的线段有 BC、BD、BE、BF 共4条……以此类推,同样得出总共5+4+3+2+1=15条。

线段有两个端点的特征，在这一问题的解决过程中，得到了淋漓尽致的发挥。

这里，通过一个知识点展现小学生数学理解的多方面表现，是为了集中说明与简化叙述。实际教学时，应当根据需要，选择在某几个方面予以展开，不宜面面俱到。

7. 其他表现

国内一些数学教育研究者推崇美国学者格兰特·威金斯（Grant Wiggins）和杰伊·麦克泰格（Jay Mc Tighe）提出的理解的六个侧面：解释、阐明、应用、洞察、神入、自知[1]。其中，前三个侧面，上面的六种表现已经涵盖；后三个侧面与小学生及其数学学习有较明显距离，但可以吸取其合理内核。

洞察，意味着透彻理解、"观其大局"，明显要求过高。但若赋予批判性思维和创新意识的内涵，倒是小学数学深度学习所追求的表现。

神入，指深入体会他人的感情和观点，还包括"能从他人认为古怪的、奇特的或难以置信的事物中发现价值"，显然这比较适合文科学习中的理解。但在数学课生生互动交流环节，尊重他人、耐心倾听、理解不同见解，哪怕他人想法不如自己，也应注意发现其合理成分，确是值得提倡的。

自知，要求小学生"觉察诸如个人风格、偏见、心理投射和思维习惯等促成或阻碍理解的要素"，确有成人化之嫌。但从培养学生的元认知与反思意识来看，启发学生理解学习过程，反思自己的误解和正解，自觉总结方法、思路、策略等方面的经验教训，则是可取的理想状态。

由此分析，洞察、神入、自知不是小学数学理解的主要表现，但可以作为深度学习的追求，纳入我们思考的视野。

---

[1] 格兰特·威金斯，杰伊·麦克泰格. 追求理解的教学设计（第二版）[M]. 闫寒冰，宋雪莲，赖平，译. 上海：华东师范大学出版社，2017：94-95.

第三章
深度学习的路径及其策略

明确了小学数学深度学习的二维教学落实点和学生数学理解的多样化表现，本章在此基础上，深入研究小学数学深度学习的三条主要路径。

这些可逆的路径与相应的载体、策略构成了深度学习教学研究的重点。其中，涉及对数学回归生活命题的反思与澄清，对数学直观教学做法的纠偏与改进，对小学数学推理教学新的解构与重建。

只有破除迷思，才能开拓思路，灵活驾驭，从而有效提升路径设计、载体选择与策略运用的水平，引导学生或大道至简，或曲径通幽，走向深度学习的远方。

近年来，学习路径研究正在形成热点，成为教学设计领域一种新的研究取向，反映出教学研究更加关注学生，并转向学习分析的发展动态。

所谓"路径"，在日常生活中指的是道路，在学习中指称认知的路线、途径。对一般的学习路径的讨论可归入学习理论的研究范畴，而某一知识、某一类型学生的学习路径只能具体问题具体分析。

本章跳出个性化分析的羁绊，基于小学生的年龄特点，探讨小学数学深度学习中具有典型意义的三类路径，它们有着各自的"载体"（认知的承载物），因此将路径、载体及其教学策略结合起来进行研究，无疑是一种合理的、可行的选择。

第一节　从事理到数理：激活生活经验

儿童学习数学最初的路径，无疑是以生活经验为载体，从事理到数理。因此，激活生活经验，让数学理解获得经验支撑，就成了小学数学及其深度学习首选的教学策略。自然，当儿童有了一定的数学认知，反过来由数理到事理，也常常是一条可取的学习路径。

一、数学回归生活的反思

21世纪初以来，伴随数学课程改革的兴起，"数学回归生活""生活数学"之类的口号很快被大家接受。演化至今，广泛响应之下的异化现象已经引起不少学者与教师的关切。

1. 数学回归生活的异化

（1）将联系现实的作用放大至极端。

主要表现：

一是几乎所有新知识一概从实际生活情境引入。它的片面性在于将建构主义的某些观点奉为圭臬，似乎由现实情境引入是数学教学的不二法则，而忘了数学的来源，除了外部现实世界，还有数学内部自身的发展需要。这就从根本上否定了数学思维的主观能动性。其实，即便是弗赖登塔尔强调的"数学现实"，也包括"属于这个现实世界的数学本身"。

最为典型的例子就是一些出于数学自身需要的纯粹规定，如先乘除、后加减的运算顺序，也企图通过生活情境说明其合理性，对现实中也有大量必须先加减、后乘除的需要视而不见。众所周知，数学为了保证四则运算结果的唯一性，只能作出"二选一"的规定。当遇到需要先加减、后乘除的问题时，则通过引进括号加以解决。

二是忽视联系生活情境是否真有实效。它的片面性在于将情境教学的理论当作教条，不管实际效果如何，一味地生搬硬套，贴上标签了事。

最典型的例子就是将"一亿有多大"的实际事例（如秒针跳动1亿下需要3年多时间，1亿枚1元硬币约重600吨）视为培养数感的手段。谁都知道依托实际事物的数量大小感知是千差万别的，凭感觉极不靠谱。例如，1亿个细菌肉眼很难看见，别说1亿个星球，就是1亿张纸摞起来的高度，也只能靠推算（参见案例1-6）。难怪有学者给出尖锐批评："从现有的课例（包括'课标'）来看，列举的往往是一些没事找事、人为编造、十分牵强的例子，误人不浅……不同的条件、不同的对象、不同的时代、不同的区域、不同的民族、不同的学科、不同的计数者对数的大小的认识有很大的不同，这与数学科学的统一性、确定性、精确性风马牛不相及。"[1]

（2）素材选择失当。

主要表现：

一是脱离儿童生活实际。平时教学中，教师引用成人化事例，超出儿童认知范围，或者忽视不同地区儿童生活差异之类的现象，屡见不鲜。即使是高水

---

[1] 方运加.闲扯"大数"——由"认识100万"想到的[J].湖北教育（教育教学），2009（10）：13-15.

平的教材,也有经验教训。请看一个堪称经典的实例。

■ **案例**3-1 百以内减法的主题情境图。

2002年秋开始使用的人教版教材,二年级教学两位数的减法,选取了决定北京申奥成功的投票数据作为情境载体(如图3-1)。

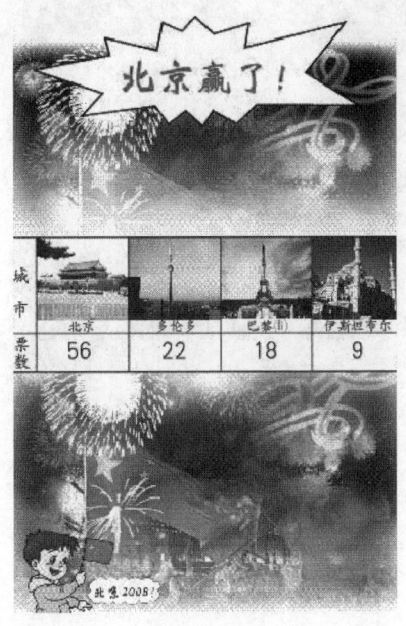

图 3-1

应该说,发生在2001年7月13日晚的事件进入了2001年12月出版的课本,反映出教材者编写紧跟时政的敏锐性。

据说教材审定时这一主题图获得高度赞赏:激动人心的时刻、喜庆的画面与色彩、未作改动的真实数据,能自然生成类型多样且富有现实意义的减法问题。如此专业的评价却忘了顾及儿童的年龄特点。2001年北京时间7月13日22:10国际奥委会主席萨马兰奇宣布投票结果,全国顿时陷入狂欢。但儿童呢,即便是首次使用该教材的小学生,那年只有6岁,当时大多已入梦乡。而且,要让二年级学生理解我国申奥成功意味着什么,它有多么地来之不易,如果不花费时间像讲故事那样,从1993年北京申奥失败的"一票之谜"说起,恐怕无论教师怎样费力解释,儿童的反应都会很平淡。

吸取教训,同内容的情境素材,更换为"北京奥运金牌榜"[1](图3-2)。

---

[1] 人民教育出版社 课程教材研究所,小学数学课程教材研究开发中心.义务教育教科书·数学(二年级上册)[M].北京:人民教育出版社,2013:17.

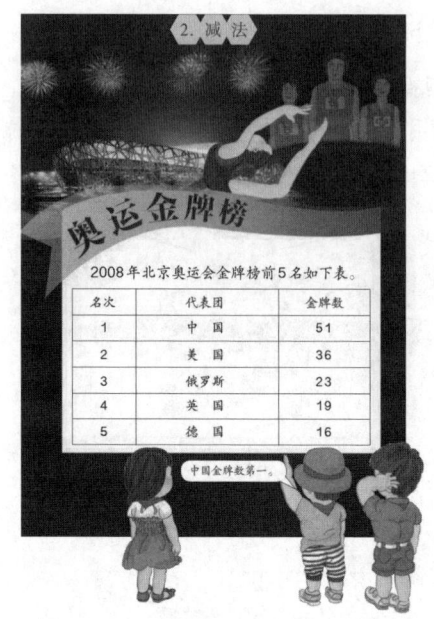

图 3-2

显然,这是不费口舌即能引发儿童关注的题材,也是经得起时间考验、年代沉淀的素材。因为 2008 北京奥运是我国迄今为止夺得金牌数最多、名列世界第一的历史记录。

二是背离现实生活逻辑。比较常见且容易发现问题的是数据脱离实际,如物价设定随心所欲,儿童跑步速度超极限等。比较隐蔽的是题材设计过于造作,纸上谈兵。例如:

在比例尺是 1∶2000 的图上,量得一块长方形草地的周长是 20 厘米。已知长和宽的比是 3∶2,求这块草地的实际面积。

从数学角度审视,上题无懈可击。但从现实角度看,则形似神离,流于形式。既然已经量得周长,且算出长、宽之比,还让长和宽未知。这一故意拐弯抹角,人为编造过度的做法,使实际问题失去了"生活味"。

此外,生活化素材、事例选用过多,喧宾夺主,也是教学素材"伪生活化"的典型表现。

(3)教学实施失当。

主要表现:

一是同类题材泛化。

毋庸讳言,目前小学数学出现频率最高的生活情境就是超市购物,从一年级延续到六年级。大部分学生对该场景已失去兴趣,个别学生甚至一听到购物就感到厌烦。情境过于单调,也会使得生活化教学失去活力。

二是类比过于牵强。

例如,有教师为弥补教材只强调直线、射线、线段的区别,不讲三者联系的不足,将直线、射线、线段分别比作"线爸爸""线妈妈"和"线宝宝",编成一家三口的故事[1]。又如,把三角形按角分类所得锐角三角形、直角三角形、钝角三角形比作"三胞胎"。这种似是而非的比喻经不起推敲,对学生理解概念也于事无补。

三是问题空泛、模糊。

例如,教学平移与旋转,"多媒体显示课本上的图:火车与直升机的运动,师:它们是怎样运动的?学生众说纷纭:火车是直着向前走的;车轮带动着车走;火车是靠燃烧原料推动走的,等等"[2]。

特别是当教师采用当下流行的提问句式:看到了什么?发现了什么?想说什么?学生的回答往往指向情境本身,而非背后的数学意义。例如,教师用拉直的棉线演示线段,有学生回应"我知道,线段可以补衣服"。又如,教师让学生用动作表示旋转,学生边比划边说"旋转就是划圈"。这些在成人听来匪夷所思的回答,出自儿童之口,又是那样地真实、自然。究其原因,儿童的感知特点决定了他们对事物生活意义的感知,远比对事物数学意义的感悟更为敏感、强烈。

异化带来的后果是,学生的数学认知局限于具象的感性体验,难以进入真正的数学化,理解徘徊在浅表层面,难以深化,甚至包含误解。

2. 正本清源的思考

(1) 理论界的质疑。

在我国,"教学回归生活"曾经引发教育理论界数年的争论,支持、否定双方都不乏资深学者。但它毕竟是一个必须联系本土教学实践的理论问题,因此,短期内公说公有理、婆说婆有理,难见分晓也很自然。

人所共知,"回归"意为回到原来;而"教学"本身就是一种"生活",师生的学校生活,诚如杜威的著名论断"教育即生活"。由此,"教学回归生活"岂

---

[1] 王晴晴. 小学数学教学生活化研究[D]. 济南:山东师范大学,2014:28.

[2] 梁焕英. 三年级儿童对"平移、旋转"概念的初步建构[J]. 小学数学教师,2003 (1-2):4-13+7.

不可以解读为"现在的生活回到原本的生活"？口号本身不能说是"伪命题"，但至少是词不达意。难怪有学者指出："它存在着一些理论困境，容易引起人们的误读、误判，甚至误用。"[1]

（2）让历史告诉我们。

仅就数学教学而言，认同、接受这一口号，是由于长期以来存在着"数学教育脱离实际"[2]这一共识。但是，这个共识是基于数学教学的整体状况而言的，准确地说，是一种统计学意义下的多数状态。

从教学大纲、课程标准来看，小学数学从它的前身"小学堂算术"起，就确立了"熟习日用计算"的课程目标。此后的各版课程标准、教学大纲，学科总目标中都有联系生活实际的"应用"要求。最为典型的"标志"是：学科的"四大能力"之一，就是"解决应用题的能力"（1963）强调"解决实际问题"（1978），且一直延续至21世纪初新一轮课程改革的启动。但是，与小学形成鲜明对照的是，中学数学自1963年至21世纪初，一直是"三大能力"（逻辑推理能力、计算能力、空间想象能力），剔除了"应用"。

从教学实施看，中学历来强调学科特点，重视抽象、严谨，小学始终强调儿童特点，重视通俗、易懂。因此，数学教学生活化是小学再自然不过的常态，轻车熟路。

综合课程与实施两方面的概要分析，不难发现，问题主要出在中学阶段，要"回归"的是中学数学。

（3）大面积异化的原因。

由于小学数学教学研究长期处于学术"失语状态"，因此广大小学数学教师不明就里，十分积极地响应了"回归生活"的口号。可以说，所谓"伪生活化"的异化现象，实乃"没病人稀里糊涂陪着吃药"，过犹不及所致。

若要追问为何异化如此普遍，则不得不承认，加速传播、放大影响的内因源自小学教师自身人云亦云的习惯，追赶时髦的心态，以及数学功底的缺失。"回归生活"提法新颖、易记、易行，趣味性效果明显。再者，毕竟联系儿童生活比挖掘数学内涵要简单得多、容易得多。

此外，对生活经验的狭隘理解，以为只有出示数学的现实原型、情境才能

---

[1] 罗儒国.教学回归生活世界的困境与超越[J].教育发展研究，2008（8）：27-32.

[2] 郑毓信.简论数学课程改革的活动化、个性化、生活化取向[J].教育研究，2003（6）：90-94.

激活生活经验，也是泛化原因之一。要知道，纯粹数学的情境也可能促发儿童的生活经验。例如，看到两位小数，头脑中闪现商品单价；计算786-32-48，联想到把两个东西合在一起扔掉，等等。

可见，不问青红皂白，所有教学内容一概从生活情境引入，为生活化而生活化，必然夹杂画蛇添足之举。

3. 小学数学与生活经验

（1）两者联系的基础。

一个不争的事实是：小学数学主要涉及数学大厦基础部分的早期内容，这些知识大多具有广泛的现实背景意义，便于建立数学与生活的联系；反过来，数学的抽象性与小学生的年龄特征，决定了小学数学需要生活经验的支持。正是两方面相辅相成的关系，构成了小学数学与生活经验相联系的基础。

（2）两者特点的天然契合。

数学学科特点与儿童认知特点的天然契合（"生活⟷数学"），为数学与儿童生活的和谐联结提供了广阔的空间。

从认知角度看，学习内容和儿童的生活背景越接近，他们接纳知识的自觉度就越高。这种数学就在身边的亲切感，是认知活动的润滑剂，能有效拉进数学与儿童的距离，缩小认知间隙。同时，学生也比较容易通过数学知识的具体原型，由此及彼地感悟数学知识，增强理解效果。

从情感角度看，利用儿童熟悉的生活素材为数学学习注入趣味元素，有助于在提高学生学习兴趣的同时，降低其畏惧数学的学习焦虑。

从能力培养角度看，将所学数学知识应用于解决生活中的实际问题，能够直接锻炼学生应用数学的问题解决能力和实践能力。再者，理解数学时的现实原型与应用数学时的情境变化、拓展，也能有效地提升学生对数学价值的认知，培养数学的应用意识。

正是在这样的意义上，我们说生活是儿童学习数学的土壤，学生自己的"数学现实"是沟通数学世界与生活世界最好的桥梁。历来如此，本质上不存在"回到原来"的"回归"问题。

（3）一枚硬币的两面。

我们需要研究的问题是如何避免泛化与庸俗，并在此基础上提高联系实际的水平。特别是当需要从生活情境引入时，如何突出数学知识的本质属性，降低非本质属性的干扰，减弱分散注意效应，需要我们针对具体情况作出有效处置。

为此，我们又应清楚地认识，联系生活的最终目的，在于超越生活，使儿童在生活世界中生成的经验得以改造，促其成为"数学"。换句话说，数学教学的任务就在于启发、引导学生将个人的、特殊的数学经验，提升为人类的、一般的数学知识[1]。

因此，"生活化"与"数学化"，必定是小学数学教学"一枚硬币的两面"。无论是从现实生活中发现、提出数学问题，进而探究数学规律，即"生活→数学"，还是运用数学知识分析生活现象、解决实际问题，即"数学→生活"，都需要经历数学化的过程。

二、路径与策略

从促进学生的数学理解与培养数学应用能力的视角看，数学与生活相融，有利于增强教学效果。实践表明，多数情况下，呈现出从事理到数理、算理的认知过程。为方便深入研究与叙述，下面，分别就数学知识教学"从生活到数学"、数学应用教学"从数学到生活"两条路径展开探讨。

1. 从生活到数学

（1）重视儿童的数学现实。

这样做的目的是调动他们的生活经验，促进数学学习。一般地，所谓经验，通常是指人的亲身经历，以及由多次实践得来的感性认识或知识技能。儿童的生活经验是指他们通过生活中的经历、体验得到的对事物的认识。

儿童的生活经验具有自然性、生成性、发展性等特点。自然性是指各种各样的生活现象无须人力干预都会毫无阻拦地进入儿童的认知领域，成为他们"自己的经验"。尽管这种经验大多是原始的、零散的、粗浅的，还可能是不科学、不准确的，但却是宝贵的。生成性是指在儿童生活中，发生着很多自发地获得、运用、调整、改造个人经验的过程。发展性是指经验的形成、运用是一个动态的，不断丰富、积累、提升的过程。

---

[1] 程广文，顾泠沅，王建磐. 论数学课堂与生活世界[J]. 教育科学，2001（3）：31-33.

数学学习需要儿童具备丰富的生活经验，这是很多儿童教育研究者对家长的忠告。例如，3个人吃饭，要拿3个碗、3个调羹。显然，这是抽象出自然数3的生活经验基础。又如，1个人吃饭，要抽1双2根筷子，3个人吃饭，要抽3双6根筷子，1根掉到地上了，需要再补1根。诸如此类的生活经历，都是儿童认识加、减、乘、除的"数学现实"。

（2）儿童生活经验的作用。

根据数学学习中生活经验所起的作用来看，儿童的生活经验大致可分为三类。

第一类是可以直接作为数学认知起点的生活经验。例如，元角分与识别商品标价的经验，是引入小数初步认识的有效学习起点；生活中对物品形状的观察、触摸、摆弄经验，是小学一年级教学长方体、正方体、圆柱、球的初步认识时，可以直接利用的感性认识基础。

第二类是借助类比可以启发学生数学理解的生活经验。例如，白天黑夜、一年四季周而复始的生活经历，能使"无限循环小数"的抽象概念通过类比，变得形象、生动、易于理解。

■ 案例 3-2 "分数的初步认识"的引入。

教学"分数的初步认识"，教材的设计一般是从认识 $\frac{1}{2}$ 起步。因为学生最易联想、类比的生活经验就是"一半"[1]（图3-3）。

图 3-3

---

[1] 人民教育出版社　课程教材研究所,小学数学课程教材研究开发中心.义务教育教科书·数学（三年级上册）[M].北京：人民教育出版社,2014：90.

教学时，我们容忍学生将"一半"说成"半个"（教材大多说成"一半"，回避"半个"），是基于儿童的认知特点与理解水平，为降低入门难度所作出的"妥协"。所谓$\frac{1}{2}$个月饼，称之为"个"是一种"借用"，符合日常生活中的习惯说法，但本质上也是"率"（2等份中的1份）。因此，误以为本课是在教学用分数表示"量"，拉长分数表示"量"的教学过程，再从"量"过渡到"率"，实在是多此一举。而且，分数的认识过程也不宜人为划分为"量""率"两个阶段。案例1-2表明，即使到五年级系统学习分数时，也可以先借用"个"，从"量"的视角引入假分数，再从数系扩张的视角加以抽象。

对此，有学者指出：应当由除法引进分数，以突出"分数本质"，体现"数系扩张思想"[1]。实践表明，由等分实物引进，更符合儿童的认知特点，相较于由除法引进，易教易学。但又不宜因"迁就"儿童而混淆分数的本质。

事实上，即使是三年级学生，除了理解"整体""等分"，他们也能感悟"分数是由分子、分母两个数组成的，表示几份和几份的关系"。因此，借助"量"引入后，与其给每个分数添上单位名称硬纳入数表示量的认知结构，不如及时回归分数的本质施加引导。

可见，教学中类比、借助、利用学生的生活经验，教师必须清楚数学知识与生活中的数学现实往往具有质的区别。同时，调用生活经验之后，还应不失时机地加以抽象，帮助学生形成数学理解。

第三类是可能对数学理解产生负面效应的生活经验。例如，克、千克等"质量单位"的学习，将生活中的"重量"称之为"质量"，常有学生感到别扭，因为日常生活中"质量"通常是指产品或工作的优劣程度。这就要求教师予以重视，加以澄清，这是一种从生活到数学的矫正过程。

（3）关于问题情境的探讨。

从生活到数学的路径，大多起始于问题情境的创设。情境创设问题曾在多年内引起争议，成为国内数学教学的一大研究热点。原因之一是建构主义理论在情境中学习的主张，被片面放大、扭曲成了数学课堂教学的一种"流行""时髦"。尤其是上公开课，教师首先考虑的就是创设问题情境，评课时首先谈论的也常常是问题情境。起初，一些情境令人感觉有些新意，然而慢慢

---

[1] 蒲淑萍."中国、美国、新加坡"小学数学教材中的"分数定义"[J].数学教育学报，2013（4）：21-24+70.

地，很多情境如同点缀，而且生活味掩盖了数学味，于是引起了反思和探讨。

关于问题情境，很多学者给出了各自的定义，如同教育理论的众多概念，尚无公认界定。其实，只要将情境的定语表达完整，即"数学教学问题情境"，"情境"的三个本质特征就非常直白了。

首先是"数学的"。作为沟通学生已有经验与数学新知识的桥梁，"让情境拥有数学的脊梁"[1]，成为数学学习的源头活水，本是情境的题中之义。

其次是"问题性"。数学学习发端于问题，并在问题解决的过程中展开。这就要求情境能够诱发学生的认知冲突，唤起好奇心和求知欲，内含比较明确的探究方向和目标。用认知心理的话语讲，情境的问题性旨在促发"学习的内驱力"，并有利于引发"学习的定向"。

再次是"教学用"。换言之，情境应利于教、促进学。具体地说，除了情境内容要贴近学生生活，能调动并连接学生已有的知识经验，以及情境表现要简洁、易懂，为学生喜闻乐见等之外，还要求：情境所提供的探索空间要处在学生学习邻近发展区内，能够让学生经历从现实世界中抽象出数学问题的过程；有助于培养学生发现、提出问题和分析、解决问题的能力；有助于教师揭示、学生感悟数学内容的实质。这是具有一般意义的完整要求，在某一具体情境中，可以有所侧重，不必为面面俱到所累[2]。

2. 从数学到生活

如果说新授某一数学知识时，从生活到数学，为了更好地显露、揭示数学内涵，生活经验载体以贴近儿童日常生活实际、无须或稍作解释即可为首选，如案例3-1，那么数学应用的教学，从数学到生活，就可以适当引进一些离儿童生活较远、较陌生的情境，以促进学习的迁移。

如此建议的必要性、重要性不言而喻，最主要的就是启发学生认识数学的广泛应用性和培养数学应用意识。

所以，尽管诸如稻谷的出米率、大豆的出油率的生活情境能使江南水稻种植区、东北大豆种植区的农村孩子感到亲切，但也不宜因此而批判、排斥教材

---

[1] 丁国忠.让情境拥有"数学"的脊梁[J].人民教育，2006（8）：24-26.

[2] 曹培英.数学教学问题情境的"规定"与"选择"[J].小学数学教师，2007（1-2）：20-28.

选取城市题材的应用问题。

当然,不分地域的、贴近儿童生活并具有时代气息的应用题材应该优先选择。有些题材涉及一些学生能够接受的数学之外的知识,有助于拓宽学生的数学应用视野,也应该适当选用。试举一例。

案例 3-3　百分数的应用。

（1）某校 1200 名学生,今年的近视人数从去年的 486 减少到 468。近视率下降了百分之几?

（2）国家卫健委在 2020 年 9 月到 12 月开展了覆盖全国 8604 所学校、247.7 万名学生的近视专项调查。统计数据表明,我国小学生的近视率从小学一年级的 12.9%,快速上升至六年级的 59.6%。平均每升高一个年级,近视率增加多少个百分点?

（3）调查本班近视人数（正常视力标准：7、8 岁为 0.8;超过 8 岁为 1.0）,算出近视率,与全国的平均水平作比较。

本题选取比较典型的学校生活素材,内含明显的教育意义。第（1）题是第（2）题的铺垫,第（2）题给出了国家机构的专业调查数据,旨在提醒学生注意统计数据的权威性、可靠性。其中的"百分点"指百分数的分子,是一个需要教师解释的常用统计术语,它与"国家卫健委""正常视力标准"等都属于六年级学生应该了解的常识。

前两题要求学生在理解近视率的基础上,经历数学化的计算过程：

第（1）题：（486-468）÷1200=1.5%。教师可以指出下降 1.5%,也就是下降 1.5 个百分点,从而启发学生想到第（2）题只要将百分数分子的差平均分。

第（2）题：从一年级到六年级经过 5 年,（59.6-12.9）÷5=9.34,即平均每升高一个年级,近视率增加 9.34 个百分点。

第（3）题要求学生进行真实的调查,自己获取统计数据,通过计算、比较,在全国平均值的背景下了解本班近视状况。

小学课堂上,从数学到生活有一种特殊的练习：看算式（或方程）编实际问题。这是以往应用题教学中常用的教学手段,近年来的实践研究表明,它有利于培养学生的数学应用意识,发展他们的"四能"。

3. 若干策略

上面的探讨中,已经自然而然地阐述了相应的一些策略,如启发类比、适时抽象、及时矫正,以及让情境挺起数学的脊梁、促发学习的内驱力、引发学习的定向,等等。下面再作若干补充。

(1)选择适合反映数学内涵的素材。

一说到选用生活素材,激活生活经验,不少教师首先想到的是创设童话情境,如选用《熊出没》《喜羊羊与灰太狼》《猫和老鼠》等动画素材,激发儿童的学习兴趣。这在第一学段无疑是需要的、有效的,但是必须随着年级的升高,逐步摆脱依赖低龄化生活情境的倾向。

作为数学教师,在立足儿童的同时,还必须更多地从反映数学内涵的视角审视生活素材。请看素材选择不当的实例。

案例 3-4 正负数载体的辨析。

① 电梯中表示楼层的正负数。

如果注意到国外与我国香港等地的电梯楼层指示有 0 层,而我国内地的电梯标识 1 层下面就是 –1 层,那么很自然生成一个问题:0 在哪里?

有教师认同学生的解释"0 表示地面",其实是"偷换概念"("层"换成了"地面"),由此必然导致矛盾。例如:

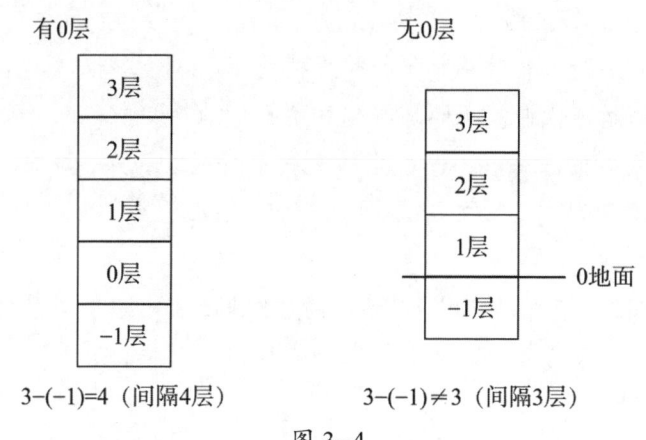

图 3-4

这样举例图示,高年级小学生也能发现矛盾。

② 用正负数表示体育比赛中的比分。

还有教师在引进正负数时,选用足球比赛的比分为载体,认为进球为正、失球为负。这也是一种误用。谁都知道进 2 球、失 3 球记作 2∶3。

只有当比赛双方积分相同,采用计算净胜球数[1]的方式区分胜负时,才

---

[1] 净胜球数的定义是:进球数(正数)与失球数(正数)的差。

会出现负数。例如，几场比赛中，甲队共进球 7 个，失球 8 个，则净胜球数为 7-8=-1。

其实，引进正负数的载体有很多，完全可以避开这些似是而非的情境（参见后面的课例 3-1）。

关注生活情境与数学本体的对接，是选择素材时不可缺失的视角。

也有一些情境，由于评论者未能发现蕴含其中的数学内涵，而遭遇误解。请看一个典型案例。

案例 3-5 遭到"批判"的工程问题。

一个蓄水池，单开进水管 12 小时灌满空池，单开出水管 15 小时放完一池水。同时打开进水管和出水管，多少小时能把空池灌满？

相声演员基于生活逻辑加以调侃"水是宝贵的，你到底是要进水还是放水"情有可原。但作为数学教师与数学教育研究者，给其扣以"伪造的应用题""无价值的数学"等帽子，实在不该。

一位教师将这个问题交给学生讨论，学生们的回答出乎意料：

"A. 排队进场。不断来排队的人和不断进场的人，如果来排队的人多于进场的人，就会有等候的人。

B. 草场。不断生长的草和不断被吃掉的草。

C. 人体的新陈代谢。不断地补充和不断地消耗。

D. 社会人口的增减。不断出生的人和不断死亡的人，如果出生的人多于死亡的人，人口就增加，反之则减少。

……

从学生的回答中可以发现，在学生的理解里，进出水管同时打开是表示有进有出的一种动态平衡。这种对动态平衡意识的感悟，是一种多么有价值的数学体验！"[1]

学生的数学眼光令我们汗颜。

看来，"课标（实验稿）"中提出的"人人学有价值的数学"很容易使人误读，以为存在没有价值的数学。其实，历史早就告诉我们，那些曾经长期被大众认为没有价值的数学，后来都获得了广泛的应用并促进了数学自身的发展。

为什么我们能够容忍鸡兔同笼的"荒诞"，却一本正经批评同时打开进出水管不切实际？归根结底恐怕还是数学观的信念问题。在日常生活中，同时

---

[1] 俞正强. 怎样理解"有价值的数学"[J]. 小学数学教师，2002（7-8）：11-14.

打开进出水管,确有浪费水资源之嫌。但若加以说明"山上的蓄水池,进水管进的是泉水",不就合情合理了吗?显然,这样的说明只是堵住挑刺者的嘴,丝毫不改变题目的数量关系以及它所反映的动态平衡模型,对于数学化来说,这些本就是要舍去的、外在的非数学因素。

当然,强调数学内涵并不是说应用问题可以胡编乱造。一方面,我们应当关注、深究应用问题的数学实质;另一方面,也要重视题材的现实意义、教育意义。两者皆是数学教育的题中之意。

例如,教学轴对称图形,由天安门等著名建筑、由我国传统民间艺术剪纸引入,都具有教育意义,且都为学生喜闻乐见。但建筑的对称是立体图形的对称,比较而言,剪纸更适合用来反映平面轴对称图形的数学内涵。同样,轴对称的应用,联系剪纸也有很好的效果。例如(图3-5)[1]:

图 3-5

利用轴对称的性质画出小人的一半,通过折纸一次剪出4个小人,在生动、有趣的动手操作中,灵活应用所学到的轴对称知识。

(2)让学生经历数学化的完整过程。

这是小学数学教学的一种追求。

---

[1] 人民教育出版社　课程教材研究所,小学数学课程教材研究开发中心. 义务教育教科书·数学(二年级下册)[M]. 北京:人民教育出版社,2014:32.

若把完整的数学化过程划分为抽象、符号变换和应用三段,如同一条鱼的鱼头、鱼身、鱼尾,则过往的数学教学确实存在着不问来源、轻视应用,"宰头去尾烧中段"的现象。为此,新一轮课程改革提倡让学生经历"问题情境—建立模型—解释或应用"的全过程。这一被喻为"吃全鱼"的主张,显然是对"烧中段"的否定,在实践中常常是时喜时忧。有时,处理得当,三段浑然一体,当然皆大欢喜;更多时,发现一节课"吃全鱼"着实不易,难点集中,三段匆匆走过场,食而不化,自然忧心忡忡[1]。

因此,立足儿童的明智策略,无疑是不求全,鱼头、鱼身、鱼尾三段有所侧重,可合可分。

■ **案例** 3-6 四则混合运算。

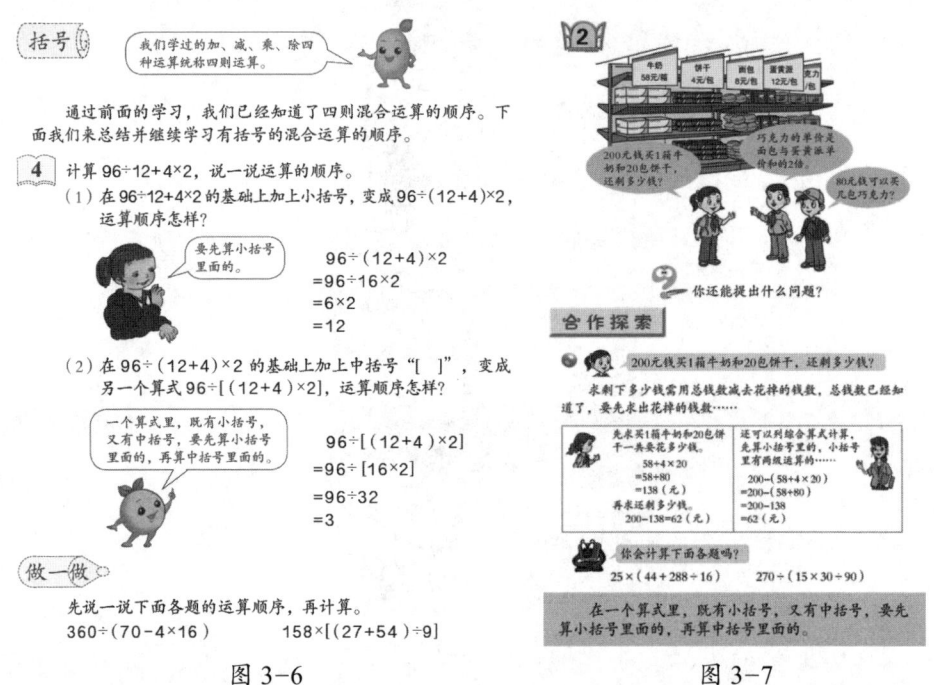

图 3-6   图 3-7

同是教学四则混合运算,引出中括号:人教版教材(图 3-6)[2]舍去实际情

---

[1] 曹培英.历史在告诉我们什么——感悟数学教育30年[J].人民教育,2008（22）：38-40.

[2] 人民教育出版社　课程教材研究所,小学数学课程教材研究开发中心.义务教育教科书·数学（四年级下册）[M].北京：人民教育出版社,2014：9.

境,直截了当地从数学角度提出学习任务;青岛版教材(图3-7)[1]创设生活情境,让学生先分析数量关系列式解答,再讨论怎样列成综合算式,引出中括号。

显然,青岛版教材将解决实际问题与学习运算顺序两项任务整合在一起,加大了教与学的挑战性。为了突出学习含两种括号的运算顺序这一重点,可以根据学情,考虑设置铺垫。例如,先复习常见数量关系(总价÷单价=数量),再理清解题思路:要求购买巧克力的数量,需要先算出巧克力的单价,而巧克力的单价是面包与蛋黄派单价和的2倍。然后分步列式,引出综合算式怎么列的问题,引导学生发现:要先算出巧克力的单价,只有小括号不够,从而感悟引入中括号的需要。

相比之下,人教版教材学习运算顺序的重点非常清晰。至于如何使用中、小括号解决实际问题,则安排后继例题展开专题探究。

类似地,列方程与解方程,是一节课合二为一,还是一节课有所侧重,各个击破,可以根据学生的实际情况,酌情作出适当的教学处理。

■ **案例** 3-7 解方程的新授。

型如 $ax+bc=d$ 或 $ax+bx=c$ 的方程,从实际问题引入,客观上造成了学习的难点相对集中,不得不将原本分别进行的列方程教学与解方程教学整合在一节课内完成。这势必加大教与学的压力和困难,影响当堂巩固。比较适宜的设计如图3-8[2]所示:

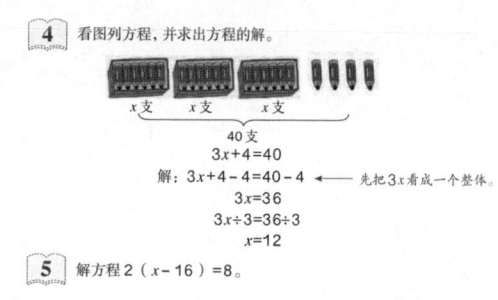

图 3-8

前一题,借助实物图示,降低列方程的难度;后一题,直接给出方程,集中精力教学解方程。然后进一步展开"实际问题与方程"的专题教学。

---

[1] 山东省教育科学研究院.义务教育教科书·数学(四年级上册)[M].青岛:青岛出版社,2014:90.

[2] 人民教育出版社 课程教材研究所,小学数学课程教材研究开发中心.义务教育教科书·数学(五年级上册)[M].北京:人民教育出版社,2014:69.

总之，教学是一项系统工程，"经历数学化的全过程"是数学学习的整体追求，一节课反映局部是教学的常态。诚如郭华教授所指出的："深度学习'深'在系统结构中。"为使学生学得有效，我们应当从整体上加以把握。

自然，也有一些内容一节课能够完整体现数学化的全过程。

案例 3-8 人教版教材中的"烙饼问题"（图 3-9）[1]。

图 3-9

通过探究、解答例题，概括出"轮换模型"，然后应用这一模型解决类似的实际问题（图 3-10）——

例题：

锅里每次最多烙 2 张，3 张饼，要烙 2 面，每面 3 分钟。

习题：

① 复印机能同时复印 2 张，3 张纸，双面复印，每面 5 秒钟。

② 计算机玩单、双人游戏，3 人玩，每人 2 局，每局 5 分钟。

③ 学生两人合作绘制贺卡，画 3 张，2 面都画，每面 8 分钟。

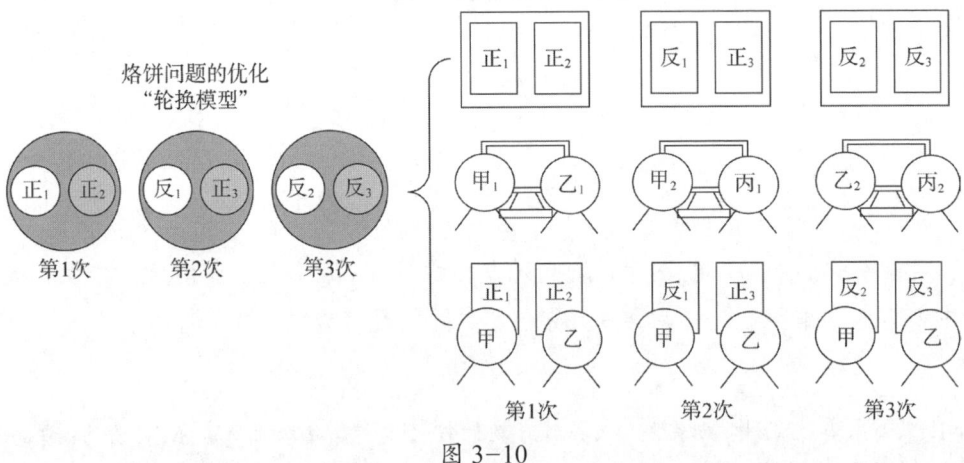

图 3-10

---

[1] 人民教育出版社　课程教材研究所，小学数学课程教材研究开发中心. 义务教育教科书·数学（四年级上册）[M]. 北京：人民教育出版社，2014：105.

看似"小孩过家家"的烙饼问题,它的优化模型原来也有不容小觑的多样化应用场景。

这节课的整个过程从读题、审题到建模、用模,学生经历了相当完整的数学化过程。特别是"轮换模型"的应用,使深度学习进入拓展迁移层次[1]。

(3)酌情扩展数学联系实际的范围。

扩展联系实际的范围,是深入理解、应用数学知识,培养数学应用意识的需要,也有增长学生知识、拓宽其知识面的作用。

案例3-3是引入社会生活常见专业术语的案例,这里再以人教版教材为例,从纵、横两个方向加以探讨。

从纵向看:一年级上册,较多地选择小动物为载体,加工成富有童话色彩的情境,选取生活中的常见事物,以学校、家庭为主,也会涉及一点自然常识。例如(图3-11):

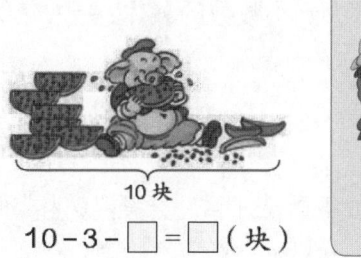

图 3-11

此外也介绍古埃及使用的象形数字,以及我国古代用算筹来表示数,算筹是用竹、木或骨制成的细棍等数学史知识。

六年级下册,社会生活方面,除了各种增长率、成数、折扣、利息等的计算公式,以及应纳税额、税率与消费税、增值税、个人所得税、购房契税和理财常识,其中包括不同类型的理财方式(储蓄、国债),不同收益率的理财产品与收益差,还介绍了统计中的"同比""环比"概念。

科学知识方面,有珠穆朗玛峰、吐鲁番盆地的海拔高度,月球的白天温度、夜间温度,测定降水量的雨量器、量筒,世界各地时区、时差,水由氢、氧组成,杠杆原理,人造地球卫星的运行速度,等等。

数学史方面,有我国古代"正数""负数"的多种表示方法,狄利克雷

---

[1] "烙饼问题"的其他深度学习点,可参阅本套丛书之《跨越断层,走出误区:小学数学问题解决教学研究》的第五章。

（Dirichlet）的抽屉原理，阿基米德（Archimedes）的"圆柱容球"等。

从横向看：所谓"酌情"，除了随年级升高而逐步加速扩展之外，还有"适合"之意，即扩展的现实载体是该年级的小学生能接受、能理解的。

例如，一年级上册的插图中出现了火箭发射的场景[1]（图3-12）。

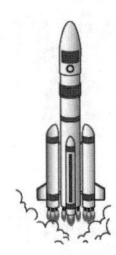

图 3-12

显然，以火箭发射倒计时情境作为从大到小数数的载体，是一年级小学生也能适应的设计。

再以二年级表内乘法的教学为例。

案例 3-9 乘法口诀练习题[2]。

① 汉字"木"的笔画是4画。"森"的笔画是几画？词语"森林"的笔画一共是几画？

② 亚洲象每个前肢有5个脚趾，每个后肢有4个脚趾，一头亚洲象一共有多少脚趾？

第①题整合了汉字基础知识，3个4、5个4的乘法运算解决了语文学科笔画计算问题。第②题中亚洲象的生理知识，很多成年人都未必知晓，但出现在二年级的数学题中，并不突兀。这种新情境下的应用，恰是深度学习的标志之一。

可见，基于儿童的特点，适当拓展联系实际的面，能使学生感受数学好玩、有趣、有用，从而有效激发学生学习的内驱力，主动地投入学习。

---

[1] 人民教育出版社　课程教材研究所，小学数学课程教材研究开发中心．义务教育教科书·数学（一年级上册）[M]．北京：人民教育出版社，2012：62.

[2] 人民教育出版社　课程教材研究所，小学数学课程教材研究开发中心．义务教育教科书·数学（二年级上册）[M]．北京：人民教育出版社，2013：65.

三、典型课例

就本节所讨论的深度学习的载体、路径与策略而言,"正负数的认识"是一个非常典型、值得深入探讨的课题。

1. 多视角的教学前端分析

(1)数学史与学情相结合的学习难点分析。

有研究者指出:"把握人类认识提升的路径、过程,特别是遭遇的障碍、挫折,我们才能对人类的孩子应该如何学习作出更为理智的判断。"历史上一些数学家曾经长期不承认负数,认为"小于一无所有"是"荒谬的数"。梳理历史上人类走过的弯路,研究者获得启示"只有重新认识'0',才能真正理解负数"[1]。

基于这一 HPM(数学史与数学教育的关系)研究结论,我们该如何突破这一难点呢?

小学生从一年级起就获得了关于 0 的两点认知:0 表示没有;0 表示起点。显然,"温度计"与"向东向西"这两个传统的现实原型是引导他们突破原有认知的极佳引例:0℃是一个确定的温度,不是没有温度;0 表示起点,可以是两个相反方向的共同起点。

(2)数学与学情结合的载体分析。

案例 3-4 分析了正负数两种载体存在的问题,这里再辨析其他一些更具典型意义的载体。

一是温度与温度计。它是小学数学教学中引入负数的常用载体,由温度计类比数轴具有良好的教学效果。然而,有学者指出:这是"人为规定出来的相反意义……比如,'零下 3℃'和'零上 3℃',彼此并不能抵消。因而要说它们意义相反,虽可以硬加解释,但毕竟颇为牵强"[2]。

准确地说,温度是"标量"(只有大小、没有方向的量),确实是因为规定了标准大气压下水结冰的温度为 0℃,才有零上、零下之分。用正负数表示温

---

[1] 蔡宏圣. 数学史走进小学数学课堂:案例与剖析[M]. 北京:教育科学出版社,2016:1-5.

[2] 张奠宙. 多多注意数学本质的揭示——剖析"用温度计引入负数"的优缺点[J]. 小学教学(数学版),2015(1):4-6.

度，如 +3℃ 与 -3℃，相对于冰点 0℃ 来说，具有明确的相反意义。

对于数学来讲，+3 与 -3 相加和为 0（所谓的"抵消"），在温度的现实背景中完全可以作出符合实际的解释。例如，求平均气温，+3℃ 与 -3℃ 的平均值为 0℃。

对于儿童来说，他们大多能够联系水结冰的常识来支持相反意义的理解：零上温度时水为液体，零下温度时水为固体。

二是向东与向西行走，它也是小学引入负数的常用载体。但有研究者认为："向东行驶 3.5 千米与向西行驶 2.5 千米中只存在具有相反意义的方向，不存在具有相反意义的量"[1]。

这一看法涉及小学数学概念与物理概念的差异。路程与温度一样是标量，是没有方向的。向东行与向西行的直线路程，物理学中叫做"位移"，既有大小、又有方向，是一种"矢量"（有大小和方向的量）。类似地，小学数学中所谓的"路程 ÷ 时间 = 速度"，这里的"速度"准确地说应为"速率"，与"位移 ÷ 时间 = 速度"中的"速度"是两个概念。在小学数学中，"路程""位移"不加区分，并用"速度"替代"速率"，尽管有失严谨，但有利于儿童认知，因而早已是大家都认可的"约定俗成"。

若规定向东为正，则 +3 与 -3 相加和为 0，表示两次行走（位移）后又回到了起点。这也是儿童的常识。

（3）负数认知意义的分析。

小学数学课程引进负数的认识，始于 1978 年。其间有过"摇摆"，21 世纪初又重新纳入至今。在目前的"课标"中，"负数"只是一个孤立的知识点，认识之后，在小学阶段并无"下文"，以致多数教材将负数的认识安排在最后一学年。上海市 90 年代课程改革一期工程时，曾在四年级教学正负数的认识，后继教学小数、分数就需要说明在正数范围内讨论，以避免一些麻烦。例如，小数点向右移动，正数变大，负数则反而变小了。

有这样一种较为普遍的看法：学习负数是为了表示具有相反意义的量。也有学者认为"负数与正数的根本属性是表示意义相反的量"[2]。这当然没错，

---

[1] 郭耀武. 真假相反意义的量与真假正负数[J]. 中小学数学（初中版），2016（1-2）：97-100.

[2] 张奠宙. 多多注意数学本质的揭示——剖析"用温度计引入负数"的优缺点[J]. 小学教学（数学版），2015（1）：4-6.

负数是正数的相反数。

进一步考察小学生对于数的认识过程,不难发现两次实质性的认知"飞跃"。一次是学习分数,知道有了分数能使整数除法(除数不为0)通行无阻。另一次就是学习负数,知道还有小于0的数,它能解决非负数"不够减"的困境。

问题是:在小学不正式教学正负数加减法的限制下,能否使学生初步跨出这一步呢?

上海市实验学校自编的小学数学教材,将负数提前至一年级进行教学。教学前,对一个班的全体学生做了一次调研,由教师口头提问:你在哪里见过负数?汇总学生的回答,得出如下统计(表3-1)。

表 3-1

学生回答	比0小的数	不够减时出现	正数相反	0摄氏度以下	电梯地下层	欠的量	地下部分	找的钱
人数	21	10	2	5	7	6	2	1
百分比	60%	29%	6%	14%	20%	17%	6%	3%

出乎意料的是,60%的学生的回答竟然是负数的数学定义。近30%的学生说到了减法的封闭性。看来,我们对学生认知能力的估计过于保守。

2. 课例与点评

依据上述分析设计开展的教学实践,呈现了不一样的教学过程,学生的认识不再停留在浅表。

课例 2-1 正负数的认识。

(1)温故知新。

师:我们已经学习了哪些数?举例说说看。

生:整数,比如3;小数,比如0.3;还有分数,比如$\frac{3}{5}$。

生:小数也是分数,例如,0.3就是$\frac{3}{10}$。

师:是的,能把这些数标在下面的数射线上吗?(学生说,教师画,如图3-13所示)

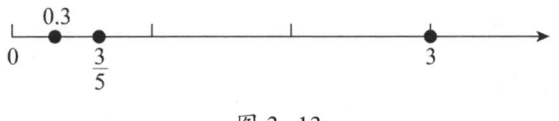

图 3-13

师：这些数的大小有什么共同点？

生：都比0大。

师：对，这些数都大于等于0。我们一年级就认识了0，0表示？

生：0表示没有。

生：0也可以表示起点。

根据学生回答，教师板书：0表示 { 没有 起点

师：很好，那有没有小于0的数呢？

生：有，负数。

[评析]非常简捷地由旧引新。基于对学情的把握，提问直指负数的数学本质，相当自然地引出负数。

为引导学生发现已经学习的数都大于等于0（以往教学中一般不会提出这一问题），教师特意画了"数射线"的草图，起到了有效的提示作用。

（2）导出负数。

师：负数比0还小，有什么用呢？

生：零下温度就要用负数来表示。

生：赚钱用正数表示，亏本了用负数表示。

……

师：同学们举了很多生活中利用正负数表示具有相反意义量的例子。数学的运算需要负数吗？

生1：减法需要，2-3=-1。

师：为什么等于-1呢？

生2：欠了1。

生3：2-2=0，2-3比0小1，所以等于-1。

[评析]启发学生根据生活经验与已有知识说出负数的作用，从中感悟引进负数的必要性：在现实生活中，可以表示相反意义的量；在数学中，能够解决"不够减"的矛盾。

（3）自学正负数的读写。

师：看课本，自学例题。

……

[评析]数的读写是小学高年级学生完全能够自行解决的问题，让学生看书自习，是一种可取的学习方式。

（4）应用负数。

独立思考，完成填空，先同桌交流，再全班交流。

① 出示图3-14：

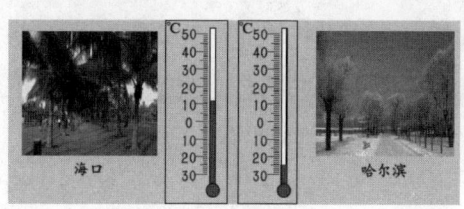

图3-14

同一时刻，海口的气温是_____℃；哈尔滨的气温是_____℃。

② 从学校出发，规定向东为正。

小明向东走了200米，记作_____米；

小丽向西走了150米，记作_____米。学校的位置记作_____。

在下面的图（图3-15）上标出两人的位置。

图3-15

③ 比0大的数叫做_____数，_____的数叫做负数。_____既不是正数，也不是负数。

④ 在下面的直线（图3-16）上表示减法。

3-3=_____

3-5=_____

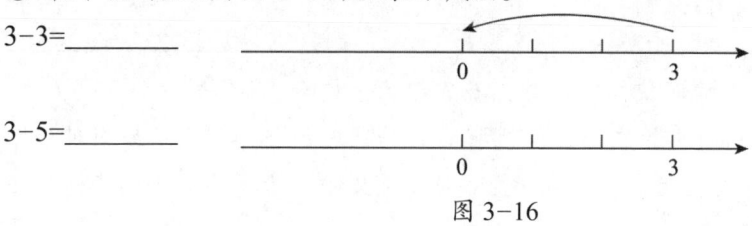

图3-16

⑤ 从上面第①题的图中，得出两地气温相差_____℃。

交流。（略）

[评析]五题的设计意图明确，具有很强的针对性。前两题，既练习了用正负数表示具有相反意义的量，又能激活学生的生活经验，从两个方面突破对0的原有认知。第③题，启发学生自己给出正负数的定义，感悟0的数学意义（唯一的中性数）。第④题，将数射线拓展为数直线（数轴），引导学生数形结合进行推算，体会引进负数给减法运算带来的变化。第⑤题，实质上是典型的正负数减法(+12)-(-25)，启发学生借助温度计，初步感知正数减负数的差由两部分组成，即12℃到0℃相差12℃，0℃到-25℃还相差25℃。

（5）重新认识0。

师：对于0，我们原来知道它表示没有、表示起点，现在通过这些练习，有什么新的认识？说一说。

生1：0度（教师纠正0摄氏度）不是没有温度，是水结冰的温度。

生2：0是向东、向西方向共同的出发点。

生3：0是两个相反方向共同的起点。

生4：0既不是正数，也不是负数，它是正数和负数的分界。

师：大家总结得都不错，0在数中有着非常特殊的地位。（完成板书）

$$0表示\begin{cases}没有\rightarrow 一个确定的量\\ 起点\rightarrow 相反方向的起点\end{cases}正负数的分界点$$

[评析]与课始的"温故知新"相呼应，通过正负数应用练习的小结，帮助学生建立关于0的新的认知结构。

（6）拓展学习。

① 口算比赛，全班的平均分是90，把它记作0，用正负数表示下面四位同学的口算成绩。

姓名	李强	张娜	胡小莉	王来
口算比赛成绩	96	89	87	90
用正负数表示				

② 计算上面四位同学口算比赛成绩的平均数，你有什么好方法？

[评析]问题①旨在启发学生将0作为比较的标准，从而加深对分界点的理解，促进灵活应用。在此基础上，问题②又进一步诱导学生初步运用正负数简化统计计算：90+（6-1-3）÷4=90.5。

容易看到，这一课例最鲜明的特点，就是摒弃教条主义，打破负数由现实生活情境引入的惯例，回归数的认识的本来面目。从数系扩张的视角，由已学数的共同点"大于等于0"，顺水推舟地延伸出"小于0的数"，多么自然，堪称浑然天成的认知过程。

不难发现，整节课充分调动了学生的生活经验。从"负数比0还小，有什么用呢"开始，到2-3=-1的解释，再到计算两地气温差；从生活中习以为常的相反意义，到统计中人为特定的相反意义。几乎处处都在发挥生活经验对于数学理解的支撑作用，悄无声息、不知不觉地从事理到数理，实现了认知的提升。

这节课给我们最为重要的启迪，就是学生的已有经验常常足够化解数学的抽象，生成数学概念的有意义学习。没想到负数的定义"小于0的数"，与学生的认知只有一层窗户纸之隔，一捅就破，只是以往不敢捅破而已。就连正负数的减法计算，学生也能无师自通。出于减轻学生学习负担的考虑，这里只作渗透，为后续初中的数学教学埋下伏笔。

小学数学的深度学习，理应适可而止。

第二节　从直观到抽象：借助几何直观

所谓直观，字面意思即"直接地观察"，一般解释为通过直接接触客观事物而获得的感性认识。这种认识的特点是生动性、具体性和直接性。直观作为一种思维形式，与形象思维没有明确的界限，一般统称直观形象思维或具体形象思维。

儿童心理学告诉我们，"小学儿童思维的基本特点是：从以形象思维为主要形式逐步过渡到以抽象思维为主要形式。但这种抽象逻辑思维在很大程度上，仍然是直接与感性经验相联系的，仍然具有很大成分的具体形象性"[1]。这就决定了小学数学离不开直观教学。

一、数学直观教学的反思

1. 历史的考察

在我国，早在战国时期，荀子就已认识到了："不闻不若闻之，闻之不若见

---

[1] 朱智贤.儿童心理学[M].北京：人民教育出版社，1981：344.

之。"这种"见"胜过"闻"的朴素见解，得到了现代心理学研究的实证。大量实验分析表明，人类获取的信息超过80%来自视觉。

在西方，捷克教育家夸美纽斯在《大教学论》一书中首先提出了"直观教学原则"。他认为事物才是一切知识的本体，而文字只是其附着物。夸美纽斯举了一个医学教学的例子：由于客观条件的局限，学生无法实地观察感知人体解剖，但采用人体模型也就等于将一个活生生的人体展示在学生面前，感知效果是只用语言描述无法比拟的。

其后，瑞士教育家裴斯泰洛齐（Johann Heinrich Pestalozzi），在提出"人类的直观是一切认识之基础"这一著名观点的同时，论述、区分了被动直观（即外界印象的接受）和能动直观（形成理性认识）。这比夸美纽斯的机械感觉论进了一步。

随着以奥地利哲学家胡塞尔（Edmund Gustav Albrecht Husserl）为代表的现象学的兴起，现代直观教学理论也开始关注"理智直观"和"本质直观"。事实上，直观过程并不限于感官的活动，常常有想象、思维的参与。因此，通过感知直观有可能直接领悟事物"本质"，把握"整体"和"内在结构"。

2. 数学的直观

以抽象性著称的数学，接纳直观，由来已久。在一些数学家眼中，直观跨越了感性认识与理性认识，直观意味着直觉，是数学研究的一种倾向，也是数学思维的一种形态。

例如，德国数学家希尔伯特（David Hilbert）指出："在数学中，像在任何科学研究中那样，都存在着两种倾向。一种是抽象的倾向，即从所研究的错综复杂的材料中提炼出其内在的逻辑关系，并根据这些关系把这些材料作系统的、有条理的处理；另一种是直观的倾向，即更直接地掌握所研究的对象，侧重它们之间的关系的具体意义，也可以说领会它们的生动的形象。"[1]

又如，美国应用数学家克莱因（Morris Kline）在评论实数与几何的公理化"可能保证了数学的牢靠，但是……与其说这些公理能推断出什么定理，倒不如说它们只能承认那些现成的定理"时指出，"数学发展不是依靠在逻辑上，

---

[1] 希尔伯特，康福森. 直观几何[M]. 王联芳，译. 北京：高等教育出版社，1959：6.

而是依靠在正确的直觉上"[1]。尽管克莱因的前言后语有站在自身应用数学立场上轻视理论数学之嫌,但又所言不虚。

我国数学家徐利治认为,"直观是借助经验、观察、测试或类比联想,所产生的对事物关系直接的感知与认识"[2]。

对于数学教学来说,我们应当清楚:数学的"直观"既包括几何直观,也包括算术、代数直观与统计直观;它是图形直观,也是思维直观;它可以是单个数学知识点的直观,也可以是数学知识结构的直观(如思维导图);数学知识形成过程中有直观,数学问题解决过程中也有直观。

进一步地,我们还应厘清:直观既是数学教学的手段,它所内涵的数形结合思想方法,以及"课标"界定的几何直观(主要是指运用图形描述和分析问题的意识与习惯),也是数学教学的目标。

至于数学直观的表现形式,可以沿用教育心理学的分类,即分为实物直观、模象直观、语言直观。其中的"实物"也可以是实际事物的照片、图片、影像,"模象"包括图形、图表、替代物和简约符号。

■ **案例** 3-10　13+20 与 13+2 的辨析。

实物直观,如乒乓球(一盒 10 个)、小棒(一捆 10 根)等(图 3-17)。

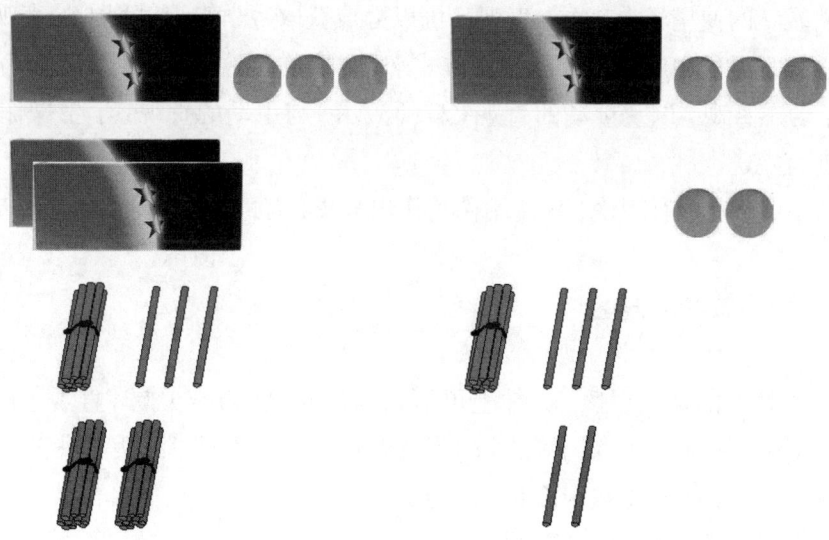

图 3-17

---

[1] 莫里斯·克莱因. 古今数学思想(第四册)[M]. 邓东皋,等译. 上海:上海科学技术出版社,2002:99.

[2] 徐利治. 谈谈我的一些数学治学经验[J]. 数学通报,2000(5):0-3.

模象直观,如图形、计数器、数位表、"简图"(一条线段表示10,一个点表示1)等(图3-18)。

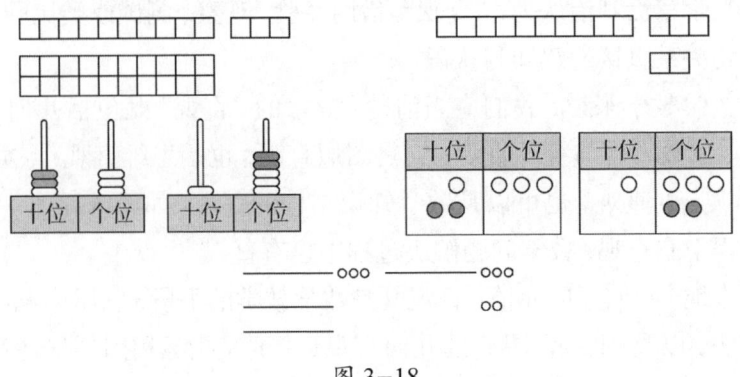

图 3-18

语言直观,如一捆和三根小棒,添上两捆、添上两根;一个十与三个一,添上两个十、添上两个一。

三类直观常常呈现出逐步、渐进的抽象。

考虑到分类既是研究的需要,也是使用的需要,因此还有必要立足小学数学的教学实际,加以分类。

从教学的使用场合来看,直观又可以分成获取数学知识过程中的直观,应用数学知识过程中的直观。从呈现方式来看,实物、模象直观也可以分为静态直观、动态直观,以及被动的直观(教师演示)与主动的直观(学生操作或自行构造直观)。

显然,突破现有理论,从使用视角作出分类,有助于开阔思路,灵活应用。

3. 直观教学的误区

直观教学的常见误区,大体上可概括为片面化(直观欠缺、直观过度)与表面化(为直观而直观)。两方面的问题都比较容易发现、诊断与矫正。下面探讨两个具有迷惑性、较为隐蔽的问题。

(1)误以为"多元表征"的直观堆砌。

先看一个实例。

案例 3-11 教学两位数减一位数的退位减法。

有教材给出了多种直观(图3-19):

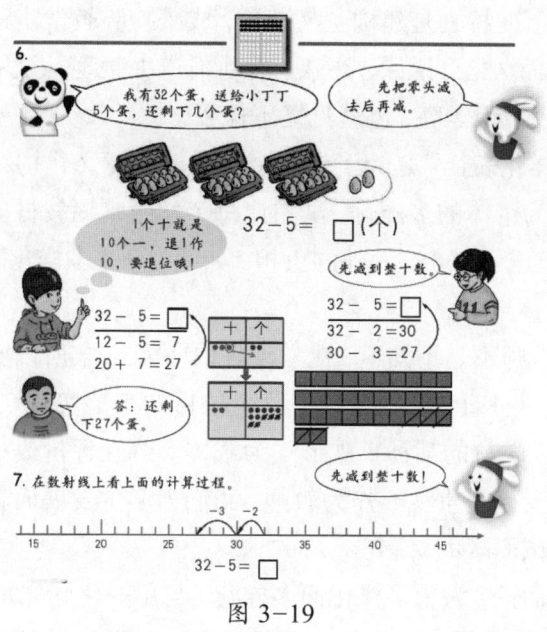

图 3-19

除了实物直观"从 3 盒 2 个鸡蛋中拿走 5 个"之外,还有数位表、几何图形、数射线等。教师照本宣科地逐一教学(从头至尾没有让学生看课本),当说到两种算法的横式时,学生纷纷表示"太麻烦""不喜欢",认为不如以前的"方法"(指如下表示形式)简便:

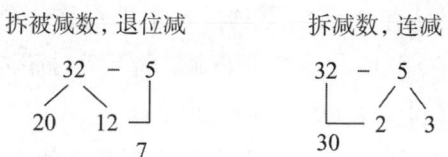

一节课讲完一道题 32-5,就已经没时间巩固练习了。说课时,教师不吝言辞强调"多样化表征"的体现与优势,评课者也给予充分肯定。

就直观教学讲,除了数射线,其他各种直观手段只要用其一种,就足以引出或者解释两种算法。

如果将课本视为教学资源,那么多种形式本应根据教与学的实际需要酌情选择。比如,选用其中的一种或两种直观形式,或者先让学生看书,再交流:你想用哪种算法,你觉得哪个图能帮助理解?教师应允许学生选用或不用直观,能讲清计算过程和算理就行,从而也就不难留出练习时间,进行当堂巩固。

如前所述,中国的改革开放走到今天,获得如此巨大的成就,让全世界刮目相看,起始于一场席卷全国的"真理标准"大讨论。据此审视如今的教育界,"理念""理论",特别是建构主义理论,成了检验教学实践的首要标准,甚至唯一标准。久而久之,说课、评课、活动报道中频现一堆冠冕堂皇的空话、套话,一个比一个说得漂亮,也就见怪不怪了。

要知道"多样化表征"是为了促进个体自己的意义建构,是就群体而言的理论。一旦演变为个体的多样化,试图让每个学生掌握教材提供的每一种"表征","多样化"就成了累赘,额外的负担,如同"算法多样化"的片面演绎,必然走向反面。

其实,多数教师不是不知道"让学生各取所需",之所以要求学生理解、掌握教材提供的每一种直观形态,将手段变成目的来落实,实乃"考试恐惧症"作祟,生怕试题以教材的某种直观形式为载体。好在评价改革已在跟进,教—学—评的一致性受到了重视。作为教师,我们为学生发展而教的初心如磐,就能自觉抵御为考试而教的诱惑。

就直观教学而论,为了多样化而多样化,与单一化同样是片面的。而要做到直观手段的"适度"使用,只能基于教学内容与学生学习的实际情况,具体问题具体分析。舍此,别无他径。

(2)"写实性"掩盖教学意图。

当下教学所用直观材料,顺应视觉化时代的潮流,越来越倾向于使用真实情景的照片、短视频。这常常是一把双刃剑。它在吸引学生、增强感染力的同时,真情实景所携带的大量无关信息对小学生识别感知对象、排除背景干扰,对教师引导学生集中注意力、发现数学内涵,都带来了新的挑战。

因此,调节直观材料"写实性"的负面效应,减少多余的装饰性、点缀性,尤其是适度控制画面的冗余信息,对于提高直观教学效果是必要的。

■ **案例** 3-12 一年级"比较数的大小"。

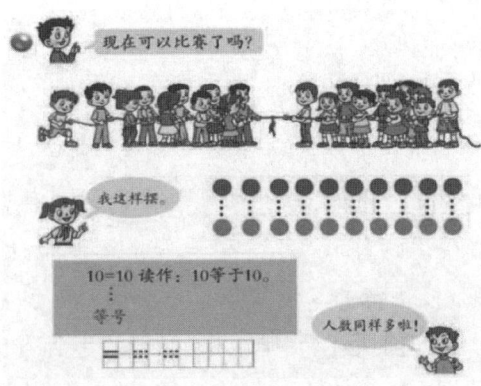

图 3-20

这是一个颇具故事性的问题情境,属于实物直观。由情境链"为什么还不开始比赛→现在可以比赛了",生成问题串(图 3-20)。其最为鲜明的特色在于,一反一年级比较数的大小从"相等"到"不等"的教学常规,由"不等"(10>9 推出 9<10)到"相等"(10=10),既有抽象,又有推理。

不足在于"连环画"的第一幅,过于真实地描绘了拔河比赛的热闹场景。因为对教学来讲,画面中围观者太多,学生很难将注意力集中到两队人数的比较上来,更难从观众里分辨出那个迟到的小男孩正在赶过来。对话设计也欠简练。按图 3-21 修改后,画面、对话趋于简洁,有利于集中儿童的观察指向,感知数学学习的主题。

图 3-21

关注细微之处,推敲细节对儿童认知可能产生的各种影响,是小学数学教学走向成熟的一个重要标志。

二、路径与策略

如同事理与数理、生活化与数学化,直观与抽象、形象思维与抽象思维也是可逆的,相辅相成的。为方便阐述,与第一节的思路一致,分别就数学知识形成过程中的直观、数学问题解决过程中的直观两条路径展开探讨。

1. 知识形成过程中的直观

在数学新知识的获取过程中,恰当使用直观手段,使内容的形象引起学生的关注与思考，对于知识的发现、理解、吸收、内化，常常是不可或缺的。教学中，应当特别重视帮助学生建立数学概念、原理、规律的视觉映象和视觉表征。

总体来说，图形与几何、统计与概率领域的直观材料，无非是图形、图表，比较直白，易于设计。相对而言，数与代数领域的直观设计值得推敲、改进的细节更多。

案例 3-13 分数与除法的关系（图 3-22）。

图 3-22

实践表明，同一情境，$1 \div 3 = \frac{1}{3}$ 的直观效果明显，$3 \div 4$ 用上了实物直观，仍有学生难以发现结果是 $\frac{3}{4}$。尤其是练习中出现 "3 的 $\frac{1}{4}$ = 1 的 $\frac{(\quad)}{(\quad)}$" 时，不少学生更是一头雾水，这是分数概念教学中公认的一个难点。

为什么那些能看图感悟 3 个饼的 $\frac{1}{4}$ 是 1 个饼的 $\frac{3}{4}$ 的学生，也不能正确完成上面的练习？是实物直观不如模象直观吗？把"饼"换成"圆"，他们的困惑依然如故。善于体悟学生思维的教师发现，是"每个圆的四等分"阻碍了学生从整体上理解"3 个圆的四等分"。为此，设计了验证性实验（图 3-23）：

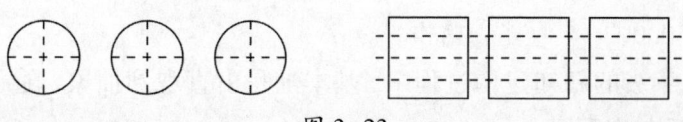

图 3-23

果然,学生的解读分别是:把每个圆都平均分成四份;把 3 个正方形的整体平均分成四份。

据此,改进直观设计如下(图 3-24):

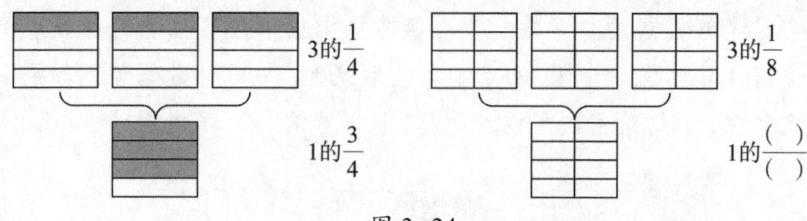

图 3-24

然后让学生先看示例,自己画(涂阴影):3 的 $\frac{1}{8}$ =1 的 $\frac{(\ )}{(\ )}$。这才破解了难点。

可见,适当的呈现方式有利于学生直观表象的加工,促进真正的理解。

直观材料怎样设计,才能增强启发性,使学生一看就懂,需要教师不断琢磨、积累设计经验。

进一步,还应充分利用直观的优势,引领学生深入领悟知识背后的内涵。

案例 3-14 "四舍五入"法。

这是取近似值最常用的方法。通常,教材只介绍方法,讲清何时"舍"、何时"入"。

在此基础上,能否使学生理解方法背后的数学内涵?鉴于小学不讲"代数和",因此理解"四舍五入"法"误差总和最小"确有困难,但"误差不超过尾数最高位计数单位的二分之一"却是能够实现的。为此,给出模象直观:

参加团体操的男生有 23650 人,女生有 26320 人。

(1)在下图(图 3-25)中标出两个数的大致位置。

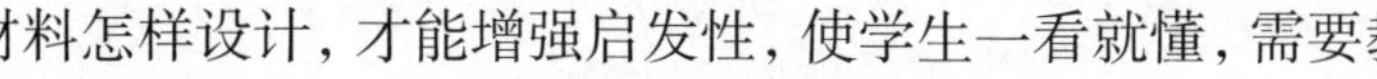

```
20000        25000        30000
```

图 3-25

(2)报道中说,男生约 2 万人,女生约 3 万人,是怎样得出的?

(3)把一个多位数按"四舍五入"法近似到万位,误差最大是多少?你能举例说明吗?

教学实践表明,这些问题都在四年级学生的最近发展区内。有教师去掉上图中的25000，学生也能正确作答。

小学低年级的新知建构过程中，基本上是由直观到抽象，随着年级的升高，也可以反其道而行之。

■ 案例 3-15　小数加法。

面对四年级下学期的学生，与其按部就班地从具体事物、模象直观到抽象算式（图3-26），不如直截了当地出示3.66-1.25，让学生先尝试独立计算，再讲讲自己是怎样想的。多数学生已经能够根据小数各位上的计数单位进行思考并说清计算过程与算理，也会有学生联想元角分、计数器等。如果觉得还需要模象直观，不妨给出图形或计数器，让学生自行圈画或拨珠。

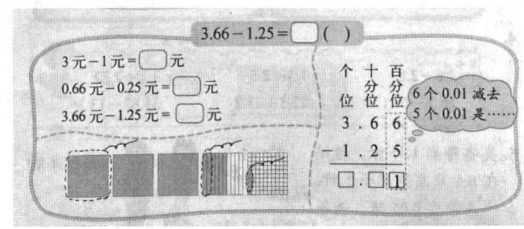

图 3-26

在学生已经初步理解、掌握算法的基础上，再来利用直观，可以启发学生进一步感悟计算过程的原理。例如，让学生先完成计算5.55-2.22=3.33，再对抽象的算式作出直观解释（图3-27）。

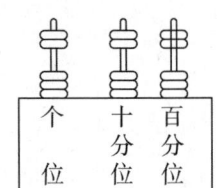

5.55-2.22=（5-2）+（0.5-0.2）+（0.05-0.02）

图 3-27

小学四则运算的算法教学，虽然并不明确指出它所依据的运算律与运算性质，但可以借助直观，让学生更深入地感悟分拆、结合以实现相同计数单位的数相加减的过程。

如果说从直观到抽象往往侧重新知识的生成性理解，那么之后的从抽象到直观，就可以侧重已获新知更深入的领悟。

2. 问题解决过程中的直观

数学问题解决对小学生而言是一大学习难点。在问题解决过程中，学生面对各种不同的数学问题，常常衍生出各种困难，需要借助直观来理解题意、分析数量关系，寻找解题途径与方法。

直观作为分析问题、解决问题的辅助手段，它既是问题自身的信息源，显示已知与未知的关系，也是解题途径的信息源。因为问题解决者在接受直观材料的问题信息时，也能从直观的数量关系中得到途径信息的启示。

小学数学问题解决教学使用最多的直观手段是线段图，有时也会采用长方形图（又叫做矩形图、面积图）。为了使图示提供的信息更为直观，教师必须根据问题特点，灵活处理。

案例 3-16 两种图示方式的比较。

（1）一杯纯牛奶，喝了半杯，冲水加满，又喝了 $\frac{1}{3}$ 杯，剩下的纯牛奶是一杯的几分之几？

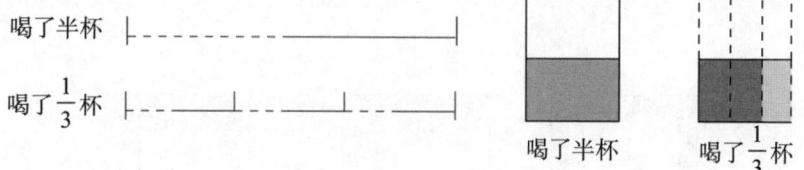

图 3-28

如图 3-28，显然，线段图的感知效果不如矩形图。因为长方形能更直观地显示液体的容量，比较而言，线段图的表示更抽象些。

（2）跳绳测试，小明前三次的平均成绩是 80 分，第四次的得分比四次平均成绩高 6 分，小明第四次跳绳测试的成绩是多少分？

根据平均数"移多补少"的意义，图 3-29①中两阴影部分面积相等，所以第四次测试成绩是：6÷3=2（分），80+2+6=88（分）。

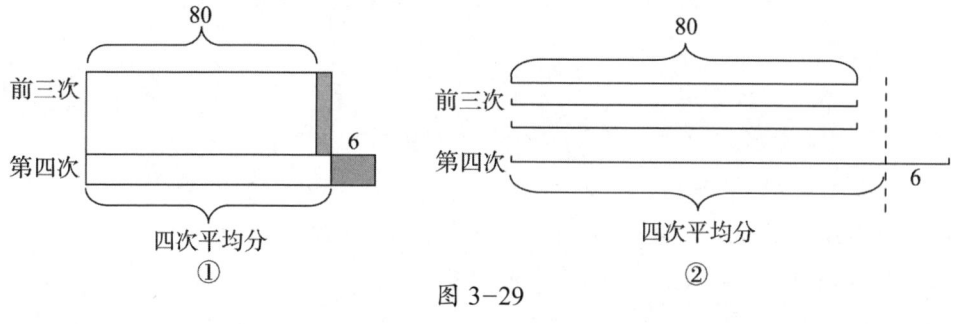

图 3-29

改画成线段图（图 3-29②），则 80+6÷3+6 更加一目了然，即矩形图的感知效果不如线段图。

矩形图的特点是长、宽各表示一个量，就能用面积表示两个量的积。由于第（2）题的平均数与次数这两个量中，次数 3 和 4 相差 1，因此用宽表示次数，不如先画出 3 条线段，再画第 4 条线段。

为了清晰地表示数量关系，两种图示都没有拘泥于 80 和 6 的长度比例，这在不影响分析思考的前提下是可取的。

问题解决过程中的直观表示，其实质是一种思维可视化技术。由于小学数学的问题大多比较简单，因此解决途径常常一眼就能看出。为了提高学有余力的学生通过问题信息发现途径信息的能力，以锻炼他们的数学眼光，不妨选择一些解题途径更为隐蔽的问题，让他们选做。

案例 3-17 挑战性问题。

一个正方形苗圃，扩建后还是一个正方形（前后两个正方形的边长都是整米），面积增加了 15 平方米。苗圃原来的边长是多少米？

根据苗圃扩建前后是两个正方形这一条件，学生画出的图示有两种（图 3-30）：

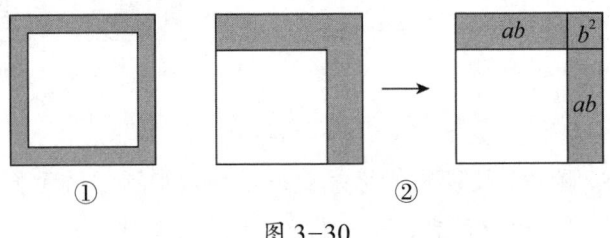

图 3-30

他们知道阴影部分是 15 平方米，但看不出可以怎样利用这唯一的数据条件。有学生凭直觉认为第②种直观图示便于推算，但说不清理由。教师予以肯定，并解释：第②种直观图示阴影部分的"宽"一定是整米，因为根据前后两个正方形的边长都是整米这一条件，可知它们的差也是整米；但差除以 2 不一定是整米，所以第①种图示的解答会麻烦些。

五年级学生会运用已学过的用字母表示数的知识，设苗圃原来的边长为 a 米，扩建后边长增加 b 米，由图示②得 $2ab+b^2=15$。

试探：若 $b=1$，则 $ab=7$，推得 $a=7$；若 $b=2$，则 $ab=5.5$，不合题意（两个整数的积应是整数）；若 $b=3$，则 $ab=3$，推得 $a=1$；若 $b>3$，则 $b^2>15$，不合题意。

验证：$(7+1)^2-7^2=15$，$(1+3)^2-1^2=15$。

最后，教师指出"这个实际问题抽象出来就是'两个平方数的差是15'"，引起学生的感慨：平方数对应的图形是边长为整数的正方形，画图、推理必须用到的条件信息都包含在平方数里了。

作为供学有余力学生选做的探索题，有教师启发学生按图示①作出解答，体会两个正方形居中是一种特殊化的处理，也能解决问题。

教师还可提供更有价值的引导：直接给出纯数学问题"一个平方数增加15，得另一个平方数，求这两个平方数"，以增强直观图示的挑战性。进而启发学生另辟蹊径，寻找一般化解题方法：设两个平方数为 a^2、b^2，运用平面图形的剪拼（割补）方法，将图示②的阴影部分转化为一个长方形（图3-31）：

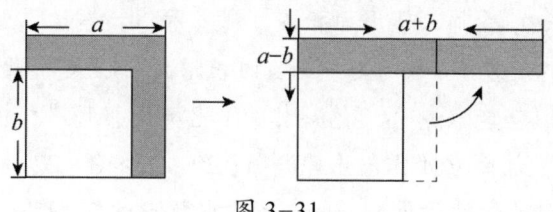

图 3-31

这就和代数中常用的平方差公式建立了联系：$a^2-b^2=(a+b)\times(a-b)$ =15。根据题意，两个因数都是整数，同样可以通过试探求解：

$(a+b)\times(a-b)=15\times 1$，即 $a+b=15$，$a-b=1$；

$(a+b)\times(a-b)=15\times 3$，即 $a+b=15$，$a-b=3$。

转化为和差问题，求出两组答案。

可见，无论是纯数学问题还是实际问题，都有可能通过适当的图示展现丰富的、综合的信息。学生善于直观表示"问题信息"，进而从中发现、提取"途径信息"，对于提升发现、提出问题与分析、解决问题的能力，都是颇为有益的。

3. 若干策略

前面在讨论直观教学误区问题与探讨两条路径时，已经阐述了一些策略，如直观手段的"适度"使用，直观材料"写实性"负面效应的控制，以及增强直观材料的启发性、挑战性、关注直观与抽象的相互转化，等等。下面再就小学数学直观教学的一般场景，阐述若干策略。

（1）数与形结合。

这是人所共知的数学教学策略，包括"形助数"与"数助形"两方面。

过去的数与计算、现在的数与代数教学,都大量地采取了"形使数更直观"的策略。前面涉及几何直观的案例,几乎都在"形助数",特别是"案例2-3 探究和的奇偶性",堪称典型样例。

"形助数"更进一步的体现是利用几何规律解释数与运算的规律。

■ 案例 3-18 因数与积的变化规律。

三年级上学期学习估算,问题是:会场有 18 排座位,每排 22 座,360 名同学来开会,能坐下吗?师生最为纠结的问题是:多数学生估成 20×20,比准确积大还是小?

由于沪教版《数学》三年级上学期先学长、正方形面积(三年级下学期学习长、正方形周长),教师只能用面积图直观表示[1]。等学了周长,通过探究总结出"周长相等的长方形,长宽越接近,面积越大",只要提醒学生注意两个因数的和不变,他们就能联想几何的规律,作出类比推理"和相等的两个因数,差越小,积越大",从而立即作出正确判断:20×20>18×22。

当然,数与代数领域的问题,也不是非得数形结合不可。在本例中,也可以借助 20×18 间接推出:

因为 20×20 比 20×18 多 2 个 20,

18×22 比 20×18 多 2 个 18;

所以 20×20 比 18×22 多了 2 个 2。

相比之下,"数使形更入微"应用较少。其实,图形测量的所有内容,从度量线段到度量角,从平面图形的周长、面积到立体图形的表面积、体积,都用到了"数助形"。即使是图形的认识,也常常需要"数助形"。这里试举一例。

■ 案例 3-19 图形认识的深化。

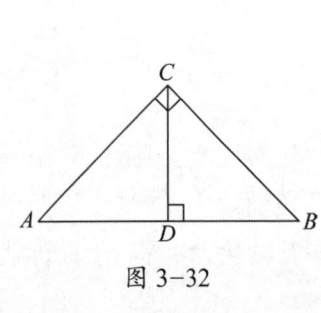

图 3-32

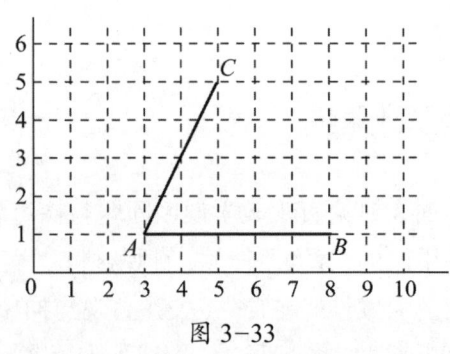

图 3-33

---

[1] 曹培英,张晓芸.跨越断层,走出误区:小学数学问题解决教学研究[M].上海:上海教育出版社,2021:100-102.

① 等腰直角三角形无论大小，它的一个底角都是多少度？如果它的底是10厘米，那么底上的高是多少？面积呢？

② 如图3-33，点A的位置用$A(3,1)$表示，则点B的位置为$B(8,1)$。如果点$C(x,5)$，那么：

当x等于多少时，$\angle BAC$是直角？当x在什么范围时，$\angle BAC$是锐角？钝角呢？

第①题根据三角形内角和与等腰三角形两底角相等，容易求出等腰直角三角形的底角都是45度。画出草图（图3-32），由等腰三角形的对称性，不难推出，三角形ACD与三角形BCD也是等腰直角三角形，且$AD=DB=DC=5$厘米，进而算出面积。

第②题学生容易发现$x=3$时，即点$C(3,5)$时，$\angle BAC$是直角，进而不难得到：$x>3$时，$\angle BAC$是锐角；$x<3$时，$\angle BAC$是钝角。

教师可以启发学生小结：点C的纵坐标不变，始终是5，随着横坐标由小变大，点C在纵坐标是5的直线上移动，$\angle BAC$由大变小。

进一步还可让学有余力的学生思考更一般的问题：当$\angle BAC$分别是直角、锐角、钝角时，求$C(x,y)$的取值范围。学生很快发现y的值能"上下移动"，个别学生还能发现$y \neq 1$。

上例告诉我们，小学数学的图形与几何领域中，既有欧氏几何中的数助形，也有解析几何（雏形）中的数助形。只是在过往的教学中，我们不太注意挖掘与体现罢了。

（2）直观与语言结合。

双重编码理论认为，当学生用表象和语言两种认知系统表征同一内容时，如果图像信息与语言信息一致，就会在编码过程中形成视觉表征和语言表征的连接，从而增加学生提取信息的通道，增强学习效果。这一理论给我们的启示是：可采取视觉和语言结合的形式，来降低认知负荷与学习难度，增强信息的识别和记忆。

为此，首先应当重视"语言引导观察"，其次还应加强"语言与图示互译"。请看一个实例。

■ **案例** 3-20 求阴影部分面积。

以正方形相对的两个顶点为圆心，边长（10厘米）为半径画弧（如图3-34），求两弧所围部分的面积。

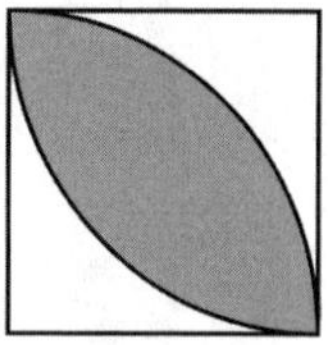

图3-34

这是一道相当典型的面积计算问题。先让学生说思路,他们首先想到的大多是"整体面积-空白面积";继续说空白面积怎么求,则学生的叙述对其他学生起到了引导观察、分析、想象的作用。然后请听懂、理解了的学生把计算过程用草图表示,再列出算式。

方法一(图3-35):

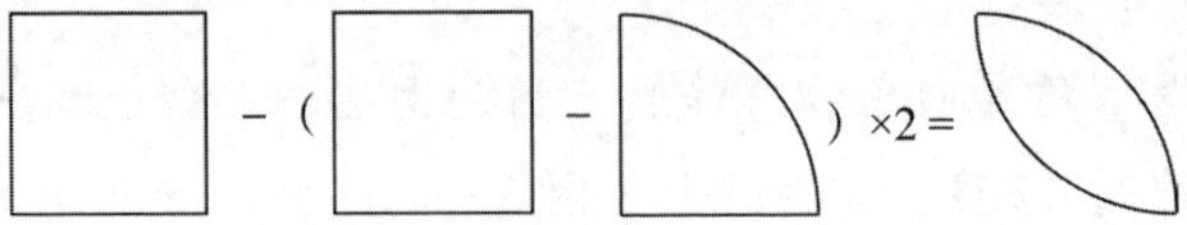

$10^2-(10^2-10^2\times3.14\div4)\times2$

图3-35

类似地,先求"半块"阴影再乘2的思路,也可以让想到的学生加以叙述,引导其他学生思考,画出草图,列出算式。

方法二(图3-36):

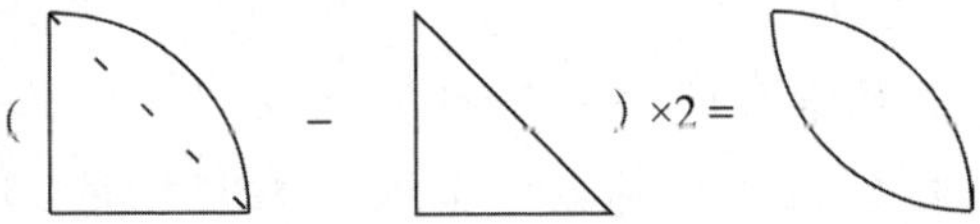

$(10^2\times3.14\div4-10^2\div2)\times2$

图3-36

以上两种解法都可以借助无声的动画演示帮助学生理解。然而,本题更简捷的算法,指望演示加上图示还难以使绝大多数学生理解。

方法三(图3-37):

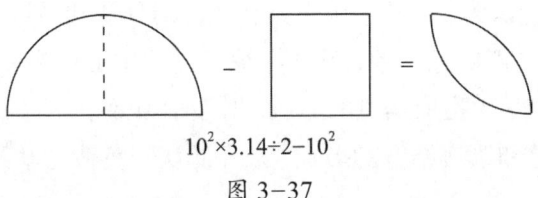

$10^2\times3.14\div2-10^2$

图3-37

如果教师边演示边辅以适当的设问,指引学生的注意力与思考方向,就能使他们恍然大悟。比如:

师:一个扇形的面积比正方形面积?

生1:小,小了一块空白。

师:那么,两个扇形的面积比正方形面积呢?

生2:大,大了阴影部分。

生3：第二个扇形补上了一块空白，还多出整片叶子。

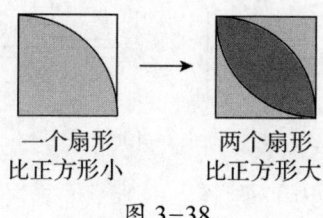

一个扇形　　　两个扇形
比正方形小　　比正方形大

图 3-38

这就是直观与语言结合，增强感知、理解效果的典型表现。

小学数学的直观教学中，让形象开口说话和语言指引观察常常可以互为补充，相得益彰。

（3）静与动协调。

如今，广大教师课件的制作水平不断提高，动态演示已成常规教学手段。变静为动不仅顺应了知觉的趋动性，易于引起注意和观察兴趣，更重要的是能够清晰显示事物运动变化的过程及其数量关系。以较复杂的行程问题为例。

■ **案例 3-21** 行程问题的变式。

① 我国制造的超长公交车，从车头追上行人到车尾离开行人，用时 3 秒。已知行人平均每秒走 2 米，超长公交车平均每秒行 10 米。求这种公交车的长度。

这种需要考虑车长的行程问题，过去称之为"行车问题"。学生大多难以在头脑里想象人、车的运行状态及其数量关系。若能动态演示（图 3-39），则"从车头追及行人到车尾离开行人"的数量关系就一目了然了：人行路程＋车长＝车行路程。

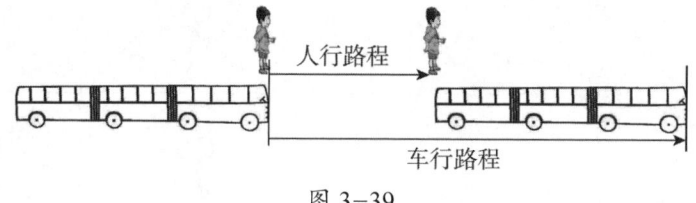

图 3-39

车长＝（10-2）×3=24（米）。

② 跑道长 400 米。甲、乙两人同时从起点出发，跑到终点立即返回。已知甲每分钟跑 90 米，乙每分钟跑 110 米，经过多少分钟两人首次相遇？经过多少分钟两人第二次相遇？两次相遇地点各距离终点多少米？

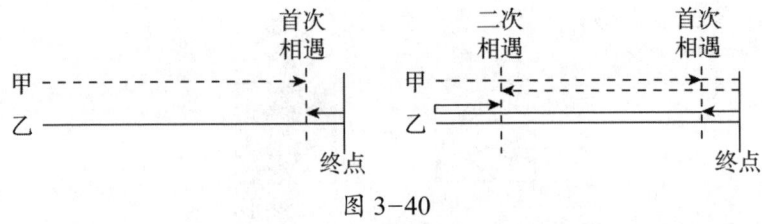

图 3-40

通过动态演示（图 3-40），理解上的难点（首次相遇，两人所行路程和是 2 个跑道长，二次相遇，两人所行路程和是 4 个跑道长）问题迎刃而解。

首次相遇用时：400×2÷(110+90)=4（分）。

二次相遇用时：4×2=8（分）或 400×4÷(110+90)=8（分）。

首次距离终点：400-90×4=40（米）或 110×4-400=40（米）。

二次距离终点：90×8-400=320（米）或 400×3-110×8=320（米）。

本题还有其他一些解法，但无论如何求解，离开了直观图示，第二次相遇地点距离终点多少米都是很难想象的。

③ 你想乘出租车，看见一辆空车远远驶来，车行方向与你的目的地方向一致。这时整条路上没有行人，你不用担心有人与你争抢空车，且整段路边都能停车。已知车速大于人速，为了更快到达目的地，你应该站在原地等候，还是迎着车走过去，或者往前走一点让车追上来？

这是一个非常实际的问题，似乎有些烧脑。观察动态演示（图 3-41），就能发现三种方案所用时间相同。

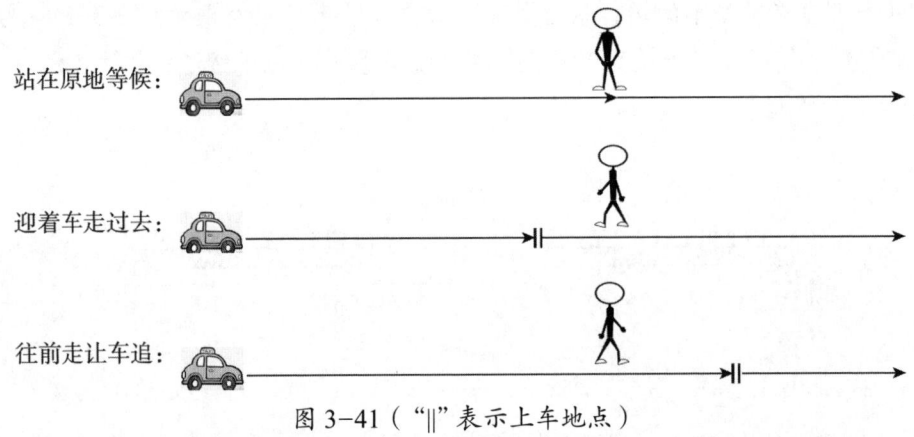

图 3-41（"||"表示上车地点）

因为从出租车的角度想，不管人在哪儿上车，出租车行驶的路程不变。也就是说，从你发现车至车到目的地的时间都是车行时间加你上车所用时间。所以，站在原地等候就是最佳选择。

有时,个别有生活经验的学生会说,往前走让车追可以少付一点打车费。这是合理的想法,但与数学问题"更快到达目的地"无关。

这个案例表明:

其一,设计合理的静态图示,也能具有动态演示的效果。

其二,制作动态演示时,需要注意留下初始状态的痕迹,以便于从整体上分析事物运动变化的过程。换句话说,演示的定格画面,常常需要等同于静态图示。

因此,重要的是处理好静与动的关系,特别是不能完全依赖动态演示。一般来说,引入时通过"演示—定格"有利于学生形成表象,之后的一些变式,就应当启发学生加工、改造已有的表象,亦即通过想象,形成新的表象。

(4)演示与操作协调。

为了变"一人演示,众人看"为"人人动手",可以根据需要,先让学生自己操作学具,有所发现后演示给同学看,使被动的直观转变为主动的直观。

■ **案例** 3-22 规律的表示。

用小棒摆正方形,摆 1 个用 4 根,摆 2 个用 7 根……摆 n 个要用多少根?

这是寻找规律并用含字母式子表示的典型问题。让学生边摆边寻找规律,不同学生有不同的发现(图 3-42、图 3-43、图 3-44):

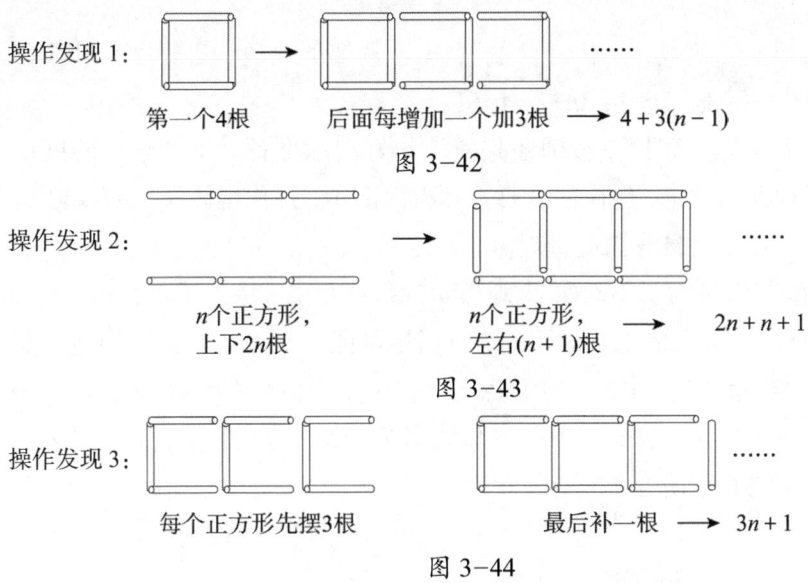

操作发现 1:
第一个4根　　后面每增加一个加3根　→　$4+3(n-1)$
图 3-42

操作发现 2:
n 个正方形,上下 $2n$ 根　　n 个正方形,左右 $(n+1)$ 根　→　$2n+n+1$
图 3-43

操作发现 3:
每个正方形先摆3根　　最后补一根　→　$3n+1$
图 3-44

学生发现,前两种式子经过化简,都能统一为 $3n+1$,规律的发现与表达也都一清二楚地展现在操作过程中。

为促进举一反三，还可以给出变式，例如：

① 如图 3-45，用小棒摆正三角形，摆 1 个用 3 根，摆 2 个用 5 根……摆 n 个要用多少根？

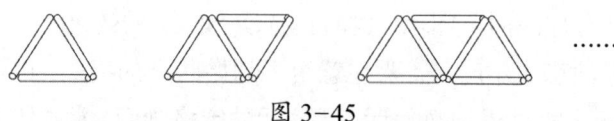

图 3-45

② 如图 3-46，用花瓣摆四叶花，摆 1 朵用 4 片，摆 2 朵用 7 片……摆 n 朵要用多少片？

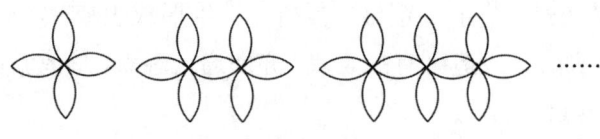

图 3-46

③ 如图 3-47，在桌面上摆放相同的正方体木块，摆 1 块露在外面 5 个正方形，摆 2 块露在外面 9 个正方形……摆 n 块呢？

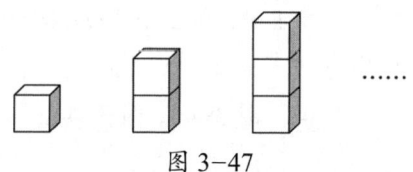

图 3-47

理解一旦达成"知其所以然"，就容易触类旁通，三题的答案只需改动 n 的系数，分别是：$2n+1$，$3n+1$，$4n+1$。

提倡"人人动手"，教师还是应该作好演示准备。即使学生的展示、交流达到了预期的效果，也往往需要教师再次演示，强化全体学生的印象。

（5）让学生自我构造直观。

如同"教是为了不教"，直观教学的最终目的，是为了将教师"教"的手段转变为学生"学"的工具。因此，应当尽可能让学生自己尝试构造直观，这也是培养学生数学学习能力的策略之一。至于如何从低年级开始引导学生自然而然地掌握图示方法，可参阅本套丛书第一册《跨越断层，走出误区：小学数学问题解决教学研究》相关章节。

三、典型课例

要使直观教学的路径与策略收到实效，关键在于弄清什么是所教数学知识的直观,什么样的直观形态符合该年级学生的感知特点。这就要求教师在深入钻研教学内容、吃透学情的基础上,寻找适切的直观模型。下面,结合苏教版《数学》三年级下册"有趣的乘法计算"展开说明。

1. 教学前端分析

这是苏教版《数学》探索规律系列中安排在"两位数乘两位数"单元后的教学内容(图3-48)。涉及两位数相乘的三种特殊情况。关于怎样用活教材,启发学生理解三种特殊情况的计算规律,有必要结合教材与学情,作出深入分析。

(1)两位数与11相乘。

学生通过竖式计算,不仅能发现积的规律,而且还能作出解释,说明竖式起到了很好的直观作用。

一般认为,直观具有一定的递进层次,例如,量是数的直观,数是字母的直观,字母是函数的直观,等等。对于小学整数、小数四则运算来讲,竖式就是横式的直观。

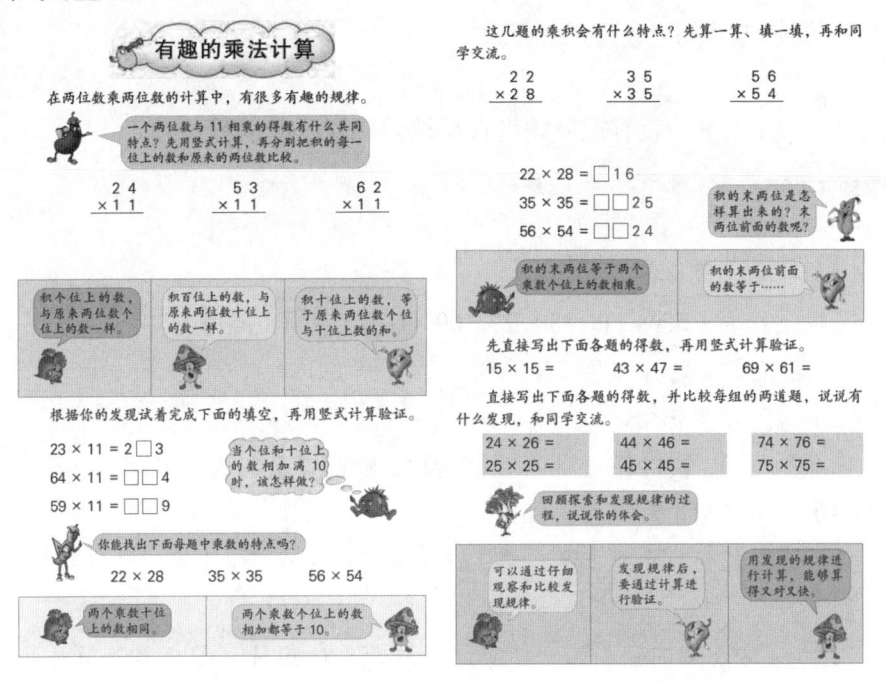

图3-48

(2)"同头尾合十"。

当两个因数(两位数)十位上的数相同,个位上的数能凑十时,学生通过竖式计算能够发现积的规律，但看不出为什么积可以这样生成。要使学生知其所以然，可以借助点子图，使规律看得见、摸得着。

（3）两个因数的差是2。

教材的设计非常巧妙。最后的三组题，看似是"同头尾合十"巩固练习，实则是引出新的计算规律：差是2的两数相乘等于两数平均数的平方减1。

由于这时尚未教学平均数，因此可允许学生用"中间数"指称。

从代数角度看，这是平方差公式$(a+b)(a-b)=a^2-b^2$的特例$(a+1)(a-1)=a^2-1^2$。教材给出的实例中，两个因数都是差是2的两位数，教学时可以酌情加以拓展。

平方差公式的几何模型是矩形图。考虑到学生还未学习长方形的面积计算，不妨换成点子图或方格图，以帮助学生理解规律的算理。

此外，教材最后三组题的数据设计还蕴含着"尾数是5的两位数平方"的计算规律：先写十位数×（十位数+1）的积，再添写25。显然它是"同头尾合十"的特例，所以教学中不必有意提出。

2. 课例与点评

基于以上分析，就有把握凭借直观教学展开深度学习。

课例 3-2 有趣的乘法计算。

（一）激趣引入。

（1）师生计算比赛。

黑板上出示：53×11，23×27，69×61。（教师在黑板上做，学生用计算器，答案写在印有题目的学习单上）

（2）引起学生惊讶。

教师先写完，校对答案。（学生有错的，暂不订正）

（3）引出课题。

师：相信上完今天这节课，你们都能和老师一样，快速写出计算结果。（板书课题）

[评析]与众不同的引入，教师口算与学生使用计算器比赛计算速度，教师胜出，有效地激发了学生寻根究底的探索欲。

三道比赛题，两题取自课本，还有一题为点子图的数据，意在舍去最后再来解决这三题的环节，腾出时间，用于规律的说理。

(二)探究一。

(1)学生独立探究。

师:请大家完成学习单上的"探究一"。

探究一:尝试计算。

24×11=　　　53×11=　　　62×11=

$$\begin{array}{r} 24 \\ \times\ 11 \\ \hline \end{array} \qquad \begin{array}{r} 53 \\ \times\ 11 \\ \hline \end{array} \qquad \begin{array}{r} 62 \\ \times\ 11 \\ \hline \end{array}$$

观察比较:积的每一位数与两位数有什么联系?
_____

(2)交流发现。

生1:从竖式一下就能发现规律,比如53×11,积的个位是3,积的百位是5,积的中间是5加3的和。

生2:我来总结,两位数乘11,只要把两位数分开写,中间写两位数两个数字的和。

(3)规律说理。

师:为什么两位数乘11可以这样直接写出得数?我们用符号表示来说理。

$$\begin{array}{r} \bigcirc\ \diamondsuit \\ \times\ \ 1\ 1 \\ \hline \bigcirc\ \diamondsuit\ \ \\ \bigcirc\ \diamondsuit\ \ \ \\ \hline \bigcirc\ \diamondsuit\ \diamondsuit \end{array} \qquad \begin{array}{r} a\ b \\ \times\ \ 1\ 1 \\ \hline a\ b \\ a\ b\ 0 \\ \hline a\ \ \ \ b \end{array}$$

生:因为第二次乘得10个两位数,它的个位是0,所以积的个位就是两位数的个位数,积的十位是两位数两个数字的和,积的百位就是两位数的十位数。

[评析]两位数乘11的积,在竖式上规律一目了然,以致很难说清为什么。教师用符号表示数字,引导学生从特殊到一般;有意识标注"0",启发他们用竖式的算理加以说明。积的十位、百位空着,以便后面继续发现再补充说明。

(4)运用规律,质疑问难。

完成课本填空练习,用计算器验证。

师:通过运用规律的练习,有什么新的发现?

生:64×11,6+4是10,中间必须写0进一。59×11,也要进位。

师：你们都发现了当两位数的十位、个位数相加等于或大于10，要向百位进一。还有什么疑问？

生：两位数乘11，积都是三位数吗？

师：谁来回答？

生：两位数乘11，积多数是三位数，也会有四位数，比如90乘11，积是三位数，91乘11，积就是四位数了。

师：××同学的回答告诉我们，两位数从10到多少，乘11的积是三位数？

生：从10到90，乘11的积是三位数；从91到99，积是四位数。

师：很好，两位数乘11的问题，解决了。

（5）探究小结。

师：大家通过尝试计算、观察比较、发现规律、运用规律、总结要点，圆满完成了探究一。

（三）探究二。

（1）学生独立探究。

师：完成学习单上的"探究二"。

探究二：先找出下面三题的特点，再用计算器算出结果。

22×28=　　　　35×35=　　　　56×54=

都是_____位数相乘，两个因数十位数字_____，个位数_____

我发现：积的末两位数等于_____

　　　　积的末两位前面的数等于_____

（2）同桌交流，再全班交流，教师加以板书。（略）

[评析]两项探究，都将课本提供的计算题印在学习单上，让学生独立思考，自己陈述发现。若让学生做在课本上，则规律已写得一清二楚，就失去了探索的意义。这是灵活运用课本的常规做法。

考虑到两项探究结论的陈述，前一项较简单，后一项较费笔墨，所以作了不同的留白处理，有放有扶。同时，为提高学习效率，事先给出无关紧要的文字，以减少学生的书写量。

（3）教师小结。

师：同学们都找到了算式的特点，也发现了积的规律。我国民间把这样的两位数叫做"头同尾合十"，什么意思？

生：头同是十位数相同，尾合十是个位数正好凑十。

师：积的规律叫做"尾乘尾，放末尾；头乘头加1的和，放前面"。你们觉得概括得怎么样?

生:很清楚,又好记,像口诀一样。

至此,呈现如下板书:

乘法:两个两位数的十位数字相同——头同;

个位数和是10——尾合十。

积的末两位数=因数个位数的积——尾×尾,放末尾;

末两位前=十位数×(十位数+1)——头×(头+1),放前面。

师:有没有受到启发?两位数乘11的计算规律能不能也用简洁的语言概括一下?同桌互相说说看。

交流后大家赞同的概括是:头尾分开写,头尾相加放中间。

师:网上有人这样总结"头尾一拉,中间相加",比较押韵,但同学们的概括更清楚。不过都忘了补充一个要点。

生:头尾一拉,中间相加,满十进一。

[评析]在学生已经说清楚的基础上,教师给出更精练的表述,既帮助学生简化记忆,又具有启迪的功效。果然,学生回过头来,对两位数乘11的算法作出了新的表述。

(4)解释规律。

师:以刚才第二道比赛题为例,用圆点表示数(出示图3-49),看看你们能不能发现规律的奥秘。

学生先独立思考,然后小组讨论,最后全班交流。

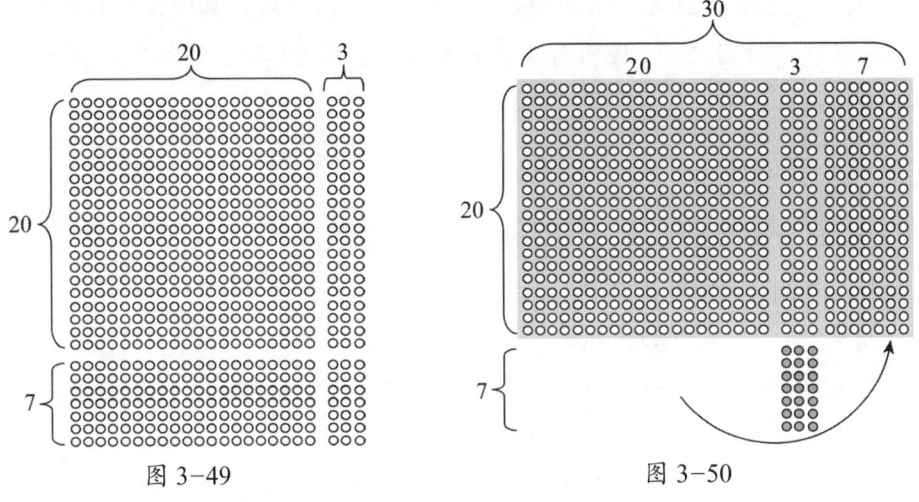

图3-49 图3-50

生1:尾乘尾,在右下角,头乘头加1的和,要把右边3个20转一下,移到下面来，正好组成20乘30。

生2：也可以把下面的7个20转一转，放到上面右边，组成30乘20。

教师按照生2的发言进行演示（图3-50）。

生3：我终于明白了，为什么要头同尾合十。

师：对呀，头同尾合十，它们的积才能组成两部分。哪两部分？

生：一部分是尾乘尾，另一部分是头乘头加1的和。

师：看明白了吗？因为头同尾合十，所以另一部分才能凑成相差10的两个整十数相乘。

[评析]学生很快在图中找到规律的解释，表明点子图在这里发挥了良好的直观效果。从中也反映了教师周到的考虑与精心的设计：之所以不用课本三题的数据，是因为22×28中重复数字过多，其他两题数据偏大，导致点子过多，影响观察。

学生明理之后，教师的演示一反"留出初始痕迹"的常规，旨在清晰显示头同尾合十的积由两部分组成。

（5）巩固练习。

在课本上直接写出15×15，43×47，69×61三题的得数，用计算器验证。

师：有什么新的发现？

生：69×61尾乘尾是一位数，前面要补一个0。

师：是呀，现在可以把计算规律补充完整了。

教师在"尾×尾，放末尾"的板书后面添加"（不足两位补0）"。

[评析]上述巩固练习环节，除了将教材上"用竖式计算验证"改为"用计算器"以节省时间之外，还用好了教材的设计，由69×61引出"尾×尾"必须补充的要点。

（四）探究三。

（1）学生独立探究。

师：根据已知规律，在课本上直接写出下面三组题的得数（可用计算器），比较每组两题，你又发现了什么？

24×26=　　　　44×46=　　　　74×76=

25×25=　　　　45×45=　　　　75×75=

（2）交流与归纳。

生1：每组第一题两个因数相差2，第二题两个因数相同。

生2：我还发现，第二题两个相同因数都是第一题两个因数的中间的数，它们的积相差1。

师：真了不起，发现了这么复杂的规律。每组都是三个数，两个数相差2，第三个数是它们的中间数，怎么表示这三个数呢？（学生没回应）

师：比如，25是中间数，24、26怎么用中间数表示？

生：中间数减1，中间数加1。

师：好主意，用 a 表示中间数，那两个数就可以写作？

生：$a+1$ 和 $a-1$。

师：这下计算规律就一目了然了［板书：$(a+1)×(a-1)=$］，等于什么呀？

生：等于 a 乘 a 减1。

［评析］这是本课的难点之一，教师借助"中间数"这一通俗的名称，并通过巧妙的启发，引出规律的字母表示。实践表明，这一"超标"之举，恰在该班学生的最近发展区内。由于平均数、平方都还未学，因此对学生来说，用语言描述"相差2的两数相乘等于两数中间数自己乘自己再减1"有些困难，不如用字母表示清晰、明了：

$$(a+1)×(a-1)=a×a-1。$$

（3）引申拓展。

师：这个规律是不是只适用于两位数相乘？用相差2的一位数试试看。

生1：可以的，比如 $8×6$，它们的中间数是7，七七四十九减1正好是六八四十八。

生2：我试了 $9×7=63$，$8×8=64$，$64-1$ 正好等于63。

师：用计算器试试三位数。

……

（4）小组讨论，解释规律。

师：我们就以 $6×4=5×5-1$ 作为例子，看看为什么会有这样的规律。学习单的方格纸上，长方形占24格，正方形占25格（图3-51），画一画，它们可以怎样相互转化？

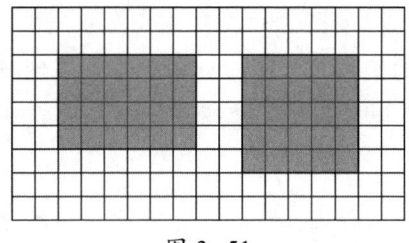

图3-51

展示学生作品(图 3-52):

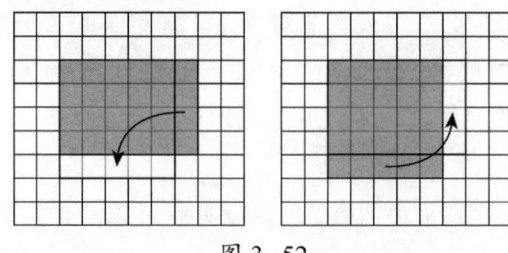

图 3-52

生1:长方形剪下4格移到下面,再补一格就是正方形。

生2:正方形下面去掉1格,剪下4格转到右面,就是长方形。

师:因为两个因数相差2,所以总可以剪下一列小方格,补在下面,就能发现比中间数乘中间数的小方格少了一格。

[评析]教师知难而上,借助方格图与学生小组合作讨论、画图,引导学生对规律作出直观解释。应该说它比平方差公式的最常用且有效的几何模型更浅显,教师的语言描述也已经一般化了,但学生充其量只是明白了 $6×4=5×5-1$ 可以通过数方格验证,并没有如"同头尾合十"那样有了一般化的理解。实践表明,将这一内容后移至五、六年级,有较好的学习收效[1]。

教师还应明白,两个因数相差2的简便算法,其实质就是案例 3-17 中平方差公式 $(a+b)×(a-b)=a^2-b^2$ 的特例 $(a+1)×(a-1)=a^2-1$。

(5)巩固练习。

① $5×5-6×4=$　　　　$9×9-10×8=$　　　　$78×78-79×77=$

这组题与"两个因数相差2的计算规律"有联系吗?

② 两位数乘三位数我们还没学,试试看 99×101 能算吗?

多数学生完成后交流:

生1:第①组三题都可以运用两个因数相差2的计算规律,三题都等于1。

生2:两个因数相差2,积比中间数自己乘自己少1。

生3:第②题只要算 100×100,再减1,就是 99×101 的积 9999。

师:看来,两个因数相差2的计算规律还有点用处。

[评析]精心设计的变式题,精心选择的数据,使巩固练习提高了一个层次。第①题是规律的可逆变换,第②题是规律应用范围的扩展。学生在提升

---

[1] 曹培英,张晓芸.跨越断层,走出误区:小学数学问题解决教学研究[M].上海:上海教育出版社,2021:313-315.

运用水平的同时，感受到了计算规律化繁为简的应用价值。

（五）全课总结。

（1）学生说收获。

……

（2）看课本是怎样总结探究过程的。

……

师：我们不仅做到了课本总结的三个步骤，还通过竖式、图示，初步理解了规律背后的算理。

（六）课后探究。

师：我们研究了"头同尾合十"的简便算法，感兴趣的同学课后还可以继续研究两位数乘法中"尾同头合十"的简便算法。谁来举个例子？

生：例如 $36×76$，就是"尾同头合十"。

师：理解了算式的特点，相信你们都能探究成功。

[评析] 本课最大的亮点就是把力气放在启发学生知其所以然上。为使学生明理，教师根据数学内容与学生认知的具体特点，选用了三种不同的直观形态，并作出恰当处理，为小学数学化抽象为形象，深入浅出地揭示数学内涵提供了一个值得借鉴的样例。

为了落实深入理解的教学重点，教师采取了一系列提高学习效率与效能的举措，不落俗套地追求实效。特别是直接给出民间的"口诀"，而不是花费时间诱导学生去尝试概括。整节课基于教材、用活教材、深化教材，开拓教学空间，使该年级学生探索规律的理解水平有了质的提升。

上例表明，直观教学的路径与策略并非教条，可以也应当灵活运用。同时，直观教学要有意识地朝着让学生明理的方向努力。这不仅是走向深度学习，提升学习水平的必然，也是培养学生数学思维的需要。

如前所述，小学数学的知识内容大多以举例归纳或类比得出，因此常常停留在"知其然"层面，这在探索规律的教学中表现尤为突出。

为此，尽管小学数学还不能展开论证教学，但很多时候可以像上例那样，对不完全归纳的结论作出因果关系的解释（说理）。特别是探索规律系列，并非基础知识，让学生探索哪些规律，教材、教师说了算。因此，在确定教学内容时就应该考虑，尽可能选择能说理解释的规律让学生探究；在实施教学时，不仅应着力培养学生通过计算、观察、比较、分析发现规律的能力，还应培养学生针对规律探究成因的能力。

正是在这一意义上，课例 3-2 朝着帮助学生解释规律、感悟规律一般意义的方向作出了有益的教学探索。

第三节　从已知到未知：利用已有知识

一、数学学习中的已知与未知

在小学数学中，已知与未知的主要代名词如"旧知"与"新知"，以及条件与问题（结论）等。其中，"旧知"与"新知"作为汉语词语，通常指"旧日结识的知己""新结交的知己"，即老朋友、新朋友；在小学数学中，特指"已学知识"与"新学知识"。

从已知到未知的主要方法是推理。推理是数学的基本思维过程，也是人们学习和生活中经常使用的思维方式。

1. 旧知与新知

小学数学课程内容的编排，一方面具有儿童的认知特点，例如，为了利用儿童的经验，先学长方形，后学平行四边形；为了由易到难，先学小数及其四则运算，后学分数及其四则运算。另一方面具有数学知识的建构特点，大多数内容呈现一环紧扣一环的逻辑联系。

以数的整除性为例，它在数学中属于数论的初步知识，在小学是学习分数的基础。尽管教材为了分散难点没有集中教学，但概念之间的逻辑联系还是非常清晰的。

案例 3-23　倍数与因数的概念系统。

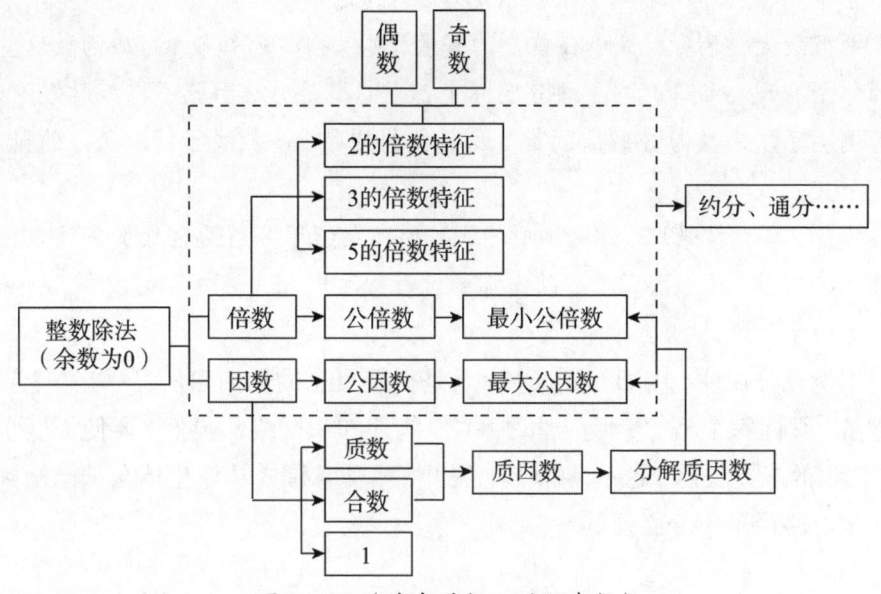

图 3-53　（其中质数又叫做素数）

如图 3-53，这部分内容的起点是学生的旧知"余数为 0 的整数除法"，由此逐步引出一系列新知，为后续学习分数的约分、通分以及比的化解等提供基础。

与原来小学数学"数的整除"概念系统相比，精简了两个概念。

一是整除。理由是 a 能被 b 整除与 b 能整除 a 比较拗口、抽象，凡是用整除刻画的数学现象，都可以用倍数或因数来表达。例如，8 能被 4 整除，与 8 是 4 的倍数、4 是 8 的因数是一回事。

二是互质数。因为需要用互质数定义的概念，可以用"最大公因数是 1"或"只有公因数 1"来替代。例如，"分子、分母是互质数（简称互质）的分数叫做最简分数"，可以描述为"分子、分母的最大公因数是 1"或"分子、分母只有公因数 1"。

与目前"课标"规定的概念相比，上面的概念系统多了"质因数"与"分解质因数"两个概念。因为小学数学引进质数、合数概念的目的，就是为了使学生初步了解质因数与分解质因数。

凡是学过算术基础理论的教师都知道算术基本定理（从名称足见它的重要性）：任何一个大于 1 的自然数，如果本身不是质数，都可以分解成一些质因数的积，在不计次序的情况下，这种分解方式是唯一的。可见，质因数有如整数的 DNA，分解质因数是研究整数的重要方法。

小学数学虽然不出现算术基本定理，但通过学习分解质因数，理解用短除法求两数最大公因数、最小公倍数的算理，可以初步感知质数、质因数这些概念的作用。现在鉴于约分、通分实际上都用口算完成，因此不再教学短除法，进而删去了质因数与分解质因数。这就使得质数、合数成了两个孤立的概念，没了下文。

为此，有教材采取"你知道吗？"等形式介绍用分解质因数的方法求两数的最大公因数、最小公倍数，以作弥补。教师可以利用这些学习材料，引导学有余力的学生展开自学探究。

本例充分说明，由旧知到新知，就是循着概念的承前启后，一步一个脚印地理解、掌握每个概念，形成学习系统，构建知识网络。显然，要使深度学习在"知识的来龙去脉"这一落脚点上展开，教师掌握并让学生体会从已知到未知的学习路径是十分必要的。

2. 条件与问题

按照信息加工心理学的观点，一个数学问题由初始状态、目标状态和从初始状态向目标状态转化所需要的一系列操作（称为算子）三部分组成。对于小学数学来说，习惯上将初始状态叫做条件，目标状态叫做问题，解题的操作主要是指头脑内部认知活动的心理操作及其所依据的数学知识。

因此，呈现在学生面前的数学题目，无论是否有现实情境，无疑是由条件（已知）与问题（未知）两部分构成。它是外显的、明确的，而解题操作过程则是内隐的、多样的。

■ **案例** 3-24　式题与应用问题。

（1）运算式题：$36+9\times6$。

条件是三个数组成两种运算，问题是最后的运算结果是多少。解题过程除了按运算顺序先乘后加，还有：

① $36+9\times6=9\times4+9\times6=9\times10=90$；

② $36+9\times6=6\times6+9\times6=6\times15=90$。

（2）应用问题：一本书小明 3 天看了 60 页，比剩下的少 120 页，照这样计算，看完这本书一共要多少天？

三个数量条件，一个状态条件"照这样计算"即每天看的页数不变，一个问题。解题操作过程（算子）多样。

① 3+（60+120）÷（60÷3）=12（天）；
② 3+3+120÷（60÷3）=12（天）；
③ （60+60+120）÷（60÷3）=12（天）；
④ 3×[（60+60+120）÷60]=12（天）；
⑤ 3+3×[（60+120）÷60]=12（天）。

前三种都是求出每天看的页数，再求看的天数；后两种求出未看页数或总页数与已看页数的倍数，再求看的天数，即所谓的"倍比法"。

学生除了分步或综合列式，还可以采用其他形式表达解题过程，如后两种：

④ 看60页，剩180页，共240页，是60页的4倍，看完天数是3天的4倍12天。省略算式，用语言说出解题过程。

⑤ 看60页——3天   剩180页——9天   一共看——12天

以上形式相当于列表，用数量间的对应关系表达解题过程。教师应当鼓励学生用适合自己的方式写出思考过程。

本例表明，要使深度学习在"学习的经历体验"这一落脚点上展开，需要教师充分打开思路，发现从已知到未知的多样化途径，从而自如地根据实际情况因势利导、顺水推舟，以丰富学生的学习经历与体验。

3. 小学数学中的推理

推理是由一个或几个已知判断（前提）推出新判断（结论）的思维形式与过程。推理的几种主要类别是：演绎推理（由一般到特殊）、归纳推理（由特殊到一般）、类比推理（简称"类推"，由特殊到特殊）（图3-54）。

其中，归纳推理分为完全归纳推理（考察某类事物的全部对象）与不完全归纳推理（考察某类事物的部分对象），不完全归纳推理又分为枚举归纳推理（又叫简单枚举法）和科学归纳推理（又叫科学归纳法，考察某类事物的部分对象并说明前提与结论的因果联系）。通常不作特别说明的归纳推理就是指枚举归纳推理，它和类比推理一样，不能确定结论是否一定成立，因此叫做或然性推理、似真推理。现在根据"课标（2011年版）"称作合情推理，并没有改变它的或然性、似真性。

数学证明主要用演绎推理。完全归纳推理、科学归纳推理与它一样，结论可靠，是必然性推理。

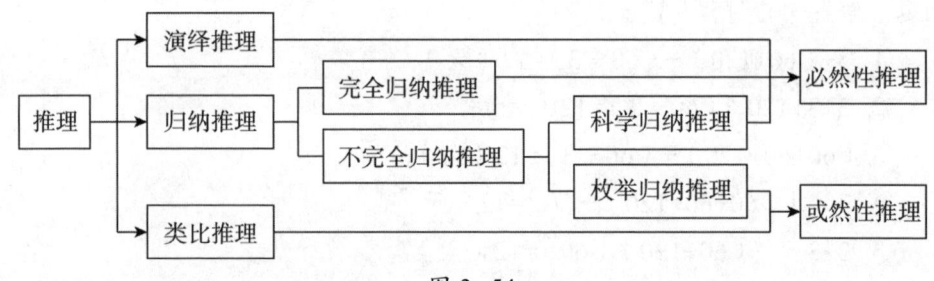

图 3-54

这些推理在小学数学中都有体现。下面分别举例说明。

案例 3-25 推理实例。

（1）类比推理（或然性推理）。

① 已知：长方形面积＝长 × 宽，长、宽是长方形邻边。

类推：平行四边形面积＝邻边相乘。

可通过举反例说明结论错误：两条邻边都是 5 厘米的平行四边形（如图 3-55，方格边长为 1 厘米），面积不是 25 平方厘米，而是 20 平方厘米。

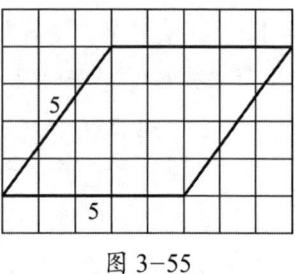

图 3-55

② 已知：$a-b-c=a-(b+c)$。

类推：$a \div b \div c = a \div (b \times c)$，$(b、c \neq 0)$。

可通过画图（图 3-56）作出直观解释，确认结论：

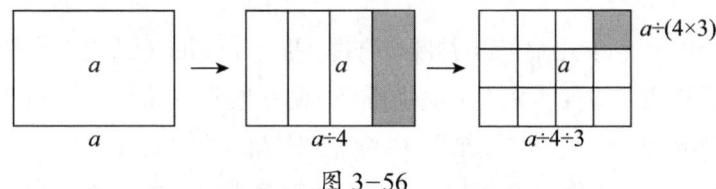

图 3-56

这种字母、数字混用的方式，无疑是在平衡"数学说理的一般性"与"儿童抽象的有限性"，是两者兼顾的有效策略。

（2）枚举归纳推理（或然性推理）。

③ 问题：分子、分母都加上相同的数，分数的大小会怎样变化？

举例：$\frac{1+3}{2+3}=\frac{4}{5}$，$\frac{4}{5}>\frac{1}{2}$；$\frac{3+7}{4+7}=\frac{10}{11}$，$\frac{10}{11}>\frac{3}{4}$。

推出：分子、分母都加上相同的数，分数会变大。

可以举出反例：$\frac{4+7}{3+7}=\frac{11}{10}$，$\frac{11}{10}<\frac{4}{3}$，说明结论错误。

正确的结论是：分子、分母都加上相同的数，真分数会变大，等于1的假分数大小不变，大于1的假分数会变小。

④ 已知：1+3=2^2，1+3+5=3^2，1+3+5+7=4^2，……

推出：从1起连续奇数的和等于奇数个数的平方。

可通过拼摆学具（图3-57）作出直观解释，确认结论：

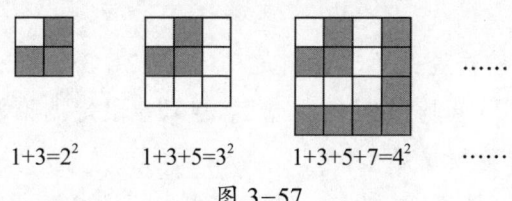

1+3=2^2　　1+3+5=3^2　　1+3+5+7=4^2　……

图3-57

（3）完全归纳推理（必然性推理）。

⑤ 已知：袋里有5个球，摸出第1、2、3、4、5个都是红的。

推出：袋里全是红球。

显然结论正确。

⑥ 三角形面积公式的得出。

用两个完全一样的直角三角形、锐角三角形、钝角三角形拼成平行四边形（图略）。得到：

直角三角形的面积＝底×高÷2，

锐角三角形的面积＝底×高÷2，

钝角三角形的面积＝底×高÷2，

所以：一切三角形的面积＝底×高÷2。

这是小学数学中少有的完全归纳推理。但从数学分类讨论的观点来看，却大可不必。因为之所以要分类讨论，是因为各类情况不一，如推导过程不同，结论有差异，等等。而用两个全等三角形拼成平行四边形，无论是直角三角形、锐角三角形还是钝角三角形，拼的方法、面积的算法都相同。因此，与其说是分类讨论，不如说是分类重复。当然，重复也有加深印象的好处[1]。

（4）科学归纳推理（必然性推理）。

⑦ 找出规律，直接写出后面各题得数。

---

[1] 曹培英．跨越断层，走出误区："数学课程标准"核心词的解读与实践研究［M］．上海：上海教育出版社，2014：132．

$1 \div 11 = 0.0909\cdots$

$2 \div 11 = 0.1818\cdots$

$3 \div 11 = 0.2727\cdots$

$4 \div 11 = $ _____

$5 \div 11 = $ _____

$6 \div 11 = $ _____

说理：学生容易发现循环节分别是 9 的 1、2、3…倍，并由此解释规律，"被除数是几，循环节就是'09'的几倍"。但只能限定被除数 ≤ 10。因为被除数从 11 开始，商是整数或带小数。

当然，可以一般地说理：由 $1 \div 11 = 0.0909\cdots$，推出 $a \div 11 = a \times 0.0909\cdots$（$a$ 是正整数）。

这一说理，从理论上讲，涉及无限循环小数的运算，超出了小学生的认知范围。例如，$11 \times 0.0909\cdots = 1$，是他们难以理解的，但不可否认它的一般意义。

⑧ 在百数表中用一个正方形任意圈出 3×3 个数，低年级学生都能发现每一行、每一列三个数的关系，个别学生还能发现最大数比最小数大 22。学了平均数后，提出问题：说说居中那个数与其他 8 个数有什么联系。

已知（图 3-58）：

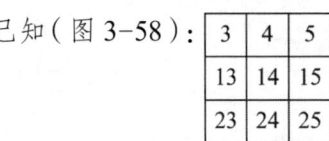

图 3-58

推出：居中那个数是其他 8 个数的平均数。

说理（图 3-59）：

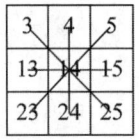 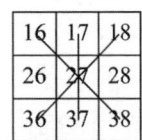

图 3-59

多数学生的说理，相当于在九宫格中画"米字"，因为 4 和 24 移多补少是 14，3 和 25、5 和 23、13 和 15 移多补少也是 14，所以中间的 14 是其他 8 个数的平均数。

个别学生也能从两个九宫格的例子中悟出一般化的"算理"：因为同一行中相邻两数相差 1，所以居中的数是左右两数的平均数；因为同一列中上下两数相差 10，所以居中的数是上下两数的平均数，也就是 8 个数、9 个数的平均数。

(5)演绎推理(必然性推理)。

⑨ 为什么计算 2400×30 可以先算 24×3, 再在积的末尾补 3 个 0?

根据数概念与乘法交换律、结合律等一般性已知判断,可以推出如下特殊判断:

2400×30=(24×100)×(3×10)=24×3×(100×10)=24×3×1000。

这与用字母表示数的形式化推演其实是一致的:$10^n a × 10^m b = ab × 10^{n+m}$。

⑩ 问题:任意三角形的三边有什么联系?

因为:两点之间的所有连线中,线段最短。

所以:三角形任意两边之和大于第三边。

从上面的例子可以看出,归纳推理的"已知判断"(前提)可能是实验或观察的结果,如"摸出第 1 个球是红的";也可能是演绎推理的结论,如"直角三角形的面积 = 底 × 高 ÷2",是由已知的长方形面积公式推出的。反过来,演绎推理的前提也可能是归纳推理的结论,如"两点之间的所有连线中,线段最短",它是中小学数学课程扩大公理体系后的"几何基本事实"之一,无疑是归纳推理的结晶。

也就是说,归纳与演绎,常常你中有我、我中有你,相互融合(图 3-60)。

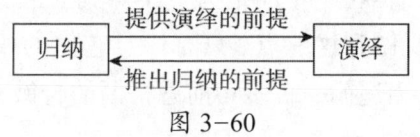

图 3-60

有这么一种观点,认为演绎推理只能证明结论,不能发现结论,归纳推理才能发现结论。这在相当程度上可谓以偏概全。事实是:历史上数学的三次危机,都是演绎推理发现"悖论",引发认知冲突,推动了数学的发展;非欧几何那些"匪夷所思"的发现,如"三角形内角和大于、小于 180°"等结论,也都是演绎推理的功劳。反过来,归纳推理所指向的结论,也不都是归纳本身所发现的。

案例 3-26 归纳推理只是发现的表达。

(1)著名的哥德巴赫猜想"大于 4 的偶数都可以表示为两个素数之和",常被说成是归纳推理的结论。说穿了纯粹是因为某种灵感,由偶数联想到了素数之和,才使枚举归纳推理派上了用场。

小学数学也有类似情形。

（2）"课例 3-2"的课后作业，探究"尾同头合十"的计算规律。学生一般都能写出正确的算式，构成归纳推理的前提：

34×74=2516，
65×45=2925，
21×81=1701，
……

但关于积与两个因数的关系，大部分学生受"头同尾合十"的计算规律的提示，只能发现"尾乘尾，放末尾（不足两位补 0）"同样成立。少部分学生通过反复猜想尝试、计算比对，才发现"头乘头加尾放前面"。其中，一位学生用上了"山穷水尽""柳暗花明"的诗句，来形容自己峰回路转的探究、发现过程。

可见，小学生与数学家一样，苦思冥想，终于有了正确的发现，才让归纳推理成了"马后炮"。

这里，归纳的前提只是提供了观察与验证的素材，结论是所谓数学眼光的寻觅、发现。诚如前面引用的克莱因的论断所言"数学发展不是依靠在逻辑上，而是依靠在正确的直觉上"。

恩格斯（Engels）曾经指出："归纳和演绎正如分析与综合一样，是必然互相联系着的。不应当牺牲一个而把另一个捧到天上去，应当把每一个都用到该用的地方去，而要做到这一点，只有注意它们的相互联系，它们的相互补充"[1]。数学教学应当遵循一百多年前恩格斯的告诫，正确处理各种推理的关系。

还必须指出，数学研究与其他科学研究不同，通常不用"科学归纳法"。因为数学中"因果关系的说明"就是对结论一般意义的演绎证明，否则就是猜想，至多是证明猜想的想法。小学数学教学中的所谓科学归纳推理，也有一些对因果关系作出了"一般意义"的说明，如"案例 3-25"中的第⑦⑧两个例子。再者，需要说明因果关系的不仅仅是归纳推理，类比推理也要通过说理排除它的或然性，如"案例 3-25"中的第①②两个例子。

因此，小学数学中的一些说理，与其"削足适履"硬说是科学归纳推理，不如统称为"非形式化推理"，具体表现为：对数的算式进行推演；用数或字母给出几何模型（直观证明）；依据概念用语言说理等。这些形态在前面的论述

---

[1] 恩格斯.自然辩证法[M].于光远，等译.北京：人民出版社，1984：121.

中已经多次出现,这里再以一个知识点为例予以集中呈现。

案例 3-27　乘法分配律"$(a+b)\times c=a\times c+b\times c$"的说理(参见"课例2-1")。

(1) 对数的算式进行推演。

$(6+3)\times 2=6+3+6+3=6+6+3+3=6\times 2+3\times 2$。

这是用字母代替数推导的"简化版",两者在本质上是一致的。

(2) 用字母给出几何模型(图3-61)。

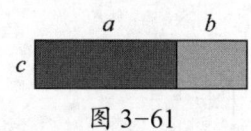

图 3-61

这在非负数范围内具有一般意义。

(3) 依据概念用语言说理。

根据乘法的概念,左边9个2,等于右边6个2与3个2的和。学生也能更一般地说明：把$(a+b)\times c$看作一共有a加b个c,等于a个c加b个c。

显然,诸如此类的非形式化推理,化抽象为具体、直观,切合小学生的思维特点,形象思维强于抽象思维、语言表达强于符号推演,既能促进学生知其所以然,又有助于培养他们的推理意识,以及有根有据、有条有理的逻辑思维习惯。

总之,小学数学中的推理,既有各种推理的初级形态,又有自己独特的儿童色彩,值得广大教师深入开掘。

二、路径与策略

为方便阐述,与前两节一致,分别就数学知识形成过程、数学问题解决过程中的从已知到未知展开探讨。

1. 知识形成过程中的从已知到未知

(1) 理想状态。

通过归纳推理或类比推理发现新判断,通过演绎推理证明新判断,实现从旧知到新知的完整认识过程,是数学学习的理想状态。这在小学数学课堂上也是有可能实现的。

■ **案例** 3-28　解释 3 的倍数特征。

师：今天我们研究 3 的倍数特征，先说说 2 和 5 的倍数特征有什么共同点。（出示前课探究的百数表，如图 3-62 所示）

生：都是看个位数，是不是 2 或 5 的倍数。

师：那么，3 的倍数能不能也根据个位数来判断呢？

生：好像不行。

师：用事实说话，拿出预习单，看看你们在百数表中 3 的倍数上画的圈。（展示学生预习作业，如图 3-63 所示）

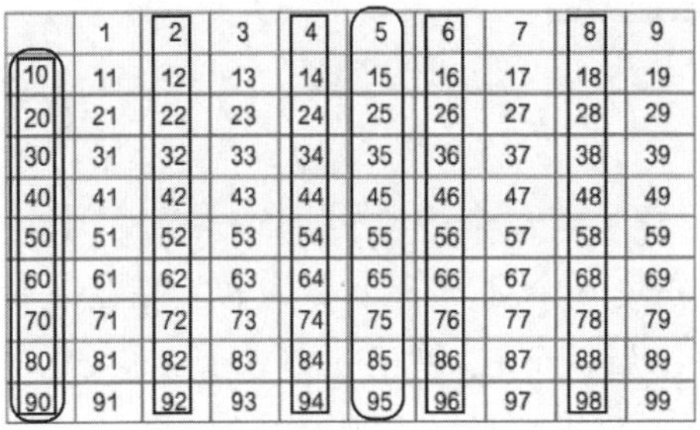

图 3-62 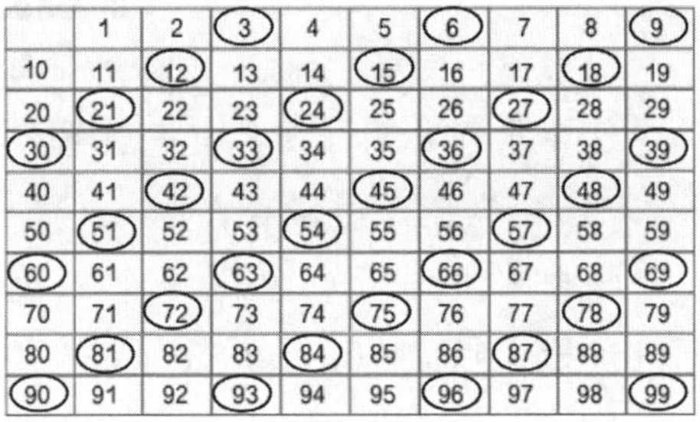　　　　　　　　　　图 3-63

生：2 和 5 的倍数都在一整列上，3 的倍数在斜行上。

生：3 的倍数个位上 0、1 到 9 都有可能，看个位数没用。

师：是呀，不能看个位数，看什么呢？斜行上那些数有什么规律呢？

生：我预习时看了书，斜行上的数各位数字相加，和是 3 的倍数。

生：书上说，一个数各位上的数的和是 3 的倍数，这个数就是 3 的倍数。

师：一位数、两位数中 3 的倍数都在表里了，大家分别写几个三位数、四位数，从正反两方面验证它们是不是符合这样的规律。

生：124 各位数相加的和是 7，124 不是 3 的倍数。135 各位数相加的和是 9，135 是 3 的倍数。

……

师：这是为什么呢？还记得我们研究 2、5 倍数时，是怎样把一个多位数分成两部分来说明规律的？

生：记得，是把多位数分成整十数和个位数，整十数不管有几位都是 2、5 的倍数，所以只要看个位数是不是 2、5 的倍数。（教师出示图 3-64）

师：那么，研究 3 的倍数特征，可不可以把多位数分成两部分来说理呢？小组讨论一下。

......

学生交流后教师展示（图 3-65）。

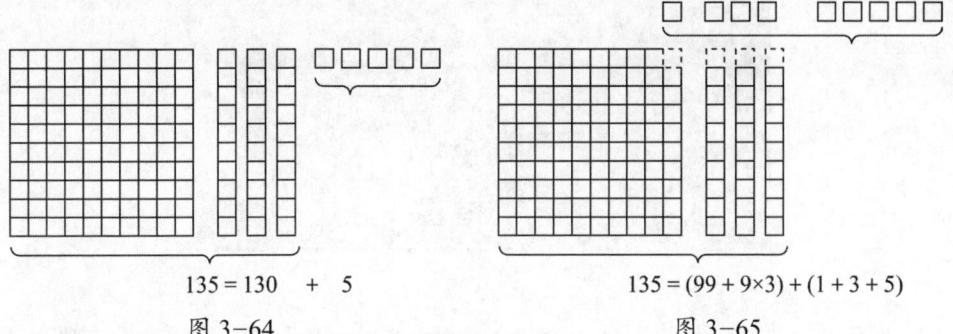

图 3-64　　　　　　　　　　　图 3-65

生：一个多位数还可以分成 3 的倍数与各位上的数字之和这样的两部分。

生：看了图，我理解了一个多位数去掉各位上数字的和，剩下部分肯定是 3 的倍数，所以只要看各位上数字的和是不是 3 的倍数。

像 3 的倍数特征这样比较抽象、费解的算理，也能借助非形式化推理与直观图示，启发学生深入理解，足见小学数学基础知识的教学有不少机会，让学生逐步经历从已知到新知的相对完整的认识过程，达成真正的理解。

从目前的教学现状看，数与代数领域的教学，对于从已知到未知即新旧知识的转化一般都比较重视。比较而言，图形与几何领域则相对缺失。例如，关于为什么三角形任意两边之和大于第三边，迄今似乎只有人教版教材揭示了它与线段公理的联系。又如，平行四边形的概念教学，除了对边平行，还总结了对边相等的特征，但在导出三角形、梯形面积公式时，许多教师却常常忘了让学生说说为什么两个完全一样的三角形、梯形拼成的四边形是平行四边形（图 3-66）。

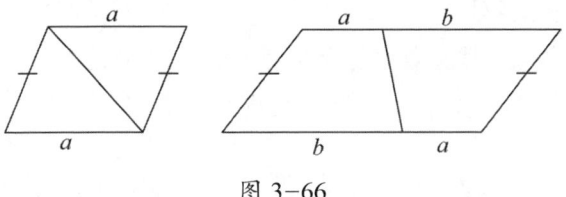

图 3-66

事实上，一经提醒，学生一般都能清晰说理（对边相等）。

（2）一般状态。

理想状态毕竟不可多得，更多的时候，只要清晰归纳或类比，并不一定非得再加上演绎说理。这是小学数学的常态。

案例 3-29 归纳与类比。

① 一年级 10 以内加法的复习。

图 3-67

如图 3-67，教材呈现 10 以内加法表的"半成品"，提示教师可让学生通过将加法卡片摆放在合适位置上的活动，完成分类整理。学生都能说清楚行、列的排列规律（亦即分类标准）就已经是分类基础上的归纳了。如果将为什么每列的和依次递增 1，为什么每行的和相等这样的说理作为一般要求，不仅欲速不达，还容易使学生从一开始就对数学产生畏难、惧怕心理。

② 多位数的读法。

3560 读作：三千五百六十

35603560 读作：三千五百六十万三千五百六十

356035603560 读作：三千五百六十亿三千五百六十万三千五百六十

3506 读作：三千五百零六

35063506 读作：三千五百零六万三千五百零六

350635063506 读作：三千五百零六亿三千五百零六万三千五百零六

学生能由个级数的读法类推万级、亿级数的读法，这就够了，无须再作更多的说理。

③ 分数的基本性质。

除法的基本性质：被除数和除数同乘或除以相同的数（0 除外），商不变；

分数的基本性质：分子和分母同乘或除以相同的数（0 除外），分数大小不变。

这是相当浅显的类推，如果要说理，那就只要根据除法与分数的关系，说明被除数和除数分别相当于分数的分子和分母，商相当于分数的大小。

这些案例告诉我们，当归纳与类比结果的正确性十分明显时，就不必再提高说理的要求。

（3）被称之为"类推"的演绎推理。

"类推"是小学数学教学中使用频率相当高的一个词。如前所述，类比又叫做类推，它是由特殊到特殊的推理，也就是根据两个对象某些属性的相同或相似，推出两个对象在其他属性上也相同的推理。但在很多场合下，我们所说的类推并不是指类比，而是指"以此类推"，即"依照某一事物的道理推出同类其他事物的道理"。当按顺序类推时，又会说"依次类推"。

有必要厘清，我们所说的"类推"，有时其实是演绎推理。

例如，乘法口诀的类推，从"一五得五"开始可依次类推5的其他各句口诀。它是依据乘法的意义，由同数连加推出积，实际上是演绎推理：

$$5\times 2=5+5=10,\ 5\times 3=5+5+5=15,\cdots\cdots$$

又如，由9加几的算法类推8加几、7加几，是依照9加几的凑十方法推算8加几、7加几，确是"以此类推"。但其中的算理，其实是根据数的组成、10以内加法和10加几等已知的特殊判断提出新的特殊判断，本质上也是演绎推理。例如：7+5=？

因为：5=3+2；7+3=10；10+2=12。

所以：7+5=7+3+2=10+2=12。

可见，"凑十加"的说理其实就是演绎推理，只是我们不要求学生完整叙述罢了。

指出"类推"的两种含义，意在澄清小学数学少有演绎推理的偏见，增强教师发现推理，自觉培养学生推理能力的意识。

2. 问题解决过程中的从已知到未知

数学问题解决过程中，已知与未知相互转化的表现比较多样。

（1）综合法与分析法。

从条件入手思考，看条件想问题，由因导果，即从已知到未知，习惯上称之为综合法；从问题入手思考，看问题想条件，执果索因，即从未知到已知，习惯上叫做分析法。

这是小学数学解决问题中相辅相成的两种基本思路与方法，在《跨越断层，走出误区：小学数学问题解决教学研究》一书中已有较为详尽的探讨。

（2）顺推与逆推。

通常，事物的运动、数量关系的变化都有初始状态和终结状态，通俗地说即开始和结尾。从初始状态推出终结状态，习惯上称之为"顺推"；相反，从终结状态推出初始状态，就叫做"逆推"（倒推）。

■ **案例** 3-30　图形的翻折。

（1）把一张大正方形纸上下对折、左右对折，再沿小正方形对角线对折、展开，最后在大正方形中画出所有折痕。

很明显，可以顺着折纸的先后顺序画出折痕（图 3-68）。这是典型的顺推，要注意的是小正方形有两条对角线，因此第三次对折的折痕有两种情况。

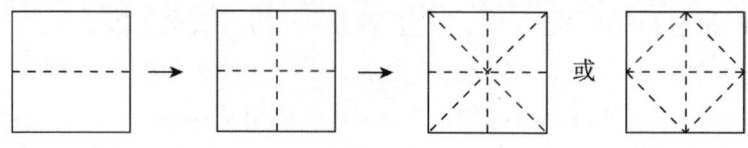

图 3-68

（2）把一张大正方形纸对折三次后沿虚线剪下（图 3-69），展开后得到什么图形？请在右边的大正方形中画出来。

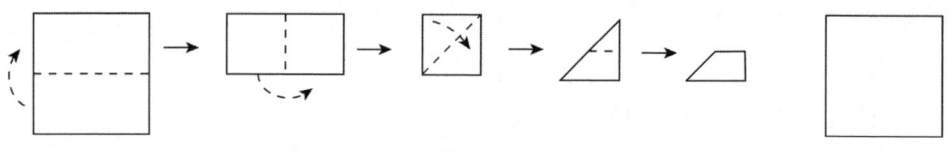

图 3-69

为得到剪下的图形展开后的形状，可以从最后的结果"直角梯形"出发逆推，依次画出各次展开得到的图形（图 3-70）：

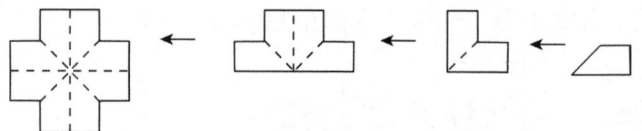

图 3-70

上面两例，实际上都是运用综合法的思路，从已知条件出发推向问题。区别在于条件的使用：循着先后顺序，还是倒过来逆着先后顺序。

为了完成诸如此类的空间推理问题，学生需要在头脑里不断地进行图像的生成、检查、转换（翻转、旋转、平移）等心理操作活动，这对发展推理能力和空间想象能力都有助益。

（3）未知假设为已知。

小学数学中，未知假设为已知最常见的例子是用字母表示未知数，将未知数与已知数同等看待，参与列方程，然后按规则解方程，求出未知数的值。

一些学者认为，儿童的数学学习经历了从未知数参与运算，到未知数不参与运算,再到未知数参与运算的"否定之否定"过程。事实是一年级儿童初学用减法解决问题时,由于都是 10 以内的数,且习惯于想加算减,因此将减法算式写成加法算式,这是儿童尚不能正确区分已知数、未知数的表现,是一种无意识地让未知数参与运算的行为。

如同儿童早期画圆似方、画方似圆,被认为是幼儿拓扑几何思维的证据。不可否认背后还有更为真实的原因,幼儿画圆、画正方形画不好,主要是观察的精度与手的握力不够,是视觉、肌肉的发育问题[1]。

研究表明,尽管小学数学教材从一年级起就在"未知数参与运算"与"等号角色的转变"(从输出、连接答案到表示两边相等、等价)方面,做了大量的前期渗透、蕴伏等努力,从中年级起就在"用字母表示计算公式与运算律",但高年级学生对列方程解决问题的"接受度"依然不见好转。

结症在于问题解决的算术思维:千方百计寻找、搭建已知数的运算链,使最后结果是未知数。未知数或者是综合法思考的最终目标,或者是分析法思考的出发点。不管哪种思路,未知数都是被动的,都只能等待已知数运算的终结[2]。

这种算术思维,经过低、中年级四年多的努力,凭借先入为主的心理优势,根深蒂固、习以为常。这是小学数学教学非常现实的"因与果"。如果小学五、六年级放弃列方程解决问题的教学,势必加大初中数学相关教学的困难。因为初中只有三年,回旋余地非常有限。

自从 1978 年"小学算术"学科名改为"小学数学"以来,如何引导学生逐步突破算术思维,慢慢习惯代数方程思维,已有不少成功的经验。

例如,选择一些等量关系较为明显,顺向、逆向思维差异较大的问题,使学生在熟悉新的解题过程的同时,感受数学模型的魅力,获得积极的情感体验。

案例 3-31 列方程解行程问题[3]。

① 甲、乙两艘轮船同时从上海出发开往青岛。经过 12 小时后,甲船落后乙船 48 千米。甲船每小时行 32 千米,乙船每小时行多少千米?

② 甲、乙两艘轮船同时从上海出发开往青岛。甲船每小时行 32 千米,乙船每小时行 36 千米,经过几小时后,甲船落后乙船 48 千米?

---

[1] 曹培英.跨越断层,走出误区:小学数学课程新增内容及其教学的实践研究(五)(下)[J].小学数学教师,2020(12):4-8.

[2] 同[1].

[3] 同[1].

③ 甲、乙两艘轮船从上海出发开往青岛。乙船开出 0.5 小时后甲船才开出,甲船开出 7.5 小时后落后乙船 48 千米。甲船每小时行 32 千米,乙船每小时行多少千米?

通过审题、分析,学生不难发现三题有着共同的等量关系:

乙船航程 − 甲船航程 =48 千米。

① 设乙船每小时行 x 千米。由题意,得 $12x-32×12=48$。

② 设要经过 y 小时。由题意,得 $36y-32y=48$。

③ 设乙船每小时行 z 千米。由题意,得 $(0.5+7.5)z-7.5×32=48$。

这组题的等量关系相同,列方程的思路统一。用学生的话来说"你变我不变"。但假如用算术思维列式,那么每题都要重新思考。虽说可以通过引进一个较为抽象且有争议的概念"速度差"[1],归纳统一的数量关系"速度差 × 同时行驶时间 = 路程差",但必须随着题目中已知量、未知量的变化,对数量关系式作出相应的变形,特别是第③题,还要将"不同时行驶"转化为"同时行驶",逆向思维难度陡增。

小学数学中未知假设为已知还有一种用法,通常叫做"假设法"。除了假设某一情况、结论成立并以此作为推理的起点(如逻辑推理问题),或者通过"假设→比较→调整"寻找答案(如鸡兔同笼问题),还有一种虚设未知数的策略。即为了方便列式,假设某一参与解决问题的量为一个便于计算的值(或用字母表示)[2]。这个参与解决问题的量在运算过程中会自然消去,因此又称作"设而不求"。

■ 案例 3-32 把未知数设为已知数。

① 幼儿园张老师给三组小朋友分发饼干。如果只分给一组小朋友,那么第一组每人可以分到 15 块,第二组每人可以分到 12 块,第三组每人可以分到 10 块。现在把饼干分给三组小朋友,每人可以分到几块?

② 射箭比赛的箭靶由 10 个同心圆组成,最里面的小圆叫 10 环,最外面的圆环叫 1 环。两个相邻同心圆的半径之

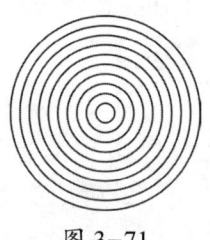

图 3-71

---

[1] "速度"是矢量(既有大小又有方向的量),两个矢量的差一般不是算术运算能解决的。

[2] 曹培英,张晓芸. 跨越断层,走出误区:小学数学问题解决教学研究[M]. 上海:上海教育出版社,2021:82-84.

差等于 10 环的半径（图 3-71）。10 环面积是 1 环面积的几分之几？

第①题中饼干总数不是要求的量，但却是解决问题绕不开的量。设它为 60（15、12、10 的最小公倍数），则 60÷（60÷15+60÷12+60÷10）=4（块）。

这是所谓"工程问题"的情境变式，也可以设饼干总数为"1"或者 120、180 等，之所以不影响答案，是因为有商不变性质（被除数和除数同乘或除以一个不为 0 的数，商不变）。如果设饼干总数为一个字母，那么运算过程中该字母可通过约分消去。

第②题中小圆的半径同样不是要求的量，但无论采用什么方法，都无法回避它。为方便计算，设 10 环的半径为 1，则 1 环外圆半径就是 10，内圆半径就是 9，由此得 10 环的面积是 π，1 环的面积是 $\pi \times (10^2-9^2)=19\pi$，10 环面积是 1 环面积的 $\frac{1}{19}$。因为问题是求 10 环面积是 1 环面积的几分之几，所以不管设 10 环的半径是几或用字母表示，最终都可依据分数的基本性质约去。

两题都将一个必须参与运算的量设为"1"，第①题的"1"是一个整体，第②题则是一个具体的量，看作 1 厘米、1 米均可。两题的共同点是都采用"设而不求"策略，另辟蹊径，使解题过程峰回路转。

可见，数学问题的已知与未知，转化路径不拘一格，表现形态多姿多彩。教学中，教师只要引导学生循着已知与未知的变化足迹展开思考，就不难启发他们驾驭问题解决的过程，使深度学习在数学思想方法的感悟、探究求解的经历体验等方面充分展开与落实。

3. 若干策略

通过前面的分析我们知道，从已知到未知的学习过程的主要思维方式是推理。因此，培养推理能力的策略，如重视理解、鼓励猜想、启发说理、利用直观、培养良好习惯等[1]，都适用于从已知到未知路径的教学。这里再择要作一些补充。

（1）合情推理与演绎推理相结合。

长期以来，小学数学始终存在一个困境：数学的基础知识一般都经过了演

---

[1] 参见《跨越断层，走出误区："数学课程标准"核心词的解读与实践研究》第七、八章。

绎推理的证明,进入小学课堂,我们却大多没法给出确证,只能一味依赖合情推理导出,而且总是力图通过举例检验让学生相信该知识的正确性,这就势必造成学生的偏见"只要举例验证就是对的、就是规律"。

如果小学数学只能延续这一"宿命",那就应该摒弃一切"忽悠",老老实实告诉学生:课本写的、老师说的,都经过数学家的证明,是对的,你们只要验证一下,相信它、记住它。但这样做真的行吗?

这是一个不应回避的问题。而解决这一问题的出路只能是立足儿童实际,有选择地针对一些知识点,尽可能科学地、实事求是地讲道理。

如前分析,合情推理(归纳与类比)与演绎推理是相辅相成的。小学数学也不例外。

案例 3-33 两种推理的结合。

① 圆柱体积。

因为:圆面积 = π × 半径²

所以:圆柱体积 = π × 半径² × 高

这是典型的类比推理,结论的正确性需要解释说理。

如图 3-72,由形变体积不变的转化得出:

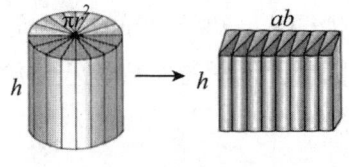

图 3-72

显然,如此说理,有圆面积公式以及长方体体积公式说理的基础,一般学生都能胜任。这也是目前大多数课堂已经达到的水平。

② 比例的基本性质。

教学中引进比例各部分的名称,如:

$$8 : 2 = 12 : 3$$

（内项，外项）

很容易引导学生观察发现 $8 \times 3 = 2 \times 12$,进而通过举例验证归纳出结论:在比例里,两个外项的积等于两个内项的积。这是典型的归纳推理。

通常,教学到此为止。

其实，六年级学生完全可以根据等式的基本性质，从非形式化推理进入形式化推理：

已知 $\dfrac{8}{2}=\dfrac{12}{3}$，两边同乘 2×3，得 $8\times 3=2\times 12$。

一般地，已知 $\dfrac{a}{b}=\dfrac{c}{d}$（$b$、$d\neq 0$），两边同乘 bd，得 $ad=bc$。

显然，这样的演绎推理是相当一部分六年级学生"跳一跳，够得着"的，何乐不为呢？

③ 找规律。

1，3，6，10，15，……用含字母的式子表示第 n 个数。

如图 3-73，容易想到数形结合：

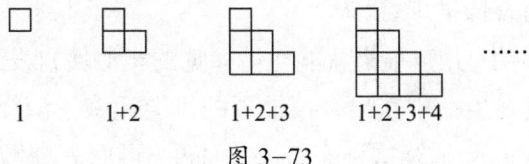

图 3-73

很多学生知道数学家高斯（Carl Friedrich Gauss）小时候的故事，由此归纳推出第 n 个数是 $(1+n)\times n\div 2$。

学生也能说理：一头一尾对应位置上的两数一组，相加和相等，共 $n\div 2$ 组。这已经是演绎推理了。教师还可以启发学生用图形给出直观解释（图 3-74）：

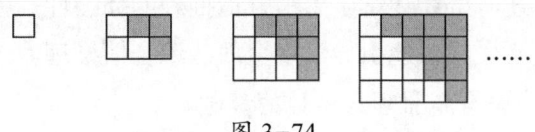

图 3-74

这样的直观，比用梯形面积公式说明更为确切，因为面积是连续的量，而数列是离散的量。在基础较好的班级，还可以将问题中的已知数列换成图形序列，求第 n 个图形由多少个小正方形组成（图 3-75）。

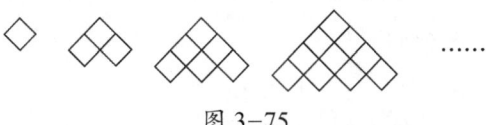

图 3-75

其实，抽象成数列，完全相同，只是图形作了旋转，加大了观察、发现的挑战性（图 3-76）。

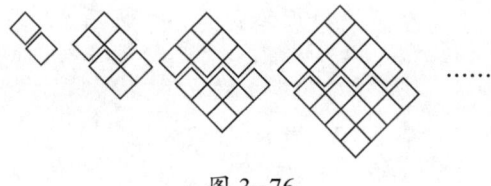

图 3-76

就整体而言，小学数学不要求学生进行形式化的演绎证明。教师可以酌情掌握，因材施教。

如前所述，深度学习从理解起步，必须加强说理教学，而要尽可能让学生探明"是什么"背后的"为什么"，则合情推理与演绎推理相结合就是至关重要、必不可少的。

（2）全面感悟合情推理。

心理学研究表明，儿童很小就能凭借知觉的相似性自发地作出一些归纳、类比。而且，儿童在生活中作出合情推理的机会远多于演绎推理。进入学校开始学习数学，我们又延续这种态势，一而再、再而三地顺应儿童的思维习惯，进行举例归纳、类推。由于教学新知识时，我们总是朝正确方向引导，因此无论是不完全归纳推理还是类比推理，结果都是正确的。久而久之，学生难免以偏概全，认为合情推理的结论都是对的。

为了改变小学数学过于依赖合情推理的局面，在引进非形式化推理，完善说理教学的同时，还有必要让学生感悟合情推理的局限性。为此，应当有意识地利用各种契机，不失时机地引导学生全面认识合情推理。

案例 3-34 感悟合情推理或然性的教学。

① 有关运算律的类比。

单元复习时，启发学生梳理：

加法有交换律→乘法有交换律（类推正确），

→减法、除法有交换律吗（类推错误）。

乘法对加法有分配律，$(a+b) \times c = a \times c + b \times c$ 与 $c \times (a+b) = c \times a + c \times b$ 都成立→除法对加法有分配律吗？

$(a+b) \div c = a \div c + b \div c$（类推正确），

$c \div (a+b) = c \div a + c \div b$（类推错误）。

先让学生举反例说明第二条结论不成立，利用生活经验与几何直观对第一条结论作出解释，说明为什么被除数可以分配给除数。例如，妈妈把 12 颗水果糖和 15 颗奶糖平均分给兄弟 3 人，$(12+15) \div 3$ 表示每人分到 9 颗，

$12÷3+15÷3$ 表示每人分得 4 颗水果糖和 5 颗奶糖，也是 9 颗。

再让学生画图表示。例如，把长方形分成两部分表示两个被除数 $a+b$ 的和。如图 3-77，以 $c=3$（平均分成 3 份）为例：

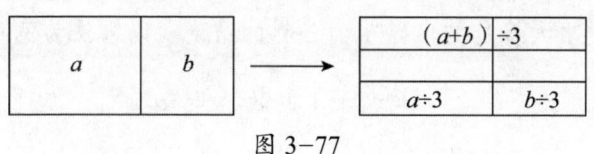

图 3-77

这种字母、数字混用的方式，也是非形式化推理特有的表现。

② 有关倍数特征的类比。

从复习 2、5 的倍数特征入手，引发学生猜想 3 的倍数特征。完成探究之后，小结学习过程：

判断 2 的倍数看个位→判断 5 的倍数也看个位（类推正确），
　　　　　　　　　　→判断 3 的倍数还看个位（类推错误）。

转变角度探究得出：判断 3 的倍数看各位上数字的和→判断 9 的倍数也是看各位上数字的和吗？（课后继续探究，类推正确）。

③ 有关平面图形周长、面积与立体图形表面积、体积的类比。

用 6 个边长为 a 厘米的正方形组成"阶梯形"（图 3-78 左），求它的面积和周长；

用 6 个棱长为 a 厘米的正方体组成"阶梯形"（图 3-79 右），求它的体积和表面积。

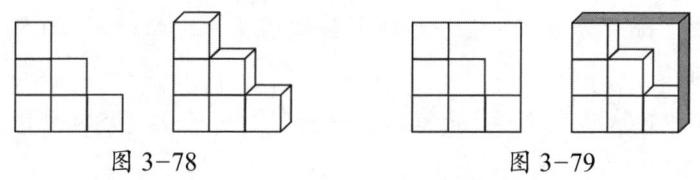

图 3-78　　　　　　　　　　图 3-79

求面积、体积，学生常用数方格、方块的方法；求周长，学生会通过平移得出简捷算法（图 3-79 左），也很容易诱发类推至表面积计算。于是：

面积 $(1+2+3)a^2$ 平方厘米→体积 $(1+2+3)a^3$ 立方厘米（类推正确），

周长 $3a×4$ 厘米→表面积 $3a^2×4$（类推错误）。

如图 3-79 右，$3a^2×4$ 只算了上下左右四个方向的面，少算了前后两个面，正确答案应是 $3a^2×4+6a^2×2=24a^2$。

④ 两数与积、两数与商大小变化规律的归纳。

学生在整个整数乘除法学习期间，自发形成了所谓"越乘越大，越除越小"的归纳结论。因此，学了小数乘除法以后，有必要启发学生突破这一思维定势。

目前的教学，大多总结出以 1 为分界的结论。以乘法为例（$a>0$）：

$$a \times \begin{cases} \text{大于 1 的数}, & \text{积} > a \\ 1, & \text{积} = a \\ \text{小于 1 的数}, & \text{积} < a \end{cases}$$

学生能通过举例，发现上述结论。但为什么会"越乘越小，越除越大"，往往除了诧异，不甚了了。那么，在学生学习分数乘除法之前，该如何说理呢？

首先，应当使学生再次观察算式系列，得出新的归纳结论。以除法为例（图 3-80）：被除数不变，随着除数由大变小，商由小变大。这与整数除法的变化规律是一致的、统一的。

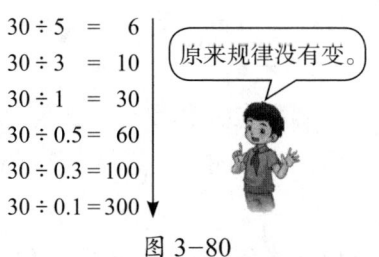

图 3-80

然后，可以调动生活经验，让学生用实际例子加以说明：

30 块饼，每人分得越少，分到的人数就越多。比如，每人 0.5 块（半块），可以分给 60 人。

就合情推理的认识来讲，这样的教学过程有助于学生获得感悟：举例范围扩大了，规律才能看得更清楚。

⑤ 立体图形表面展开的归纳。

小学一般只学习长方体、正方体、圆柱的表面积计算，学生由这几种形体的展开图，会自然归纳出：立体图形的表面都能展开成平面。

有的教师自行补充圆锥的表面展开图，则进一步强化了学生的归纳结论。

还有教师在教学表面积概念时，出示长方体纸盒与橘子

图 3-81

（图3-81），让学生剪开纸盒摊平，剥开橘子皮摊平，以示它们的表面，并启发学生利用方格纸计算橘子皮的表面积，客观上混淆了可展、不可展两类曲面。

由于初中一般不安排立体几何的教学内容，因此学生的这一错误认知要到高中才能被纠正。

鉴于此，教师可在六年级以"你知道吗？"等方式，指出球的表面是不能展开成平面图形的。

让学生逐步积累一些合情推理可能出现错误、导致偏差的过程体验与经验感悟，才能使他们更自觉地提出"为什么"的问题，更加重视说理，为进入中学学习数学证明打好基础。

（3）适当开展推理训练。

教学中，还应当有意识地结合所学内容设计一些推理练习。

案例 3-35 有关三角形内角和的推理习题。

由三角形内角和等于180°可以推出：

① 直角三角形两个锐角的和等于（　　）；

② 等腰直角三角形的一个底角等于（　　）；

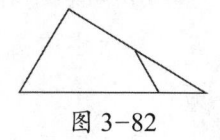

图 3-82

③ 如图3-82，把一个三角形划分为两部分，小三角形的内角和等于（　　），四边形的内角和等于（　　）。

小学不要求学生形式化地写出"∵""∴"的证明过程，但应当引导他们清晰意识到解题所用到的已学知识，有根有据地由已知判断推出新的判断。上面三小题其实都是典型的演绎推理。

此外，还可以适当穿插一些趣味性的、探究性的推理练习。

案例 3-36 推理练习题。

① 填数游戏。

如图3-83，这是"找规律"的变式，常用归纳推理，有益于锻炼学生观察、试探的能力，培养学生发现规律的眼光。

2	3	4	12	15
3	4	5	20	28
4	5	6	30	45
5	6	7	42	66
6	7	8	a	b

图 3-83

第四列的规律比较明显。因为 $3×4=12$，$4×5=20$，$5×6=30$，$6×7=42$，所以 $a=7×8=56$。

第五列的规律比较隐蔽。看第一行 $3+12=15$，看第二行 $3+5+20=28$，看第三行 $4+5+6+30=45$，但都不符合其他各行。看第四行发现 $(5+6)×6=66$，上面三行也都符合，所以 $b=(6+7)×7=91$。

② 数学小医生。

学习了2、3、5的倍数特征，小明发现：

60是2的倍数，是3的倍数，60也是6（即2×3）的倍数；

60是2的倍数，是5的倍数，60也是10（即2×5）的倍数；

60是3的倍数，是5的倍数，60也是15（即3×5）的倍数。

由此猜想：如果a是b和c的公倍数，那么a一定是b和c积的倍数。小明的发现有问题吗？

学生只要换数字再试几次，如60是4的倍数，是6的倍数，但60不是24的倍数，就能发现猜想有问题。那为什么2和3、2和5、3和5都对呢？

原来，这三组数有一个共同点，它们的最大公约数是1。只要补充这个条件，小明的猜想就是正确的。

③ 数学小研究。

把最小的两个质数2和3相乘得6，请研究：大于6的质数除以6，余数有什么规律？你能说明其中的道理吗？

学生经过试探不难发现：7÷6余1，11÷6余5，13÷6余1，17÷6余5……由此得出：大于6的质数除以6，余数一定是1或5。

余数为什么不能是2、3、4呢？只要根据有余数除法各部分的关系，并联系两数和的奇偶性，就能解密：

因为：<u>大于6的质数</u>=6×商＋余数，
　　　　奇数　　　　偶数

所以：余数只能是奇数，排除了2和4；余数之所以不可能是3，是因为当余数是3时，被除数就是3的倍数，就不是质数了。

这一说理（其实就是证明），所用依据（已知判断）都是五年级学生已学的知识。

教师要积极引导学生有效地应用自己的原有知识，在应用中建立相关知识的良好联系，在主动探究中提升学生的独立性、能动性与创新性。

三、典型课例

本节前面的分析已经指出，小学阶段引进列方程解决问题，具有促进数学学习可持续发展的重要意义，也是消解算术思维的负影响、减缓初中数学教学压力、改善中小学衔接的必要努力。

小学一般只学习含一个未知数的方程,当遇到问题中有两个未知数时,就需要选择一个用字母表示,另一个用含字母的式子表示。这是小学生学习列方程解决问题的一个关节点,它能使学生获得已知与未知灵活转化的丰富体验。

课例 3-3 和差倍问题的教学。

(一)学习新知

(1)揭示课题。

师:今天我们继续学习列方程解应用题。

(2)出示例题。

小胖和小巧平时都喜欢集邮。小巧说:你的邮票数是我的3倍。小胖说:我比你多32张。小胖、小巧各有多少张邮票?

[评析]教师将教材中的例题由和倍问题改为差倍问题,意图是便于学生举一反三。因为改变条件,由 $3x+x=32$,可直接改为 $3x-x=32$。如果例题是和倍问题,很多学生列出的方程是 $x+3x=32$,改成差倍问题,不仅要改运算符号,还要改变 x 与 $3x$ 的顺序。

(3)分析。

师:请画出线段图,并填空:

有_____个未知数,分别是_____的张数,_____的张数。

有_____个条件,分别是_____,_____。

学生画线段图、填空。

师:请展示你们画的线段图(图3-84)。

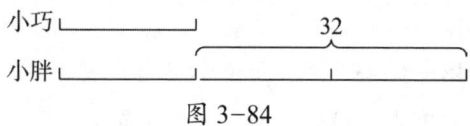

图 3-84

填空校对(略)。

[评析]与众不同的"分析",画线段图有助于学生明晰数量关系,梳理未知数与条件的个数,能帮助学生看清这类问题的特点。

(4)列方程、交流。

师:你打算设谁为 x,怎样列方程?先独立思考,列出方程再交流。

……

师:谁来说说你是怎么列方程的?

生1:小胖的邮票数是小巧的3倍,说明小巧是一份数,因此我设小巧有 x 张邮票,这样小胖就有 $3x$ 张。因为小胖的邮票比小巧多32张,所以我列的方程是 3x−x=32。

生2：我跟他的想法一样，也是根据"小胖的邮票数是小巧的3倍"来写设句的，但是我设小胖有 x 张邮票，这样小巧就有（x÷3）张邮票。然后根据小胖的邮票比小巧多 32 张列方程 x−x÷3=32。

生3：我跟他们的想法有点不同。因为"小胖的邮票比小巧多32张"，所以我设小巧有 x 张邮票，这样的小胖就有（x+32）张，因为"小胖的邮票数是小巧的3倍"，所以我列的方程是 3x=x+32。

生4：我设小胖有 x 张，然后根据小胖的邮票比小巧多32张，用（x−32）表示小巧张数，再根据"小胖的邮票数是小巧的3倍"，列出方程 3(x−32)=x。

生5：我写设句的想法跟××（生3）一样，但是列的方程有点不同，我是根据"小胖的邮票比小巧多32张"来列的，方程是 x+32−x=32。

[评析] 学生的表现说明"分析"环节的设计行之有效。由此，放手让学生各抒己见，对于出现的错误教师暂缓表态，期待学生自己发现问题、解决问题。

（5）先解方程、验算，再交流。

师：同学们思考的角度非常多，下面请你们求方程的解，并自行验算。

教师利用学生书写时间板书五位学生的交流内容。

生5：老师，我列的方程 x+32−x=32 解不出。

师：其他同学得到的答案是多少？

生：小巧有邮票 16 张，小胖有邮票 48 张。

师：怎么验算的？

生：48−16=32，48÷16=3，说明两个答案肯定都对了。

师：这个解不出的方程 x+32−x=32，问题出在哪里？

生1：她根据"小胖的邮票比小巧多32张"这个条件设 x，又列方程。这样就会出现"自己等于自己"的没用方程。

生2：是的，好像进入一个黑洞一样，出不来了，所以没法得到解。

（6）总结感悟。

师：请看黑板，从你们交流的各种解法中发现了什么？说说你的经验。

① 由"倍"设1份为 x，另一未知数为 3x，用"差"列方程 3x−x=32

② 由"倍"设3份为 x，另一未知数为（x÷3），用"差"列方程 x−x÷3=32

③ 由"差"设少的为 x，另一未知数为（x+32），用"倍"列方程 3x=x+32

④ 由"差"设多的为 x，另一未知数为（x−32），用"倍"列方程 3(x−32)=x

⑤ 由"差"设少的为 x，另一未知数为 (x+32)，用"差"列方程 $x+32-x=32$

生1：题目里有两个未知数，有两个条件。我们只会设一个未知数，前四种解法都是用一个条件表示两个未知数，用另一个条件列方程。就是不能用同一个条件设未知数再列方程。

生2：我认为先用倍数关系，设一倍数为 x，几倍就是几 x，再用相差关系列方程最简便。

生3：我同意，第一种解法最简便，后面三种方程里有除法，或者等号两边都有 x，解方程更麻烦。

师：看来，今天我们遇到的新问题"两个未知数怎么办""两个条件怎么用"没有难倒大家，通过交流，把对策都总结出来了。

[评析]本环节有两个亮点值得肯定。一是不急于抛出"关键问题"，水到渠成了再来概括点明。二是教师的板书起到了很好的揭示、启发作用，学生的总结针对和差倍问题的特点，有效地解决了首次遇到的两个关键问题。

生4：这道题如果老师不规定用方程的话，我更想用算术方法解，因为更简便，可以少写很多字。

师：这个例题确实没有完全体现出方程的优越性。这个问题，我们先放一放。

[评析]学生的头脑中已有非常稳固的算术思路，这样的低难度例题确实很难让他们体会到方程的优越性。要让他们心服口服，真正认同、接纳方程，还需后续加大刺激强度。因此，"先放一放"是明智之举。

(二) 巩固练习

(1) 独立解答。

① 水果店的梨比桃多300千克，梨的质量是桃的3倍。桃有多少千克？

② 水果店的梨和桃一共有600千克，梨的质量是桃的3倍。桃有多少千克？

③ 水果店的梨和桃一共有600千克，梨比桃多300千克。桃有多少千克？

(2) 再次体会条件与未知数、方程之间的关系。

师：请说一说，你是根据什么设未知数，又是根据什么列方程的？

……

师：看来，前两题同学们都采纳了我们前面总结的经验。第③题有什么新的体会？

生：第③题随便设哪个未知数为 x 都差不多，两个条件也是，反正只要不重复使用一个条件，另一个条件不用，就不会错。

师：很好，这就是举一反三，灵活应用。

（三）拓展延伸

师：前面有同学指出，例题太简单，列方程解的优势不明显。想不想接受挑战？

（1）出示题组[1]，选择自己喜欢的方法解答。

① 水果店的梨比桃多 300 千克，卖出的梨是卖出桃的 3 倍，这时梨、桃都还剩 200 千克。卖出桃多少千克？

② 水果店的梨比桃多 300 千克，卖出的梨是卖出桃的 3 倍，这时梨还剩 150 千克，桃还剩 200 千克。卖出桃多少千克？

③ 水果店的梨比桃多 300 千克，卖出的梨是卖出桃的 3 倍，这时梨还剩 200 千克，桃还剩 150 千克。卖出桃多少千克？

师：有困难可以讨论。比较你们的选择，有些什么发现？

……

（2）感悟模型思想

师：我发现，大家不约而同都选择了方程解法，交流列出的方程，说说你是怎么设未知数的，又是根据怎样的数量关系来列方程的。

生：我比较喜欢根据倍数关系设未知数，所以设桃卖出 x 千克，则梨卖出 $3x$ 千克。第①题根据"梨的质量 − 桃的质量 =300""梨、桃都还剩 200 千克"，列出方程 $(3x+200)-(x+200)=300$。

生：我设的未知数跟他一样，数量关系也一样，第②题的方程是 $(3x+150)-(x+200)=300$。

师：为了跟第一个方程有所区别，我们把第②题的未知数设为 y，方程是 $(3y+150)-(y+200)=300$。

生：我的思考方法也跟他们一样，为了区别我把未知数设为 z，第③题的方程是 $(3z+200)-(z+150)=300$。

师：为什么都选择了用方程解？

生：因为这三道题的数量关系是一样的，都是"梨的质量 − 桃的质量 =300"，

---

[1] 曹培英．跨越断层，走出误区：小学数学课程新增内容及其教学的实践研究（五）（下）[J]．小学数学教师，2020（12）：4-8．

这样列方程就变得很简单。

生：我一开始尝试用算术方法解，第①题做出来了，后面两题想不出。

生：我以前不太愿意用方程解的，从这几道题看到了方程解的好处。

师：确实，用方程解，可以把未知看成已知，让未知数参加列式，而且不管条件怎么变化，只要数量关系不变，方程的框架就不变。用中国的一句老话来说，就是万变不离其宗。

［评析］一些算术思路稳固、抗干扰能力强的学生，对课本上的常规例题往往感受不深。要使他们受到触动，还需加大挑战性，凸显方程的优点。

理论上，凡是能列出一元一次方程的，都可转化为算术式。因此，有效的"强刺激"需要精心设计。在这一环节中，教师以巩固练习的第一题为原型，设计出算术解思路不断变化、逐步加大，而方程解的思路又显而易见的一组题，使学生产生强烈的认知冲突。

当学生抓住了统一的等量关系，顺着教师的设计拾级而上，比较顺利地列出了方程时，他们深切体会到了方程的优越性，从心底开始认同方程的价值。特别是算术解法尝试失败的学生，有了贪图"少写很多字"却使思考陷入困境的体验，才能发现等量关系的魅力与优势。

从学生的发言还能看出他们感悟到了方程内含的模型思想，体验到只要找对等量关系，就可以依据关系式列出方程，思考难度明显降低。学生有了这样的认知基础，才有可能提高主动转换思路、耐心书写过程的自觉性。

以上分三节探讨了小学数学深度学习的三条主要路径、载体及其策略，实际教学时，常常是多条路径、多种载体交织互补，有关的策略也往往是综合加以应用的。重要的是针对学生与内容的具体特点，深入探寻适宜的学习路径与载体，精心设计，精准施策。

第四章
深度学习的设计与实施

欲使课堂上的深度学习能够有效落实并优化推进,还需解决一系列的操作技术问题。

首当其冲的就是吃透教材、吃透学生。本章,我们将论述"两个吃透"并不是老生常谈,而是经受了理论与实践多角互证的教学规律。深度学习的设计与实施,离不开"两个吃透"。

在这一章中,我们筛选并分析了深度学习设计与实施过程中的若干瓶颈与难点问题,且提供如下建议:

◆ 确立教学系统观,加强教学整体设计

◆ 关注交互的效应,有效展开合作学习

◆ 改善练习的开发,追求理解应用实效

◆ 提高课堂应变力,灵活调控教学进程

展开切中肯綮的专题探索,推介技高一筹的经验。以期普通教师即便难使课堂教学出神入化、炉火纯青,也能得心应手、游刃有余地进行自己的深度教学实践。

历来的教学都很重视有效性。深度学习的教学也应如此。怎样提高有效性？各有各的说法，经验汗牛充栋。能否回到原点，筛选出最为基本的、关键的举措？

笔者曾经邀请一位资深教授就他所研究的教师智慧与修炼作专题讲座，其间提问：教师的多种智慧与修炼中，最基础、最重要的是哪几种？教授答曰：解读教材、解读学生的智慧与修炼。

其实，这不是理论工作者研究发现的"新大陆"。早在20世纪60年代，一线教师就已经用自己最朴素的生活语言，将备课经验总结为吃透教材、吃透学生（简称"两个吃透"）。到了21世纪，又似乎降低了要求，换了一种新的说法——"两个读懂"。

美国教育心理学家李·舒尔曼针对美国教师资格认证与教师培训完全看不到学科的影子这一"缺失的范式"，于1986年提出了学科教学知识（PCK）的概念，为打开教师专业知识与实践性智慧的"黑盒子"指引了一个研究方向。

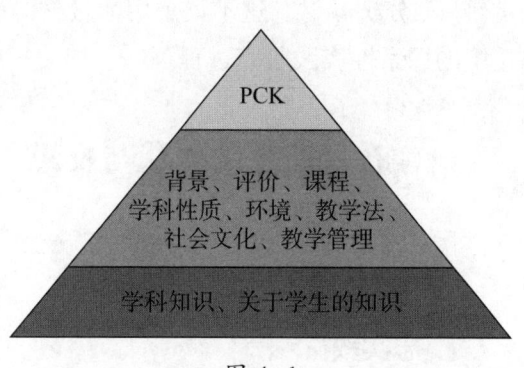

图 4-1

维尔（Veal）和马金斯特（Makinster）根据舒尔曼的观点（PCK是教师最有用的知识）和他对教师专业知识的分类，建构了金字塔模型（图4-1）。支撑金字塔底部的两类知识，即学科知识和关于学生的知识，正好与两种智慧（修炼）、"两个吃透（读懂）"构成对应关系（图4-2）：

两种智慧　　　"两个吃透"
　　　　　→　　　　　　　← 两类知识
两种修炼　　　"两个读懂"

图 4-2

整体观之，不得不承认一个令人惊讶的发现：中外学者、一线教师，不同年代、不同侧面各自独立的研究，不同话语体系的提炼，结论指向竟然具有高度的内在一致性。这就形成一种非常难得的"多角互证"，表明"两个吃透"凝聚了教师专业知识的精华，是提高教学水平、开展有效教学的基本规律。

因此，对深度学习设计与实施的探讨将从"两个吃透"切入。

第一节 研究教材，驾驭内容

"教材"顾名思义，指教学用的材料，包括文字教材、音像教材等，习惯上指课本、教科书。本节讨论，主要针对课本。教师备课，基础性的工作之一就是研读、分析教材。这不仅是用活教材的前提，还是一个不断积累深化、永无止境的探索性实践研究过程。

一、教材使用的现状与反思

从目前教材使用的实际状况看，存在三种倾向。

1. 忠实教材

教材是课程实施的重要依据，浓缩了课堂教学的经典范例，集中体现了一批学科专家的智慧与广大一线教师的经验。作为使用者，尊重教材，执行教材，不轻易改动和更换教材内容，无可厚非。但是，过于"忠实"，不折不扣地照本宣科，难免会脱离学生实际，忽视学生的课堂生成，不利于学生能力的发展。

案例 4-1 观察图形。

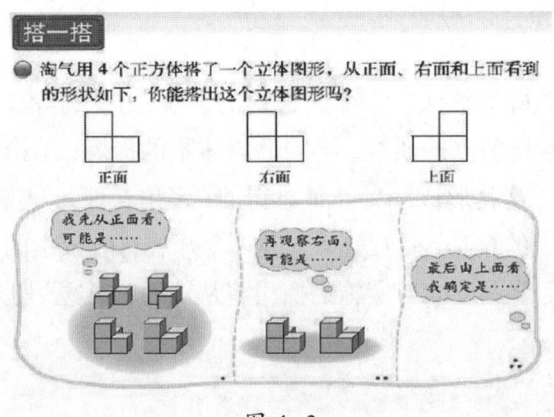

图 4-3

如图 4-3，教材给出的拼搭过程分为三步：先看正视图，可以有 4 种情况；再看右视图，排除其中 2 种；最后看俯视图，确定唯一答案。

可是实际教学时，有一位学生说："我不从正面入手，我先从上面看，可以确定第一层应该摆 3 块，因为如果底下没有 3 块，上面的会掉下去；然后看正面，左边第二层要再补 1 块，两步就完成了。"

执教教师想了想，说："不行！要按顺序来。"

说课时，教师对为什么不同意学生的解法作了解释："教材提供的解题过程充分体现了三视图的作用，三部曲，逐步排除，实在不忍心破坏教材的精心设计；再说按照学生的观察顺序，右视图就是多余的，这对学生认识三视图是不利的。"

显然，两点理由都经不起推敲。

对于用相同小正方体拼搭立体图形的操作来说，从俯视图入手先摆底下一层，确实是有效避免走弯路的捷径，与教材给出的过程对比，反差鲜明，能给学生极大的冲击；对于比较简单的立体图形来说，三视图确实可能有多余的（有些复杂的立体图形，可能还需要加一些剖面图）。

因此，教师应当肯定该生的介绍，并用来开拓学生的思路，丰富学生的认识。这一不可多得的生成性教学资源，就因为教师不敢"越雷池一步"而默默流失。

显然，过于维护教材的"权威"，不想或不敢作任何变通，并不利于教学的展开，也不利于生成一些可利用的教学资源。

2. 颠覆教材

"颠覆"一词，2010 版《现代汉语规范词典》给出的解释是：倾覆、翻倒。这是使用教材的另一种极端。然而，这一极端现象在当下的观摩教学，特别是一些展示课上，却司空见惯。似乎越是抛开教材另搞一套，就越能体现教师的水平。

如果教师确有创新，自编某一课的内容，当然是可以的。但整节课从头至尾都不翻书，却成了公开课的常态，使得教材蜕变成为勾选课后作业的习题集，而这无疑需要引起警惕。笔者曾多次在大型观摩研讨活动中呼吁：一般情况下，至少要让学生知道今天学的内容在教材的哪一页上，以方便学生回家温习。遗憾的是应者寥寥。

也有一些课，是由于教师不理解教材的意图而导致不用教材。

案例 4-2 平行四边形的认识。

师：一年级时我们就初步认识了平行四边形。(出示图 4-4)请看图找出平行四边形，并说明理由。

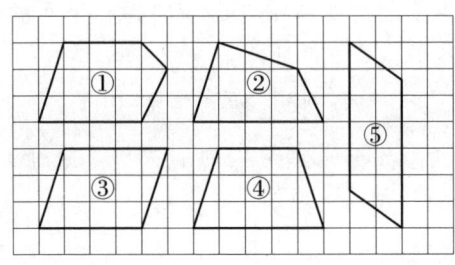

图 4-4

生 1：第①个不是平行四边形，因为它有五条边，平行四边形只有四条边。

生 2：第②个不是平行四边形，因为它的四条边都不平行。

生 3：第③个是平行四边形，因为它上下两条边平行，左右两条边也平行。

生 4：第④个不是平行四边形，因为它的左右两条边不平行。

生 5：第⑤个是平行四边形，因为它的两组对边都平行。

师：应该说"两组对边分别平行"。谁来说说，什么样的四边形是平行四边形？

生：两组对边分别平行的四边形是平行四边形。

师：下面，我们来探究平行四边形有什么特征。

教师的设计思路是：识别→定义→探究。为什么不用教材呢？是不是认为教材的思路过于"老套"或冗长，即：学生举例→教材举例→抽象图形→探究性质→给出描述 (图 4-5)。

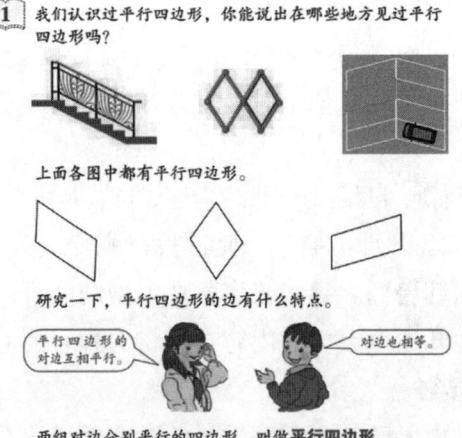

图 4-5

交流获知，教师担心不先下定义，放手让学生探究，他们会发现平行四边形对边平行、对边相等、对角相等，如此就难以引出平行四边形的概念了。

确实，尽管教材的指导语是"研究一下，平行四边形的边有什么特点"，但学生还是可能发现角的特点。面对学生探究发现的三个本质特征，选择哪个下定义呢？这让教师感到为难。

事实上，三个特征都是平行四边形的充分必要条件，选用任何一个下定义都行。教材之所以先探究、再定义，其实就是将"定义权"还给学生，让学生说，从而让学生体会"原来，数学概念的描述也可以多样化"。

如果学生提出疑问"为什么课本不用'对边相等''对角相等'"也没关系，教师只要反问"这种图形叫什么呀"，学生就能恍然大悟：既然叫平行四边形，用"对边平行"来描述就显得非常自然。

像这样因没有领会编者意图而颠覆教材的现象并不少见。个中原因，主要还是教材钻研不够充分（教参上的说明也应改进）。

国际上早就有这样的说法：教师使用教材历来是"忠实"与"颠覆"两极的连续体。不走极端，在两极之间找到一种平衡，才是正确的选择。

3. 理念至上

课改以来，我们观察发现还有第三种教材使用的倾向，可以概括为"理念至上"。

例如，为了凸显学生主体，自编导学案。本来，以教材为蓝本，增加留白，配合教材使用导学案，不失为活用教材的一种方式。然而，在一些偏激的实践中，认为教材是"教本"，导学案才是"学本"，从而导致在将教材转变为导学案的过程中出现了不少问题。其中，比较明显的问题是：所谓的学习目标其实只是教学目标的复制、粘贴，没有采用儿童语言来描述。更为实质性的问题是：按个人的理解改变教材，或出现科学性问题，或造成学生学习的不适。

另外，忘了"大小相宜"的常识，以遵循"大主题""大观念""大概念""大单元""大任务""大项目""大问题""大情境"等一系列以"大"冠名的理念为时髦，随意调整、组合教材，效果往往并非预期。

案例 4-3 改变教材的失误。

（1）小数点移动引起小数大小变化。

笔者在听课中曾发现，有教师本着"儿童数学要让数学贴近儿童"的理念设计导学案，在最后的结论部分作了修改。

教材：
> 小数点向右
> 移动一位，相当于把原数乘10，小数就扩大到原数的10倍；
> 移动两位，相当于把原数乘（　　），小数就扩大到原数的（　　）倍；
> 移动三位，相当于把原数乘（　　），小数就扩大到原数的（　　）倍；
> ……

导学案：小数点向（　　），小数就（　　）。

移动一位，小数就扩大（　　）倍；

移动两位，小数就（　　）倍；

……

教材对小数点移动引起的变化，从两个角度作出描述：一是相当于把原数乘或除以10、100、1000…；二是扩大或缩小到原数的10倍（$\frac{1}{10}$）、100倍（$\frac{1}{100}$）、1000倍（$\frac{1}{1000}$）……

教师根据以往教学经验，认为学生关注的是小数点移动后，小数是变大还是变小，若变大则大了几倍，因此对教材动了一点"小手术"。然而，却导致了一系列的问题。首先，删去的恰恰是本质性的规律，而保留了仅适用于非负数的规律。因为对于负数，绝对值越大的负数越小，所以小数点向右移动，小数反而缩小，而"相当于把原数乘或除以10、100、1000…"仍然是正确的。其次，即使在非负数范围内，建立小数点移动与乘除法运算的联系也是相当重要的。再次，把"扩大到原数的"简化为"扩大"，只是表述方便，却丢弃了培养学生用数学语言准确表达的要求。

（2）用一位数乘、除。

曾听邻省一位教师诉说，他试图在教学中践行"大主题""大单元"等理念，将所用教材三年级上册中"两、三位数乘一位数"与"两、三位数除以一位数"两个单元合二为一进行教学，结果发现既无新意，也无改善，反而因长时间学习乘除法，导致师生都感到乏味、疲惫。

其实，沪教版教材在编写时也有过类似的尝试，后吸纳教师意见，将三年级上学期"用一位数乘、除"单元拆分成两个单元，并在中间穿插"时间的初步认识（三）"单元。一方面，有利于分散计算练习，减轻集中训练的压力；另一方面，也可通过变换学习主题，调节学生的兴奋点，克服同一主题持续时间过长所带来的厌倦效应。

反思以上案例，结论无异于"常识"：任何先进理念，都必须与实际相结合，如此才会有生命力。以"大单元"为例，本意是教材的结构化，然而现行的教材，无论是整体还是单元都很讲究结构。因此，若无充分的依据，特别是学情依据，一般不宜"伤筋动骨"。同时，对于知识性结语的更改必须谨慎，注意守住科学性底线，避免误人子弟。

二、确立正确的教材观

1. 教材是教学之本

党的十八大报告首次提出"把立德树人作为教育的根本任务"，为基础教育的发展指明了方向。教材是课程的重要物化载体，承载着落实立德树人根本任务和深化素质教育的功能。因此，尽管数学教材没有像道德与法治、语文、历史教材那样实行国家统编、统审、统用，但也都是经过了国家相关部门的政审与学科专业评审，其育人质量总体上是有制度保证的。

教材理论有一重要基本观点："教学性"是教材的根本属性。它的思想性、教育性、科学性、文化性等，都是通过教学性体现的[1]。从实践层面上看，教材以服务师生为根本宗旨，便于教、易于学是教材有别于其他可学习文本的基本特征。所以，教材既是教师的"教本"，也是学生的"学本"。

小学数学对学生看教材自学能力的培养具有长远的意义。能看懂数学教材的孩子，阅读其他学科教材都不会有太大的问题。

实践表明，摒弃"圣经式"教材观，提倡"材料式"教材观，与数学教材编写者"寓教法、学法于教材，为教师提供普适性的有效教学框架"并不矛盾，也不影响教师"用教材"时加入自己的创意，或完全放手让学生自由发挥。

2. 教材是教与学的资源库

教材作为集中体现国家意志、民族文化、社会进步与科学发展的文本，又是读者最多、耗费时间与精力最多且最被信赖的出版物，无疑是课堂教学的重

---

[1] 李新，石鸥. 教学性作为教科书的根本属性及实践路径[J]. 课程·教材·教法，2016，36（08）：25-29.

要内容资源,也是培养学生数学素养的重要媒介。

如今的小学数学教材,经过一代又一代专家和教师的集思广益、精心研磨,不仅编写质量在不断提高,配套的各种教学辅助资源的丰富度也随着信息技术的广泛使用而有了快速提升。

仅从文本看,现有教材一系列的栏目内容,从复习到探究,从例题到习题,从想一想、试一试、做一做到整理与反思,以及数学游戏、数学史料、拓展阅读等,构成了教与学共用的资源库。

3. 学生可以成为教材的挑战者

辩证地看待教材,既要充分肯定它的地位与功能,又应清醒地认识到它的动态发展性,"任何一种教材都不能被看作是完全理想的"。创造性地使用教材,在改进、完善教材的进程中发挥重要作用,是一线教师的职责与使命。

同样道理,正因为教材的"不完全理想性",学生作为教材的"忠实"使用者,可以也应当成为"教材的挑战者"。

■ **案例** 4-4 学生挑战教材。

(1)圆的初步认识。

沪教版教材中有这样一个体育老师画圆的画面(图4-6):

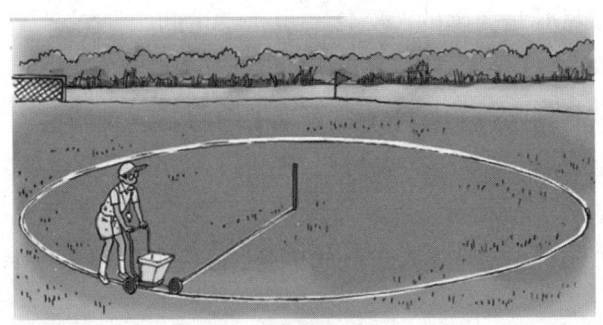

图4-6

学生的观感,除了新奇还有怀疑:这样的方式太不现实,学校的操场都是人工草坪或塑胶地面,为了画一个圆而打一根桩,一定会破坏操场。

师:是的,在我们的操场上肯定行不通。那你们知道我校体育老师是怎么画圆的吗?

生1:我见过,体育老师拿一根木棍,顶端有勺,里面放点石灰,木棍底端不动,原地转一圈就能画出一个圆。

生2：这样的工具画出来的圆不大，如果要画像书上这么大的圆就不行了。

生3：我们可以帮忙拉绳。一个同学踩住绳子的一头，固定住圆心，体育老师拉紧绳子另一头，转一圈就能画出一个圆。

教师从学生的质疑与创意中得到启发，找体育老师配合拍摄，丰富了该课的教学资源（图4-7）。

图4-7

（2）条形统计图。

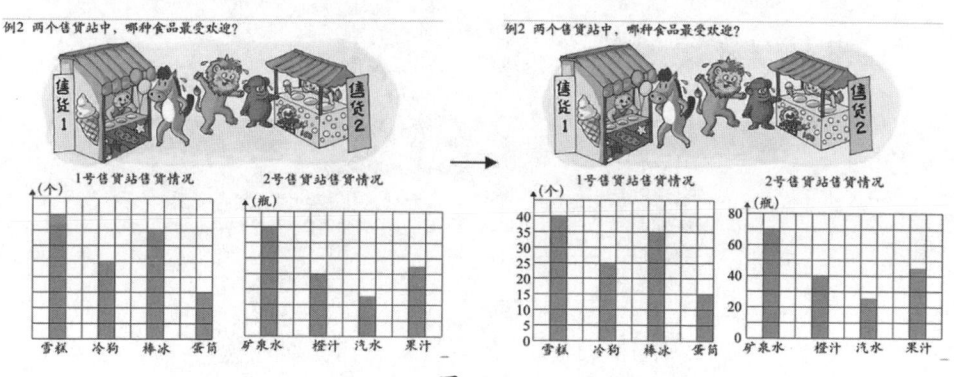

图4-8

教师有意先遮住纵轴刻度，让学生看图（图4-8左）回答问题。

生：雪糕最受欢迎，因为它的条形最高。

师：有不同意见吗？

学生纷纷表示没有。

师：上当了（揭开纵轴刻度上的遮盖条，如图4-8右所示），现在说一说，两个售货站中哪种食品最受欢迎？为什么刚才会判断错误？

生1：矿泉水最受欢迎，刚才没看刻度，所以说错了。

生2：同样的格子，没想到左边一格表示5，右边一格表示10，所以上当了。

生3：我有不同意见，1号售货站卖冷饮，2号售货站卖饮料，它们是不同类的食品，不应该放在一起比较。

生4：饮料放在冰柜里的，也是冷饮呀。

生5：我同意××（指生3）的看法。就像卖鞋子和卖袜子，放在一起比没有意义。

师：有道理。鞋子、袜子都穿在脚上，确实只会比较哪种鞋子卖出得多、哪种袜子卖出得多。接受同学的意见，我们来分别比较……

学生的质疑，实际上指出了教材选材可以改进的一个瑕疵。

（3）测量不规则物体的体积（图4-9）。

图4-9

通过动手操作，学生马上发现了教材中的一处"破绽"：梨不会沉入杯底。个别小组的梨有一小部分露出水面，需要用铅笔尖按压才会完全浸没。

通过交流，除了教材介绍的两种转化方法（改变橡皮泥的形状与排水法），个别学生还想到了测质量的方法。

生：古代有木匠"称面积"的故事。橡皮泥也可以用称重的方法算出它的体积。先用一些橡皮泥捏成一个1立方厘米的小正方体，称一下是几克，再称出所有橡皮泥有几克。总克数÷1立方厘米的克数，就是橡皮泥体积的立方厘米数。

师：他的创新方法大家听懂了吗？

……

这些挑战的背后是学生质疑能力的体现，也是学生批判性思维、创新思维的显性化表现。

儿童天真烂漫，较少顾忌，因而敢想敢说，童言无忌。因此，他们比成年人更容易形成正确对待权威的意识与态度，既敬仰又不盲从，既相信又不迷信。另外，儿童有时也会不着边际地"挑刺"，需要教师正确引导。

三、研究教材的基本思路

1. 遵循从整体到局部的思路

目前，小学数学的备课已从一课一设计向单元整体设计发展。这对突破"课时主义"、克服教学的"碎片化"现象具有非常积极的意义。但吃透教材，仅仅着眼于单元是不够的。

例如，有教师对人教版《教学》四年级下册"四则运算"单元，关于运算顺序的教学只安排一道例题感觉似乎少了："小学阶段四则混合运算的新授教学在这里要画句号了，是不是应该增加一道例题？"

案例 4-5 四则运算（人教版）教材编排系统。

一年级上册：连加、连减、加减混合（从左往右依次计算）。

二年级上册：乘加、乘减运算（从左往右依次计算）。

二年级下册：含两级运算的两步式题（同级运算从左往右，两级运算先乘除后加减，小括号的先算）。

三年级上册至四年级上册：无新授，"带着练"。

四年级下册：中括号（在原总结的运算顺序中补充中括号、小括号的顺序）。

五、六年级：推广至小数、分数四则运算。

整个四则运算的教学，遵循分阶段螺旋上升的原则，从同级运算到两级运算，从无括号到小括号、中括号，从整数到小数、分数，逐步递进发展。

梳理清楚之后，四年级下册的"四则运算"单元（只有中括号一个新知识）为什么只安排一道例题的疑惑，也就自然消除了。

数学知识的系统性特点，决定了钻研教材首先应当从整体入手，分析、把握教材的内容架构。需要做的是：学习"课标"，了解教材的编排体系，了解教材的编写特点,掌握教学内容的来龙去脉、承前启后。只有这样,才能明确每一节课在整个教学系统中的地位与作用,才能在知识系统的背景下开展每一课时的教学。

在搞清教材整体脉络的基础上,再进行单元分析,包括单元知识结构、例题的设计意图、习题的配备情况。最后,研究所有的细节。

以了解教材编排体系为例,应该从教材的全局考虑,而不局限于一册一个年级。案例4-5就是为什么要这样做的一个实证。

2. 遵循先钻进去再跳出来的思路

在遵循从整体到局部的同时,还应遵循"先钻进去再跳出来"的思路应先着力理解、揣摩、接纳教材。如前所述,教材的质量是有保证的。客观地说,按教材施教,八九不离十,至少能保底。因此,应警惕只凭某种先入为主的观念、刻板印象或他人评论而在一开始就觉得"这个教材我不喜欢"的排斥态度。

现在一纲多本,其实完全可以用一套教材。通过借鉴其他版本的教材,在比较中有所发现,并产

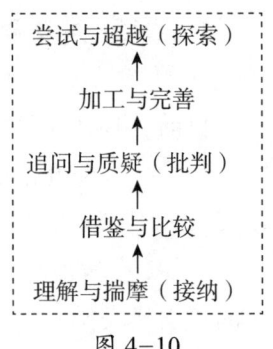

图 4-10

生自己的追问和质疑,以启迪我们的批判性思维。在此基础上,针对某些与个人的教学习惯、与本班先前的教学情况、与学生的学习特点不完全契合的地方,作出加工、改造与完善。进而,尝试探索新的教学空间,发挥自身的主观能动性,有所教学创新,逐步形成自己的课堂教学特色。一般步骤如图4-10所示。

(1)"钻进去"的必要性。

首先,教材是专家和全国优秀教师集体智慧的结晶,其编写与修订都是在大范围调查研究的基础上进行的。以人教版教材为例,在每次新编或大修订之前,都会认真梳理一段时期以来各地教师、教研员的意见,汇总各类调研数据,并吸纳教材使用中的一些成功经验、做法。

其次,教无定法,而教材一般只能提供一种教学流程。因此,反复比较多种设计的利弊得失,是教材设计中的必经流程。

所以,教材值得我们"钻进去",理解编者的种种考虑,领会其设计意图。

案例 4-6 有关速度的教学(图4-11)。

图 4-11

教材选取的情境是儿童喜闻乐见的,即三个动物比快慢。插图淋漓尽致地表现出动物们争先恐后、汗流浃背、互不相让的竞争场面。

教材设计的数据,分别是路程相同、时间不同,时间相同、路程不同,以及路程与时间都不相同三种情况,能有效地启发学生领会"速度"取决于路程与时间两个量。并且,关于路程的数据较大,三位数除以一位数需要笔算,有利于强化学生对"路程÷时间"的体验[1]。

教材给出的解答是通常情况下学生普遍能想到的。学生在得出"谁最快"的过程中,仅仅是两两比较,就出现了比较复杂的演绎推理。如:

如果路程相同,那么用时少的快(大前提,假言判断);

小牛和小熊都跑了432米,小牛用了6分钟,且比小熊少用了2分钟(小前提,联言判断);

所以,小牛比小熊快(结论)。

套用逻辑学的术语,不仅是范畴三段论,还综合了假言判断和联言判断。

---

[1] 曹培英,张晓芸.跨越断层,走出误区:小学数学问题解决教学研究[M].上海:上海教育出版社,2020:12-13.

只是因为推理内容是儿童熟悉的,所以三年级学生并不感到困难。心理学方面的研究也早就指出,在未经训练的情况下,儿童最先萌芽(3岁)的演绎推理就是关系推理。

事实上,这段教材还内隐不小的变化空间。

例如,个别学生独立思考的过程是:先比较小牛和小象(432÷6,544÷8),估算得出小牛每分钟跑的路程大于70米,小象每分钟跑的路程小于70米,所以小牛比小象快;再比较小象和小熊,不用计算就能知道小象比小熊快;于是发现,比较两次就能得出小牛最快、小熊最慢。

这显然是一个有趣的深度学习点,可供学有余力的学生思考。

教师不妨将问题一般化:三个量比大小,要比几次?为使更多学生能够理解,可加以具体化,以三种水果为例(图4-12):

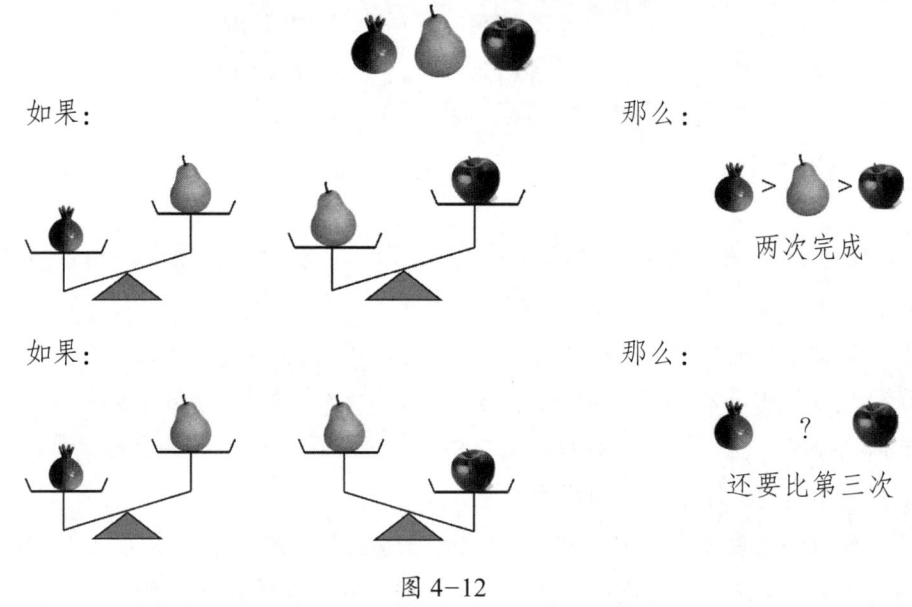

图 4-12

如此富有童趣的深度学习,自然而然吸引学生深入探究、全面思考,不知不觉发展了思维的深刻性。

可见,理想的教材提供的是可复制的通用教学设计,又常常留有余地供教师拓展、深化。这样内容丰富的教材,实在没有必要自己另起炉灶。

每当思考公开课的教学时,教师首先考虑的往往是更换教材情境,以求新颖、与众不同。所谓"十多年的老面孔,也该换一换了",反映出的正是骨子里的、根深蒂固的"教师本位"意识。追求"耳目一新",大多是为了取悦听课教师,博得同行赞赏。殊不知,教师认为"陈旧"的情境,对学生来说却是首次遇见的新情境。因此，重要的、应当关注的，是情境的数学内涵与教学的适切性。

（2）"跳出来"的可能性。

教材的编写规律和出版规律，决定了它不可能是"尽善尽美"的。

首先，一套教材的问世，从前期调研到总体构思，从组织编写到审查、修改，再到编辑加工、出版，整个周期少则 3 至 5 年，且一般 10 年一轮换，因而一般具有滞后性。尤其是一些情境，可能无法跟上国家建设、社会发展的飞速步伐。例如，现行教材上出现的我国自主研制的太空飞船系列，描绘的也已是多年前的载人飞船，截至 2022 年 4 月，神舟十三号已成功发射并顺利返回。

其次，教材必须面向全国，要考虑一般情况。因此，它的通用性必然难以适应不同学生的个性化需求。

再次，我们也应客观地承认，毕竟智者千虑必有一失，教材有不足、疏漏之处，也是可以理解的。

前面各章中的案例、课例，都不同程度地反映了教师"钻进去"之后，又基于实践"跳出来"，对教材作出创新性加工，并获得了教学上的成功。

四、研究教材的若干策略

1. 整体把握的策略

上面的案例 4-5，通过梳理、分析四则运算的教学系统，揭示了从教材全局入手，理清知识脉络的重要性。这种跨年级、跨学段的对小学数学课程各领域教学内容整体结构的分析工作，可以结合关于学科课程标准的学习而进行。

在此基础上，针对本学年教学任务的教材分析，仍然应该重视"整体把握"。具体做法如下。

（1）从教材目录着手。

确认这一册有哪几个单元，分属哪几个领域，具体教学哪些知识，分别处在该领域螺旋上升的哪个阶段。通过扣准内容的"序"，把握好教学目标的阶段性与连续性以及教学的侧重点。

（2）查阅前后册教材。

通过查阅前后册教材，切实厘清本册各单元内容的承前启后。了解前面是怎么学的，后面还将怎么学，从而加深对各单元教学难点、关键点的认识。特别是通过前后内容的联系，从整体上把握本学期的教学重难点。

■ **案例** 4-7　人教版教材四年级上册内容结构（图 4-13）。

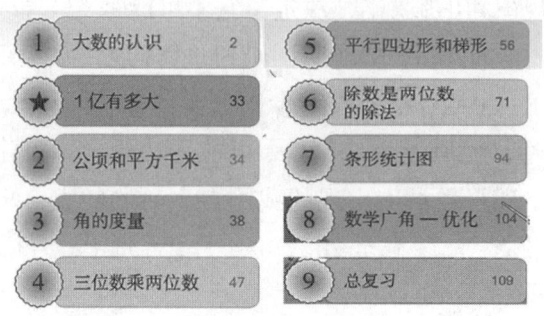

图 4-13

连同总复习在内共九个单元，一个综合实践活动。根据《义务教育数学课程标准（2011 年版）》，笔者梳理如下。

◆ 数与代数领域

本册三个单元：大数的认识、三位数乘两位数、除数是两位数的除法。这一册将基本完成整数的认识及其四则运算的笔算、估算教学，之后再推广至小数四则运算。

◆ 图形与几何领域

本册三个单元：公顷和平方千米、角的度量、平行四边形和梯形。至此，将完成平面直线形图形的认识，之后还将认识平面曲线形图形——圆，以及立体图形。另外，面积单位的学习也将在这里画上句号，之后再学习体积、容积单位。

◆ 统计与概率领域

本册一个单元：主要是复式条形统计图。

◆ 综合与实践领域

本册一个综合实践活动：侧重优化问题。

从整体上看，相对于其他内容，本学期学生须切实掌握的重难点是整数乘除法的计算。如此，五年级学习小数乘除法时，就只要解决小数点的处理方法及其算理问题。而要完成本学期的这一任务，又有赖于三年级两位数乘两位数和两、三位数除以一位数的学习基础。若有缺失或遗留问题，就应先行弥补、解决。

借助目录来把握一册教材的结构是一个比较简单的方法，它能使我们对一学期的主要教学任务做到心中有数，进而能有的放矢地拟定整个学期的教学计划，并确定相应的教学举措与对策。

2. 单元分析的策略

（1）结构分析。

包括知识结构与例题结构的分析。

当一个单元的知识结构较多时，分析、明了知识结构显得尤为重要。

■ **案例** 4-8 "分数的意义与性质"单元（人教版）知识结构。

这个单元概念众多，内在联系紧密，基于分析结果，可以借助图示（图4-14）加以清晰揭示：

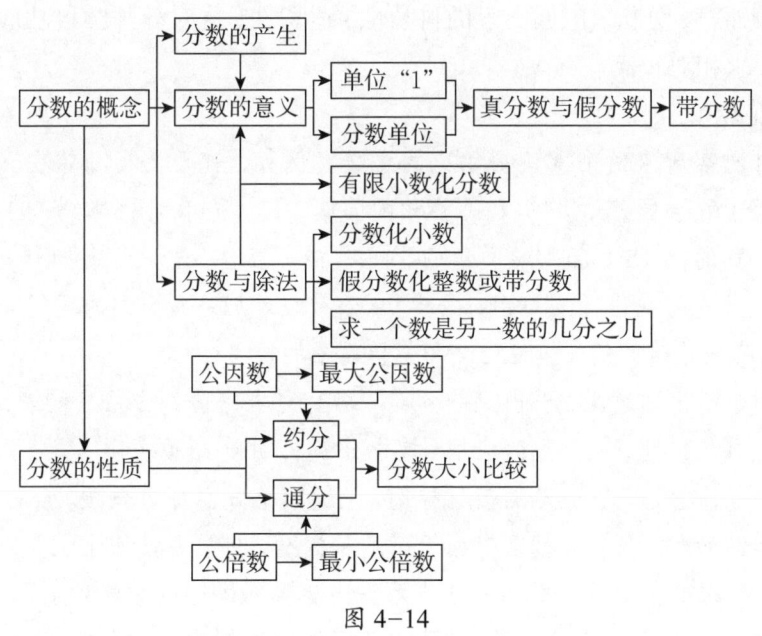

图 4-14

至于分数各部分的名称、分数的读写，在之前的"分数的初步认识"单元就已学习，而此处也有一些发展，如分数线相当于除号是新的认知，包含在分数与除法关系的认识中。

理清知识之间的内在联系，是沿着从已知到未知的路径实施教学的前提，也是走向深度学习的重要保证。

另外，对于每个单元的例题结构，一般教参都有比较详尽的设计意图解读，或列表或用框图揭示其结构。因此，通过阅读教参也能帮助分析。

（2）内容分析。

这是单元分析的重点。其分析框架比较多样，可以按"四基"与"四能"框架分析，也可以从以下四个方面展开分析。

① 科学与思想。指内容的数学内涵、思想方法与教育价值（包括知识的应用价值、人文性与学科德育），以及如何准确、浅显地向学生揭示、解释。

② 过程与表征。指知识的生成过程与学习过程，可开展哪些智力活动，以及如何帮助学生实现多样化表征。

③ 素养与拓展。指能培养哪些学科核心素养，可进行怎样的引申、开拓来帮助学生从理解走向深度学习。

④ 适切与趣味。指内容的描述、举例等是否适合学生，能否挖掘内容的趣味性，使教学生动有趣。

比较而言，分析、把握内容的科学性、适切性，这对教师学科功底和教学经验的要求相对较高。

案例 4-9 比。

教材通常选取两个实例揭示比的意义。例如，航天员杨利伟在飞船里向人们展示了联合国旗和中华人民共和国国旗，长、宽都是15厘米、10厘米，得出长与宽的比 15∶10（同类量的比）；"神舟五号"进入运行轨道后，在距地350千米的高空作圆周运动，平均90分钟绕地球一周，大约运行42252千米，得出路程与时间的比 42252∶90（异类量的比）。

进而概括比的意义，引出比的各部分名称与求比值的方法。接着，教学比的基本性质与化简，以及比的应用（按比分配），并介绍黄金比[1]。

应该说，这是比较成熟的教材样例，上述四个方面都有兼顾。

然而，令教材编者与教师感到无所适从的是，有学者批评小学关于比的定义（两个数的比表示两个数相除），"无法让学生感悟比的数学本质""教科书迫使数学从小学阶段就脱离了生活""不能把比理解为除法""也不能把比理解为分数"。这样的指责与"两个不能"站得住脚吗？在此，笔者仅结合科学性与适切性加以澄清。

首先，我们习以为常的"说法"，实际上是为了由两数相除引出两数的比。把它视为定义，那么本质上是在用语言描述数学的形式化定义（用除法定义比）。这样的定义显然不理想，但在数学上肯定没错，因为 $a \div b = \dfrac{a}{b} = a : b$ ($b \neq 0$)。而且，历史上曾经很长时期内把比号与除号混用，至今仍有国家（如德国）把比号作为除号使用。

---

[1] 人民教育出版社　课程教材研究所，小学数学课程教材研究开发中心. 义务教育教科书·数学（六年级上册）[M]. 北京：人民教育出版社，2014：48-51.

其次，从未教过小学数学的人，根本想不到这一说法给教学带来了诸多便利：因为比等同于两数相除，所以求比值就不用教了，比的基本性质也可类推了，比的化简也能无师自通了。如此的"适切性"，丢弃岂不可惜。

再次，小学数学教师都知道要通过辨析使学生明了：除法是运算，分数是数，比表示数量关系。历来的教学实践表明，让六年级学生厘清这三个概念的联系与区别并不困难。但若再去深究，指出"两个不能"岂不添乱，又有何必要呢？

对于学生普遍的疑问"为什么有了除法、分数，还要学习比"，举出实例即可。比如，搅拌混凝土，要求水泥、沙子和石子的比是 2∶3∶5[1]；或者让学生自己选择果蔬汁（如橙子汁、苹果汁、柠檬汁和胡萝卜汁）并配上牛奶，确定配比，制作自己喜欢的混合饮料。如此，学生就能在愉悦、松弛的活动中轻而易举地使感悟到：除法与分数只能表示两个量之间的关系，而比可以同时表示多个量之间的关系。

批评者主张将比的定义改为"比是两个数量倍数关系的表达或者度量"，显然也不尽理想。一则，把异类量的比（如路程∶时间＝速度）说成是"倍数关系"未免牵强，至少有悖于习惯说法。二来，无论是同类量的比还是异类量的比，实际上都既是"表达"也是"度量"。比如，黄金比 $a∶b ≈ 0.618∶1$，既表达两个长度的关系，也是以 b 为单位的度量结果（$0.618∶1$ 写成了比的形式，但也是数学中公认的一个常数）。又如，工作总量∶工作时间＝工作效率，既是数量关系，也是工作效率的度量。因此，有必要区分是同类量的比还是异类量的比，而大可不必再区分"是表达的比还是度量的比"。

笔者更无法苟同的是，批评者在列举了球类比赛的比分如"比赛结果 2∶0"等实例后，强调"无论如何，不能把这种在日常生活中广泛使用的比的形式排除在数学之外"。殊不知小学生都明白，体育竞赛的几比几并不是数学中的比。他们能举出一系列的理由予以区别：比分可能是 0∶0，数学中比的后项不能为 0；比分不能化简，数学中的比可以化简；比分不求比值，数学中的比可以求比值。

本书第三章第一节论述了数学教学联系生活的若干基本观点，其中很重要的一点就是：联系生活的最终目的，在于超越生活，使儿童在生活世界中生

---

[1] 人民教育出版社　课程教材研究所，小学数学课程教材研究开发中心. 义务教育教科书·数学（六年级上册）[M]. 北京：人民教育出版社，2014：56.

成的经验得以改造,促其成为"数学"。

在利用学生的生活经验促进数学理解方面,以往教学中还有很多成功经验。比如,针对学生的举例"煮饭时米和水的比"引导他们质疑。

师:煮饭时米和水的比,与数学中比的前项、后项有区别吗?

生1:有,数学中比的前项可以是0,后项不能是0,而米和水都可以是0。

生2:我有不同看法,米和水都是0,0∶0,什么都没有,无意义。

生3:我同意,前项是0,那就只有水;后项是0,就只剩下米,都不是米饭。

师:老师也同意,煮饭时米和水都不能为0。看来,生活中的比,它们前项、后项的取值范围要根据实际情况来定。

显然,教师的借机发挥,源于对教学内容的深度理解。

这一案例从一个侧面告诉我们,从科学与思想、过程与表征(学生举例也是一种表征)、素养与拓展、适切与趣味等方面分析、吃透教材内容,既是深入开展教学的前提,又能帮助我们保持有效教学的初心与定力。

(3)习题分析。

所谓习题,现代汉语词典中的界定是"教学上供练习用的题目"。在数学教材中,除了例题之外的练习题、复习题、探究题、测试题,以及调查、制作等实践性作业题,都属于习题范畴。

若以教材的篇幅来计,那么20世纪50年代初学习苏联而编制的习题汇编式教材,课本即习题集。发展至今,即便是讲究问题情境、追求学习过程的教材,各类习题大体上仍然占据了过半的篇幅。

历来就有"学数学就是做数学"的说法。因此,做好习题分析是有效发挥习题功能、实现减负增效的基础工作。

习题分析可以参照内容分析的四个方面,并关注以下要点。

① 目的性与针对性。指习题的内容,即练习什么,其数学内涵是什么,预期要达到什么要求(如会什么、懂什么、悟什么等);要针对知识的哪些重点、难点、关键点,或针对学生哪些易错、易忘、易混淆之处。

② 层次性与拓展性。指习题的系列,包括整体坡度、渐进性,以及内涵的思考性、探究性、开放性。

③ 多样性与趣味性。指习题的形式,一是有哪些变化,包括题型的变化,方式的变化(口头与书面、操作与实验、设计与制作,以及长作业、小研究等);二是有哪些寓练于趣或玩中练的设计。

④ 操作性。指习题的完成方式与解答过程。完成方式是常规的、学生熟

悉的，还是题目指定的、比较特殊的。如果是后者，就需要分析学生读懂题目是否有困难，进而考虑哪些习题安排在课堂上完成，哪些留作课后作业，思考怎样提高练习的效率。分析解答过程的最好方法就是教师亲自"下水"做一遍，从中发现学生可能会遇到的障碍、思维的转折处，进而考虑是让学生独立思考完成，还是加以指导，以及何时指导、怎样指导。

⑤ 选择性。指习题的因材施教设计。一方面，有的是通用的，有的是供学有余力学生选做的；另一方面，能否针对不同学生的实际水平提出不同的解答要求，或给出可选择的"菜单式"习题组合。

这是一个面向各类习题、比较全面的分析框架，并不要求所有习题及其组合都面面俱到。

■ **案例** 4-10　质数与合数的部分习题（图 4-15）分析。

图 4-15

限于篇幅，仅摘取了一个练习[1]中的后五道题。

其中，两题针对奇数、偶数概念，两题针对质数、合数概念，一题是质数与倍数概念的综合问题。

另外，三题配有插图，既有卡通对话，又有人物对话。最后一题采用双人游戏形式，并引出了相关数学史料。总体上图文并茂，可读性强，趣味性浓。

除了第 6 题是应用和的奇偶性解决实际问题，其他四题都是贴近学生实际水平的纯数学问题。

第 3 题让学生根据条件猜数，包含三个小问；其中前两小问需要综合思考两个条件，学生从"和"或"积"入手都是可以的。第 4 题引导学生探究积的奇偶性，是学生探究和的奇偶性所获经验的迁移。第 5 题是倍数特征的综合运用，学生容易想到同时符合 2、3 倍数特征的数就一定是 6 的倍数。第 7 题则是让学生在游戏活动中，通过举例（不完全归纳）提出数学猜想"大于 2 的偶数，都可以表示为两个质数的和"；进而通过阅读"你知道吗？"，了解这一猜想的来历和我国数学家的杰出贡献。

下面，从深度学习的视角进行分析：

对第 5 题可以作两方面的拓展与深化。一是让学生由 6（2×3）的倍数特征自行提出其他探究问题，学生容易联想到探究 10（2×5）、15（3×5）的倍数特征，也不难得出正确的判断方法。二是参考案例 3-36 的"②数学小医生"，启发学生进一步思考"任何两数积的倍数都能这样判断吗"，从而帮助学生正确理解其中的规律。

可以将第 3 题与第 7 题联系起来启发学生思考。学生在交流第 3 题前两小问时会发现，从两数的积入手比较快捷。因为一个能分解成两个质数的合数，其分解方法是唯一的；而一个偶数分拆成两个质数的和，拆法常常不唯一，例如，10=3+7=5+5，20=3+17=7+13。在此基础上，借助第 7 题与阅读材料，学生还会有进一步的了解。

为提高研究教材的效率与效果，认真研读教参是不可或缺的，因为教参集中体现了编者的意图。同时，参考其他版本的教材，相互比较，有利于开拓思路。

此外，经常阅读一些专业期刊如《小学数学教师》《小学数学教育》中刊登的有关文章，学习、借鉴各地教师的相关见解与经验之谈，能够获得很多启发。

---

[1] 人民教育出版社　课程教材研究所，小学数学课程教材研究开发中心. 义务教育教科书·数学（五年级下册）[M]. 北京：人民教育出版社，2014：16-17.

五、怎样"用活教材"

教材可以也应该"用活"的相关政策依据是：国家课程的校本化实施。这是因地制宜、因材施教原则的体现，也是深度学习的必然选择。提倡统一课程的实施走向校本化，是因为校情不同，教师的教学习惯不同，学生的认知特点也会存在一些差异，因此教学实施不宜"一刀切"。

1. 前提是用

前文已经指出，不用教材而另搞一套成了当下公开课的常态。那么，平时教师"关门"上课，对教材的使用情况又如何呢？请看一个调研案例。

案例 4-11 关于教材使用情况的调研。

"测量不规则物体的体积"一课，教材的设计通常是让学生做实验解决问题。笔者曾在上海市静安区一次全体五年级数学教师的教研活动中进行无记名问卷调查，其中的两题如下（要求：不看教材，不讨论，独立作出书面回答）：

（1）大家都已完成了"测量不规则物体的体积"的教学。请问：您在教学时，有没有采用教材上的设计来开展小组实验操作活动？请选择您对此是如何实施的。（　　）

A. 组织学生小组合作完成实验　　B. 教师演示实验

C. 教师演示课件　　D. 其他

（2）您是否发现本学年的教材作了一定修改？若发现了，请写出修改之处，并说明原因。

A. 没注意（　　）；

B. 发现了，是（　　）改成（　　），原因是：_____。

统计结果：问题（1）选择 A 的不到 20%，选择 C 的超过 60%。令人吃惊的是问题（2），发现把"苹果"改成"土豆"，并能说出原因"苹果不会沉入水底"（或"苹果会浮"）的不足 10%。

除去小部分第一次任教五年级的教师，为什么那么多连续教了两年甚至多年的教师，要么没有发现教材作了明显的修改，要么发现了却不知道原因？真相就是"从未真正把苹果浸入水中"。

公布调研数据与前后两版教材插图（图 4-16）后，大家都笑了。纷纷坦言"确实没有老老实实用教材""教材已经打假了，我们使用教材也要打假"。

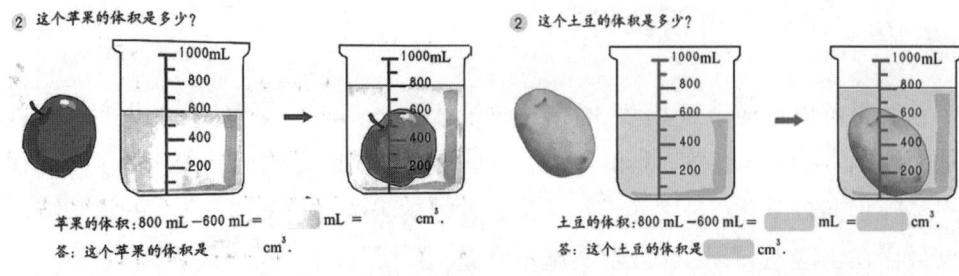

② 这个苹果的体积是多少？　　② 这个土豆的体积是多少？

苹果的体积：800 mL－600 mL＝　　mL＝　　cm³．
答：这个苹果的体积是　　cm³．

土豆的体积：800 mL－600 mL＝　　mL＝　　cm³．
答：这个土豆的体积是　　cm³．

图 4-16

不真正使用教材，又何来"用活"呢？

2. 用到实处

在"用"教材的前提下，如何"用活"，首先是用到实处。仍以"测不规则物体的体积"为例。

案例 4-12　不规则物体体积的测量。

有教师撰文[1]指出，一次五年级期终检测试卷中有这样一道题：

你能利用提供的材料测量出这个梨的体积吗？（图 4-17）请写出测量的方法和步骤。

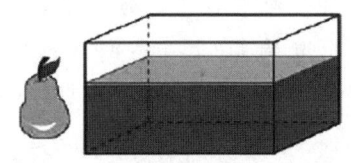

图 4-17

结果正确率只有 51.28%，为作对比，教师将上题改为：

一个长方体水箱，长 15 厘米，宽 10 厘米，水深 10 厘米。放入一个梨后（梨全部没入水中），水面上升至 12 厘米。梨的体积是多少？

正确率一下飙升到 97.44%。

为何取材于教材、没有数据，且无须计算的简答题，正确率比同内容的计算题低约 46 个百分点。很明显，学生之所以写不出测量的方法和步骤，除了部分学生欠缺语言表达能力，主要原因就在于教师使用教材不到位：将组织学生动手操作的实践问题，变为指导学生根据公式代入数据的计算问题。因此，学生能够识别条件，能够正确列式计算，却无法讲清"怎样测量""需要获得哪些数据"等操作过程。

这一案例与前文案例 4-4 中的"（3）测量不规则物体的体积"形成了鲜

---

[1] 颜春娅. 我们的教学缺少些什么——由一道检测题引发的思考[J]. 小学数学教师，2018（10）：72-73.

明的对照。当教师充分利用教材,将教学重点放在引导学生思考测量的方法上时,学生反而成了教材的挑战者。他们不仅发现了教材中的"破绽",还能有所创新,想出了通过测定单位体积的质量来推算总体积的方法。

3. 用出经验

教材用到实处,才能用出经验、用出改进,形成有效的教学操作方法。这是"用活"教材的标志之一。

最朴实的常规经验及其做法,如课例 3-2:当教材将结论、方法写得一清二楚时,为了让学生获得自主探索的经历,并自己陈述发现,采用把教材提供的探究内容适当留白,并印在学习单上,利于学生独立思考或小组讨论。待学生得出结论后,再自己看书校对、全班交流、质疑问难。

这是一种"书中学 + 做中学 + 合作互动中学"的线下"混合学习"方式,与线上、线下结合的混合学习方式相比,更适合小学的课堂教学。

除了教学方式方法的改进与完善,更多的是针对具体教学内容的教材处理、教学实施经验。这些个性化的独特经验,既有个人认识的特点,也有合理内核,且具有可复制的普适性。

课例 4-1 数位表上的游戏(图 4-18)。

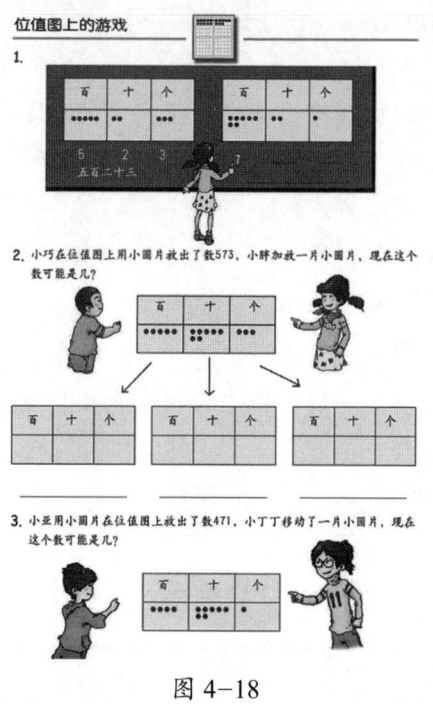

图 4-18

这是沪教版教材独有的一个内容,安排在"千以内数的认识与表达"单元的最后,属于游戏性综合练习(涉及数位、计数单位、数的读写、组成、大小比较)。

通过"摸石头过河"的尝试,积累经验,不断改进,把这个"游戏"演绎得非常精彩。

(一)创设情境,引入新课

(1)揭示课题。

师:听,森林里发生了什么。(播放音频)

老虎(配音):我是森林之王,我给每个小动物都准备了游戏要用的3根小棒,谁也没多,谁也没少。

师:老虎公平地分配,可拿到小棒后,小动物们有意见了。

小熊(配音):还是森林之王呢,真小气!才给我3根,太少了。

小老鼠(配音):我有一件宝物,能使这些小棒表示成21。(出示:21)

小兔(配音):这宝物我也有,我能使这些小棒表示成111,你们有谁还能比我多?(出示:111)

小猴(配音):老虎毕竟是森林之王,看他多大方呀,他给我的小棒可以表示成300,你们的宝物我也有。(出示:300)

老虎(配音):你们用的是什么宝物呀?

师:猜一猜,小动物们有一件什么宝物?

生:数位表。

师:你们想不想也拥有这样一件宝物呀?到课桌里去找一找。

师:今天这节课,就让我们一边听小动物们在玩数位表时发生的故事,一边寻找数位表上的秘密。

板书课题:数位表上的秘密。

(2)复习,感知数位表的作用。

师:(出示表 4-1)认识这张表吗?小老鼠、小兔、小猴分别把小棒放哪儿了?请你任选一个数,用桌上的小棒在数位表上摆出这个数。摆好后,同桌相互检查。

表 4-1

百	十	个

师：都用了3根小棒，为什么摆出的数会不相同呢？

生1：同样一根小棒，放在个位上表示1，十位上表示10，百位上表示100。

生2：同一根小棒，放在不同的数位上所表示的大小也不同。

师：因为每个数位的计数单位不同，所以表示的数值就不同。

（二）展开探究，寻找规律

（1）添上1根小棒。

① 写出变化结果。

旁白：小老鼠看见其他小动物的数比自己的21（板书：21）大，在一旁伤心地哭了。小兔看见了，跳过去安慰他。

小兔（配音）：小老鼠，你别哭了，我的数大，我给你1根小棒吧。

师：小老鼠高兴地笑了，可仔细想想又犯愁了：添上1根小棒（板书：添上1根），该把它放哪儿呢？

师：我们一起动手帮帮小老鼠好吗？听清楚要求：先在数位表上摆出21，接着添上1根小棒，看看能摆出哪些数，最后把摆出的数记录在练习纸的第一题上。（学生尝试后汇报）

生1：我摆出的是121、31、22。（教师根据学生回答依次板书）

生2：我摆出的结果跟他相同，但他是从大到小记录的，我是从小到大记录的，我摆的3个数是22、31、121。

师：只要按一定的顺序，有序思考，我们就能找到所有的答案。（板书：有序）

② 与原数比较，分别大了多少。

师：看看添上1根小棒后得到的3个数，和原来的21比，你发现了什么？

生1：变大了。（板书：变大）

生2：我按照从大到小的顺序记录，这3个数分别比21大了100、10和1。（板书：100、10、1）

师：都是添上1根小棒，它们的变化为什么会不一样呢？

生1：因为把添上的1根小棒放在了不同的数位上，所以增加的大小会不同。

生2：1根小棒放在百位上表示1个百，放在十位上表示1个十，放在个位上表示1个一。

（2）拿走1根小棒。

师：故事在继续。

旁白：小老鼠正在为他多了1根小棒后数变大了而高兴呢，爱打抱不平的小熊有些按捺不住了。

小熊（配音）：小兔，你的小棒少了1根，你的数也要变了。

师：被小老鼠拿去了1根小棒（板书：拿去1根），小兔的111会怎么变？

生：变小。（板书：变小）

师：有序记录各种情况，说说数的大小变化。

生1：我记录的是11、101、110。我是依次从百位上、十位上、个位上拿走1根，现在的数分别小了100、10和1。

生2：我记录的是110、101、11，拿的顺序跟他相反。

（3）移动1根小棒。

旁白：小老鼠看见小兔的数变小了，有点不好意思，又把小棒还回去了。

小兔（配音）：我还有办法让数变大。

师：请你猜一猜，小兔想出了什么办法？

生：移动小棒。（板书：移动）

师：怎么移动才能得到一个比111更大的数呢？（学生尝试后汇报）

师：移动1根小棒，有没有可能让数变小呢？（学生尝试后汇报）

（4）寻找规律，说明原因。

师：我们用事实证明了移动1根小棒，原数可能变大，也可能变小。谁发现了移动的规律？

生1：我来说，从百位向右移1根小棒，放在十位或放在个位，得到的数就变小。从个位向左移1根小棒，放在十位或放在百位，得到的数就变大。

生2：我发现小棒向左移数变大，向右移数变小。

师：如果从十位上移1根小棒，那又会怎样呢？你们再动手试一试，有什么发现？

生：和前面的规律一样，也是向左移到百位变大，向右移到个位变小。

师：真了不起，变大、变小的规律也没难住你们。再来一个挑战，为什么会变大、变小呢？

生1：从个位移到十位、百位，1个一就变成了1个十、1个百，所以变大了。

生2：百位上的1个一往右移到十位、个位，1个百变成了1个十、1个一，所以变小了。

（三）巩固练习（略）

（四）拓展知识

师：来，听听知识老爷爷说了什么。

知识老爷爷(配音):别小看了这些小棒,在中国数学史上,它们是立有大功的。古代,人们把一根根同样长短和粗细的小棍子用作算筹,多用竹子制成,并放在布袋里。需要计数和计算时就取出来,把它们放在桌上或地上摆弄。

课件出示(图4-19):

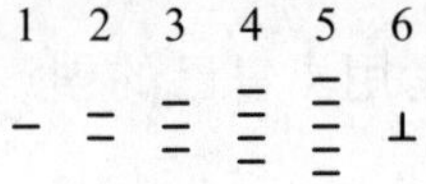

$$1\ 2\ 3\ 4\ 5\ 6$$
$$-\ =\ \equiv\ \equiv\ |\ \perp$$

图4-19

师:6怎么只用2根小棒?哪个小朋友看懂了?

生:我猜一竖表示5。

师:那7呢?(课件出示:⊥)

师:一竖代表几?

生:5。

师:8、9会摆吗?试一试。(学生尝试后教师课件出示8、9的算筹表示法,学生核对)

师:现在,你们能在数位表上摆出601吗?(学生操作)

师:只用了几根小棒?

生:3根。

师:还是这3根小棒,能不能用算筹表示数的方法,摆一个更大的数?

生:我可以摆出700。

(五)总结(略)

(六)布置回家作业

师:回家想一想,用3根小棒,你能摆出多少数?如果用算筹表示数的方法,又能摆出哪些数?怎样有序思考?

[评析]这节课的主要改进与经验,除了以童话激趣,有效串起教学内容,还有以下几点。

(1)通过情境制造悬念,凸显计数单位的作用。

(2)补充拿走1根小棒的环节,形成较为完整的游戏系列:表示→添上→拿走→移动。

(3)鼓励学生有序思考,找出各种变化。

(4)启发学生探究变大、变小的规律,并解释原因。

(5)将圆片换成小棒,引出算筹,增加思维含量。

应该说，每位教师都有很多这样的教材使用经验，重要的是基于证据不断实践、改进，不断筛选、提炼。

4. 用出创意

"用活"教材的标志之二是用出自己的创意。简言之，创意源于经验，具有打破常规的新颖性、独特性。

▋ 课例 4-2　长方体、正方体的认识。

这是小学数学立体图形认识的核心内容之一，各版本教材以及各地教师的教学设计大同小异。早先的创意主要是面、棱、顶点的引入。例如，笔者于20世纪70年代在江西赣州任教时，看到当地的萝卜又大又白，教学时便就地取材，利用萝卜来演示长方体的生成。把一个大萝卜沿水平方向切，切出一个"平面"；再沿垂直方向切，切出第二个"平面"，两个"平面"相交处出现了一条边即"棱"；第三刀切出三个"面"相交的一个"点"，从而引出"顶点"……

近年来的有效创意就是用小棒搭长方体框架的操作设计。

鉴于沪教版教材在二年级已经教学了长方体面、棱、顶点的认识，五年级二次教学时，教材又提供了较多的自学问题，因此上海教师大多采用让学生先看书预习的方式设计并实施教学。

（一）预习交流

板书课题：长方体和正方体的认识。

（1）交流预习成果。

师：课前，大家已经预习了课本上的内容，请汇报预习成果。

出示预习单：

① 长方体、正方体两个面相交的边叫做（　　　　）；三个面相交的点也就是（　　　）条棱相交的点；叫做（　　　）。

② 长方体、正方体特征的联系与区别。

形体	相同点			不同点		
	面	棱	顶点	面的形状	面的大小	棱的长度
长方体	(　　)个	(　　)条	(　　)个			
正方体						

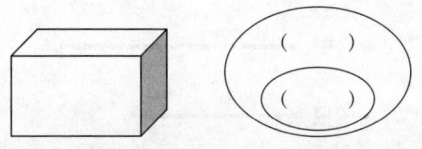

学生汇报,教师在课件上填写。(略)

(2)教师提出问题。

师:12条棱是怎么数出来的?

生1:上面4条,下面4条,竖的4条,一共12条。

生2:我用分类数的方法,长有4条,高有4条,宽有4条,三四十二,一共12条。

生3:因为1个顶点有1组长、宽、高,8个顶点,三八二十四。但是每一条棱都重复数了两次,所以要除以2,就得到12条棱。

生4:不用除以2,只要看4个顶点,也就是前面左上、右下的2个顶点,以及后面左下、右上的2个顶点,三四十二。

师:不同的数法,相同的结果,还用上了长、宽、高,说明大家都掌握了长、宽、高的概念。那么,为什么两个集合圈,你们都在外圈填长方体,内圈填正方体?

生:因为正方体也是长方体,是特殊的长方体。

师:特殊在哪里呢?

生1:特殊在它的12条棱都相等,所以6个面都是相同的正方形。

生2:我认为,因为6个面都是相同的正方形,所以12条棱都相等。

师:你们说的都对,因为棱和面是相互联系的。

[评析]考虑到课前预习的任务已让学生主动看书,而教材在提出问题并适度留白的同时也已给出了结论,所以教师采用填表、填图的方式,让学生独立思考,并突出了长、正方体的联系与区别这一预习重点。

上述内容学生完全能自学并理解,课堂上以交流预习成果的形式切入,让学生重温长方体和正方体的特征,概括它们的相同点和不同点,为进一步的探究与深入理解奠定基础。

我们看到,交流预习结果后教师设计的两个提问,即棱的数法和文氏图的填写,既使预习内容趋于完整,又深化了学生的认知。

(二)从棱出发的探究

师:老师给每个小组准备了24根小棒(图4-20)、16个当作顶点的接头(塑料三相接头),小组合作,用这些小棒搭出长方体框架。

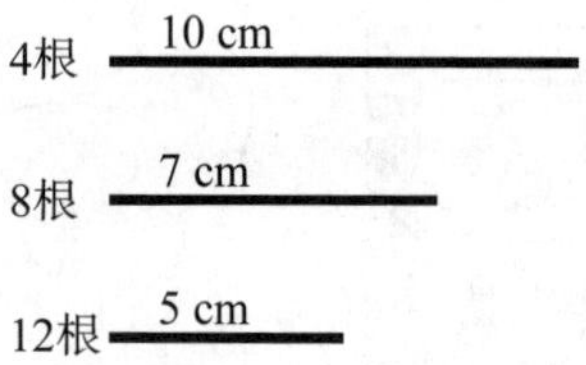

4根 ——10 cm——

8根 ——7 cm——

12根 —5 cm—

图 4-20

小组派代表展示自己的作品,并说明所搭长方体的特点。

教师演示课件,逐步汇总、归纳(表 4-2):

每种小棒取 4 根,搭出一般的长方体①,剩下 12 根小棒搭出 2 个面是正方形的长方体②;

取 12 根 5cm 小棒,搭出正方体⑥,剩下 12 根小棒搭出 2 个面是正方形的长方体③;

取 4 根 10cm 小棒和 8 根 5cm 小棒,搭出 2 个面是正方形的长方体④,剩下 12 根小棒搭出 2 个面是正方形的长方体⑤。

表 4-2

序号	长	宽	高	形体特点	
①	10	7	5	6 个面都是长方形	长方体
②	7	5	5	2 个面是正方形	
③	10	7	7		
④	10	5	5		
⑤	7	7	5		
⑥	5	5	5	6 个面都是正方形	

[评析] 精巧的设计,3 种长度、24 根小棒,正好生成 6 种长方体,从一般到特殊,使学生进一步体会棱长与面的形状之间的关系。

师:看看大家的作品汇总表,你们还有什么问题?(手指表中"形体特点"下面的两行字)

生:为什么长方体的 6 个面中有正方形的面的话,要么 2 个面是正方形,要么 6 个面全是正方形?

师:他提出了一个好问题。换种说法,为什么长方体的 6 个面,就不可能只有 1 个面、3 个面、4 个面、5 个面是正方形呢?(把问题板书在黑板上)

(三)从面出发的探究

(1)解决学生提出的问题。

生 1:因为长方体相对的两个面完全一样,所以不可能有 1 个面、3 个面、

5个面是正方形。

生2：如果长方体的4个面是正方形，那么剩下的2个面也一定是正方形。我发现学具篮里有4个相同的正方形磁性片，就拿出来搭了一下（图4-21），证明了我的想法是对的。

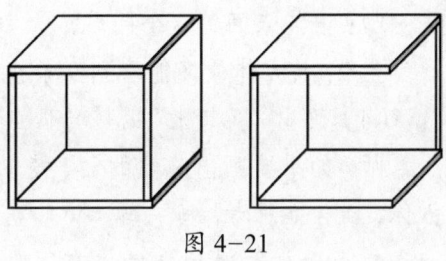

图4-21

师：很好！既会想象，又能验证。每个小组的学具篮里都有正方形磁性片，拿出来搭搭看。

……

（2）教师提出问题。

师：每个小组拿出长方体木块[1]，观察木块并回答老师提出的问题。1个长方体可以看到几个面？最多能看到几个面？为什么？

生1：正对着1个面看，只能看到1个面。

生2：正对着1条棱看，可以看到2个面。

生3：最多能看到3个面。因为相对的2个面会相互挡住，所以看得到前面就看不到后面，看得到左面就看不到右面，看得到上面就无法看到下面。

教师根据学生的回答，依次在实物投影仪上展示看到1个面、2个面和3个面的情况（图4-22）。

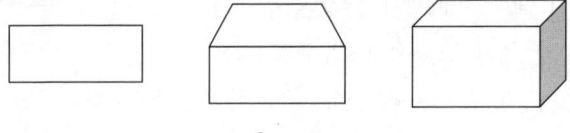

图4-22

生4：因为长方体相对的两个面形状、大小完全一样，所以其中一个会把另一个完全遮掉。

师：是的，相对的2个面只能看到1个，所以最多看到3个面。

（3）再次由学生提出问题。

师：观察了面，接下去，谁来接着提问？

生1：长方体最多能看到几条棱、几个顶点？

---

[1] 木块的长、宽、高都大于两眼间距，否则有可能同时看到相对的两个面（如眼睛正视手机的侧面）。

师：谁能来回答这个问题？

生2：长方体最多能看到9条棱、7个顶点。

（4）画出"躲起来"的棱与顶点。

师：如果要画出隐藏的面、棱、顶点，该怎么画？昨天的预习单上有个长方体，请独立思考，画一画。

教师巡视并对独立操作有困难的学生给予指导。（利用平移的方法补全棱，它们的交点就是看不到的那个顶点）

全班交流。（略）

师：大家利用平移的方法补全了看不到的3条棱，"躲"在后面的1个顶点和3个面也都跟着出来了。

[评析]非常独特的设计，由长方体最多能看到几个面，引出长方体透视图，让学生通过画出"躲起来的3条棱"，主动联系平移知识，进一步理解相对的棱互相平行。

（四）探究表面涂色问题

（1）给出问题情境。

师：用27个小正方体搭成1个大正方体（图4-23），给这个大正方体的6个面涂上颜色，像你们经常玩的——（魔方）你们能提出哪些问题？

生1：3面涂色的小正方体有几个？

生2：2面、1面涂色的小正方体有几个？

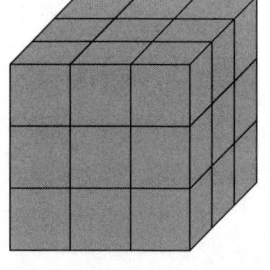

图4-23

生3：没有涂色的小正方体有几个？

师：很好，提出了4个问题。请独立思考，写下答案，只要写4个数，再列式验证答案。想一想，为什么是这样？

生1：3面涂色的小正方体有8个，在大正方体的顶点那里，因为顶点处的小正方体有3个面露在外面。

生2：2面涂色的小正方体有12个，在大正方体的12条棱上，因为每条棱都在2个面相交的地方。

生3：1面涂色的小正方体有6个，在大正方体6个面的中间。

生4：没有涂色的小正方体只有1个，在大正方体的最中心。

生5：我的验算算式是8+12+6+1=27，不多不少。

师：是的，3面、2面、1面涂色的小正方体个数，正好对应大正方体顶点、棱、面的个数。

［评析］这是一道非常经典的涂色问题。教师的改进在于提出验算要求，进一步发挥了该问题促进概念理解的作用。

（2）启发学生提出问题，拓展探究。

师：你们还能提出类似的涂色问题吗？

生：前面的大正方体就是我玩的三阶魔方，那么在二阶魔方（由8个小正方体组成）表面，3面涂色的小正方体又有几个呢？

师：独立思考，有困难的可以拿出8个小正方体摆一摆。

生：不用摆，8个小正方体都是3面涂色。2面涂色、1面涂色、没有涂色的小正方体都没有了。

［评析］魔方是学生感兴趣的数学游戏，魔方中也蕴含着与本课相关的内容。三阶魔方、二阶魔方包含着许多涂色问题，有利于发展学生的空间想象能力，启迪学生发现问题、提出问题。

师：如果用12个小正方体拼搭成长方体，你们又有哪些新的发现？能够提出哪些新的涂色问题？先小组合作拼搭，再交流。

（3）全班交流。

生1：我们小组长摆3个小正方体、宽摆2个小正方体、高摆2个小正方体（图4-24），没有涂色、1面涂色、2面涂色、3面涂色的小正方体各有几个？

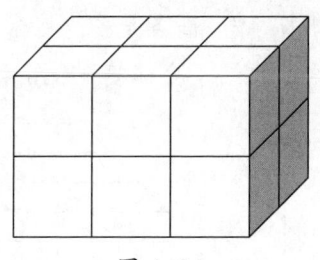

图4-24

生2：8个3面涂色，4个2面涂色，没有1面、0面涂色的。

生3：我们小组摆的长方体是6×2×1（图4-25），没有涂色、1面涂色、2面涂色、3面涂色的小正方体各有几个？

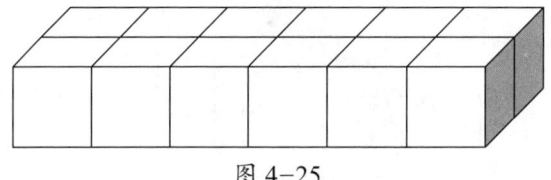

图4-25

生4：不对，没有1面涂色、2面涂色的小正方体，只有4面涂色、3面涂色的小正方体。

师：那么，问题应该怎么说呢？

生：涂色的面有哪几种情况？

师：这个问题提得好。还有其他拼法吗？

生1：12个小正方体摆成一行（图4-26），涂色的面有哪几种情况？

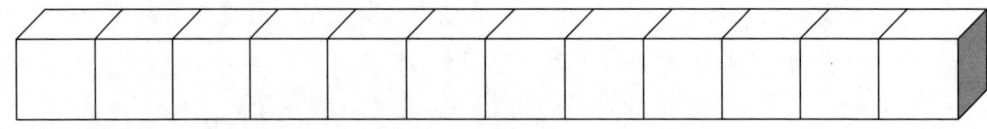

图4-26

生2：2个5面涂色，10个4面涂色。

[评析]这是一个非常开放的问题情境，引导学生发现并提出了一系列的涂色问题，教学效果十分明显。

师：我们知道了涂色的面可能有5面、4面……一直到0面。为什么没有6面涂色呢？

生：6面涂色就只能是一个小正方体，不能拼搭。

（五）全课总结（略）

（六）布置回家作业

用若干个棱长1厘米的小正方体拼搭成长方体，要求只有4个2面涂色的小正方体，这样的长方体长、宽、高各是多少厘米？

学生课后通过拼搭操作，找到了全部答案（图4-27）。

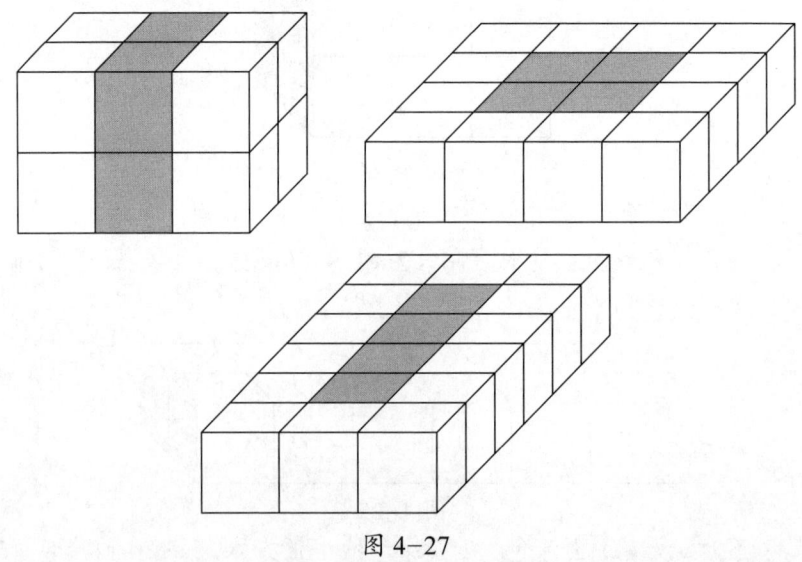

图4-27

[评析]学生预习之后的课该怎样上？这是教学实践中很多教师正在探索

的问题。特别是遇到那些学生看书自学就能学会、弄懂的内容，课堂上若不再"炒冷饭"，那么除了交流、归纳、练习，还能做什么？本课提供了一个精巧设计、有效实施深度学习的范例。

本课还有不少创意，比较突出的有以下几点：

（1）由棱、面引出的操作、画图等一系列探究活动，有效发展了学生的空间观念。

（2）将涂色问题与魔方联系起来，有效引发了学生自己提出问题，使培养"四能"的要求较好地得到了落实。

（3）突破了涂色问题的思维定势，让学生通过操作，发现还有5面涂色、4面涂色的可能，进一步提升了学生的几何直观能力。

显然，将教材用出创意，绝不是为创新而创新，而是为了促进学生理解、探究的深化，为了发展学生的数学核心素养。

5. 用出特色

"用活"教材的标志之三，不妨称之为用出特色，即具有不同于其他教学设计与实施的风格或表现。创意也是特色，特色不一定"打破常规"，却具有新颖性，以及某些地域色彩。

课例 4-3　千米的应用：选择不同路线（图4-28）。

这是沪教版教材三年级第一学期的内容，安排在"千米的认识"中，旨在启发学生综合应用所学知识解决生活中的实际问题。

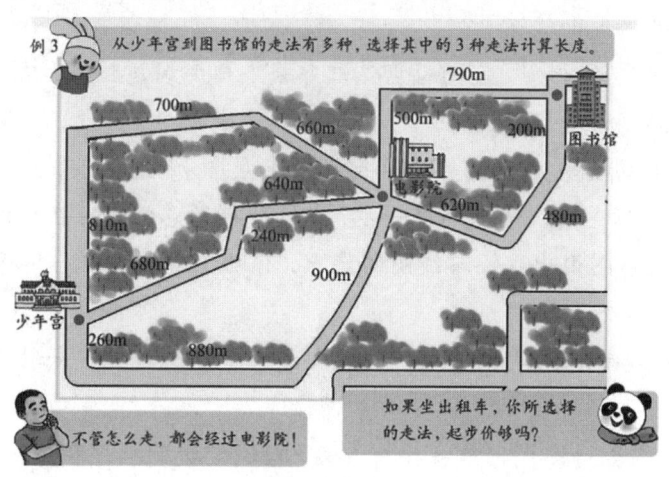

图 4-28

（一）创设情境

课件显示例题并伴画外音：我每周六都要从家到少年宫指导儿童乐队，这是路线图（图4-29）。从家到少年宫一共有多少条路线？哪条路线最近？如果坐出租车，哪几条路线起步价就够了？

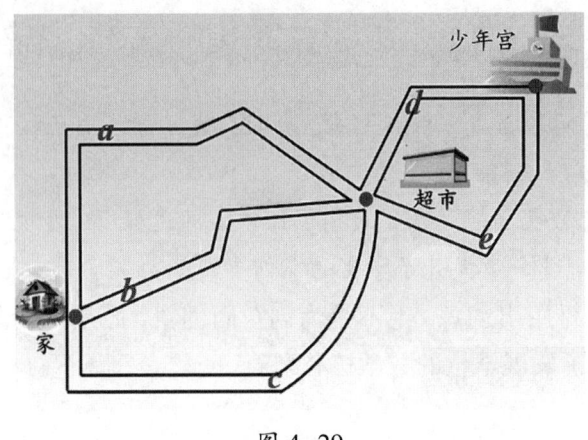

图4-29

[评析]教师对课本的情境作了加工（一是坐出租车的是成年人；二是每周都要去少年宫，为全面考虑每条路线提供理由），使之更贴近生活实际。

（二）解决问题

（1）审题、同桌互说。

师：乐队指导提出了哪几个问题？这个路线图你们看得懂吗？它有什么特点？家到少年宫的距离是多少？

生1：乐队指导提出了三个问题。一共几条路线？哪条最近？哪几条路线坐出租车只要起步价就够了？

生2：这个图看得懂，它的特点是每条路线都要经过超市。

生3：最后一个问题不能回答，因为不知道米数。

师：是的，那就先解决前两个问题。同桌互说，再全班交流。

[评析]审题是解决问题的第一步，本题理解题意的重点在于读图。因此，教师先让学生看图说出这幅路线图的特点，有助于学生找出一共有几条路线。

（2）思考、交流。

生1：一共有6条路线，从a到d，从b到d，从c到d……其中，从b到d最近。

生2：我们数后发现也是一共有6条，但我们数的顺序和他不一样。我们是从a到d，从a到e……

师：很好，都是有序思考。你们都认为从 b 到 d 最近，为什么呢？

生1：因为从家到超市，中间那条 b 是斜穿过去的，没有绕路，所以最近。d、e 两条路，d 弯得不厉害，所以从 b 到 d 最近。

生2：因为 a、b、c 三条路线中 b 最短，d、e 两条路线中 d 更短，所以从 b 到 d 最近。

师：大家都同意吗？（同意）同学们都能通过观察作出判断，而且还能说出道理，即"最短加最短，和肯定最短"。到底对不对呢？请看。（课件出示图4-30）

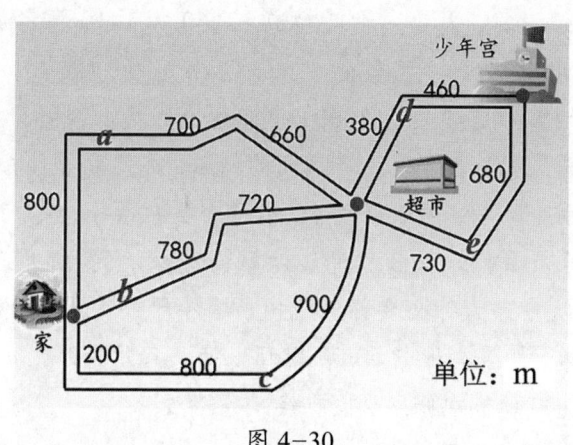

图 4-30

［评析］先不出示数据，目的是让学生通过观察，从直观上识别可能的最短路线。多数教师教学这一内容时，不敢放手让学生估测，理由是既然能一眼"看"出最短路线，就失去了再去计算的必要。但事实上，估测寻找最短路线恰恰是日常生活中看地图时常用的方法。并且，教师还调整了部分数据，以降低计算难度。

（3）小组合作完成计算。

师：如果要求同桌合作，计算从 b 到 d 这条路线的距离，你们打算怎样合作？

生：我们会分工，我算 b，他算 d，然后加起来。

师：对，分工合作，才能更快完成。现在6条路线都要算，四人小组怎么分工，请你们自己商量。起步价的规定还记得吗？（记得，3千米）

……

［评析］小学数学课的合作学习，大多限于相互倾听的讨论与交流，很少有真正意义上的合作机会。教师通过改变例题中的问题，创造了突破合作学

习瓶颈的机会。同时，通过自然、巧妙的举例，启发学生合理分工，减少重复计算，共同完成任务。

（4）交流结果与方法，回答第三个问题。

生：我们发现，只需付起步价的路线有4条。从 a 到 d 正好3000米，从 b 到 d 最近2340米，从 c 到 d 是2740米，从 b 到 e 是2910米。

师：还有2条，哪些小组算出结果了？

生：我们小组算出从 a 到 e 是3570米，从 c 到 e 是3310米。

师：有没有小组没算这两条路线？为什么？

生：我们小组没算，因为一看就知道，2160加1410肯定超过3000，1900加1410也比3000大。

师：是啊，估算知道和大于3000，也能解决问题。很好！打开课本，翻到第50页，比较一下课本上的例3与我们的例题，你发现了什么？

生1：路线图差不多，但地点改了，有几个数也改了。

生2：课本只要我们选择3种走法计算长度，我们把所有路线都算了。

师：知道乐队指导为什么要你们找出所有小于或等于3000米的路线吗？

生1：我知道，如果有地方堵车，就可以换一条路线。

生2：也可能有地方在修路，也要换一条路线。

师：你们的生活经验真丰富。

[评析]可见，教师修改例题情境的意图，旨在调动学生的生活经验来理解问题的实际意义，解释计算所有路线、"彻底解决问题"的必要性，也使例题的情节更加贴近现实生活。

（5）交流小组合作情况，颁发"最佳合作奖"。

师：说说看你们小组是怎样分工合作的。

生：我们小组 a、b、c、d 一人算一段，我算得快，再算 e。算好后，一起看哪两段相加超过3000，就不用算了，剩下的再每人算一条路线。

师：真好！给你们小组颁发"最佳合作奖"。

[评析]这位组长的统筹、组织能力令人刮目相看，这在三年级学生中实属凤毛麟角。学生的出色表现，与教师平时的培养是分不开的。至此，教师对例题所作加工的种种意图，基本上都得到了落实。

（三）应用经验，解决新问题

师：解决出租车问题的收获，能不能用到其他生活情境中呢？我们一起来看一看。

课件出示：钢皮尺 5.60 元　　塑料尺 5.00 元　　木质尺 5.20 元
　　　　　塑料笔 6.10 元　　木质笔 6.00 元　　橡皮头铅笔 6.40 元

① 买一套（一把尺和一支笔为一套），一共有几种不同的买法？
② 买一套，最少要几元？
③ 买一套，最多要几元？

……

［评析］由"出租车问题"引申到"购物问题"，促使学生将解决问题的经验与感悟应用于新的问题情境中，进一步解决日常生活中经常遇到的其他实际问题。

由于在学习本课之前，学生已有两种物品（如上衣与裤子）搭配的枚举经验，所以回答选购组合总数问题并无障碍。

师：刚才是找一条最短的路线，现在是找一种最便宜、最贵的购买方案，它们的道理是相似的。要使总价最便宜、最贵，分别可以怎么买？

生1：最便宜的尺加上最便宜的笔，总价最便宜。

生2：最贵的尺加上最贵的笔，总价最贵。

（四）小结（略）

［评析］本课教学的基本定位在于问题解决。整节课的实施，让学生经历了"审题→分析（猜想）→解答→检验→拓展"这样一个比较完整的过程。

例题给出的道路图实际上是一个网络图。网络图是动态规划研究的对象之一。如图 4-31，就是一个比较典型的网络图[1]。

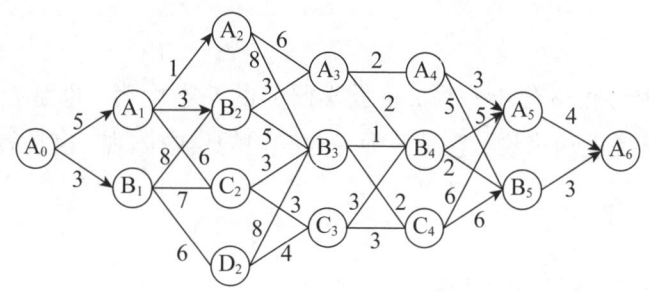

图 4-31

从 A_0 到 A_6 一共有 $2\times3\times2\times2\times2\times1=48$ 条不同路线，逐一穷举、计算

---

[1] 动态规划模型［EB/OL］.http://wenku.baidu.com/view/c78c178ccc22bcd126ff0c6c.html，2021-03-27.

相当烦琐,所以通常采用从后往前、逐步递推的方法求出最短路线。

将例题的道路图与上面的网络图作比较,显然前者更为简单、更为特殊。说"简单",是因为它只有前后两段道路;说"特殊",是由于前一段道路都要经过"超市",即中间只有一个节点。

因此,寻找出租车路线的最优解,无须从终点出发进行逆推,可以顺推,依次找出两段的最短路程,再相加,就是全程的最短路程。

这在一定程度上渗透了"最优化原理"的基本思想:一个最优化策略的子策略总是最优的。在这节课上,学生自发地想到了"各路段最短路程之和等于最短的总路程"以及"各商品最低价之和等于最低的总价"等,可以说是最优化原理在新情境下的表述变式。

这是一个富有生活特色的教学课例。教师充分利用课本例题留出的空间,基于学生的生活实际,挖掘素材所蕴含的数学内涵,并对例题作出的二次加工,使学生获得更多的感悟。

总之,"用活"教材的前提是用,用到实处。在此基础上,收集教学效果正反两方面的证据,不断反思、改进、用出创意、用出特色。

第二节 研究学生,把握学情

学情分析与教材分析一样,是教学研究的基本内容,也是教师的日常工作。从专业发展视角来说,它是教师专业知识的集中体现,也是教师重要的专业基本功。

一、学情分析的概念

"学情"概念出现于 20 世纪 80 年代初,最初认为学情分析就是对学生学习情况的分析。目前的基本共识是:为了有效教学,对影响学生学习的各因素进行诊断、评估与分析。

我们所说的学情分析,在教学设计领域通常称为教学对象分析,也有称学生分析的。从字面上看，教学对象既可指学生，也可指学习内容；学生分析可指分析学生的学习状况，也可指分析学生的身心状况、家庭状况等与学生相关的一切。相比之下，学情分析的指向更为明确。

然而，一旦深入实践就能发觉，作为学科教学的基本环节，脱离教学内容的学情分析只是泛泛而谈，作用并不大。而针对具体教学内容的学生学习情况分析，才能成为教学设计与实施的有效依据。同样，基于证据的教学改进，也必然要以学生学习某一内容的情况为证据。即便是师范院校的实习生，读懂教材后也会在不经意间冒出这样一个问题——"这个内容难教吗"。这个"难"既指内容，也指学生。如此看来，教学对象分析包括学生与学习内容两方面是有道理的。

强调学情分析必须针对内容，并非意在更换名词，而是指出目前不少相关理论研究的一个盲点。

进而，关于单元、课时的教学设计，可以将教材、学情单独分析，也可以将两者结合，统称为"教学前端分析"。本书第三章中的课例 3-1 与课例 3-2，已经给出了两个较为典型的样例。

二、学情分析的意义

说到学情分析的意义，引用频率最高的，恐怕首推美国认知教育心理学家奥苏伯尔（David P. Ausubel）写在《教育心理学：认知观点》扉页上的一段话"如果我不得不将教育心理学还原为一条原理的话，我将会说，影响学习的最重要的因素是学生已经知道了什么，并在此基础上进行教学"。

我国古人云"圣人施教，各因其材""以其所知，喻其不知"。陶行知先生也曾指出：教什么和怎么教，都包含"人"的问题，人不同，则教的东西、教的方法、教的分量、教的次序都跟着不同了。

这些名言，都不会过时。下面，结合当下小学数学教学实际，予以具体阐述。

1. 教学论的视角

"以学定教""为学而教"这些大家耳熟能详的教学基本理念，其实都是"教"的本意。因为"学"可以离开"教"单独存在，没有教师还可以自学，没有学校还有社会这所"学校";而"教"必定以"学"为前提,没有"学","教"也就不复存在。只是因为这么多年来我们忘了教的本意,而执着于教的表现力,忽视了学生实实在在的收获,所以需要这样的口号来纠偏。

加涅(Gagné)等人认为:"教学可以被看成是一系列精心安排的外部事件,这些经过设计的外部事件是为了支持内部的学习过程。"我们目前的教学设计是不是都在有效地支持内部的学习过程呢?

■ **案例**4-13 三角形的辨析。

如图4-32,下面哪些图形是三角形?

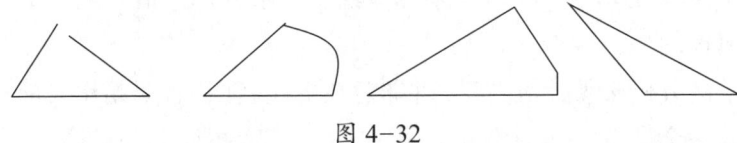

图4-32

这是教学"三角形的认识"时,各地教师都会设计的一种判断练习。对于前三个图形,真的会有学生出现误判吗?据幼儿园教师说,大班的孩子也都能正确指认三角形。像这样的教学设计,那就变"支持"为"干扰"了。

教学三角形时,习惯上总是特别强调三条线段是"围成"而不是"组成",而且还将"三条线段组成的图形一定是三角形"作为每一届学生必答的"判断题",答案必须是"×"。殊不知,"组成"可能不封闭,"围成"可能有多余(图4-33),它们实乃"五十步笑百步",都是不严谨的[1]。若要严谨,除了说明"首尾相接",还得强调三条线段不共线。否则,即便保证了两边之和不会小于第三边,还是没排除两边之和等于第三边的情况。如此严格有必要吗?既然幼儿园的小朋友都能正确地分辨什么是三角形,大可不必再去计较这里的"一字之差"。

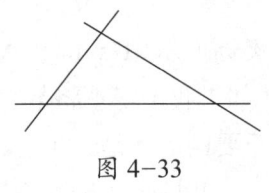

图4-33

学习的"外部支持",既要考虑它的充分性,又必须重视它的必要性。

2. 基于教学设计的视角

(1)学情分析是教材分析的重要前提。

由于教材的编写都会同时兼顾儿童与数学,是立足儿童与彰显数学相结

---

[1] 曹培英.警惕数学教学中的形式主义[J].小学数学教师,2003(4):1-13+4.

合的产物,因此离开了学情分析,就难以真正吃透教材。

案例 4-14 小数的大小比较。

如图 4-34,从例题内容看,创设了四个小朋友跳远比赛的情境,要求学生根据他们的成绩排出名次[1]。

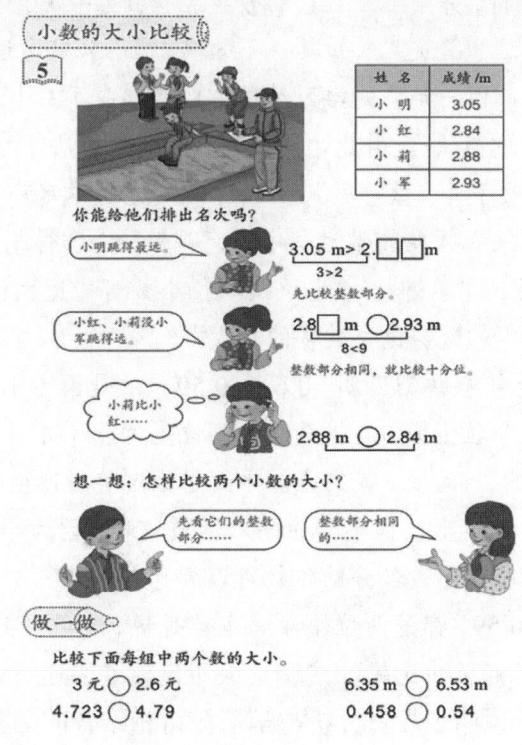

图 4-34

为了说明问题,我们先来分析例题。

精心选择的数据,精心设计的过程,引导学生得出比较小数大小的完整方法:先比较整数部分,如果相同,再比较小数部分,从十分位开始,依次比较。

联系整数大小的比较顺序,还能发现整数部分、小数部分比较大小的共同点,即都是从高位到低位,依次比较。有的教师根据以往教学经验,还能充分利用教材设计的"成绩表"教授多个数按大小排序的操作方法:纵向排列,数位对齐,高位比起。

---

[1] 人民教育出版社 课程教材研究所,小学教学课程教材研究开发中心.义务教育教科书·数学(四年级下册)[M].北京:人民教育出版社,2014:41.

③.05——整数部分最大,第一

2.84

2.8⑧——百分位最大,第三

2.⑨3——十分位最大,第二

如此深入的分析,并用上了自己的教学经验,就可以了吗?

本例挖掘再深,也还是"只知其一不知其二"。只有通过针对内容的学情分析,了解学生在前面三年多的学习过程中已经形成了一个思维定势"先比较数位多少,数位多的数大",由此才能发现,例题只解决了小数大小比较的顺序与方法问题,还要利用"做一做",帮助学生突破思维定势。

再进一步,如果教师在教学过程中注意观察,或舍得花时间让学生质疑,还可能发现更隐蔽的"学情":学生承认一位小数可能比两位小数大,但仍有疑惑"为什么位数少的数会比位数多的数大"。

甚至即便学生能够举例说明"0.6 比 0.59 大,是因为 1 个 0.1 等于 10 个 0.01,所以哪怕百分位上是 9,也不如十分位上的 1 个 1 大",却依旧无法释怀,总觉得"怪怪的"。可见,我们不能小觑思维定势所产生的影响。

对此,不妨启发学生根据小数的基本性质说理:因为小数的末尾添上 0,小数的大小不变,所以小数部分的位数可以看作"一样多"。例如,0.6 与 0.59 可以看作 0.60 与 0.59,都是两位小数。也就是说,小数部分与整数部分都是"位数相同,从高位起依次比较",它们的大小比较方法是一致的。

这一案例充分说明了教材分析与学情分析相结合的必要性,同时也提醒我们,针对内容的学情分析能帮助我们发现需要学生深入理解的"点位",启发学生深度学习。

(2)学情分析是确定教学目标的基础。

确定适切的教学目标也需要以学情分析为基础,其理论依据与必要性不言而喻。"十个指头不一般齐",谁都希望既有统一要求,又能因材施教。如何实现这一美好的愿望呢?

■ **案例** 4-15 解决问题。

图 4-35

如图 4-35，这是人教版《数学》一年级上册"11~20 各数的认识"单元的一道例题。对于教师，本题具有突破"解题方法"传统认知的启迪功能，"扳手指头数数"也是一种数学解题方法；对于学生，本题的教学目标，除了教参所指出的，还具有诱导他们从问题入手思考，根据问题理解条件的"分析法"启蒙功能[1]；对于因材施教，本题具有可观的变化空间与拓展空间。

教材的练习（图 4-36）中，已出现了一种变化：

他今天读了几页？

图 4-36

有教师除了给出例 6 的补充问题"小丽前面有几人？小宇前面有几人？"，还增加了以下多种变化：

① 星期三早晨，小宇想：再过几天是星期六？

② 超市排队付钱，小红妈妈排在第 10，在她后面有 4 人才轮到小明妈妈，小明妈妈排在第几？

③ 电影院第 5 排 10 号到 15 号之间是最佳座位，第 5 排有几个最佳座位？第 8 排从 10 号起到 15 号都是最佳座位，第 8 排有几个最佳座位？

执教教师指出，还可以有其他拓展。但以上三题是否合适，就已引起观摩教师的争议。毕竟是刚过"幼小过渡期"的学生，是否适合呈现这些变式？若是，则是在本课练习中出现，还是到单元复习时或之后再找机会出现？届时又有多少学生能够"跳一跳"？并且，如何防止因变式过多而导致潜在的负面效应？这些教学取舍，都取决于教师对本班学情的评估。教师的主观愿望"培养学生的审题习惯"应该给予肯定，但若超出学生的文字理解水平与接受能力，则欲速而不达。

显然，从学情分析做起，教学目标的确定才能做到统一要求与因材施教相结合，才能把握分寸，恰如其分地施行有效的个性化深度学习。

（3）学情分析是设计教学过程的依据。

课堂教学过程的设计，无论是选择活动的方式，还是考虑关键的提问，都

---

[1] 曹培英，张晓芸. 跨越断层，走出误区：小学数学问题解决教学研究[M]. 上海：上海教育出版社，2021：60.

需要以学情为决策依据。

▍**案例** 4-16　有余数的除法。

这是人教版《数学》二年级下册"有余数的除法"单元中的两道例题（图 4-37）。

图 4-37

例 1 有两个问题。受教材页面所限，排版非常紧凑，若让学生看书自学，则他们很难一下作出区分。因此，不如教师组织学生先后操作两次，从"正好分完"到"还有剩余"，形成鲜明对比。

例 2 包括一连串的五个问题。若继续采用例 1 的方式，则活动节奏拖沓，学生的操作情绪不佳，影响对比效果。

鉴此，有教师调整例 1 的巩固练习，安排用小棒摆三角形、正方形的活动作为铺垫。教学例 2 时，直截了当地抛出关键问题：老师手上有很多小棒，不知道有多少根，用这些小棒摆三角形，最后可能剩下几根？

学生先是一愣，很快有人举手了，慢慢地举手的人越来越多。

生 1：我一下就猜到了，可能剩下 1 根，也可能剩下 2 根。

生 2：我有补充，还可能正好分完。

师：是吗？为什么只有正好分完、剩 1 根、剩 2 根 3 种情况呢？

生：因为还剩下 4 根的话，就还可以再摆 1 个三角形。

接着，教师组织同桌互说"用这些小棒摆正方形，最后可能剩下几根？为什么"，并翻开课本确认说对了没有。而后，全班交流为什么只有 4 种情况。

于是，就有半节多课的时间用来进行由浅入深的巩固、拓展练习。

这是根据学情，合理选用适宜的活动方式、大胆设计挑战性问题的精彩范例。它的明显实效，使教师从中尝到了甜头，从而能更加自觉、主动地做好学情分析。

三、学情分析的现状与反思

1. 实践层面

相关的理论研究指出，当下的学情分析存在经验主义、形式主义、拿来主义、教条主义。凡是不尽如人意的教学现象，几乎都能套用这几个"主义"。

深入基层的大量调研表明，目前较为普遍的真实状况，经梳理可归为以下三种主要情况。

第一种，实际上的教材分析替代名义上的学情分析。

亦即用学生已知、未知的"应然"替代"实然"。比如，最常见的学情分析语段：这个内容是在学生学了……的基础上进行学习的，学好这个内容可以为后面的学习发挥……作用。这是照抄教参关于教学内容承前启后的分析。在教学本单元、本课之前，学生已经学了哪些相关内容？学得如何？掌握到什么程度？是否与后续内容产生了混淆？这些真实的学习状况，才是学情分析。

第二种，经验判断替代调查研究。

也就是用一般的通识或过去的知晓替代个别了解。有经验的教师一般都知道教学某一内容的难点是什么，学生可能会出现怎样的困惑和问题。但是，本届学生、本班学生的学情是否就跟往年一样呢？是否会有特殊性呢？经验判断无法完全替代真实调研。

第三种，现象描述替代原因分析。

学情分析写得相当详细的是学生的反映、表现或个案，很少有成因的解剖与归因分析。更空泛的是，用抄录理论语录替代分析。从学生的年龄特征到认知规律，从兴趣到方法，引经据典，头头是道，可就是没有针对性，置于任何一课教学中都没错。

指出这些真实的现实状况，并不是否认教材分析、经验判断、现象描述、理论根据对于学情分析的作用。应该说，教学内容承前启后的结构分析可以为学情分析提供必要的线索，以往的教学经验积累也确实为学情分析起着重要作用。

无可否认，缺乏"实然""调研"与"归因"的学情分析，很难真正做到"以学定教"，只能凭借"想当然"作出教学决策。那么，先学后教，有的放矢地在学生自己难以弄明白之处展开教学，也很难落实。

2. 理论层面

（1）学情分析的内容。

基于教学设计，教学前端分析的内容应该是学生的起点能力、一般特点以及学习风格。其中，起点能力包括知识、能力、态度，一般特点包括年龄特征、学习数学的共同特点等，对于这两者，教师多少还能有所把握。然而，教师对学生学习风格（又叫认知倾向）的分析与把握就很难说了。

心理学关于学习风格研究所作出的一般化区分主要有场独立型与场依存型、沉思型与冲动型等。基于实证并针对数学而对学习风格作出区分的，除了本书第一章中评述的苏联心理学家克鲁切茨基概括的三种数学气质类型（分析型、几何型、调和型），迄今鲜见更确切的研究成果。简言之：几何型，擅长画图，喜欢数形结合；代数型，偏爱推理，不喜图示；调和型，两种倾向兼而有之。

基于长期实践观察我们发现，无论是一般的还是数学的，小学生很少表现出典型的学习风格，且同一学生身处不同场景、面对不同内容的问题时，会表现出不同的学习风格。这些现象表明小学生的数学学习风格正处在逐步且缓慢的形成阶段，表现出"不稳定"的特征。

因此，这一框架与教师的实际使用之间还有明显差距。再者，对学生一般特点与学习风格的分析、了解，主要依靠教师平时的积累，课前侧重解决起点问题。

另一种侧重于起点的分析框架，主要内容包括学习基础、动机态度、方法习惯等。其中，学习基础包括已有的知识、技能，以及教师较难刻画的现有认知水平。这一框架的主要"变式"是"二分法"，即分为智力因素与非智力因素两个方面。

审视这两种框架及其"变式"，不难发现都缺失对学生最近发展区的关注。因此，目前理论层面提供的分析框架都不太切合实际使用的需要，更难满足实施深度学习的需要。

（2）学情分析的方法。

关于学情分析的方法，有的分为"类型化研究、差异变量分析、经验研究法、问卷法、访谈法"五类[1]，明显混淆了研究类型与研究方法。也有学者采用（学习前）测试法、问卷法、谈话法，（学习中）观察法、提问法、出声思维法，（学习后）错例分析法、材料分析法、成长记录袋等方法研究学生的学习过程[2]，这九种方法连同实验法，都是各领域通用的一般方法，自然适用于学情分析，但都不是教育学、更不是小学数学学情分析的专有方法。

这些通用的方法，从教学中的实际使用情况来看，除成长记录袋与实验法之处，其他均可归为两类，一类可称为"察言观色"（如谈话法、观察法、提问法、出声思维法），另一类可称为"批改记录"（如测试法、问卷法、错例分析法、材料分析法）。

可见，在学情分析的内容与方法两方面，现有理论对于小学数学学科实际操作的指导力相当有限，需要我们通过实践研究予以突破。

（3）学情分析的时段。

有学者通过文献检索与统计发现，当下关于学情分析的经验介绍都局限于课前，很少看到针对课中、课后的学情分析。

笔者通过文献研究，得到如图 4-38 所示的结果（忽略了个中缘由）。可见，课中的学情分析随时都在发生，它是教师课堂上审时度势、灵活应变的依据，其动态性、瞬间性决定了教师难以将其记录成文。课后的学情分析是教学反思的内容之一，笔者在检索"教学反思"相关文献时才能读到。

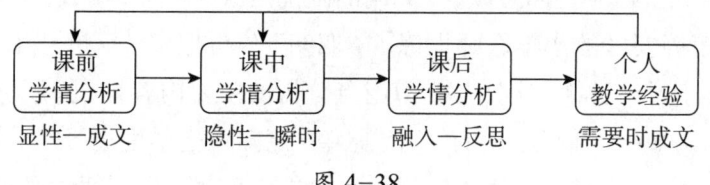

图 4-38

比较而言，历来的课堂教学都伴随大量的课中学情分析，且对包含课后学情分析的"教后记""教学反思"的关注，也比将课前学情分析作为教案的固定栏目要早。

---

[1] 陈瑶.学情分析研究综述[J].当代教育理论与实践，2014，6（06）：21-23.

[2] 张春莉.读懂学生数学学习过程的方法研究[J].小学教学（数学版），2011（Z1）：6-8.

鉴于课中、课后学情分析大多融汇在教师的教学经验之中,并自然成为学情分析的重要参照,因此下文主要研究课前的学情分析。

四、学情分析的改进

理论研究侧重解决思想认识问题,难免纸上谈兵。实践研究侧重解决操作问题,理当重视可复制的普适性。在这方面,袁隆平院士是我们学习的榜样。作为国际一流的科学家,袁隆平院士从不责怪老农理念陈旧、行为转变迟缓,而是锲而不舍地致力于研究可操作、可推广的水稻品种与种植技术。尽管教育不是农业,难以类比,但袁隆平院士的精神及其研究的着力点,却是值得我们学习并借鉴的。教师承担着繁重的教学任务,时常处在质量要求高和工作时间紧的矛盾中,因此迫切需要简便、高效的分析内容框架与操作方法。

1. 分析什么

自 21 世纪初以来,随着课程目标架构的演变,广大教师先后实践了多种学情分析框架,分别是"三维"框架,从知识与技能、过程与方法、情感态度价值观三个维度来分析;"四基"框架,从基础知识、基本技能、基本思想、基本活动经验四个方面进行分析;"四能"框架,即从发现问题、提出问题、分析问题、解决问题四个视角展开分析。这些对应目标分类的分析框架都比较容易上手,且有利于相应目标的拟定,共同的困扰是常常"你中有我、我中有你"。

上海市静安区的小学教师提炼了"四知"分析框架[1],指已知、未知、想知、能知。其中,已知、未知是学习起点分析的主要内容,未知还可细分为易知、难知、误知;想知指学生的好奇、愿望;能知特指学生学习的最近发展区。这一框架较好地弥补了上述理论框架的缺失,解决了为深度学习提供学情依据的问题。

■ **案例** 4-17 同分母、同分子分数比较大小。

三年级分数初步认识阶段,教学同分母、同分子分数比较大小的学情分析。

已知:初步理解了分数的含义,会读写分数,能将一个图形等分后表示其中

---

[1] 徐梦杰,曹培英. 精准针对学生差异的学情分析研究[J]. 课程·教材·教法,2016,36(06):62-67.

的一份或几份。部分学生已能比较同分母分数的大小;少部分学生已超前学习并掌握了同分子分数比较大小的规律;极个别学生能联系"一半",推出$\frac{3}{4}>\frac{3}{6}$。

未知:都说不清两类特殊分数比较大小的数学道理。

易知:同分母分数比较大小的规律与数学道理。

难知:同分子分数比较大小的规律与数学道理。例如,明明 4 < 6,为什么$\frac{3}{4}>\frac{3}{6}$。

误知:五花八门,仅摘录比较典型的。

① $\frac{1}{3}=\frac{1}{6}$,原因是$\frac{1}{3}$可表示为■□□,$\frac{1}{6}$可表示为■□□□□□。当学生选用离散的图形来表示分数时,很容易出现单位"1"不统一的问题。

② $\frac{3}{4}>\frac{3}{6}$,结论正确,但理解有误。例如,分子、分母相差越小,分数越大。

③ $1>\frac{3}{4}$,结论正确,但理解有误。例如,1 比任何分数都大,这也是分数初步认识阶段较为常见的误区,就连一些学习较好的学生也常认为"分数最大等于1"。

想知:为什么分子相同时,分母小的分数反而大?这是本课要解决的难点。分子和分母都不相同时,怎么比大小?这超出了本课的教学范围,可以告诉学生到了五年级就会学习。

能知:用多种方法说理。以$\frac{3}{4}$与$\frac{3}{6}$为例:同一个整体,$\frac{3}{4}$取得多(或剩得少),$\frac{3}{6}$取得少(或剩得多);取的份数相同时,分的份数越多,每一份就越小;因为$\frac{1}{4}>\frac{1}{6}$,所以 3 个$\frac{1}{4}$大于 3 个$\frac{1}{6}$;$\frac{3}{6}$是"一半",$\frac{3}{4}$超过"一半";等等。

基于这样的学情分析,哪些无须教,哪些需要重点关注,怎样针对学生的误解启发他们理解,有哪些深度学习点可以尝试展开,教师都能做到心中有数。

再次强调,所谓的"已知"是指已学内容的"实然",而不是"应然"。即针对已学过的内容,学生理解、掌握到了什么程度,有没有回生、遗忘,有没有受后续其他内容的影响而产生混淆,等等。

学生的"未知",也不能想当然地推论。一般而言,无论新学什么知识,学生都很少是一张白纸,尤其是对当下的学生而言,课前有很多校外渠道已使他们获得了一知半解。因此,充分了解学生错误的前概念以及他们的迷思是很有必要的。进一步,哪些"未知"是学生自己能看得懂,或能想明白的,哪些是有困难的,困难在哪里,对此也必须获得真实证据。

例如,对于10以内的加减法,受过良好学前教育的儿童多数能正确计算,但基本上是记忆反应。教师必须要清楚,哪些学生还停留在依靠数手指的计算阶段,以及依赖到什么程度,从而给予重点帮助。

同时,得数正确不等于理解。一开始,学生大多讲不清楚自己是怎么想的,但对于"5加几"的计算,学生大多能说出思考过程:一只手再加几个手指。抓住这一契机,正好启发学生联系数的组成来计算相应的加减法。

有教师通过几年的统计积累,发现10以内的加减法中,有关7的计算(如3+4,7-4等)错得较多,这就给计算练习时调整相同数据的出现频率提供了依据。

2. 怎样分析

一般来讲,对于一些重点单元、核心知识点,最好编制前测或问卷,以获得相关数据与其他质性证据,但难以普及并覆盖所有单元。

鉴此,上海市静安区的教师筛选、总结了易于推广且针对小学数学学科特点而"度身定制"的学情分析"123模式":一种主要载体——教材;两种基本方法——笔试+面谈;三个分析视角——经验、理论、实测数据。

■ 案例 4-18 "方程"的学前调研。

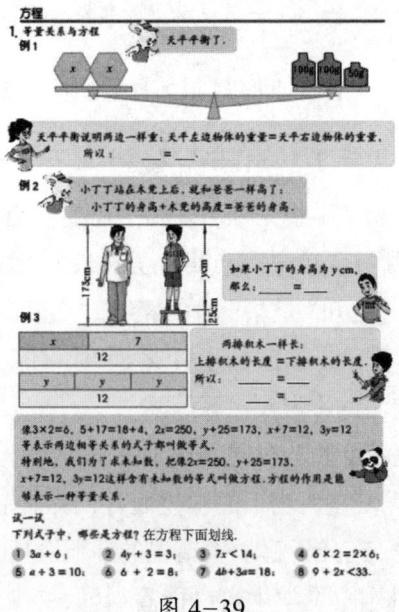

图 4-39

选择教材中关于方程概念的页面,并作出留白处理(图4-39中8处带下划线的色块),将其印制给部分学生完成,这是笔试部分。调研结果表明,大部分学生填空和划线基本全对(正确率95%~100%)。面谈部分,针对自学课本的情况,抽取几位学生进行对话。

师:你学到了什么?

生:等量关系和方程。

师:什么叫等量关系?

生:表示两边相等关系的式子叫等式。

师:你说的是等式,那什么叫等量关系呢?

生:书上没说。

师:什么是方程?

生:含有未知数的等式叫做方程。(课本原话)

师:方程有什么作用呢?

生:方程的作用是表示一种等量关系。(课本原话)

师:通过看书,你们有什么问题?

生1:含有未知数的等式叫方程,那么$a+b=b+a$是不是方程?

生2:$0\times x=5$是方程吗?

可见,大多数内容学生自己是看得懂的。他们的未知:一是等量关系,认识模糊;二是不了解引入方程的目的是"为了求未知数",表明学生并未理解方程的实质。他们的困惑:一是恒等式与方程的区别,二是对形式上的方程感到疑惑。

实践表明,"123模式"易于操作,在小学中、高年级具有较广的适应性。

3. 学情分析的基本策略

(1)细心观察。

观察是人们认识世界、获取知识的一个重要途径,也是科学研究的基本方法。各领域中的科学实验与发现,大多建立在系统、周密的观察之上。苏联心理学家巴甫洛夫(Иван Петрович Павлов)一直把"观察、观察、再观察"作为座右铭。

教学中的观察是在课堂环境下的自然观察、直接观察。教师置身于学校内、课堂中,可以成为具有明确观察意图、掌握观察方法且不改变课堂教学自然状态的最佳人选。在获取学生学习的真实信息、评价学习效果、发现学生存在的问题方面,观察是教师使用频率较高的方法之一。

观察要做到准确、全面,最好是有目的、有计划地持久进行。但在日常教学工作状态下,更为重要的是教师的观察意识和洞察能力,即善于处处留意学生的一举一动、一言一行,透过他们的外部表现洞察其内心的思维活动。

案例 4-19 课堂上学生完成练习的现场观察。

① 教学小数乘法的巩固练习,在计算 12.5×6 时,教师观察到有学生在草稿本上的演算过程是:按整数乘→划去积末尾的 0→点小数点。由此意识到,新授教学尚未指出合理的操作顺序,即"先点小数点,再划去 0"。于是利用该错例,让学生自己发现问题,小结要点。

$$\begin{array}{r} 12.5 \\ \times 6 \\ \hline 7.5 \end{array}$$

② 教学年、月、日,练习中有一题:平年 2 月 28 日的后一天是(　　)月(　　)日。

教师巡视中注意到,有一位学生一边扳手指,一边轻声喃喃自语"明天、后天、后一天",于是弯曲了三个手指,在括号里填上两个 3。

教师没吭声,直接在该生的练习纸上将"后"改为"下",学生想了想,把答案改为"3 月 1 日。而后抬头看教师,师生相视,会心一笑。讲评时因全班都对了,教师便没再说什么。

如此处置可取吗?在汉语的语境中,"后一天"的说法并没错,误解为"后天的下一天"实属较为少见。既然改正了,不在全班提出是合理的。

学生在计算"$12.5 \times 6 = 7.5$"的过程中所犯的错误,由于有记录,易使教师发现其致错原因;并且有经验的教师即使没看到学生的书写过程,也能觉察。相比之下,"平年 2 月 28 日的后一天是 3 月 3 日"的思考过程,若非目睹,就很难猜测了。

观察法也有局限性。首先,观察到的个案,不一定具有代表性。上面之所以肯定教师发现特例不作一般化处理,其方法论依据就在于此。其次,观察易受主观因素的影响,导致印象失真或判断片面。第三,观察到的现象、结果只能说明有什么、是什么,一般不能说明背后的原因。

(2)和谐交谈。

我国古代孔子、古希腊苏格拉底(Socrates)都很善于运用谈话法,可以说这是最古老的教学方法了,自然也是小学数学教学的常用方法。

谈话法又是心理咨询中获得临床诊断信息的基本方法,也是学情分析的基本方法。特别是需要了解学生的想法与思考过程时,更少不了运用谈话法。

当前，即使是最尖端的脑科学也只能揭示思维活动的生理机制，思考的具体内容与过程还得由学生自己说出来。

为了让学生敞开心扉，不加掩饰地陈述自己的所思所想，一个重要的前提就是要营造和谐宽松的氛围。否则，学生怕说错、挨批评，回答便会躲躲闪闪、吞吞吐吐，从而导致影响谈话所获信息的质与量。

■**案例** 4-20 整数笔算的错例。

在笔者记录的学生计算错例里，有这样两例（图4-40、图4-41）：

① 3000-678　　　　② 328×4

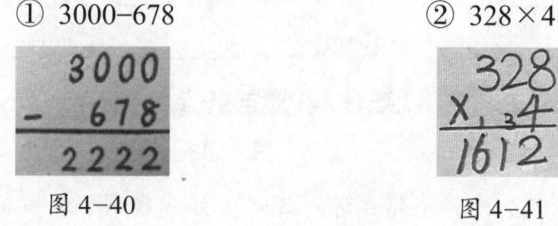

　图4-40　　　　　　　图4-41

错例①来自一位口算能力很强的学生。百位上9减6怎么会得2呢？是粗心吗？找来一问，该生还振振有词"我自己找到了规律"。原来，他上课没认真听讲，计算时抬头看了黑板上例题300-78的板书，发现竖式的标注中，个位上是10，十位上是9，就"依此类推"百位上自然就是8了：

例题板书：　　　　　　学生类推：

$$\begin{array}{r} {}^{9\,10}\\ 3\,0\,0\\ -\ \ 7\,8\\ \hline 2\,2\,2 \end{array} \qquad \begin{array}{r} {}^{8\,9\,10}\\ 3\,0\,0\,0\\ -\ \ 6\,7\,8\\ \hline 2\,2\,2\,2 \end{array}$$

错例②积的末两位正确，前两位怎么会得出"16"呢？教师百思不得其解。交谈后才了解，原来是"先加进位的数，再乘"，即（3+1）×4得16。

如此"匪夷所思"的"推理"与"算法"，不通过交谈，旁人怎能揣测。而且，这样的师生交流还必须及时，否则时过境迁，学生常常会忘了自己当时是怎么想的。如果教师不通过交谈来了解学生的真实想法，一味归咎于"粗心"或"不认真"，既没有帮助学生认识错误，又容易使学生感到委屈，留下不良的学习体验。

"观察"与"倾听"相结合，即所谓的"察言观色"。善于观察、善于倾听，是教师的必备素养，也是深入学生内心世界、吃透学生的基本方法与策略。

（3）全批全改。

批改作业是教师每天的工作内容之一，也是了解、掌握学生学习情况的主要途径。对于数学作业，所谓全批全改，主要是指既看答案又看过程，从而全面获取信息，及时跟进或作出调整，提高教学的精准针对性。

案例 4-21 作业的批改。

三年级有 225 名师生分坐 5 辆客车去秋游，前 4 辆全部坐满，第 5 辆还有 25 个空位。每辆客车最多可以坐多少人？

两位学生的作业与教师的批改如下（图 4-42、图 4-43）：

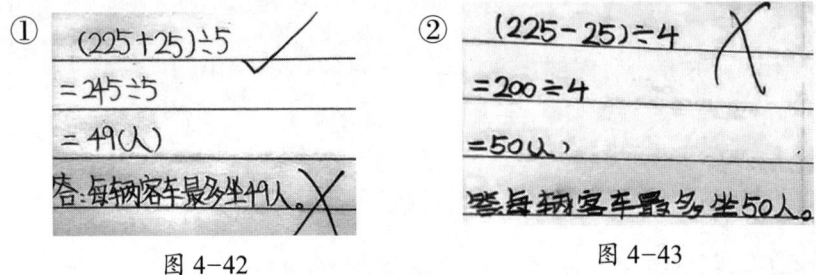

图 4-42　　　　　　　图 4-43

显然，错例①学生列式正确，计算出错；错例②学生列式错误，答案却误打误撞，碰巧对了。教师批改时，若不仔细查看，很容易漏判。

两题的批改标识，简单、明确，也反映出教师的良苦用心。例如，错例①中的"×"打在答句上，意在让学生自己检查运算过程，找到错误所在。

错例②中学生的错误引起教师反思：应当修改数据，避免出现巧合。有两种方案：方案一是只改"25"，如改为 20，让列式为"÷4"的学生在计算时能自己发现问题，重新审题；方案二是改成"共 220 人""空 20 座"，使错误解法也能得到整数商，从而加大学生出错概率。

对此，一般认为：作为平时的练习，采用方案一；用作评价的试题，采用方案二。但若转变观念：评价要尽可能让学生发挥最佳水平，那么试题作为学习的"刺激物"，损失一点区分度，换来学生自我纠错的体验，也是可取的。

两个错例充分显示了全批全改的必要性。同时，也让我们从细微处看到了教师批改时谨慎落笔的专业精神，敏锐捕捉信息的专业眼光，以及教学改进的专业思考。

此前，大部分地区先后出现了学生作业要求家长签字的现象，客观上减轻了教师的批改负担，代价则是流失了大量的学生学习反馈信息。如今，教育部明文规定"教师要对布置的学生作业全批全改，不得要求学生自批自改，强化作业批改与反馈的育人功能"，从而在制度上保证了这条"教学信息反馈"的通道不被堵塞。

（4）前后测对比。

测试法是心理学研究的主要方法，主要用于智力、成就、态度、人格等心理品质的定量分析，推测人的心理特点。

作为定量研究的工具，测试题或问卷的编制要有信度检验和效度检验。教师在日常工作中对自己所教班级的学生进行测试时，很难达到这些专业要求。因此，只要能够收集到所需的真实信息即可。

■ **案例** 4-22　奇数与偶数的前后测分析。

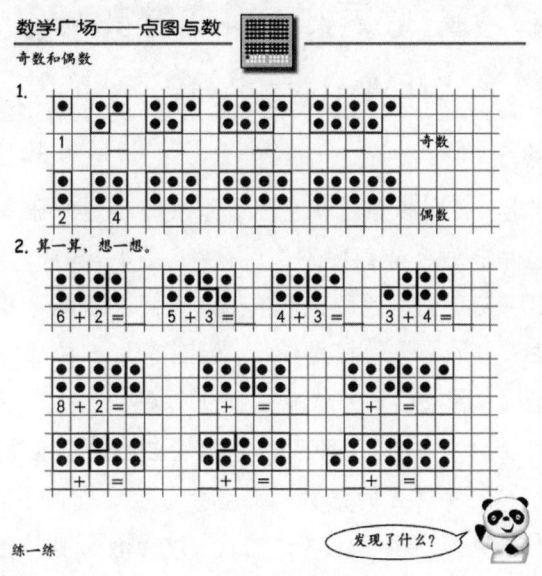

图 4-44

这是沪教版《数学》二年级第一学期的教学内容（图 4-44）。前测对象为 10 名不同水平的学生，前测内容由两部分组成。

第一部分：

① 请你写出单数和双数（各写 5 个）。

② 你的学号是（　　　），是单数□，还是双数□（在相应的□里打"√"）。

③ 举一个生活中使用单双号的例子。

前两题全对的学生第③题的举例情况：电影院的座位（7 人）、单双号限行（2 人）、宾馆房间号（1 人）。

第二部分在教材内容（图 4-40）的基础上，再加 3 个填空：偶数＋偶数＝＿＿数，奇数＋奇数＝＿＿数，奇数＋偶数＝＿＿数。正确率 92%。

既然绝大多数学生都能看懂教材中的内容，因此教师基于教参给出的教学要求，增加了一项"理解并应用和的奇偶性"，设计了相应的问题解决练习：

① 同学们去游乐园乘坐云中漫步轨道车（2 人一车，合作脚踏），2 个小队合起来乘坐一次，且 4 个小队的人数情况如图 4-45 所示。

请问：怎样安排更合理？为什么？

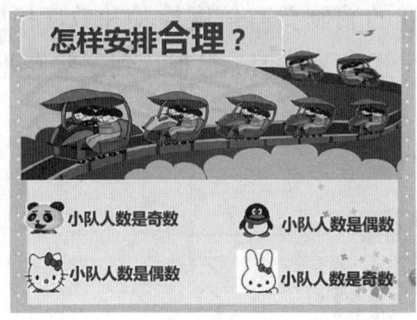

图 4-45

图 4-46

② 元旦前，同学们互相赠送贺年卡，如果每收到一张贺年卡都要回送一张，那么大家所送贺卡总数是奇数还是偶数？（图 4-46）

第一次试教，探究、说理过程比较仓促，时间浪费在学生自己用圆片表示奇偶数上，且摆法五花八门（如摆成一行、圆圈等），只有个别学生将圆片摆成两行表示偶数（理由：偶数的圆片成双成对）。本来，根据奇偶数的定义，即偶数是2的倍数，把圆片摆成两行照理说是非常自然的。但是，在学习"倍数"概念之前，教材回避了按"2的倍数"将整数分类，进而引出奇偶数的定义。因此，将奇偶数的直观图示由学生尝试完成，改为教师直接出示两类图形让学生分类（见案例2-3）。第二次换班试教，情况有所改观，但后测（图4-47）的第二部分，学生的回答仍不尽如人意。

"奇数和偶数"教学后测试题

一、填空。

1. 102 是 ____ 数，201 是 ____ 数。（填"奇"或"偶"）

2. □表示1，下面的图形表示的数是 ____ 数。（填"奇"或"偶"）

3. 小巧有三盒巧克力，第一盒15粒，第二盒18粒，第三盒17粒。把第 ____ 盒和第 ____ 盒的合起来，巧克力总数是偶数。

※4. 小胖今年的年龄是一个奇数，他明年的年龄是一个 ____ 数，他去年的年龄是一个 ____ 数。（填"奇"或"偶"）

二、口答（在前三题全对的学生中选10名，逐一进行面试）。

1. 请说明为什么奇数加偶数的和是奇数。

2. 如果一个很大的奇数和一个很大的偶数相加，和一定是奇数吗？为什么？

图 4-47

于是，将奇偶数相加的三种情况的探究分成两段。第一段，通过"有奖游戏"引出"偶数＋偶数""奇数＋奇数"两种情况，让学生经历猜想—探究—证验的过程，并追问：如果更大的两个偶数相加，还需要再举例子验证吗？为什么？

第二段，让学生自己类推游戏中没有出现的"偶数＋奇数"这种情况的结论。同时，追加问题：还需要验证吗？能说理吗？（见案例2-3）

再次后测，第二部分10名学生的回答：2人用个位相加说明；8人用图形（几何模型）说明，如：偶数再大也能摆成两排的长方形，奇数不管多大都是摆成两排的长方形多一块，两者拼起来，还是长方形多一块。两种回答都具有一般性。

像上述案例那样基于前测设计教学、基于后测改进设计，形成了基于证据的教学改进过程，俗称"磨课"。从教学研究的角度来看，它既是课例（案例）研究，又是行动研究，实际上也是教师的循证实践（研究）。所谓循证实践，源于医学的临床治疗，有所不同的是临床医生有一系列的治疗方案和标准可依据，而教师的循证实践，怎样获得证据、怎样基于证据改进实践，全凭经验。

有时，通过前后测试与深入分析，还能生成一些意料之外的发现。

■**案例 4-23**　"几个与第几个"的前后测分析。

一年级教学"几个与第几个"时，很多教师发现学生错误率较高，且错误具有"顽固性"。有些学生经过作业面批，订正了，没过多久又错了。这是什么原因呢？

前测一：教师左右手各拿5支铅笔，然后分别将手伸给学生，请学生从一只手拿走3支，从另一只手拿走第3支（教师口述要求）。实验结果表明，学生通过率为100%。之所以教师伸手让学生拿，是为了排除学生因左右不分而可能导致的错误。

前测二：出示生活情境（图4-48）。提问：小胖排在第几个？小胖前面有几个小朋友？后面有几个小朋友？通过率又是100%。

以上两个测试表明，学生完全能够正确区分生活情境中"几个和第几个"的不同含义。虽然他们不一定能清晰地表达出两者的区别，但能借助生活经验正确回答有关问题。

后测：看图回答。

图4-48

△△□△○△△△○△●□△△■○△□△

① 从左数起，●是第（　　）个，从右数起，第5个图形是（　　）。

② ●的左边有（　　）个△，■的右边有（　　）个图形。

③ 上面一共有（　　）个图形。

全对的学生不到60%。那些看着实物和实物图能说出正确答案的学生，面对由文字叙述的题目时，纷纷陷入了困惑与茫然。原因何在？找来5空全错与错4个的学生，由教师读题并边读边标注箭头（从左数记为→，从右数记为←），学生重新作答，总体正确率接近90%。

原来，问题出在审题上：学生中有的左右不分，有的识字不全，有的虽能全部识字但不能连贯读题。可见，对于同一句指导语，小学生的听觉对语言指令的反应，要比视觉更为灵敏、正确，即听觉理解优于视觉理解。

对此，教师采取的教学对策是：加强读题训练与控制文字指导语的长度并举。然而，即时的效果并不理想。由此想到，数学教师与其充当语文教师训练学生阅读，不如耐心等待语文学科识字与阅读教学成效的显现，避免单科独进。

"几个"与"第几个"的区分，一直被认为是小学数学难教、难学的知识点之一，理由是概念本身比较抽象，容易混淆。既然是公认的难点，自然只能从头教起，并且加大练习分量。

由于两项前测都较好地排除了无关因子（左右不分、阅读能力欠缺）的干扰，使得测试结果令人信服地颠覆了长期以来的教学认知，从而得出了新的结论：

其一，"几个"与"第几个"不用教，学龄期儿童不论是否受过学前教育，都能在现实情境中予以正确区分。

其二，解答相关试题时一再出现错误的主要原因在于阅读障碍，而不是"概念混淆"。进而自然得出使难点消弭于无形的"最佳对策"：不妨让语文先行，耐心等待语文教学为学生奠定了必要的阅读基础后，再进行数学概念教学。这不正好顺应了"让孩子慢慢长大"的教育理念。

深入分析教师的"认知偏差"，主要原因有：

一是将"几个""第几个"与自然数理论中的"基数""序数"概念联系起来，想当然地认为小学生必定难以区分。为什么会出现这样的误会？因为长期以来，教学前端分析仅限于教材分析，我们习惯了基于前后教学内容之间的逻辑联系来判定学生的学习基础，其实是用"应然"的分析替代了"实然"的调研。

二是教师自觉或不自觉地用笔试成绩来衡量教与学的难易程度，很少深入探寻分数背后的潜在成因。

五、学情分析的知识支撑

关于学情分析,很多教师的实践困惑是:知道了要分析什么,怎么分析,但还是难以发现问题,更难分析原因。

怎样才能有所突破?除了不断实践、反思,积累经验,还应该补充一些知识。

1. 学科内容知识

数学的教学内容选自数学中的基础知识,这就必然涉及数学的基本特点、数学的思想方法、数学的结构体系等。针对具体内容的学情分析,自然也离不开这些知识。对数学的一些基本理解,可以启发我们沟通学情与数学之间的联系,找到可行对策。

■ **案例** 4-24 比多少与一一对应。

一年级教学比多少,各版本的教材都会出现一一对应的图示。然而,当比较多少的对象数量较少时,儿童大多不愿采用一一对应的方法,特别是那些已有些许数感的孩子。因为他们不是一眼就能看出数目,就是一眼就能感觉谁多谁少。

近代数学引入一一对应这一古老、原始的数数方法,是为了比较无限集合元素"个数"的"多少"。例如,自然数与自然数中的偶数(图 4-49):

$$0, 1, 2, 3, 4, \cdots, n, \cdots$$
$$\updownarrow\ \updownarrow\ \updownarrow\ \updownarrow\ \updownarrow\ \ \ \ \updownarrow$$
$$0, 2, 4, 6, 8, \cdots, 2n, \cdots$$

图 4-49

偶数好像只有自然数的一半,但因为能够建立起一一对应,数学中就称之为"等势"。进而还生成了无限集合的一种定义,通俗地说就是部分和整体可以建立起一一对应的集合是无限集合。显然,这是小学生难以理解的。

因此,应当允许学生先数、再比较,同时采取变通的策略,让一一对应更自然、更合理。前者如:纸杯与吸管,一个纸杯中插一根吸管,这是自然生活中的一一对应。后者如:

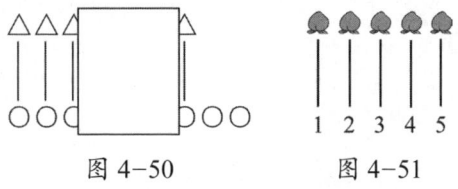

图 4-50　　　　图 4-51

图4-50中被遮掉了一部分，没法数了，只能采用一一对应的方法来思考，并回答△和○比多少的问题。还可以采取提前渗透的策略，如认数教学，即数数的过程就是物品与自然数一一对应的过程（图4-51）。

2. 学科教学知识

与学情分析有关的内容，主要包括课标要求、教材结构、知识要点、常见错误、教学策略等。这些都可以为我们在学情分析时提供分析的线索与指引。

基于教学设计理论，教师在诊断学习者的起始能力时需要依据对教学内容所进行的分析，即所谓学习任务分析。分析时，可以从学生实现教学目标后应具有的终点技能出发，逆向往前分析，直到把达到终点目标的所有主要附属技能分析完毕为止。例如，图4-52是加涅等人给出的一个经常被引用的任务分析案例，其终点技能是多位数减法[1]：

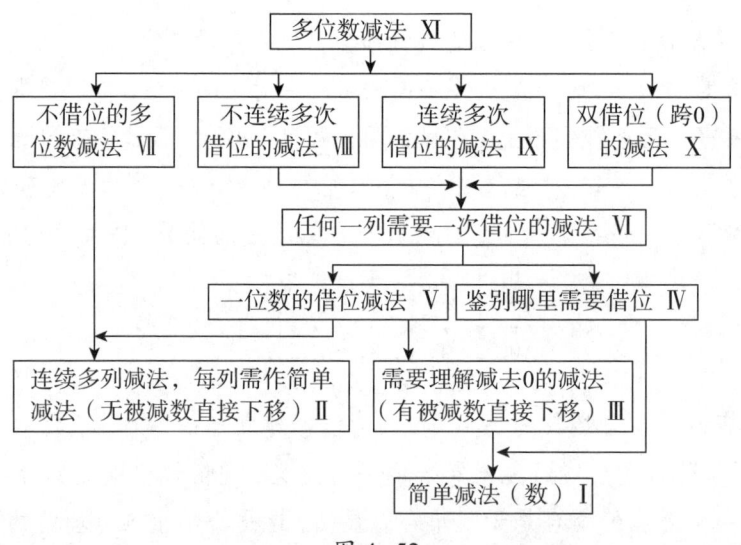

图4-52

学生从学习简单减法到掌握多位数减法，理论上要经历11个教学步骤。我国的教材一般有所简化、归并（图4-53）：

---

[1] 加涅, 布里格斯, 韦杰. 教学设计原理[M]. 皮连生, 庞维国, 等译. 上海：华东师范大学出版社, 1999: 154.

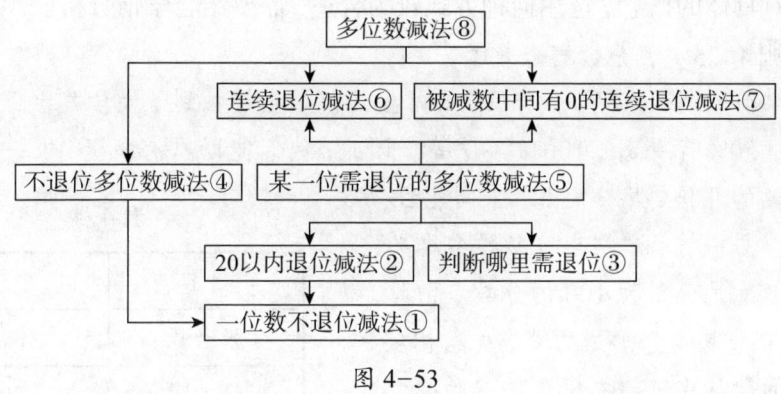

图 4-53

很明显,这种"倒推"的分析技术,是教师做好学情分析所应该要掌握的。

3. 心理学知识

心理学特别是认知心理学的很多知识与学情分析有关。例如,学生的感知规律、思维特点、记忆规律,数学概念的形成特点,数学技能的掌握特点,等等。

以概念认知的两种主要方式"概念形成"与"概念同化"为例。

概念形成是指学生通过观察同类事物的许多例子,分析它们与其他事物的区别,从而发现这类事物共同的本质属性。

概念同化是由奥苏伯尔提出的一种学习方式,指直接呈现某事物的定义,由学生利用个人认知结构中原有的知识经验,明确该事物的本质属性。

两者的主要区别如表 4-3 所示:

表 4-3

	概念形成	概念同化
经验基础	直接经验为主	间接经验为主
思维方式	归纳为主	演绎为主
认知结构	顺应为主	同化为主

两者的共同点是都需要学生参与、理解。

小学数学的概念教学,大多采用概念形成方式。但对于一些后续概念,若直接给出概念的定义,学生也能很好地领悟,并纳入原有认知结构中。例如,长和宽相等的长方形叫做正方形,长、宽、高相等的长方体叫做正方体;两边相等的三角形叫做等腰三角形,三边相等的三角形叫做等边三角形;等等。

针对具体的概念，选用何种方式较为合适，需要结合学情分析。

案例 4-25　百分数概念教学。

教学前的调研表明：一方面，日常生活使学生接触到了大量关于百分数的实例，如 50% 苹果汁，100% 羊毛等。因此，他们能以原有知识"求一个数是另一个数的几倍、几分之几"来同化百分数的概念。另一方面，学生容易顾名思义，以为百分数就是分母为 100 的分数。由此，教学时通常采取概念形成方式，先给出实例，再通过问题解决来建立概念。

表 4-4

姓名	投中个数
张老师	31
姚　明	20
易建联	15

例如，有教师通过创设如下情境来激起学生的认知冲突：学校体育老师张老师与篮球运动员姚明、易建联的投篮数据（表 4-4）。

生 1：张老师不可能比姚明还厉害，不能只看投中了几个，还要看一共投了几个。

生 2：要计算命中率，才能比较谁投得更准。

师：什么是命中率呢？

生：就是投中个数除以投篮总个数，投中了几分之几。

师：有道理。（出示表 4-5）算一算，比一比，谁投得更准。

表 4-5

姓名	投中个数	投球总个数
张老师	31	100
姚　明	20	25
易建联	15	20

……

教师基于学情调研时，有学生提到了"命中率"，有意设计数据，让学生看出破绽，引出"求一个数是另一个数的几分之几"的计算，并通分比较大小。过程中，学生很自然地感悟到了百分数的本质属性，进而通过阅读教材（给出了多个实例），理解百分数的概念。

这是一个概念形成与概念同化相结合的教学样例（图 4-54）。

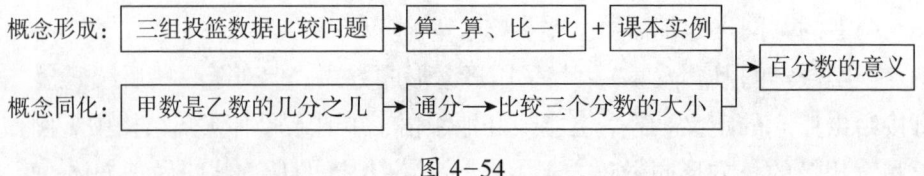

图 4-54

以上情境的两个取巧设计"令人生疑的投中个数""最小公分母是 100"之所以能够实现令人满意的预期学习效果，离不开教师对学生的了解。如果本班大部分学生并不了解篮球这项运动，就需要更换情境。

学情分析的针对性、具体化特点，决定了它不可能是一项一劳永逸的工作，但又不必每个单元、每一课时都重新来过。随着"吃透学生"的经验积累，只要不断进行简化与改进、补充与修正，就能兼得精准与高效。

第三节　确立教学系统观，加强教学整体设计

数学是一门历史悠久的科学，源于人类生活与生产的实际需要。然而，其知识建构基于抽象与推理，形成了独特的严谨逻辑体系。

数学也是一门学科，是中小学生人人都要学习的一门基础学科，其课程教学体系又必须根据不同年龄阶段学生的特点，作出基于心理学的教学法加工。

因此，研究数学教学的整体设计，一个重要的认知起点就是厘清教学系统与数学史、数学科学体系之间的区别与联系。

一、数学的历史与知识体系

数学采用了各种抽象的符号筑起自己的"王国"。人类思维的主观能动性使数学具有特殊的形式化特征，决定了数学科学有着不同于数学史的知识体系。这里仅以数概念为例，说明两者之间的联系与区别。

1. 人类认识数学的历史

远古时代，原始人从区分多少到屈指计数、刻痕计数、结绳计数，再到

出现记数符号，经历了漫长的发展过程。这是正整数的由来。

3000多年前，古埃及人为了表示不能分得整数的情况，产生了分子为1的分数。我国古代很早就有了一套完整的分数算法，成书约于公元前1世纪的《周髀算经》就记载了有关历法的复杂分数计算。

小数的出现远在分数之后。最早提出小数的是我国古代数学家刘徽，他把个位以下无法标出名称的部分称为微数，开创了十进小数的先河。西方直到16世纪才出现小数。

0的产生与发展充满了曲折。一方面，0内涵"无"的思想，这让抽象思维尚不成熟的古人很难找到感性的对应物，从而使0迟迟不能获得与其他数字同样的地位。另一方面，在古代种种数学系统中，0的占位功能由其他符号或方式替代。例如，我国古代用算筹表示数，其中用空位表示某一位上没有数字。印度佛教的"空""无"思想，使得印度人更早认可数字0。一般认为，印度早期数学家婆罗摩笈多（Brahmagupta）是第一个将0不仅仅用作占位符的人。公元7世纪，他提出了一些关于0的运算规则，例如，一个数加0、减0，这个数不变；一个数乘0就等于0。

负数的命运与0有些相似。刘徽首先给出了正负数的定义："今两算得失相反，要令正负以名之"。然而，西方一些数学家曾经长期不承认负数，如意大利数学家斐波那契（Fibonacci）在解决一个盈利问题时说"我将证明这个问题不可能有解，除非承认这个人可以负债"。法国数学家韦达（François Viète）知道负数的存在，却完全不要负数。笛卡尔（René Descartes）部分地接受了负数，他把方程的负根叫假根，因它比"无/零"更小。在那个年代，负数就已令人怀疑，而负数的平方根就显得更为荒谬了。对此，笛卡尔最先称它为虚数。

如果说整数与分数、正数与负数的产生源于实际需要，那么无理数与虚数的出现则源于解决数学本身的矛盾。（图4-55）

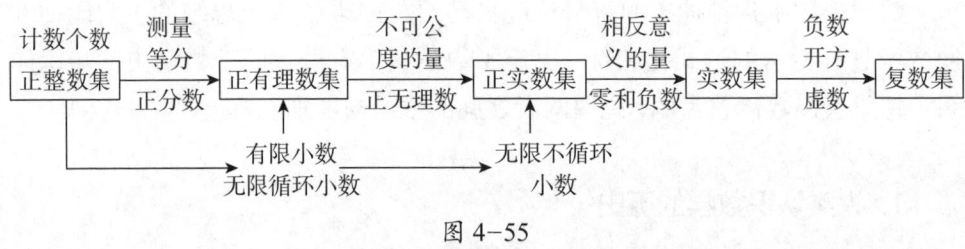

图4-55

2. 数学理论的建构

日本数学教育家米山国藏在《数学的精神、思想和方法》中曾概括数学的一个主要特征,即"一步一步向上走"的逻辑连贯整体。

在数学内部,数系扩展的顺序遵循着数学自身发展的逻辑。

从数学运算的发展来看:为了解决整数减法的封闭问题,引进了零和负数,将正整数集扩充为整数集;为了解决整数除法的封闭问题,引进分数,将整数集扩充为有理数集;为了解决正数开方开不尽问题(同时也保证了极限运算的封闭),引进无理数,将有理数集扩充为实数集;为了解决负数开偶次方问题,引进虚数,将实数集又进一步扩充为复数集。(图4-56)

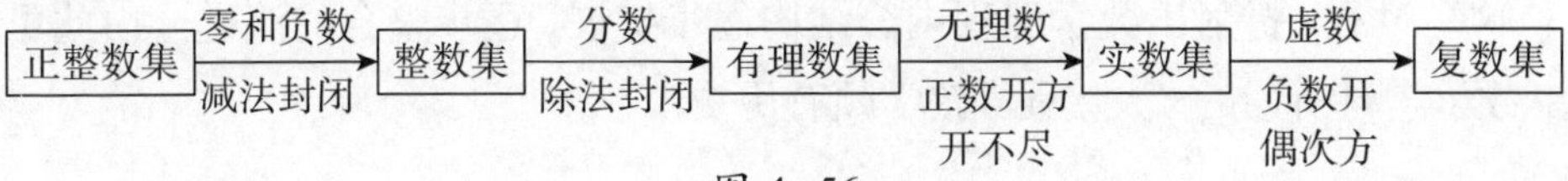

正整数集 —零和负数/减法封闭→ 整数集 —分数/除法封闭→ 有理数集 —无理数/正数开方开不尽→ 实数集 —虚数/负数开偶次方→ 复数集

图 4-56

两相比较,基于数学自身的数系建构过程,与人类数的认识发展脉络有很大的不同。

二、教材编排体系的演变

一般而论,教材编排体系是由人类共同拥有的学科知识体系转化为学习者认知结构的阶梯。这一阶梯的设置,经历了从综合到分科再到综合的发展道路。

1. 数学课程体系的演变

最初的小学堂"算术",旨在满足"寻常实业之用",教学内容主要是算术,没有代数。几何限于"求积",统计只有其前身"日用簿记"。

同样,当时的中学堂"算学",包括算术、代数、几何、三角、解析几何等,都未分科编排。至1923年,《初级中学算学课程纲要》仍明确指出"初中算学,以初等代数几何为主,算术三角辅之,采用混合方法"。高级中学则开始实行三角、几何、代数、解析几何的分科教学[1]。1929年起,初中算术、代

---

[1] 课程教材研究所.20世纪中国中小学课程标准·教学大纲汇编(数学卷)[G].北京:人民教育出版社,2001:212-219.

数、几何的周教学课时开始分列,但实施的建议是:"本科用分科并教制,或混合制,可由各校依自己方便而施行"。1941年,"算学"改称"数学",初中开始取消混合教学。1978年,"中学数学教材采取了混编形式,两年后,根据各地反映,又改为代数、几何两科"[1]。直至21世纪初新一轮课程改革启动后,才在全国范围内彻底取消了中学数学的分科现象。

从小学堂算术起,珠算采用传统的口诀教学,与笔算教学体系不同,因此在很长一段时期内教材将其单编成册,并作相对独立的教学处置。一直到20世纪60年代末兴起的"三算结合"教学实验,才打破了笔算、珠算分教的传统。1977年起,珠算被纳入统一的小学数学中;至2000年,"算盘只作为计算工具的介绍"[2]。

这一过程,折射出数学课程内容结构逐步扩展、逐步整合的演进。由此可见,数学学科所谓的"大单元"教学颇有历史。

2. 数学教材编排的两种方式

为何走到极致的大单元分科教学会走向综合化的小单元教学?折射出两种不同教材编排方式即"直线式"与"螺旋式"的取舍。

直线式是指把相关内容按逻辑上的前后联系组织成内容链,犹如一条直线,前面的内容后面基本不再重复教学。它被认为是教学效率较高的教材编排方式,有利于学生逻辑地思考学习内容。

但是,知识本身的次序并不一定由易到难,因此直线式编排方法容易给学习带来困难。典型的例证如四则运算,若按加、减、乘、除的顺序编排,则连续退位减法,尤其是被减数中间有0的连续退位减法,要比一位数乘一位数难得多。

螺旋式是指同一内容在不同年级、不同阶段重复再现,逐步扩大知识面,逐步加大学习难度。它的优点在于前面的内容是后面进一步学习该内容的基础,后面的内容是之前所学内容的扩展与深入,因而更加契合由易到难、由浅入深的认识规律。同时,也符合人的认识难以一次完成、一步到位,需要多次

---

[1] 课程教材研究所.课程教材研究十年[G].北京:人民教育出版社,1993:231.

[2] 课程教材研究所.20世纪中国中小学课程标准·教学大纲汇编(数学卷)[G].北京:人民教育出版社,2001:180.

反复、逐步深化的规律。

当然，螺旋式的编排方式需要更多的教学时间，且对教材编写与教学的整体把握要求更高。但毫无疑问，更适合小学生逐步学习、慢慢消化。

3. 我国小学数学教材的螺旋式编排

如何适度螺旋上升，是一个兼具理论性与实践性的研究课题。下面，以整数及其四则运算的编排为例，作相关论述。

中华人民共和国中国成立后，我国第一套统一的数学教材片面学习苏联，低估了儿童的发展水平，将整数及其四则运算编排七部分内容：10 以内的数和口算加减，20 以内的数和口算四则，100 以内的数和口算四则，1000 以内的数和口算四则及笔算四则，百万以内的数和四则运算，多位数（十二位以内），整数和四则运算（第 7 部分安排在初中算术中）。实践表明：20 以内的数安排乘除法，没有必要；忽视我国计数法的特点，生搬硬套地学习国外教材而安排"千"的运算数学，缺乏实际意义。

之后的第二套数学教材，简化为 20 以内、100 以内、多位数和整数四部分，但"多位数"阶段由三位数一下扩展到九位数，导致三年级就出现数学学习的两极分化，相当一部分学生难以形成明确的数概念。

从第三套全国通用的数学教材起，将整数及其四则运算调整为 20 以内、100 以内、万以内、多位数四部分。实践表明：效果较好，由此延续至今。分析成功经验，最主要的就是立足本土文化，因地制宜。由于我国采用四位分级法，学生在建立了万以内（"个级"）数的认知结构后，如"几千几百几十几"，那么万级、亿级数的认识就可以类推了，如"几千几百几十几万""几千几百几十几亿"。即使万级、亿级数的认识分开教学，也没有必要将四则运算再次重复教学，尤其是精简了大数的计算之后，整数四则运算在万以内就能基本解决。

在螺旋上升的整体结构下，我国的小学数学教材，从译介到自编，从"移植"到创生，从学习日本、模仿美国、照搬苏联到走向自主的本土化，其间不断改革，广泛实践，逐步形成了一系列卓有成效的编排方式。例如，认数与计算相结合，加与减、乘与除相结合，学习计算与解决应用问题相结合，几何的定性研究与定量研究相结合，统计的数据收集、整理表达与解释应用相结合，知识学习与综合实践相结合等。

小学数学面向儿童这一基本点，决定了这种螺旋式编排体系既借鉴人类认识数学的历史过程并参照数学的逻辑顺序,又不同于数学史与数学科学。下面,以数概念的螺旋式教学系统为例,作简要介绍。

案例 4-26　人教版教材数的认识教学系统。

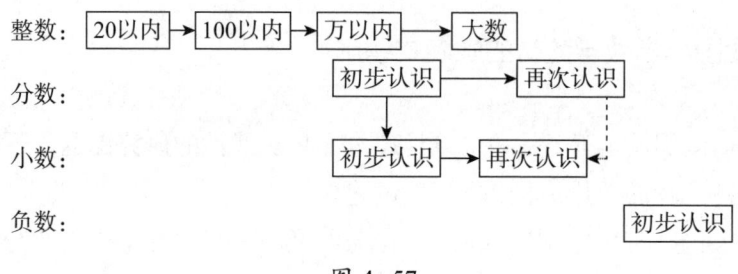

图 4-57

如图 4-57,这一教学系统充分考虑了认数与计算相结合的优势。其中,20 以内数的认识阶段又细分为 1~5、0、6~10、11~20。这与人类基于屈指计数、两手十指的早期认知过程大体相同。与数学的历史与理论都不同的是,教学中很早就引进了 0,以解决同数相减问题。实践表明,儿童不会像前人那样对 0 抱有偏见,他们很容易接纳 0 并理解同数相减等于 0 的事实。接着,认识 11~20 的数,并学习 20 以内进位加法与退位减法,从而完整解决一位数的加法与相应减法的计算问题。在认识 100 以内数的阶段,除了将加减法扩展到两位数,还重点学习乘法口诀,彻底解决一位数的乘法与相应除法的计算问题。

类似地,分数与小数的认识方面:参照数学的理论,即将小数视为十进分数,所以先初步认识分数,再初步认识小数。同时,遵循"由易到难"的编排原则,充分利用小数与整数相同的十进制计数原理,先系统学习小数,再系统学习分数。长期的教学实践表明,小数的概念及其四则运算要比分数概念及其四则运算容易得多。因此,尽管在学习分数乘除法之前,对小数乘除法的算理只能"将就"处理,即用整数乘除法积与商的变化规律作出解释,但还是坚持学完小数再系统学习分数。可以改进的是,学了分数乘除法之后,应当引导学生回过头来进一步加深对小数乘除法的理解(图 4-57 中的虚线箭头)。

负数的认识,安排在分数之后,既顺应了人类认识数的历史,又能避免提前引进负数所带来的问题。如果在完成非负整数即自然数的认识之后就引进负数,则小数与分数的知识就必须明确限定在非负数范围内讨论,否则势必会出现瑕疵。除了前面已经指出的,因移动小数点而引起的小数大小变化规律方面,正数与负数恰好相反,讨论小数、分数在和差积商上的变化时,也要排除负数。

不难看出,当数学的历史、数学的理论与儿童的认知特点出现冲突时,比较明智的选择就是在权衡各方面利弊后,适当调整或降低理论要求,使教学系统便于小学生接受与内化。

与此同时,将某一知识序列采用螺旋式编排,分阶段多次呈现,除了考虑学生的认知水平与接受能力,还必须兼顾该知识与其他知识的契合程度。

案例 4-27 时间单位的教学系统。

目前的教材基本上都采取螺旋式的编排方式,以人教版教材为例:

一年级第一学期"认识钟表"→二年级第一学期"认识时间"→三年级第一学期"时、分、秒"→三年级第二学期"年、月、日"。

即便如此的"碎片化",认识时、分、秒与年、月、日的教学仍然存在难点。

假如采取大单元直线式编排,一口气完成教学,可行吗?并且,时间单位的一次性教学只能安排在学了多位数除以一位数之后,因为判断平年、闰年要用到"年份数除以4"。

站在理论的立场上,直线式编排倾向于"论理的"内容组织,螺旋式偏向"心理的"内容组织。后者要求教材编者与教师都能把握前后两次教学的实质性区别,依据内容广度、深度的递进,作出恰如其分的编写与教学处理。

站在实践的立场上,学科特点与儿童特点决定了小学数学教材采取螺旋式编排方式具有毋庸置疑的合理性。

三、教学的系统观与整体设计

基于以上分析,教学的系统观绝不是简单地将教材的小单元归并为大单元,而是集整体观念与系统思维于一体,将相关单元的每一课时,通过梳理、关联形成结构化的教学链。其中的每一课时,绝不是知识的碎片,而是整个教学链中环环相扣的一环,引导学生从"看见树木"到"看见森林",从深入局部到领略整体。

1. 教学目标的整体设计

(1)教学目标设计的一般要求[1]。

制定教学目标有一些基本的一般要求,如教学设计理论所提炼的目

---

[1] 曹培英.关于小学数学教学目标设计的建议[J].江西教育,2007(06):14-15.

标拟定四要素：行为主体（audience），即学生或哪一层次学生；行为动词（behavior），即描述学习后可观察的变化；行为条件（condition），即影响学习结果的限制或范围，如口算的条件是视算还是听算；表现程度（degree），即刻画学习结果的水平，如口算的水平"每分做 8 题""错误率 4% 以内"等。

四个要素的英语单词以 A、B、C、D 开头，因此被称为教学目标设计的"ABCD 法"。这种根据行为主义观点所总结的教学目标编写方法，强调学习结果的外显行为，有助于克服教学目标在表述时的模糊性，也能为教学效果的评价提供可观察的判据。

以应用两步运算解决实际问题的教学为例，可以针对不同层次的学生，提出不同程度的要求：对学习困难的学生，要求会列分步算式并正确解答；对学习一般的学生，要求会列综合算式并正确解答，知道第一步是求什么；对学有余力的学生，要求会用不同的方法解答，并能说清解题思路。

但由于不少学习活动的心理过程很难用行为描述，因此还可采用内外结合的方法来弥补行为目标的不足。所谓"内"指内在的心理活动，"外"指外显的学习行为。例如，先用术语描述内部心理过程或变化，再列举反映内在变化的"行为样品"，使内在变化可观测。

例如，"理解加法运算律"。这条教学目标中所指的学习内容是明确的，即加法交换律、结合律，但"理解"就难以具体观察了。作为概括性的目标，出现在课程标准或学年、学期目标的陈述中是可以的。但在制定课时教学目标时就有必要将其细化，并列举反映"理解"的"行为样品"。例如，能举例说明加法运算律的含义；能用字母表示运算律；会运用加法运算律使一些计算简便。必要时，还可通过举例具体说明。

然而，即便是"内外结合法"，对于能力、情感领域的教学目标，也常常显得"力不从心"。因为能力或情感内化于学习者自身，其变化是一个潜移默化的过程，其收获和效应常常也是隐性的、长期的，在短时间的课堂教学活动中，并不一定都能通过外显的方式表现出来，所以很难给出可以测量的目标来作为即时评价的依据。

（2）整体视野下的目标设计。

从课程目标到学段、学年、学期目标，再到单元、课时目标，是一个不断分解、细化和具体化的过程。这种宏观、全局视野下的单元、课时目标，就是一个"微型"的有机体，具有不断生长的生命力。

■ **案例** 4-28　数的组成的教学目标。

常有教师以为，数的组成是一年级的教学内容。但事实却是，数的组成是一个系统性的内容，构成了一条教学链。因此，每一环的教学目标都有着具体的针对性：从认识10以内数的组成（例如，1和4、2和3组成5）到理解11~20各数的组成（例如，1个十和3个一组成13），再到理解万以内数的组成（几千几百几十几），从而建立个级数的认知结构。进一步由个级类推万级、亿级，由认识整万数、整亿数（几千几百几十几万、几千几百几十几亿）到理解一般的多位数，从而完善整数的认知结构。

显然，数的组成每一阶段的教学目标都有具体的内涵，都能促进整数读、写方法的理解与掌握，并形成数感[1]。例如，57005700读作五千七百万五千七百，就是基于它的组成5700个万和5700个一，也是最为本质的数感。这种数感具有广泛的迁移、应用价值。例如，5700由5个千、7个百组成；也可以看成由4个千、17个百组成，以满足5700-900退位减的需要；或者看成由3个千、27个百组成，以满足5700÷3的计算需要。

后续，认识小数计数单位教学目标的实现，就能使学生形成完整的十进制计数法的认知结构。这对于分数单位的理解，也会产生触类旁通之效。

这种"既见眼前，又见长远""左右逢源"的教学目标设计，才能使深度学习成为不断生长、逐步递进的教学发展系统。

（3）若干关注要点。

一般来讲，确定教学目标还应注意处理好以下几对关系。

一是逻辑起点与认知起点之间的关系。

这在前面学情分析的讨论中已有所阐述。对于小学数学中的大部分内容，学生都不是一无所知的。因此，知识的逻辑起点常常并非教学的认知起点。所以，全面了解学生的已知与未知的实然，使教学目标准确定位，才能基于学生的未知和迷思更好地展开教学。这里再举一例。

■ **案例** 4-29　"年、月、日"的教学。

过去将认识年、月、日视为新知识，教学时逐一引出概念，不仅显得概念很多，还费时、费口舌。实际上，一年有几个月，每月各有多少天，绝大多数学生早已知道。有教师经过进一步的了解发现，部分学生甚至还掌握了大月、

---

[1] 曹培英. 跨越断层，走出误区："数学课程标准"核心词的解读与实践研究 [M]. 上海：上海教育出版社，2017: 6-12.

小月的记忆方法和平年、闰年的规定。

面对学生已有知识的实际情况，教师作出了明智的教学选择：课前布置学生搜集有关年、月、日知识的任务，课内进行交流。相应的教学目标为：一是通过交流，帮助学生梳理相关知识；二是运用这些知识，尝试制作年历表。即在交流、梳理后，提出学习任务：

北京是世界上第一个既举办了夏季奥运会，又举办了冬季奥运会的城市。你能把2008年、2022年的年历设计出来吗？（2008年1月1日是星期二，2022年1月1日是星期六）

课堂上只要求完成2008年、2022年1月、2月的月历（利用学习单上印制好的四张空白表）。过程中，大月、小月和平年、闰年的知识几乎都涉及了。

的确，与其让学生再对着年历去观察、去"发现"已经知道了的知识，不如让他们把这些知识运用起来，在设计活动中获得新的感悟。

二是依据教参与因班制宜之间的关系。

教参给出的教学目标总是一般情况下的普适性目标，教师还应根据本班学生的实际情况加以适宜的调整。本章第二节的案例4-15，就是针对这一关系给出了一系列的处理方案。

三是提供判据与表明意图之间的关系。

我们已经知道，基础知识、基本技能的目标若能满足"ABCD法"的四个要素，再结合"内外结合法"，是能够为教学效果检验提供判据的。但是，对于过程性、探索性目标与体验性、情感性目标，则很难刻画出经过一节课、甚至一个单元学习后的显性行为变化，因此往往只能表明意图。

■ **案例** 4-30 乘法的初步认识。

通常，课时目标中都有"初步理解乘法的意义"，进一步的陈述还有"感受同数连加用乘法表示的简洁性，体会它的价值"。应该说教学意图已经表述得非常明确了，但学生的"感受""体会"就难以给出在具体表现和程度上的刻画了。

为了加大学生感受的"强度"和体会的"深度"，有教师不仅将课题由"乘法的初步认识"改为"从加到乘"，以凸显过程性、体验性的教学意图，还对教学活动作了补充。即：在引入教材（人教版）中的实例坐小飞机（5个3）、小火车（4个6）、过山车（7个2）之后，不急于引出乘法，而是让学生写出10个2的连加算式（学生已经感觉很麻烦了），再提出写100个2连加的算式。

生：张老师，能不能用省略号？

师：为什么要用省略号？

生：不用省略号，下课前都写不完。

师：有什么好办法？

……

把学生"逼入"困境，再引进"简便方法"，他们的感受和体会就大不一样了。

可见，对于学习过程中的体验、感悟，难以给出可测的程度描述，但可以通过强化刺激的教学活动来达成教学意图。

四是全面落实与有所侧重之间的关系。

全面落实固然好，而有所侧重，一课一得也是可取的。例如，本书第三章中的案例3-6与案例3-7，就是一课"有所侧重"的实例。

五是预设目标与生成目标之间的关系。

真实的课堂教学是多种因素互相作用的动态过程，尤其是教师、学生的思想与教学文本的不断碰撞，这是预设到生成过程中很自然的常态现象。但在实际教学中，常常出现"两极化"现象：不是拘泥于预设目标，过于追求课堂结构的完整而忽视生成性目标的发生；就是过于重视生成性资源的开发而使课堂凌乱无章，导致无法完成预设目标。

因此，预设目标留有余地，课堂上及时捕捉生成目标，促成两者有效融合是必要的。当然，这有赖于教师的教学机智，将在本章第六节中作进一步探讨。

2. 教学内容的整体设计

教学设计如何走出"只见树木，不见森林"的"碎片化"状态，关键在于要基于知识系统与学生认知结构深层次融合的视角，对教学内容作出整体设计。

目前，对单元整体设计与结构化教学的研讨与实践正在深化，相对缺失的是"跳出"单元"羁绊"的宏观视野。

（1）跨领域的设计。

教材的综合化混编模式，为跨越内容领域而进行整体设计提供了便利。我们经常挂在嘴边的"数形结合"，便是最常用的设计策略。

例如，本书第一章第二节"价值存疑的案例"分析中指出："直线没有粗细"说理的源头是"点没有大小"，因为点无大小（抽象），所以它的连续移动才形成了没有粗细的线（推理）。于是，问题又归结为怎样才能使小学生理解数学规定"点无大小"的合理性与必要性呢。这在几何单元似乎很难说清楚、道明白，需要另辟蹊径。

■ **案例** 4-31 小数意义的教学片断。

教学小数的意义，教材一般都会安排在直线（数轴）上找到表示某些小数所在点的练习，如下面的例子（图4-58）：

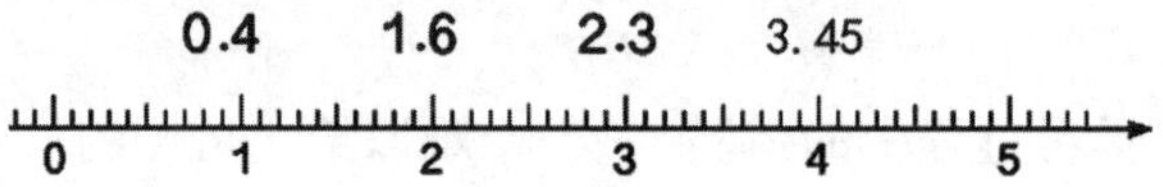

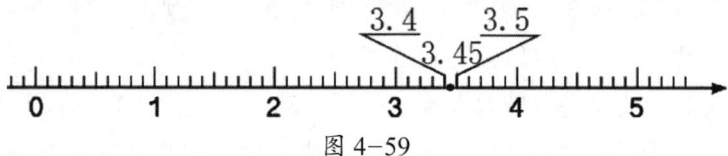

图 4-58

不妨重点交流两位小数 3.45 在数轴上的位置，学生都能正确指出在 3.4 与 3.5 中间（图 4-59）：

图 4-59

师：3.4 与 3.5 之间除了 3.45 还有多少个小数？举例说一说。

生 1：有无数个，如 3.41、3.42、3.43。

生 2：除了两位小数，还有三位小数、四位小数，等等，说不完的。

师：3.4 与 3.5 之间这么短的一小段，能摆下无数个点吗？

生：点是没有大小的，无数个点我们画不出来，但是可以想象。

师：是的，因为点没有大小，所以无论在多么短的一小段上，都有无数个点。

就这样，借助数轴，由无数个小数让学生自己悟出"点没有大小"。

真是"踏破铁鞋无觅处，得来全不费工夫"。为了研究的需要与方便，确立了点无大小的合理性与必要性；而借助数形结合，也能"迂回"突破难点，使小学生自行感悟。

可见，重要的是确立教学的系统观。通过整体审视相关教学内容，就不难变课堂教学的"封闭"与认知结构的"脱节"为"开放"与"关联"，引领学生扩展、改造原有认知结构，走向深度学习。

（2）跨年级的设计。

除了跨越内容领域的教学设计，还有跨越年级、跨越学段的长程教学设计。它们的共同实质，就是联系、沟通不同领域、不同年级的大跨度教学内容整体设计，这是"大单元""大主题"所无法包容和承载的。

案例 4-32 循环小数的说理教学。

初次教学循环小数时，只能以举例、归纳为主，如计算 400÷75、78.6÷11，发现余数重复出现，造成商中的部分数字也重复出现，从而初步理解"余数重复出现"与"产生循环小数"之间的因果联系。但是，依旧会有学生存有疑惑"余数一定会重复出现吗"。

这在小数乘除法单元是难以解惑的。

等到学了抽屉原理，教师就能引导学生作出进一步的解释：设除数为 n，非 0 余数至多是 1，2，3，…，$n-1$，相当于（$n-1$）个抽屉，所以最多除 n 次，余数肯定会出现重复。这是名副其实的演绎证明。同时，还能启发学生初步认识两个整数相除（除数不为 0），商不是有限小数就是无限循环小数。

这又是一个数学学习通过教学内容整体设计，收获"四两拨千斤"效果的案例。

数学的深度学习应通过数学的"高观点"、内容的"全景视角"、教学的"长程设计"，将看似无关的知识进行统整、关联、优化，使数学知识成为更具生长力的有机体。

像循环小数这样比较抽象、理论性较强的概念，通过合理的教学设计也能启发学生深入理解，足见在小学数学基础知识的教学中，有着不少让学生逐步经历从已知（如小数除法、抽屉原理）到新知（如建立有限小数与无限循环小数概念）这一完整认识过程的机会，从而实现真正的理解。

第四节　关注交互的效应，有效展开合作学习

前文在讨论深度学习的落脚点、路径以及教学设计时，所举案例、课例大多涉及探究学习、看书自学等方式。在此基础上，本节将针对合作学习作出探讨。

一、合作学习的效应

合作学习在不同国家、不同学段与学科的应用中有很大的不同，因此，目前学界对此还没有统一的概念。大体趋同的认识是：合作学习是以学习小组为基本形式，系统利用生生、师生的互动来促进自己和他人的学习，并达成共同目标的教学活动。

合作学习的本意是指学生为了完成共同的任务，有明确责任分工的互助性学习。然而，将分工合作用于数学学习的机会并不多，讨论、交流则成为合作学习的主要形态。

一般认为，合作学习具有以下效应。

1. 激励主动学习

按照马斯洛需求层次理论（Maslow's Hierarchy of Needs），人类与生俱来有五种需求，即生理、安全、归属和爱、尊重、自我实现，后三种需求均能在小组活动中获得不同程度的满足。群体动力理论认为，在群体中，个人的思想、行为会受其他成员的影响，并形成互赖、互助的整体力量。

因此，正常情况下，作为小组的一员，每个学生都有一种归属感，他们的自尊心受到保护，团体的合力也有助于增强他们的自信心。这种自尊、自信能使学生更主动地参与学习。即使不爱学习的学生，也可能因在归属和爱的需求、自尊的需求上获得满足而愿意参与小组的学习活动，获得自我实现。

2. 降低学习焦虑

很多教师有这样的经验性教学习惯：当学生对某一问题反应不佳，特别是发觉学生没想好而不敢发言时，常会冒出一个提议即"讨论讨论"。从降低学习焦虑的视角分析，这一处理合理性的心理学依据在于：

一方面，让学生在组内先进行讨论、交流，实际上等同于让想发言的学生先在组内进行试讲，并即时修正、改进以减少失误，从而消解顾虑。

另一方面，小组讨论后，个人是作为所在小组的代表发言，相较于讨论前个人单独回答问题，也会减低焦虑感。

3. 相互启发，共同提高

这是合作学习最主要的功能。

一般来说，群体拥有的知识总比任何个人拥有的要广博得多。因此，基于小组的问题解决常常更灵活、更有效。

维果茨基认为，儿童间的合作活动之所以能促进成长，是因为年龄相近的儿童能在彼此的最近发展区内操作，较单独回答时表现出更高级的学习行为。

很多研究者指出，合作学习能使学习成绩不佳的学生得到较快的进步。其原因可用情境学习理论的一个基本概念"合法的边缘性参与"予以解释。也就是说，哪怕是学习后进生，都是共同体的合法参与者，都能边缘性地参与学习，在知识产生的真实情境中，通过互动来学习同伴为建构知识所做的事情。

因此，合作学习常常可以发挥"让学生教学生"的优势。这一优势一方面表现在同龄孩子之间的语言交流障碍更少，因此受教学生更易接纳；另一方面施教学生也能从中获益。有理由相信，"最好的学习是教会别人"。

4. 及时获得反馈

在独立思考的基础上进行小组讨论，既是各自想法或解答的交流，也是非常及时的反馈。无论是获得同伴的认可、赞赏，还是受到批评、反驳、指正，都是促进学习的强化或矫正。

5. 培养合作精神和交往能力

合作学习要求学生学会倾听、表达、质疑、评价，促进学生在相互交流与沟通中实现相互理解，从而形成合作意识与团队精神。

在这过程中，还能使学生学会交往，互相尊重、互相包容，形成和谐的人际关系。诚如皮亚杰所指出的：社会经验知识只能在与他人的相互作用中习得。

然而，合作学习并不是在任何教学条件下都是最佳的教学组织方式。"虽然有很多研究确认合作学习比竞争的和个人的努力学习效果要好，但也有研究证明合作学习并非永远有效"[1]。目前的相关研究中，对合作学习的适用条件尚不明确；其评价体系尚不完善；教师在其中的角色定位、有效策略的实证等，还缺乏深入的研究。

二、合作学习的现状

1. 受到广泛重视

自 2001 年颁布的《国务院关于基础教育改革与发展的决定》中明确提出"鼓励合作学习，促进学生之间的相互交流、共同发展"以来，合作学习与探究学习几乎同时进入了小学数学课堂，成为教学改革的标志之一。

迄今，在各级各类的公开课中，几乎课课都有合作。这一变化，在改变单一的教学方式、弘扬学生学习的主体性、培养学生的交流能力等方面都发挥了非常积极的作用。

2. 实际收效不佳

一般来说，各种水平的学生都喜欢合作学习，毕竟于学生而言，小组活动更自由、更放松、更自在。但由于种种原因，课堂热闹了，时间花去了，小组讨论却常常流于形式，学生交流表面化。经常是匆匆开始、走走过场、草草收兵，效果很不稳定。

3. 问题及其原因

从学生方面看，比较常见的问题有：一是缺乏交流技能，只顾自己说，不会倾听、质疑、评价；二是参与机会不均，表现差异较大。例如，有的投入，喜欢讲，主导讨论；有的懒散，只听不开口，坐享其成；有的挑剔，吹毛求疵，总是打断其他同学发言。

这些问题的成因，除了多为独生子女而导致的自我中心意识强、合作意识

---

[1] 葛秋芬，黄丽，李今朝，等.合作学习研究的综述[J].社会心理科学，2011，26（04）：9-12.

淡薄之外，主要还是教师的认识与教学作为问题。

（1）合作学习的认识。

访谈中有的教师坦言：因为课改提倡合作学习，所以采用；公开课、评比课会用，平时用得不多，理由是纪律管控难度大，比较费时。可见，根本原因是教师对合作学习的内涵、功能、适用条件以及对自身角色认识不足。

（2）合作学习的设计。

由于大部分教师并不知道合作学习需要设计，因此当学生回答不出问题时，就采取小组讨论的策略。由于缺乏设计，合作学习要么临时起意，要么蜕变成回答简单问题的小组交流，几秒钟便可完成，"合作"流于形式。究其原因，主要是教师对合作目的不明，不清楚什么内容才适合小组合作学习。

既然合作学习并非永远有效，那么教师方面必须针对学段特征和学科特点，正确选择适合合作学习的内容，并作出较为深入的研究。

（3）合作学习的组织。

主要问题：一是极少有任务分工；二是一以贯之地前后桌四人自然成组，从不考虑适当调整成组方式。

随着办学条件的改善，单人、单桌、单列的教室越来越多，这让课堂上的合作学习逐渐陷入"尴尬"之地。如此，同桌交流变成了前后桌互动，四人小组讨论就要四人朝向过道探出身子说话，客观上增加了实施的困难。

现状是每当公开课时才临时拼课桌，组成四人或六人小组，而平时教学却并非如此。一些采取小班化教学的学校，教学组织形式变"秧田式"为"圆桌式"，但没有配备旋转座椅，以致多数学生只能侧身听讲，既影响身体发育，又影响学习效率。

文献检索表明，缺乏对这些实际问题的关注，是迄今国内相关研究的通病。

（4）合作学习的指导。

主要问题：教师不知道该指导什么，以及在什么时候、又该怎样进行指导；或只指导交流规范，即千人一面的开场白（例如，我是×××，代表我们小组向大家汇报）和结束语（例如，这是我们小组的意见，请问大家同意吗，还有什么问题）。

在一些公开课上，还经常可以看到学生小组活动时，教师不是趁机修改板书、整理教具，就是巡视收集感兴趣的学生作品。似乎合作学习是学生自己的事,教师只是旁观者。

这些现象表明,合作学习中教师的角色定位有待明确。

(5)合作学习的评价。

较为常见的现象是:重视对错的评判,表扬出彩的交流;忽视对参与、互动、互助实效性的评价。

如何将合作学习评价的重心由关注个人、结果转向兼顾集体、过程?对此值得探讨。

三、合作学习中教师的作用

课程教材改革强调学生的主体地位,绝不意味着教师可以放任不管。容易形成共识:教师应该是合作学习的设计者、组织者、指导者、调控者、参与者。

1. 精心预设与酌情实施

教师应根据教学需要选择适合合作学习的内容与任务,合理设定相应的目标及合作学习的方式与时机,从而明确为何合作、合作什么、怎样合作、何时合作。同时,还应考虑是否需要制作"学习单",用来提出讨论问题、建议合作流程、列出活动要点等。

这些教师在备课时就应做好预设,不能一概随机施行。待教案撰写完成后,应回过头来重新审视整节课中合作学习的安排,并估计大约用时。

教学中,当进展与预设一致时,可按照教案实施;当出现始料不及的生成时,应及时调整。特别是当合作学习的内容(如讨论的问题)有难度,多数小组进展不佳时,就有必要酌情作出修改处理。

2. 全面掌握与适当干预

教师作为合作学习的调控者,首先应当向学生讲清合作学习的内容与要求,然后积极巡视以实时掌握情况。过程中,若发现了某一小组的亮点,应及时肯定、表扬,并供其他小组学习、参考;若看到某一小组出现了问题,应即时提醒、指导或纠正。

教师作为合作学习的参与者，在巡视过程中可以介入讨论，适当给予指点、帮助、提示。发现普遍问题时，可以暂停学生的活动，并给予纠正或示范。

在全面了解各组学习情况的基础上，若发现各组的想法与理解基本相同且有关键缺失时，可以选择其中一组施加启发；也可以针对某一小组中出现的思维碰撞，引导争论方向。

3. 组织交流与点评小结

全班交流时，可以让各组选派一人代表发言，组内其他成员作补充；也可以多人合作交流。交流顺序可以随机，必要时也可先易后难、由特殊到一般，或者相反。

交流的组织还表现在教师的即兴点评或相机引导上。例如，课堂中经常看到当一位学生发言后，底下立马有学生大声说"错"，但他的发言与前者其实并无实质性不同，只是相对完整一点。对此，教师可通过简要点评帮助学生辨别对错、区分主次，并表明不赞成"挑剔"的态度，提倡友善对待同学。这些也是合作学习小结时应关注的内容。

下面，将重点探讨合作学习的内容选择与组织，以及实施中的其他要点。

四、合作学习的内容选择

合作学习内容的确定，主要源于需要。

1. 个人无法完成的内容

最典型的包括实地测量学校操场的长与宽（图 4-60）、测量旗杆的高度等实践性作业。又如，实时动态统计来往的车辆数（图 4-61）。现在虽然可以运用信息技术创设虚拟的现实场景，让学生坐在教室里完成统计，但还是需要小组合作，如组内分工，每人负责记录一种车型的通过辆数。

图 4-60

图 4-61

2. 操作性较强的内容

主要是探究性实验、学具的操作、工具的使用等。

探究性实验如：测量不规则物体的体积（案例 4-4）；用吸管测定多少滴水正好是 1 毫升；利用天平发现等式基本性质；概率统计中的一些实验；等等。

学具的操作如：用小棒搭长方体框架（课例 4-2），分工合作搭出不同的模型；根据三视图，利用小正方体摆出不同的组合体；等等。

工具的使用如：用计算器探索计算规律，可采用一人报数、一人输入操作、一人汇报结果、一人记录的合作方式，通力配合，提高效率。

3. 答案多样的内容

小学数学有不少答案多种多样的开放性问题，不妨设计成团队作业，即小组合作探究，寻找各种答案。

（1）概念问题。

以数的概念为例。

 案例 4-33 千以内数的组成。

在算盘上拨 2 颗珠子，一共能表示哪些千以内的数？在规定时间内，看哪个小组找到的答案多。

可采用看算盘图思考或在图上画珠子的方式来帮助发现答案。

小组内可以先讨论有哪几种类型，再分工操作。比如：2 颗珠子在同一档上（600、200、60、20、6、2）；2 颗珠子在不同档上，且都是上珠（550、505、55），或都是下珠（110、101、11），或上下各一珠（510、501、150、

105、51、15)。当然,根据班级实际情况可以不求全。

(2)应用问题。

小学数学主要是四则运算的应用、图形测量的应用、统计图表的应用。

案例 4-34 购买苹果的方案。

妈妈买苹果,苹果的价格有三种,分别是每千克 8 元、每千克 6 元、每千克 3 元。最后,妈妈一共付了 3 张 10 元,并找回 6 元。妈妈是怎样买的(都买整千克)?看哪个小组能找全答案。

这一问题的数学背景是三元一次不定方程,设三种苹果分别买了 x 千克、y 千克、z 千克,则 $8x+6y+3z=30-6$。小学生可以通过多次尝试,找出各组解。

显然,可以只买一种:单价 8 元的买 3 千克,或单价 6 元的买 4 千克,或单价 3 元的买 8 千克;也可以买两种:单价是 6 元和 3 元的分别买 1 千克和 6 千克、2 千克和 4 千克、3 千克和 2 千克;不能同时买三种。

(3)图形问题。

案例 4-35 正方体展开图。

小学几何教学中,长方体和正方体的认识是发展空间观念的一个关键性节点。其中,识别正方体展开图中相对的面是训练学生空间思维能力的重要练习,也是智力测试的常用题型。

教学时可利用磁性学具(每组三种颜色的磁力片各 22 片)进行拼搭,小组合作找出正方体的各种展开图。为激活空间想象,可提高要求:展开图中相对的面要用相同颜色的正方形。

通过交流,展示所有的 11 种正方体展开图(图 4-62):

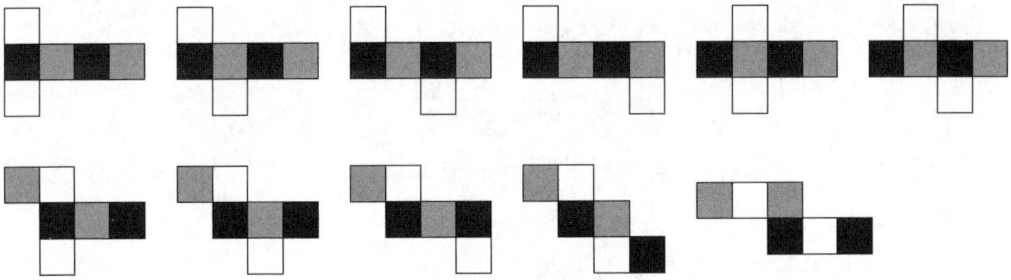

图 4-62

实践表明,组内学生互相观摩、交流,每拼摆一种时,有的想象验证,有的翻折验证,大家乐此不疲,教师只需重点提醒注意"相对面同色"的要求。操作中,多数小组能成功完成任务,并能排除重复、有序展示。

三天后进行学习效果后测,全班学生的正确率为 93.8%,与同等基础对照班 65.3% 的正确率形成显著差异。显然，五年级学生对于正方体展开图的空间想象力能有如此明显的提升，充分显示了群体合作、互动的学习效果。当然，学具设计的改进与利用也起到了一定的作用。

4. 策略多样的内容

根据教学需要，对于一些问题解决策略多样的开放性问题，也比较适合采取小组合作学习的方式，相互启发，集思广益。

（1）概念问题。

针对数与形的核心概念，开发一些解题策略多样的问题。

案例 4-36 分数大小的比较。

比较分数 $\frac{5}{8}$ 与 $\frac{7}{10}$ 的大小。

先每个人用自己的方法比较，再小组交流，以活跃思维、开阔思路。通常，学生的想法各种各样。

① 通分，转化为同分母分数 $\frac{25}{40}$ 与 $\frac{28}{40}$ 来作比较。

② 根据分数基本性质，转换为同分子分数 $\frac{35}{56}$ 与 $\frac{35}{50}$ 来作比较。

③ 化为小数 0.625 与 0.7 来作比较。

以上三种是比较常规的比较方法，五年级学生一般都能想到。部分学生注意到了两个分数与 1、$\frac{1}{2}$ 之间的关系，则还有：

④ 比较 $1-\frac{5}{8}$ 与 $1-\frac{7}{10}$ 的差，因为 $\frac{3}{8}$ 比 $\frac{3}{10}$ 大，所以 $\frac{5}{8}<\frac{7}{10}$。

⑤ 比较 $\frac{5}{8}-\frac{1}{2}$ 与 $\frac{7}{10}-\frac{1}{2}$ 的差，因为 $\frac{1}{8}$ 比 $\frac{1}{5}$ 小，所以 $\frac{5}{8}<\frac{7}{10}$。

这两种方法的依据是差的变化规律：被减数相同，差越大，减数越小；减数相同，差越大，被减数越大。

个别学生还会使用校外学习或家长辅导的方法：

⑥ 把 $\frac{5}{8}$ 与 $\frac{7}{10}$ 的分子、分母交叉相乘，比较 5×10 与 7×8 的大小。

对此，教师应当指出，分子、分母交叉相乘相当于通分，也就是用两个分母相乘的积作公分母，比较 $\frac{50}{80}$ 与 $\frac{56}{80}$ 的大小。由此能使学生自己悟出：当两个分母的最大公因数是 1（即两者互质）时，这种方法与通分完全相同；当两个分母的最大公因数不是 1 时,实际上是用较大的公倍数作公分母。

教师还应当指点学生对这些方法作出评价,判断哪些方法比较简便,哪些只适合特殊的分数,从而达成方法的优选。

(2)应用问题。

解决实际问题是小学数学问题解决策略多样化的主要内容。

例如,鸡兔同笼问题。学生能想到的解题方法有图示、列表、推算、列方程等多种。不妨设计导学案(参见《跨越断层,走出误区:小学数学问题解决教学研究》第 209~223 页),让学生在独立思考的基础上小组交流,有利于更多的学生理解不同解法的异同。

(3)图形问题。

平面图形面积公式的推导,也是小学数学策略多样化的典型内容。

案例 4-37　圆面积公式的推导。

教学时从圆面的 4 等分、8 等分到 16 等分,从拼成近似的平行四边形、三角形到拼成近似的梯形(图 4-63),小组合作完成无疑是首选的学习方式。

其中,16 等分的学具每个小组 3 套,可以起到"暗示"转化方法多样的功能。

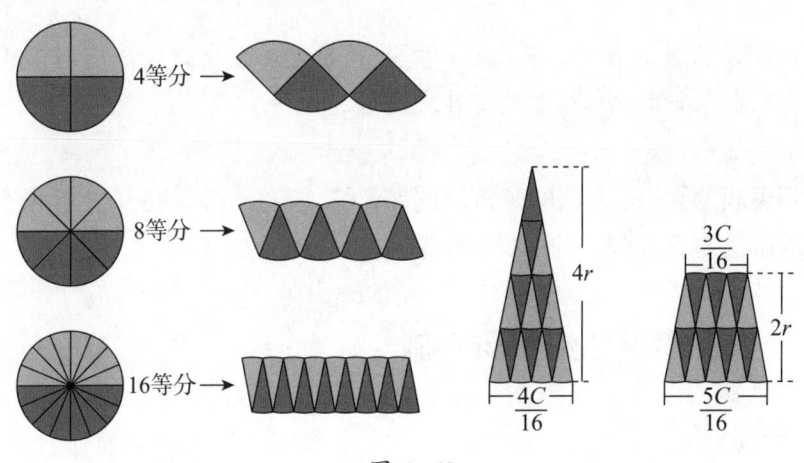

图 4-63

实践表明,学生第一次接触圆形分割的学具,兴趣浓、积极性高,同伴间相互借鉴、取长补短,探究效果比个人独自操作要好得多。

5. 容易出现争论的内容

考虑到平时教学中的质疑往往出现在个别学生与教师一对一的交流中,

因此，为了让更多的学生参与质疑问难，可以选择一些需要辨析且容易出现争议的知识点，作为小组讨论的内容。

（1）易混淆的概念。

数与代数领域中比较典型的如质数、合数与奇数、偶数，对此前文已有相关论述；几何领域中比较典型的如周长与面积，这是大家都较为熟悉的常规辨析内容。

（2）相近算法。

数与代数领域中比较典型的如乘法结合律与分配律的应用；几何领域中比较典型的如圆的周长公式与面积公式。

案例 4-38　周长与面积、面积与体积的比较。

六年级复习课，教师出示讨论题：

① 一个正方形周长与面积的计算结果都是16，这是怎么回事？说说两个16的区别。

② 一个圆的半径是多少时，周长与面积的数值相等？说说它们的区别。

③ 一个正方体的棱长是多少时，表面积与体积的数值相等？说说它们的区别。

学生可以从量的含义、单位与计算公式等方面作出比较。这对正确区分图形测量的概念与算法、防止混淆具有明显的作用。

（3）其他辨析。

指相关联的知识、方法的辨析。例如，和、差、积、商的变化，解决实际问题时算术解法与方程解法的辨析，等等。

五、合作学习的组织与实施

1. 合理分组

合作学习以小组为单位组成学习共同体，因此合理分组至关重要。

小组的规模：一般认为四人一组比较合适。倘若六人一组，则每人发言一次的用时将增加一半。同时，多数学者倾向于异质分组，因为合作学习的初衷就是促进不同水平的学生相互学习，共同提高学习成绩。

理想的异质构成：学优生、学困生各一名，中等水平的学生两名。当然，也可按非智力因素如情商、交往能力、学习习惯等，适当搭配。

此外，合作学习不是排斥学习中的竞争，而是合作与竞争并存，变个人竞争为小组竞争。因此，异质分组能使组际竞争更公平、更均衡。

尽管异质分组具有充分的理据，但在现实中并非"通行无阻"。一方面，同一学生的各科学习水平常常不一致；另一方面，班主任在安排座位时，有更多层面的考虑。因此，这就要求数学教师应主动与其他任课教师沟通，妥善解决矛盾；必要时，可酌情作出临时调整。

2. 明确职责

无论是否为异质分组，共同目标、共同责任（对个体和小组负责）、同心协力是学习共同体的基本特征。因此，各成员的地位都是平等的。但这并不妨碍教师指定或由学生自己推选一名同学担任组长，当然也可以轮流担任组长。

社会心理学研究表明，集体活动如果没有明确的责任，容易出现成员不参与活动、逃避任务等"责任扩散"现象。为鼓励每个组员都能参与交互学习，应当明确组员的个人责任。例如，每次选派一人面向全班汇报，若需要演示，再指定一人当助手。让每个组员都有特定角色、责任承包，既体现个人价值，又能通过集体力量提高小组成员的责任感。

3. 建立常规

建立必要的常规有助于培养良好的合作学习习惯。例如，迅速进入小组学习状态，认真倾听同学发言，大胆说出自己的想法，为自己的见解辩护，说话压低声音，耐心解释，吸取同学的意见，积极帮助同学，等等。

4. 培养能力

高效的合作学习需要并能够培养学生的多方面能力。

一是倾听能力。心理学中指听者将言者口语表达的信息在脑中转换成意义的能力。基本要求是：听得清，听得准，理解快，记得住；进一步的要求是能够欣赏、理解、辨别、提炼。

培养学生的倾听能力，首先是培养专注且仔细倾听的习惯，其次是理解能力和辨析能力，以及排除干扰的能力。教师要注意观察，帮助个别学生纠正假装倾听、充耳不闻等不良现象。

二是表达能力。指学生把自己的思想、情感、想法和意图等,用口语、表情和动作等方式清晰明确地表达出来,并善于让他人理解的能力。小学阶段是口语表达能力发展的关键期。语言是思维的外壳,表达能力能反映出学生的思考力。

应当鼓励学生怎么想就怎么说,并注意指点数学术语的正确使用。数学教师指导的重点,可以是要求学生在表达时做到有根有据、有条有理。同时,通过对学生能够自觉运用数学语言来进行简洁且准确表达的语段作点评,引起全班学生的关注,并让其借鉴。

三是说理、质疑、辩论的能力。小学生常常只讲述"是什么""怎么样",而不关注"为什么"。对此,教师应引导发言学生或其他同学作补充说理,帮助说清数学事实背后的原因或对因果关系作出解释。

学生在交流汇报过程中的补充、解释、质疑、辩论,有助于生生之间、师生之间进行深层次且多回合的互动,从而引发学生更深入的数学思考。因此,教师应有意识地创设辩论话题,帮助学生激疑、生疑、由疑生趣、由疑导思,促发深层次的交流与思维碰撞。过程中,还应鼓励学生大胆质疑、积极辩论,在"辩"中深思,在"论"中增智。

此外,还应关注合作学习中取长补短能力、评价能力的培养。

5. 把握时机

关于合作学习的适用条件,前文已基于学科特点讨论了内容的选择及其价值取向。进一步,还有必要探讨合作学习的时机。

所谓时机,即时间中的机会,也就是教学过程中的机会。技术逻辑下不折不扣地按照教案来执行的教学,如同"临摹",时机隐匿了;而实践逻辑下由预设与生成相结合而形成的教学,犹如"创作",时机就会自然显现。

"教育理论中尚未被人们理解的正是在这种教育时机不断变化过程中的现场的瞬间行动。"[1]对于实践者来说,这是一个非常灵活且考验教学智慧的问题。虽然我们并不知道树上的某片叶子什么时候会落下来,但可以概括出

---

[1] 范梅南.教学机智——教育智慧的意蕴[M].李树英,译.北京:教育科学出版社,2001:246.

秋天是树叶凋落的季节。一般来说，比较容易获得经验支撑的有效时机主要有以下几个。

（1）问题较难或学生反应不佳时。

小学数学中遇到单独一个问题难度较大的机会并不多，而大多是在对问题进行综合比较并需要多方面考虑时，更能凸显小组合作模式下相互启发的功能。

■ **案例** 4-39　列算式求解与列方程求解的比较。

（一）引出比较内容

① 分析数量关系。

出示条件"鸡比鸭的2倍还多20只"，先各自画出线段图（图4-64），再同桌互查。

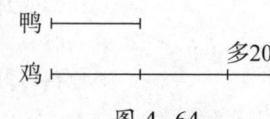

图4-64

② 提出问题并列式。

师：已知鸭有45只，提出两个问题并列式。先独立思考，再交流。

生1：我提出的一个问题是求鸡的只数，算式是45×2+20；另一个问题是求鸡比鸭多多少只，算式是45×2+20-45。

生2：我的第二个问题是鸡和鸭相差多少只，算式是45×（2-1）+20。

生3：我的第二个问题是求鸡、鸭的只数和，算式是45×（2+1）+20。

师：都正确。我们来比较求鸡的只数和鸡比鸭多几只这两个问题，它们的线段图有什么异同？同桌两人分别画其中一幅线段图，画好后互相看看。

生：每幅图都是两条线段，已知数也都一样，区别是问号在不同的地方。

师：为什么你们都用算术方法列式？

生1：根据鸡鸭只数的数量关系，鸭的只数是1倍，已经知道了，鸡是它的2倍多20，直接乘2再加20就行了。

生2：因为数量关系是"鸭的只数×2+20=鸡的只数"，等式左边都是已知数，所以能顺着列式。

师：是的，两个问题都适合正向思考。

③ 交换条件与问题。

师：如果把这两题的问题都变成条件，并去掉"鸭有45只"这个条件，再把问题分别改成"求鸭的只数""求鸡、鸭各有多少只"，那么线段图应该怎么改？还是同桌两人分别画其中一幅线段图，画好后互相看看。

生：两条线段不变，已知数和问题要改变。

（二）小组讨论

① 出示四题与相应的线段图（图 4-65）。

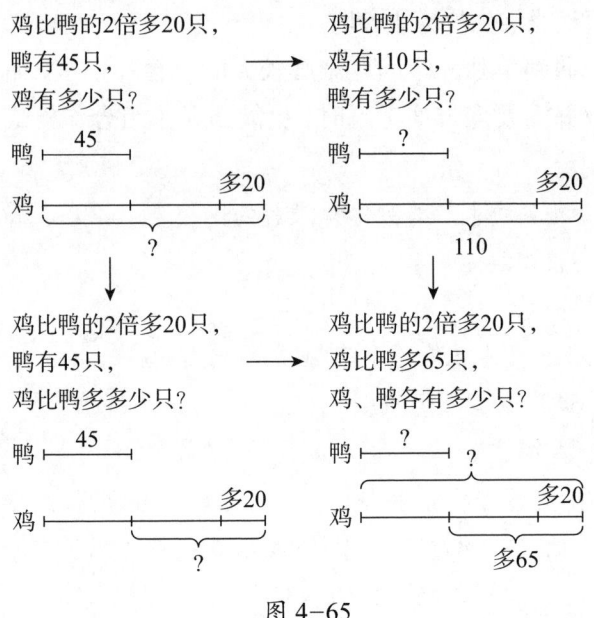

图 4-65

② 比较联系与区别。

师：小组合作讨论，比较上下两题、左右两题的异同。

③ 全班交流。（略）

通过各小组的相互补充，形成较完整的认识：四题都是鸡、鸭只数这两个量，它们的数量关系相同；左边两题只需正向思考，适合列算式求解；右边两题适合列方程求解，从而变逆向思考为正向思考；上面两题都是知道一个量求另一个量；最后一题是知道两个关系，求两个未知量。同时，学生感受到画线段图能帮助看透数量关系，有的口算就能解决问题。

这个内容如果一开始就让学生小组讨论，则头绪过多，容易顾此失彼。而采取先个人学习、再合作学习，先同桌两人合作、再四人小组讨论的策略，使得合作的时机更为恰当。既能使每个学生获得更多的独立思考机会，又便于逐步理清辨析的头绪与方向，提升学习成效。

（2）独立探究遇到困难时。

有些内容对学生来说比较陌生，或是缺乏相关的知识与经验。对此，教师可以考虑能否采用合作学习的方式，让学生相互借鉴。

（3）个人操作难以完成时。

例如，本章中的课例 4-3，若让学生独自计算 6 条不同路线的长度，不仅耗时且易出错；而通过小组分工合作，就能充分发挥集体力量，提高解决问题的效率。

该课例中，教师对合作的时机也有很好的把握。即：先让学生思考，若要求同桌两人共同计算某条路线（路线分为两段，每段两个数据）的总长，可以怎样合作？使学生意识到分工可以提高效率，以此激活合作意识与需要，再启动小组计算活动。

（4）学生意见出现分歧时。

在思维活跃的班级中，常发生学生出现不同想法、作出不同解释的情况。这时，尽可能让他们各抒己见、相互争辩，让学生说服学生，笔者认为这是可取的。

（5）理解掌握进程不一时。

个体的差异会导致学生理解同一数学知识、掌握同一数学技能的进程无法同步。对此，比教师重复讲授更为有效的教学方式，无疑首选合作学习。下面，以量角器的使用为例作简要说明。

■ **案例** 4-40　量角器的使用。

长期以来，这一操作技能被公认为教学的难点。从教师总结的操作要点"心对点，线对边，内圈外圈要分辨"来看，要使学生理解并掌握似乎很费口舌。

但事实上，量角器的中心对准角的顶点，0刻度线对准角的一条边并不是分开进行的，而是合二为一共同完成的。因此，部分学生的困难其实在于"怎样放、怎样读"。实践表明，让学生教学生，两个问题便可迎刃而解。

例如，有学生把量角器的边缘对准角的顶点，同桌看到后，伸手将他的量角器往右移，并说明"找到0，往上看"（图4-66）。这样的"手把手教学"以及学生之间质朴的语言，远胜于教师讲授。

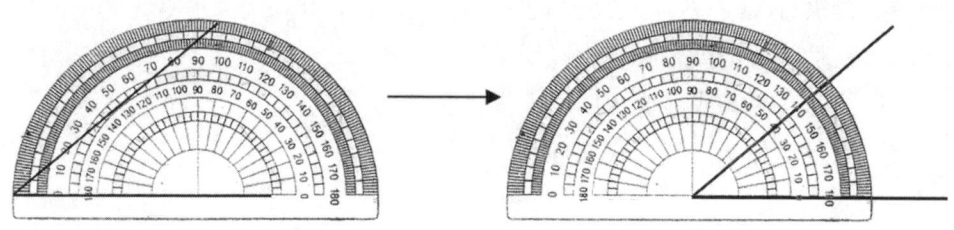

图 4-66

又如，对于开口向下的角，有学生不知量角器该怎么放。这时，一位同伴说："把纸转一下。"另一位同伴边说"转量角器"边示范。儿童的办法、语言，令人拍案叫绝。

多年前，陶行知先生倡导的"小先生制"正是一种弘扬学生主体性的有效教学方式。课堂上，当教师发现问题后，是自己指导，还是让学生教学生，这方面的经验，值得总结。

因此，我们可以把合作学习的有效时机归结为：需要群策群力、集思广益时；需要互相帮助、学生教学生时；而学生自己意识到需要合作时，则无疑是最佳时机。

6. 改进评价

交流过程中，教师可以不作评价，而是让学生互评；当然，也可作必要的点评。

前面提到，应将合作学习评价的重心由关注个人、结果转向兼顾集体、过程，以此强调集体的成绩、共同的努力，以此鼓励合作、树立榜样。

国外有研究指出，给学生的合作及其技能提供反馈信息，是改善他们合作行为的关键[1]。因此，教师应通过评价帮助学生认识到合作的意义以及学会合作的重要性，帮助他们了解相关技能。

我们习惯并熟悉评价学生个体、评价学习结果，却很少重视对小组/集体合作态度及其努力程度的评价，因而缺乏相关经验。

国内有教师设计了课堂合作学习的评价量表，所有评价项目均指向小组学生间的交互作用，可供参考[2]。具体包括：

① 积极接受任务，集中注意力完成任务；
② 平等参与，相互配合；
③ 轮流发言，认真倾听；
④ 提供自己的观点和解决办法；
⑤ 鼓励他人提供想法或给以反馈；
⑥ 给那些想要或需要帮助的人提供帮助；
⑦ 用容忍和支持的方式处理意见分歧。

---

[1] 丁郑平.合作学习——大面积提高学业成绩的理论和方法[J].外国教育资料，1988（05）：46-50.

[2] 王泽.高中生物课堂合作学习中学生间交互作用的初步研究[J].现代中小学教育，2005（05）：22-25.

第五节 改善练习的开发，追求理解应用实效[1]

数学练习的开发与使用，是数学教学设计与实施的重要组成部分，也是推进深度学习、培育学科核心素养的重要一环。同时，学生的作业（练习）一直是社会关注的焦点，练习的质与量及其实效已成为落实"双减"政策、减负提质至关重要的方面。因此，在前面各节的基础上再单列一章，展开更深入的探讨。

一、研究练习设计的意义

这里所讨论的"练习"（常常也称为作业），包括课堂练习与课前、课后练习。

1. 从数学教学的内容看：练习是数学教材的重要组成部分

如前所述，练习（习题）是数学教材占据过半篇幅的组成部分。因此，钻研数学教材，很重要的一项内容就是研究其各类练习题的配备，吃透练习设计意图，把握练习的实施要求，发现需要因班或因人的差异而需要加以调整或补充之处。

2. 从数学教学的过程看：练习是数学学习必不可少的环节

何谓"学习"？中国式的经典回答是"学而时习之"。任何学科的学习，都

---

[1] 曹培英. 提高小学数学练习设计有效性的研究[J]. 小学数学教师，2011（04）：37-48，2011（05）：61-71，2011（06）：56-69.

需要"时习之",都离不开练习过程。数学更是如此。

美国数学家哈尔莫斯(Halmos)有句名言"学习数学的唯一方法是做数学"。事实上,整个数学课堂教学,不仅课课有练习,而且还有专设的练习课。

过去,小学数学课堂教学总体上是练习课多于新授课,新授课上也常常是练习时间多于新授时间。但现在,情况出现了逆转,新授课多于练习课、新授时间多于练习时间成了不争的事实。众所周知,"教"是为了"学",教是因为需要教。但不知不觉间,我们变得更喜欢"教"了,这无疑与课改的初衷背道而驰。其原因是多方面的,如在课程标准与教材方面、教师与教学方面,都有值得探讨的问题。这一现象也从另一侧面向我们揭示了当前深入研究练习设计的现实意义。

3. 从数学教学的改革看:练习还能成为获取数学知识的有效手段

"做数学",过去主要指"做"题目,现在趋向回归"做"的本意,即制作、从事某种工作或活动。从而,便将"做数学"视为数学活动的教学,以主体作用于客体的方式,让学生与周围的世界(包括教材、教师、同学以及客观的现实世界)发生作用,亲自动手去解决呈现在他们眼前的问题,在这个过程中获取数学知识,发展数学能力。

其实,学习历来有两类方式,一类是"书中学",另一类是"做中学"。通过练习的"做",同样可能"学"到新知识。目前的教材中,已有不少这类练习。

案例 4-41 最大公因数。

(1)写出 1,2,3,…,20 各数与 5 的最大公因数,你能发现什么规律?

	1	2	3	4	5	6	7	8	9	10	11	12	13	14	15	16	17	18	19	20
与 5 的最大公因数																				

这是人教版《数学》五年级下册练习十五中的一道题。教师在此基础上增添了一问:

(2)一个数与质数的最大公因数有什么规律?为什么?

显然,补充的问题是课本练习所发现规律的一般化:如果一个数不是质数的倍数,它们的最大公因数是 1;如果一个数是质数的倍数,它们的最大公因数是这个质数。

学生根据质数的概念（只有 1 和它本身两个因数），不难讲清原因。

对于求两数最大公因数的一般方法，可以设计渗透辗转相除法求最大公因数的应用问题，并作为探究作业供学有余力的学生选做：

（3）有一张长方形纸片，长 319 厘米，宽 87 厘米。甲同学用这张长方形纸片剪出一个最大的正方形后将这个正方形拿走，乙同学用甲剩下的纸片剪出一个最大的正方形后也将其拿走，如此重复操作。问：最后一位同学拿走的正方形的边长是多少厘米？

学生可以画图帮助思考，也可以辗转做除法运算：319÷87=3……58，87÷58=1……29，58÷29=2，则最后一位同学拿走的正方形的边长是 29 厘米。

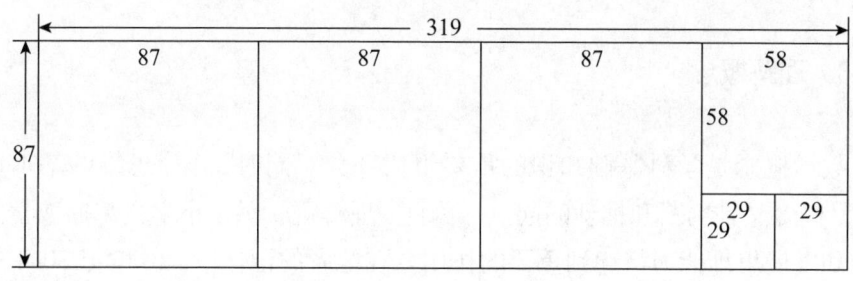

图 4-67

教师还应引导学生验证：319÷29 = 11，87÷29 = 3，说明 29 是 319 与 87 的最大公因数。

不难看出，这个应用题的实质是借助儿童情境，给出了辗转相除法的一个几何模型。

诸如此类的练习，在期望改进、完善学生学习方式的现今，理应受到重视。这对真正发挥学生学习数学的主体性，扭转教师"喜欢"教的局面也有裨益。

此外，就社会对学校教育的"减负增效"呼声来说，学生回家作业的作业量是家长们认为孩子学习负担重的主要来源之一，这也是政府主管部门每次出台"减负"举措时都要重申限定家庭作业时间的原因之一。因此，研究并提高练习设计的有效性是实现"轻负高质"教育的重要一环。

二、数学练习的功能

一般地，练习具有促进理解、巩固所学知识，以及形成技能、发展能力的功能。这是泛学科的共识。

为了切实提高数学练习的有效性，一方面，必须明确"有效"的确切含义。在《现代汉语词典》中，"有效"指"有效果""能实现预期的目的"。本节中，意指学生通过练习获得进步或发展。具体地：一是"有效果"，指练习达成了预设的进步目标或发展目标；二是"有效率"，指师生的付出特别是在时间上的付出比较经济；三是"有效能"，指练习的潜在导向符合教育的价值追求。

另一方面，对于练习的功能，仅仅停留于教育学层面的"概论"是不够的，还需要深入到学科教学法层面，针对小学生与数学的特点，具体揭示小学数学练习的各项功能。换句话说，在探寻改进措施之前，有必要先明确小学数学练习的有效性究竟体现在哪些方面。

1. 理解概念

数学概念是学科基础知识的重要组成部分。同时，作为思维的基本形式之一，概念又是判断和推理的起点。因此，理解概念对于小学生掌握数学基础知识和发展思维能力将起到重要的作用。在笔者的记忆中，20世纪80年代所评的数学特级教师，无论是中学还是小学，他们经验总结中的第一条几乎都是关于加强概念教学的做法与心得。这是我国数学教学应该继承并发扬的传统。

小学阶段，明确给出定义的数学名词和数学术语相当有限，较多的是基于数与形的认识而形成的概念。以"万以内数的认识"为例，促进学生理解数概念的练习可以从直观化、生活化或形式化等角度展开设计。

■案例 4-42 万以内数的认识。

（1）看图写数（图4-68）。（数概念直观化的练习：看出数感）

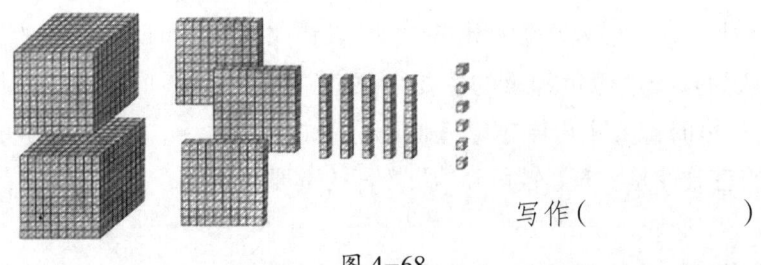

图 4-68

（2）你知道全校学生做早操时，操场上一共有多少学生吗？告诉你，大约1000人。想一想，（　　）个这样学校的学生集中在一起，才有一万人。（数概念生活化的练习：用出数感）

（3）读一读，填一填。（数概念形式化的练习：读出数感）

① 6789 读作（　　）千（　　）百（　　）十（　　）；

② 6789 是由（　　）个千、（　　）个百、（　　）个十和（　　）个一组成的；

③ 6789=1000×（　　）+100×（　　）+ 10×（　　）+（　　）。

这些练习，在帮助学生理解数概念的同时，也都有助于学生形成数感。为增强练习效果，教师评讲时应启发学生体会：原来每读一个数，都在读出它的组成；这样的填空，怎么读就怎么填。

概念的理解，还可以通过应用加以深化。

■ **案例** 4-43　因数、倍数概念的应用。

（1）用 24 个 1 平方厘米的小正方形拼出长方形，有哪几种拼法？

（2）一条长 300 米跑道的一边，原来每隔 4 米种一棵树（一端种，一端不种），现在改为每隔 6 米种一棵树。有多少棵树可以不动？

两个问题都有针对概念理解的指向性。

第（1）题实际上是将成对地找出一个数的所有因数应用到几何领域。教师还可追问：一个数因数的个数都是偶数吗？什么数的因数的个数是奇数？以帮助学生深化认识。

第（2）题涉及两个数的最小公倍数。教师可在解答前或解答后，让学生用数学语言来描述这一问题，即求 300 以内有多少个 4 和 6 的公倍数，从而让学生经历数学化的训练。

通过应用练习，可以有效促进学生进一步理解概念，并灵活应用概念。

2. 掌握法则

这里的法则，包括数的大小比较、数的互化、数的四则计算以及几何"求积"等的方法，且大多需要通过练习才能使学生比较熟练地掌握。

以数的四则计算为例，除了常规的计算练习题之外，还可以根据需要设计一些针对掌握法则的关键或难点的辅助练习，帮助学生在理解的基础上掌握计算法则。试举两例。

案例 4-44　掌握法则的辅助性练习。

（1）分数除法。

$\dfrac{6}{7} \div \dfrac{5}{8} = \dfrac{6}{7} \times \dfrac{(\ \ )}{(\ \ )}$；$\dfrac{8}{9} \div \dfrac{3}{4} = \dfrac{8}{9} \bigcirc \dfrac{(\ \ )}{(\ \ )}$；$\dfrac{9}{14} \div \dfrac{3}{8} = \dfrac{(\ \ )}{(\ \ )} \bigcirc \dfrac{(\ \ )}{(\ \ )}$

这是针对分数除法计算最为关键的步骤"颠倒相乘"设计的专项练习。从"扶"到"放"，能使学习困难的学生快速掌握计算要领：被除数不变，除号变乘号，除数变成它的倒数。

（2）退位减法。

计算 1000-678，通常是把 1000 分成（　）个百、（　）个十和（　）个一。

$$\begin{array}{r} \overset{\scriptscriptstyle 9\ 9\ 10}{1\ 0\ 0\ 0} \\ -\ \ 6\ 7\ 8 \\ \hline \end{array}$$

此题针对学生眼中的"奇怪"现象，采用填空的形式，将被减数中间含有 0 时的连续退位过程加以展开，以帮助学生感悟其内在机制，理解为什么出现 9、9、10 的算理。

实践表明，这种切中"要害"的辅助练习，练在"刀刃"上，能有效突破突破关键点和难点，且具有较高的练习效率。

3. 形成技能

按照心理学的观点，操作技能（也叫动作技能）的典型特征为：操作活动的对象为具体物质客体；操作动作由外显的肌体运动来实现；其活动结构是展开的。在数学的技能中，具备如此特征的单纯操作技能，如数字的书写、计算器的操作等，是不多的。诸如口算、笔算、代入公式求值等，都属于特殊的智力技能。然而，由于这些特殊的智力技能常常表现为通过练习而形成并加以巩固的符合法则的表达方式，甚至可以不假思索地表现出来，因此常被归入操作技能范畴。这似乎有悖心理学的分类，但也不是没有一点道理。本来，操作技能与智力技能总是协同活动的，操作技能是智力技能形成的基础，而智力技能则是操作技能的调节者。如同书法，本是两种技能的完美融合。

避开学究式的争辩，这里将问题解决策略比较直白、简单，且缺乏挑战性的习题归入操作技能练习范畴，将问题解决策略比较隐蔽、复杂，且挑战性较大的习题归入智力技能练习范畴。我们的追求是促进学生两种技能的和谐发展。

案例 4-45 组合图形的面积（单位：厘米）。

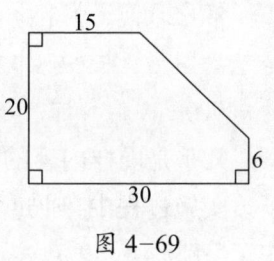

图 4-69

这个图形（图4-69）的组合关系比较明了，解答时只需凭记忆再现相关图形的面积公式，代入数据后，再将各部分面积相加即可。对于基础较好的学生来说，此题缺少思维含量，观察能力和想象能力的发挥有限，因而主要是操作技能的练习。

改变呈现方式：

（1）求图形（图4-69）的面积。除了下面两种方法（图4-70），你还能想到其他方法吗？

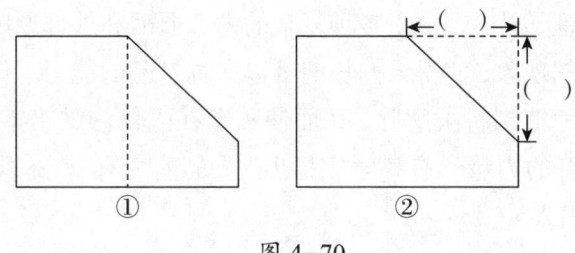

图 4-70

（2）下面三种方法（图4-71）合理吗？为什么？

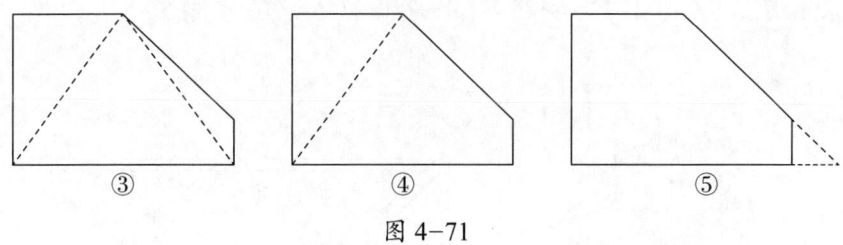

图 4-71

改编后，练习效果就大不一样了。

第（1）问，多数学生想到了相加组合，也有学生由方法②的填空，发现最长边被等分成了两段，即方法①中左侧长方形的宽与右侧直角梯形的高相等，由此想到剪拼（割补）的方法（图4-72）。

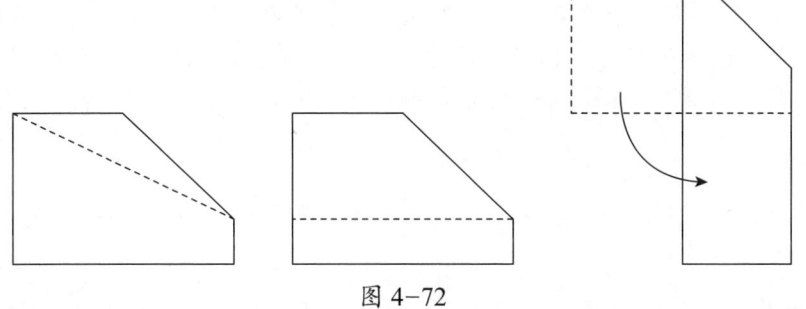

图 4-72

第（2）问，学生也能说清理由。例如，方法③图形块数过多；方法④不都是基本图形；方法⑤中小三角形的高是6厘米，底难以求出（涉及成比例线段的知识）。

几乎是同样内容的练习，改变呈现方式之后，思维和想象的空间则被扩展了。实施过程中，通过生生之间交流，以及个人创意的共享，使得学生充分开拓了思路。

4. 激发潜能

现代医学心理学认为，由于各种复杂的内部原因和外部原因，人的大脑机能存在着一种抑制现象，使得人们长期难以察觉自己的能力。但是，在恰当刺激的条件下，这种抑制将被解除，从而使蕴藏在人体内的潜能充分地释放出来，产生一种神奇的力量。有科学家指出，人的能力有90%以上处于休眠状态，没有被开发出来[1]。

数学练习能否解除抑制、刺激潜能呢？仍以面积计算为例。

■ 案例 4-46　面积的巧算。

求下面图形（图4-73）中阴影部分的面积（单位：厘米）。

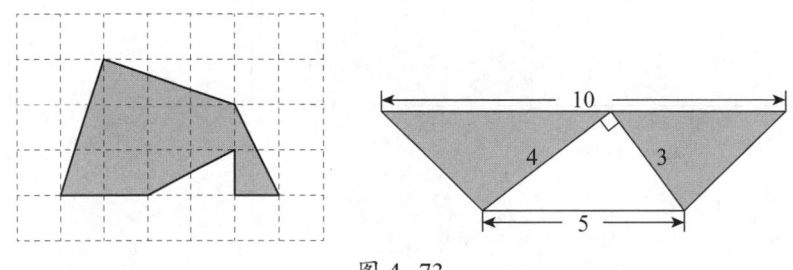

图 4-73

通过仔细观察，学生能发现左图的多边形可以割补成一个边长为3厘米的正方形。评讲时，教师可酌情联系旋转概念，讲清图形的运动变化。

师：同学们都发现了这个不规则的多边形可以通过剪拼，转化为面积相等的正方形。能不能运用我们学过的旋转知识，说清楚分割之后，怎样使部分图形转到新的位置，而不是随随便便地拿走又放上去？比如，左边的直角三角形

---

[1] 朱永新."新教育实验"的基本理论与实践探索[J].课程·教材·教法，2005（09）：18-24.

中，上方的顶点记为点 A，以 A 为旋转中心，可以怎样旋转？

生 1：以 A 为旋转中心，顺时针旋转 90 度。

生 2：不对，应该是逆时针旋转 90 度，顺时针的话要旋转 270 度了。

师：请大家先分别想象一下左边的直角三角形顺时针旋转 270 度或逆时针旋转 90 度的旋转过程与结果，再看老师的演示，和你想的一样吗？

师：那么，右边的直角三角形又该怎么运动呢？同桌两人互相说一说。（图 4-74）

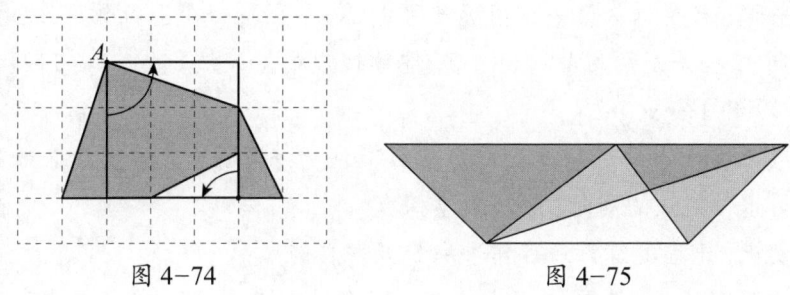

图 4-74   图 4-75

第二幅图的常规思路是"整体面积—空白面积"，比较烦琐。即：①求空白三角形面积；②求空白三角形边长为 5 的这条底上的高，即梯形的高；③求梯形的面积；④梯形面积—空白三角形面积。

便捷方法是：根据等底等高三角形面积相等的已知结论，可将两块阴影部分合并成一个三角形（图 4-75），则求出空白三角形的高后，即可求出合并三角形的面积。

更为巧妙的是：注意到梯形的两条底恰好构成 2 倍关系，即合并后三角形的底是空白三角形底的 2 倍。所以，求出空白三角形面积后，再乘 2 即可。

可见，具有一定开放性的练习，若能处在学生的最近发展区内，就有可能激活学生的思维释放出个体的数学潜能。

5. 探究学习

如前文所述，选择适当的数学知识背景，开发具有一定学习指向的练习题，可以让学生边练习、边探究，以发挥练习的探究学习功能。

此外，也可以选择一些趣味的数学内容，并设计成探究性练习。例如，计算与探究相结合，比较典型的如所谓的"数学黑洞"。

案例 4-47 减法中的探究。

（1）在 1~9 的九张数字卡片中，任选三张组成最大数和最小数，并相减；

（2）用差中的三个数字组成最大数和最小数，并相减；

（3）反复进行下去，你发现了什么？

题目设计成"从九张数字卡片中任选三张"，是为了排除两种特殊情况：

第一种，三个数字相同，如 222-222=0，无须再减下去；

第二种，两个数字相同，如 211-112=99，差是两位数。

一般地，只要排除第一种情况就可以了，即任取一个三位数（三个数字不完全相同），当差是两位数时，添 0，继续按规则做减法。如 211-112=99，则有 990-99=891……

有教师将上面的练习开发成多位数减法的练习课，让学生在兴趣盎然地反复练习退位减法的同时，经历数学探究。

事实上，上面的练习还可作进一步开发。例如：

天文学家认为，宇宙空间中存在一种星体叫"黑洞"，它具有非常大的质量和吸力，如果宇宙中的其他星体经过它的吸力范围，就会被吸进去再也不能出来了。通过上面的练习，你已经发现了数学世界里三位数的一个"黑洞"。你有兴趣继续探究吗？

（1）任选三个都不同的数字组成最大数和最小数，要得到三位数的这个"黑洞"，最多需要做几次减法？

（2）用四个不同的数字组成最大数和最小数，并相减；同样反复进行下去，你能找到四位数的"黑洞"吗？

学生总能按规则通过多次尝试得出结果。

进一步，还可引导学有余力的学生对黑洞"495"的一般情况一探究竟。

例如，用字母 a、b、c 表示从大到小三个不完全相同的一位数，即只排除第一种特殊情况。由减法竖式可推出：差的十位一定是 9；如果差的个位是 9，说明 c 比 a 小 1，那么差的百位就是 0；同样道理，如果差的个位是 8，说明 c 比 a 小 2，那么差的百位就是 1；依次类推。

高年级学生可用含字母的式子推算。例如，同上所设：
$100a+10b+c-(100c+10b+a)=99a-99c=99(a-c)$。

因为 $a-c$ 的差只能是 1~9，所以 99$(a-c)$ 的值只可以是 99, 198, 297, …, 891。

```
  a b c
- c b a
-------
  0 9 9
  1 9 8
  2 9 7
  3 9 6
  4 9 5
  5 9 4
  6 9 3
  7 9 2
  8 9 1
```

按规则从 99（看作 099）开始计算：
990-99=891，981-189=792，972-279=693，963-369=594，954-459=495。
从而得出这些差出现的先后顺序：

$$99 \to 891 \to 792 \to 693 \to 594 \to 495$$
$$\quad\quad 198\nearrow\quad 297\nearrow\quad 396\nearrow$$

比如，541-145=396，963-369=594，954-459=495。

由此，比较彻底地解决了三位数"黑洞"问题。这是小学生所能及的真正的数学探索。

只要教师用心收集，适合小学生进行探究的问题，以及适合作为小课题研究的还有很多。

6. 培养习惯

小学教育很大程度上是一种养成教育，数学教学也不例外。所谓"优秀"，在某种意义上就是"习惯好"。培养学生良好的学习习惯，是各学科教师不可推卸的共同任务。

通过数学练习，除了可以培养认真作业、端正书写等一般的良好学习习惯之外，还可以培养数学特有的良好学习习惯，如仔细计算、自觉检验等。

从练习设计的角度看，我们可以设计一些学生必须通过仔细观察、检查、分辨才能解答的练习，以及专门巩固验算的练习。这些练习的主要功能是强化认知，即强化对习惯内涵的认知，如检查、验算的方法和要点等。但真正形成习惯，主要还是依靠学生平时练习时有意识的关注。

当然，也需要教师经常性的提醒，尤其是以身作则的垂范。例如，在案例4-47中，教师每做一次减法，都应回过头检查一下。特别是利用规律检查，即十位上的数应该是9，百位上的数与个位上的数相加也是9。教师的示范，是对学生潜移默化的熏陶。

7. 渗透教育

渗透教育包括思想品德上的渗透，也包括数学思想、数学美育的渗透。以思想品德教育为例，一位教师在教学平均数的过程中，根据本班学生捐款时的真实议论，设计了如下练习题。

案例 4-48 捐款问题。

为抗震救灾，各班学生积极捐款。捐款当天，五（2）班1人病假，实到42人，平均每人捐款82元。他们得知，五（1）班平均每人捐款83元，那么病假的学生至少要捐多少元，他们班的平均捐款数才能和五（1）班相同？

该教师关注了学科德育的时效性，自编的应用问题可圈可点，在实际练习过程中显示出良好的教学效果。学生看到自己课间的讨论被教师编成了题，解题的积极性更高了，纷纷说出自己的算法。公认的最简算法是"给每人补1元"，即（83-82）×42+83=125（元）。教师要求列式验算（82×42+125）÷43=83（元），以巩固求平均数的一般算法。

其间有个别学生插话："让病假的同学多捐点，超过五（1）班。"而这正是教师预期的教育点，于是立即回应："献爱心并不是要比金钱的多少，只要人人尽心、尽力就行。"

分析这一"插曲"：希望本班捐款数超过其他班，是小学生比较常见的真实心理活动。面对学生攀比捐款数额的情况，教师理应给予适当引导。这类精准"滴灌"、相机实施的教育，也是数学应用练习应有的组成部分。

8. 学习反馈

练习的反馈功能体现在教与学两方面，教师对练习的批改是实现反馈的首要环节。

学的反馈主要表现为：学生知道练习做对了，无形中起到了强化正确认知的作用；知道练习做错了，特别是通过评讲知道错误所在及其原因，并通过订正纠正错误以后，同样能够收到练习的实效。因此，必要的评讲、面批以及及时的反馈都是确保反馈效果的重要因素。

教的反馈主要表现为：通过对学生各种练习的应答、批改、统计与分析，教师可以获得关于教学状况的大量真实信息，从中了解教学上的得失，进而积累教学经验，或发现教学上的失误并及时加以调整、弥补。

9. 学习评价

我们知道，学习评价重在平时，加强过程性评价、诊断性评价是学习评价改革的主攻方向。因此，学生的课堂表现、练习表现既是日常教学过程中教师了解学生学习情况的主要渠道,又是实施过程性评价、诊断性评价的重要依据。

相对于学生的课堂动态表现而言,学生的练习表现便于教师全面、细致地掌握每一位学生的学习情况,也便于教师沉下心来,由果导因,深入分析、探寻学生练习表现背后的成因。可见,练习的评价功能不可小觑。

以上这些小学数学练习的具体功能,可以概括为智育、德育和评价三大功能,即:

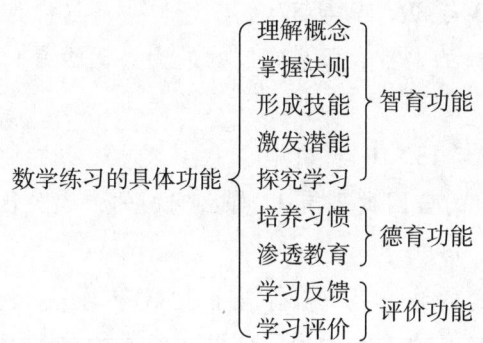

根据练习的实际情况兼顾多项功能,是提高练习效能的举措之一。

三、数学练习设计提高有效性的十项要求

前文较为系统地罗列了小学数学练习的各项功能,旨在勾勒练习的有效性具体体现在哪些方面。其中的诸多案例已充分显示出练习的效果有赖于设计,同时需要及时的实施与评析跟上;而只有练习设计得好,才有实施出彩的空间。而且,欲使练习的效果能够得到有效落实,相当重要的是明确练习设计的要求。

为便于参照,将小学数学练习设计的要求归纳为以下"十性"。

1. 目的性

设计练习时,首先必须明确练什么(练习的内容),达到什么要求(练习的目标),即通过练习期望学生会什么、懂什么、悟什么。

案例 4-49 小数除法。

一本练习本 5.8 元,56 元最多可以买几本这样的练习本?

很明显,该题的练习目的,一是小数除法的应用,二是用去尾法取商近似

值的应用。但如果希望能够同时练习小数除法商取整数时如何判断"余数"，还需添上一问：还剩多少元？

这就有可能使教师通常的叮嘱"小数除法商取整数时，'余数'的小数点要和被除数原来的小数点对齐"，通过应用得到理解与巩固。

再举一个期望学生通过练习有所悟的实例。

■ 案例 4-50　求两数最大公因数与最小公倍数的特殊情况。

求下面各组数的最大公因数与最小公倍数，你能分别总结规律吗？

（1）8 与 24，13 与 39，19 与 57。

如果甲数是乙数的倍数，那么它们的最大公因数是（　　），最小公倍数是（　　）。

（2）8 与 15，3 与 13，10 与 11。

如果甲、乙两数的公因数只有 1，那么它们的最大公因数是（　　），最小公倍数是（　　）。

其中，第（1）题的结论可以让学生根据概念说理。例如：因为甲数是乙数的倍数，且甲数又是自己的倍数，所以甲数是它们的最小公倍数；因为乙数是甲数的因数，且乙数又是自己的因数，所以乙数是它们的最大公因数。这样的说理，其实就是演绎推理。

第（2）题的结论"互质两数的最大公因数是 1，最小公倍数是两数的积"，是两数最大公因数与最小公倍数性质的推论，不适合要求小学生说理。

2. 针对性

针对性是目的性的进一步要求。为了提高练习的效率与效能，非常重要的一点就是加强练习设计的针对性。一是指针对学习内容的重点、难点、关键点进行设计；二是指针对学生学习过程中易错、易混淆、易忘的知识点或技能环节进行设计。

例如，长方体、正方体表面积与体积计算的应用是教学的重点和难点，学生对此常常混淆，难以分辨到底是求体积还是求表面积。针对这一现象，不妨设计如下专项练习。

■ 案例 4-51　体积与表面积实际应用的辨析。

下面哪些问题可能与求体积或表面积有关？

① 长方体水池里有多少吨水的问题；

② 制作一个长方体盒子至少要用多少硬纸板的问题；
③ 石头放入装有水的长方体玻璃缸中，水面上升多少的问题；
④ 长方体水池壁贴瓷砖，需要多少块砖的问题；
⑤ 给大厅里的长方体柱子刷油漆，需要多少油漆的问题；
⑥ 大厅里砌一面墙，需要多少块砖的问题。

这6个问题，问题①③⑥通常与体积有关，问题②④⑤通常与面积有关，且分别需要计算6个面、5个面、4个面的面积。问题⑥还有一种可能，即已知墙面的长、宽和砖的长、宽，且只砌一层，那么只要用墙面的面积除以砖面的面积即可。

这样的专项练习，着重审题训练，学生无需动笔，只要读题、思考，并作出判断。通过对6个问题的集中比较与辨析，可以有效帮助学生学会正确辨别是求体积还是求表面积。同时，不知不觉间还使学生经历了空间想象的训练，对培养学生自觉总结练习收获与经验的习惯也有裨益。

3. 层次性

小学数学练习的层次性也有两层含义。其一是指前后练习的设计安排，先练什么、再练什么，应当循序渐进。所谓"序"，主要指练习内容内在的递进联系与学生理解知识、掌握技能的发展进程。其二是指一组练习题之间的坡度，即由易到难、由简到繁，适当设置阶梯，以适合学生的实际。

下面，以教学平行四边形面积计算新授课的课堂练习为例。

案例 4-52 求平行四边形的面积。

基础练习：

（1）数方格求面积。（图略）

（2）给出底和高求面积，并填表。（略）

变式练习：

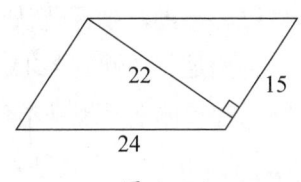

图 4-76

（3）求图中（图4-76）平行四边形的面积。（单位：厘米）

发展练习：

（4）一个正方形，周长36厘米，把它割补成平行四边形，面积是多少？

三个层次的练习，有基础题、有变式题、有提高题（剪拼法的逆向应用），由易到难的"序"比较明显，坡度比较适中。

有教师认为，数方格求面积，起点过低。其实不然。通常，越是原始的方法，其所能迁移的范围越大。例如，不规则图形可以用数方格的方法来求面积。

即使是求平行四边形的面积，也能以方格纸为载体，设计发展练习。例如：图中（图4-76）每个方格边长1厘米，求平行四边形的面积，并验证。

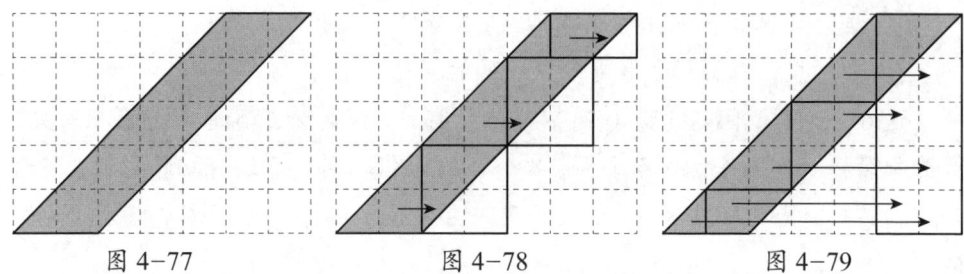

图4-77　　　　　　　图4-78　　　　　　　图4-79

求面积可以套用公式，而验证的方法则五花八门：数完整的格子数（两个半格拼成一格）；方格总数7×5减去空白格数5×5（两个空白三角形拼成正方形）；分段割补（图4-78）；割补成长方形（图4-79）。

这既是提升学生水平的练习，又是常规推导（高在平行四边形内）的补充与完善（高在平行四边形外）。

4. 思考性

众所周知，数学是思维的体操，由此可以说任何数学题必然都具有思考性。但从实践上看，又确实存在学生可以不动脑筋，依靠机械操作即可完成的数学题。那些可有可无的重复性练习，就属于缺乏思考性的数学练习。因此，有必要强调数学练习的思考性（包含挑战性、拓展性、综合性、开放性等），即通过练习帮助学生深化认识或促进学生灵活应用。

为满足思考性的要求，教师应当研究练习的变式，对部分练习作适当变换，使练习在整体上呈现基本（涉及基础知识）且灵活（突破思维定势）的特点。

■**案例**4-53　多边形面积公式。

在梯形面积公式 $S=(a+b)h\div 2$ 中，当 $a=b$ 时，$S=$＿＿＿＿＿＿＿；当 $b=0$ 时，$S=$＿＿＿＿＿＿＿。

通过练习，发展学生的代数思维，领悟梯形、平行四边形、三角形三个面积公式之间的内在联系。

即便是比较单纯的知识点，也可以设计出富有思考性的练习，如乘除法的关系"除数×商=被除数，被除数÷商=除数"。除了通常设计的一些较为简单的填空练习之外，也可以设计成基本带灵活练习题。

案例 4-54 乘除法关系的灵活应用。

（1）已知 △ × □ = ○，那么 ○ ÷ △ - □ = (　　　)。

（2）已知 △ ÷ □ = ○，那么 ○ × □ ÷ (△ ÷ ○) = (　　　)。

两题都是比较典型的考查基础知识，且又比较灵活的习题。

思考性还包括跨领域的综合性强、知识容量大的综合练习，以及开放性的发散思维练习。这类题能让学生灵活运用所学知识，并在解决问题的过程中进行充分的思考与关联，从而完善认知结构。

案例 4-55 跨领域的综合练习。

（1）六(1)班同学血型情况如右图所示（图4-80）。从图中你能得到哪些信息？

（2）已知 A 型血的人比 B 型血的人多 1 人，该班共有多少人？

（3）表示 O 型血的扇形的圆心角是多少度？

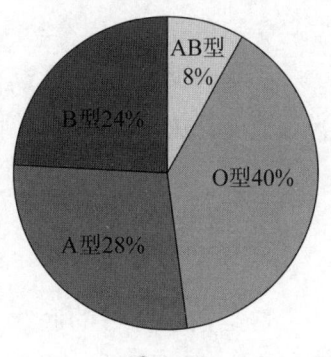

图 4-80

像这样综合多领域学习内容（扇形统计图、百分数的应用、圆心角）的综合练习，比较适合总复习时使用。

案例 4-56 开放性练习。

（1）小明掷两个"数点块"（图4-81），用朝上的点数组成和是 7 的加法算式，可能有哪些？请你写出来。

（2）把 9 个点子连成两部分，再根据两部分的点子数，写出加法算式。例如，4+5=9（图4-82）。

　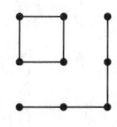

图 4-81　　　图 4-82

两题都是 10 以内加法的开放性练习。旨在说明哪怕是一年级，也可以根据需要设计开放性练习。

第(1)题还渗透了"可能性"，并针对高年级学生学习可能性时的常见困惑，即 1 和 2、2 和 1 是两种情况还是一种情况，有意识地给出两种颜色的骰子。

应当引起重视的问题是，一年级学生识字少、阅读困难大，因此，若让学生自己读题，则应给一些他们尚未学过的字（如"掷"）加注拼音，并作必要解释。

第（2）题的开放性比较大；学生可以随意连线，也可以有序思考。例如，从1+8开始（图4-83）：

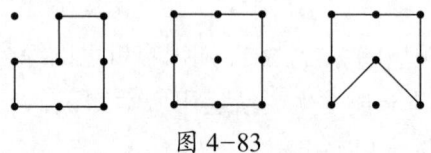

图4-83

如此设计，除了激发学生的练习兴趣，更主要的是培养学生的发散思维。需要指出的是，显然答案很多，但练习时可不必求全。

必须强调，无论是综合性练习，还是开放性练习，都不是为综合而综合、为开放而开放，都必须遵循目的性、针对性的要求。

5. 科学性

这是数学练习的底线。每一道习题的内容都必须符合数学的概念和原理，条件与问题（结论）必须满足无矛盾性，以及完备性（补条件、提问题的练习除外）。

从小学数学习题的实际情况来看，较常见的编制失误主要有以下几类。

（1）缺少限制条件。

例如：一个数乘纯小数，积（　　）这个数。

A. 大于　　B. 小于　　C. 等于　　D. 约等于

这是一道出现率较高的试题，原答案选B。但事实上，只有当两个因数都大于0时，选B才正确；当一个数等于0时，积等于0，此时应选C；而在引入负数之后，还会出现大于的情况。因此，要使原答案成立，应加限制条件，如"两个因数都大于0"。

（2）数据不符合实际。

例如：求图中（图4-84）直角梯形的周长与面积。（单位：厘米）

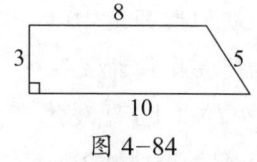

图4-84

注意到直角梯形的上、下底之差与两条腰构成直角三角形，三边长必须满足勾股定理，而此题中$(10-8)^2+3^2 \neq 5^2$。也就是说，这样的直角梯形是不存在的。

当编题者把注意力全部集中在公式或法则的运用上，而忽视了内隐的数学背景时,就有可能出现违背数学事实的错误。

(3)知识性错误。

例如:在自然数中,奇数与偶数各占自然数的(　　)%。

学生往往想当然地回答"各占50%"。但事实上,这道题目本身就有问题。如前所述,奇数集合、偶数集合与自然数集合之间可以建立一一对应关系。通俗地说,所有奇数或偶数与自然数一样"多"。这里,由于忽视了有限与无限的区别,把对有限集合的认识错误地引申到无限集合中,造成科学性失误。

凡此种种均提醒我们,编制练习时要注意跳出当前认知的局限,以更高的数学观点来审视题目的内容及其各部分细节,确保数学练习题的科学性。

此外,实际问题的取材以及数据的设置也要符合客观情况。

例如:甲、乙两人同时从相距2700米的两地相向而行,正好3分钟相遇。已知甲每分钟行380米,求乙每分钟行多少米。

答案是乙每分钟行520米,其速度显然不符实际。

6. 趣味性

对于小学生来说,兴趣是最好的老师。为使数学练习对学生产生吸引力,关注练习的趣味性是不容忽视的。

首先,要让学生感到数学好玩,这在相当一部分小学数学的练习中是可以做到的。进一步,在学生感觉有趣的基础上,还要让他们体会到练习的乐趣和开动脑筋的乐趣,这样兴趣才会持久,兴趣水平才会提升。

例如,培养学生的符号意识。小学阶段的难点在于:怎样才能使学生真切体会"使用符号可以进行运算和推理,且得到的结论具有一般性"?这似乎是中学代数才能实现的要求。那么,能否通过有趣的练习,使小学生也能有所感悟呢?下面试举一例。

■ 案例 4-57　数学魔术。

用含字母的式子表示数量关系并化解,这是小学数学应该为学生升入中学而做好的准备。在这过程中,还能提升学生的数学符号意识。例如:

魔术师说:"你想一个整数,把这个数先乘2再加7,然后把结果乘3再减21。告诉我你的计算结果,我立即就能判断你的计算对不对,也能知道你心里想的整数是多少。"

魔术师是怎样判断的呢？

设自己想的整数是 x，根据题意，有_____＝计算结果。

化简这个含字母的式子，你发现的奥秘是_____。

原来，化简得 $(2x+7)\times 3-21=6x$，即无论你想的是什么数，最后的计算结果都是 $6x$。所以，只要看对方报出的得数是不是 6 的倍数，就能判断计算对不对。如果是 6 的倍数，那么除以 6 就是对方心里想的数了。

每当学生通过自己的努力破解了"魔术师"的奥秘之后，都会产生愉悦感、满足感，这是一种最好的自我奖励！

再进一步，到高年级阶段如果与理想教育、励志教育结合起来，促进学生形成志趣，那就是更高境界的兴趣水平了。

7. 量力性

练习设计的量力性主要表现为练习的难度、深度应适合本班学生的实际水平，让大多数学生能够"跳一跳，够得着"，即练习的要求基本落在学生的最近发展区内。

例如，下面的练习需要逆向思维，有一定的难度：在〇里填上适当的运算符号，使 $[50-(20+9.6○0.4)]\times 5=30$。

如果本班学生的思维发展水平尚不理想，可以适当简化后让全体学生练习。例如：在〇里填上适当的运算符号，使 $50-(20+9.6○0.4)=6$。如此，便降低一些逆向思维上的难度。

8. 操作性

练习设计还需考虑怎样的练习形式或回答方式便于学生完成。这不仅有助于提高练习的效率，也便于教师批改并收集反馈信息。

案例 4-58 画三角形的高。

（1）画一个三角形，画出三条边上的高；

（2）画好三条高后，你发现了什么？

设计意图是期望学生画图后，发现三条高交于一点。但由于允许随意画三角形，学生有可能画出直角三角形，导致不利于发现规律。不如在练习单上直接出示三类三角形（钝角三角形标上星号，供学有余力的学生选做），并将

指导语修改如下:
(1)画出下面每个三角形三条边上的高(图4-85);
(2)观察每个三角形的三条高,你发现了什么?

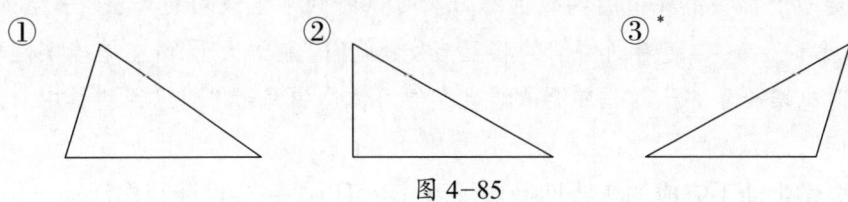

图4-85

改进之后,既便于学生完成,又便于教师批改。因为统一了图形,则统一了答案的形态,教师一眼就能看出学生的画图是否正确(图4-86):

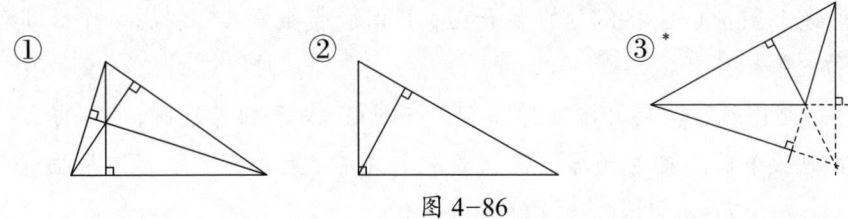

图4-86

这里所说的操作性还包括实践性的操作练习,既可以从课堂延伸至课外,也可以从学校延伸至校外。这样的练习活动有利于学生体会数学学习的现实意义和实用价值,培养学生的动手能力。

案例 4-59 测量教室墙面的粉刷面积。

某小学部分教室墙面出现破损,在施工队到来前,教师让五年级学生尝试测量教室墙面需粉刷的面积。学生已经做过同类的书面练习,知道要求五个面的面积并去除门窗面积。但在动手测量获得数据时,不断出现方法、策略的碰撞。

测量墙面长度时,有学生想要搬动靠墙的课桌椅,沿墙测量;有学生提出无需搬动课桌椅,只需测量两排桌椅间的走道长;还有学生提出,可以通过测量一块地砖的长度,再数出地砖的块数就能获得墙面的长度。甚至还有学生提出,这堵墙外正好是走廊,可以借助走廊的墙砖或地砖来测量。讨论结束后,他们决定用多种方法进行测量和计算,并比较准确度。

测量窗的高度时,又发生了如下讨论。

生1:我拿着尺的一头爬到窗沿上,你在下面,我们合作测量。

生2:这样太危险,我去问老师借一把一米长的木头尺。

生3:这个窗的高度一看就超过一米的。

生4：我记得有一道题目是把一根竹竿插入井中来测量井的深度，我们去问大队部的刘老师借一根中队旗杆。

真是既安全又省力的办法，得到一致赞同。

这是一个真实情境下的实践性练习。可以看到学生最初的想法"书生气"十足，"就事论事"。随着同伴间的相互启发，他们"脑洞大开"，在培养实践能力的同时也增长了才干。结束后，学生在学习体会中写道"没想到测量中有那么多学问"。

需要学生动手完成的实践性操作练习，还可以是一些设计制作活动。

案例 4-60 制作异形纸盒。

学习了长方体展开图之后，给出如下练习：

画出这个图形（图4-87）的展开图，并用胶带纸黏接，制成一个无盖纸盒。（单位：厘米）

学生的画图过程与展开图各异。有的先画前面、底面与后面，再一块块分别画出其他四个面。更为合理的画法是先将左右、上下四个面连同底面一起连接成一个大长方形，再画前后面（图4-88）。

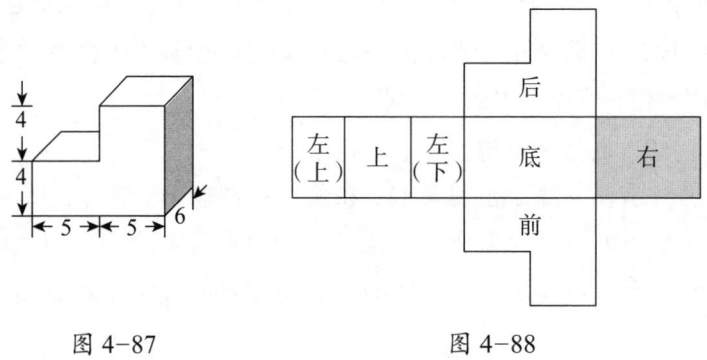

图 4-87　　　　　　图 4-88

这样的实践性操作练习，迎合了小学生好奇、好动的年龄特点，虽有难度，但他们相互切磋、借鉴，兴趣盎然。

9. 多样性

讲究练习的多样性，除了有利于提高或激活学生的练习兴趣，也有利于学生克服练习的厌倦效应。有时，还可以起到启发学生从不同角度去理解所学知识的作用。

小学数学练习的多样性，主要表现在两个方面。

一是题型多样,如计算题、填空题、选择题、判断题、应用题、画图题、看图计算或问答题等。

二是方式多样,如书面练习与口头练习、操作练习与实践练习、个体练习与团队练习、短周期练习(当天完成)与长周期练习(一周或更长时间完成)、收敛性练习与开放性练习,以及游戏性作业等。这些方式还可以结合应用,如下面的两个案例。

案例 4-61 长周期作业。

(1)调查并统计家里一个月的开销。(个体长周期作业)

(2)小组合作,收集求长方体体积的习题。(团队合作的开放性长周期作业)

其中,第(2)题可以在学了长方体体积计算后布置,并到单元复习时交流。设计意图为:一是引起对审题的重视,与案例 4-51 异曲同工;二是培养学生的元认知,关注对习题异同的审视,以及对练习的反思与总结。

近年来,对于学生的回家作业要求家长检查并签字的现象,引起了一定的社会诟病。正如前文所指出的,检查、批改作业是教师的本职工作,也是收集学生反馈的重要渠道。倘若教师希望家长能更多地了解孩子家庭作业的完成情况,可以采取更加自然、合理的方式。

案例 4-62 亲子作业。

(1)成年女子标准体重 = 身高 −100。(单位:千克,厘米)

① 用含有字母的式子表示成年女子标准体重的公式;

② 算出妈妈的标准体重应该是多少;

③ 妈妈需要减肥吗?

(2)用扑克牌和爸爸比赛算 24 点,每次你赢了之后,请用综合算式记录下来。

这样的亲子作业,不加重家长负担,成人也有兴趣,因而愿意配合。实践表明,游戏性练习"算 24 点"对于提高学生的运算能力有较为明显的效果。

需要注意的是,形式总是为内容服务的,不应为多样而多样。过多变换练习花样,反而会分散学生练习的注意力,降低练习效率。特别是频繁更换一些自创的游戏性练习,一旦规则复杂,那么在教师的讲解以及学生的理解与掌握方面,将会耗时过多,反而得不偿失。

10. 选择性

减轻作业负担的一个主要举措是设计个性化练习，因材施练。即：为不同水平的学生布置不同程度或不同要求的练习，使学生获得适合自己的发展。未来教育的主要特征之一，就是走向个性化。

从目前的教学实际情况来看，比较可行的、成熟的因材施练方式主要有以下几种。

（1）根据学生的能力提出相应要求。

对于同一道题，提出不同的解题要求，使练习要求具有"弹性"，以适应不同水平学生的需要，是比较简便易行的分层方式。

案例 4-63 长方形周长的变化。

用 12 个边长为 1 厘米的正方形拼一个长方形，拼成的长方形周长是多少厘米？

A 层次要求：找到一种答案即可（可借助学具操作）；

B 层次要求：找出所有答案，并能画出草图；

C 层次要求：找出所有答案，并能从中发现规律。

三个层次逐步递进，不断提高要求。可允许学生选择，当然也可以依次完成。本题中发现规律的难度并不大，教师有意将其作为 C 层次要求，旨在诱导更多学生选做，让他们获得成功，提高自信心。

（2）根据学生的基础分层设计。

即根据学生的差异选择习题，使练习内容具有"弹性"。这是最为常用的分层方式，目前主要用于巩固性练习。其实，预习性练习、复习性练习也可采用，且通常分为三个层次。下面，分别对这三种练习作举例说明。

巩固性练习：A 层次为基础练习，学习困难学生必做；B 层次为变式练习，供中等程度学生做；C 层次为拓展练习，供能力较强学生选做。

案例 4-64 长方形周长和面积计算的巩固。

A 层次：

① 长方形操场长 100 米、宽 30 米，求操场的周长和面积。

② 一个正方形的边长为 4 厘米，求它的周长和面积。

B 层次：

① 长方形广告牌长 24 米，宽是长的一半，它的周长和面积各是多少？

② 正方形花圃的周长是 80 米，它的面积是多少？

C 层次：

① 一个长方形与一个正方形的周长相等，已知长方形长 10 厘米、宽 4 厘米，求正方形的面积。

② 从长 10 厘米、宽 8 厘米的长方形纸中，剪下一个最大的正方形，剩下纸的面积是多少？

预习性练习：A 层次着眼于弥补缺漏，学习困难学生必做；B 层次偏重预习新课，供中等程度学生做；C 层次为预习研究题，能力较强学生选做。

案例 4-65 平行四边形面积教学前的预习。

A 层次：一个长方形长 100 米、宽 30 米，求它的周长和面积。

B 层次：课本是怎样推导平行四边形面积公式的？

C 层次：你能想到哪几种方法来推导平行四边形的面积公式？

复习性练习：A 层次着重加强记忆，学习困难学生必做；B 层次侧重整理知识，供中等程度学生做；C 层次为深入研究题，能力较强学生选做。

案例 4-66 多边形面积的复习性练习。

A 层次：默写平行四边形、三角形、梯形面积公式。

B 层次：平行四边形、三角形、梯形面积公式的推导中，分别是怎样从未知转化为已知的？

C 层次：

①三角形可以怎样等积转化为长方形和平行四边形？

②梯形怎样等积转化为长方形、平行四边形、三角形？每种转化，你能想到哪几种方法？

显然，并非所有内容都需要分层练习，有些内容本身非常简单，也就没有必要为了分层而"深挖洞"。

（3）根据学生选用的方法分类设计。

即针对学生选用的不同算法，分别设计相应的配套练习。这是提倡算法多样化之后应有的跟进措施。

案例 4-67 20 以内退位减法的配套练习。

学生选择的算法大致有"想加算减""破十""连减"三种。针对各种算法的思考过程，设计相应的辅助练习。以 12-7 为例。

"想加算减"：

① 7+5=（　　），　　② 12-7=

12-7=（　　）。　　　想：7+（　　）=12

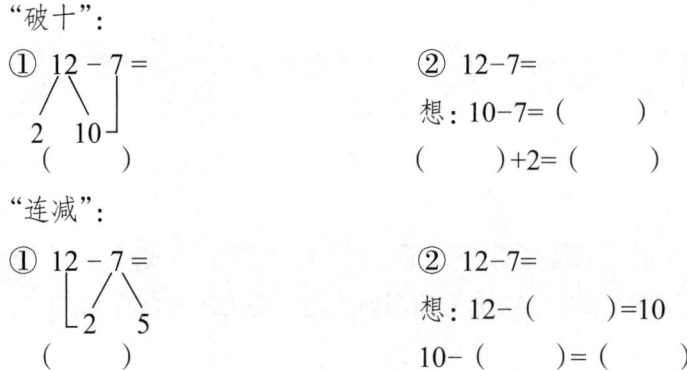

当前的各版本教材中,大多缺失这样的辅助练习。由此不得不承认:我们经常挂在嘴边的那句话"你喜欢哪种算法就用哪种",只对那些聪明的学生有效;而对那些需要帮助的孩子来说,无异于是"忽悠"他们的空话。

此外,还可创造条件设计"菜单"式练习,给学生一定的自由选择空间,即允许他们挑选自己喜欢的、适合自己的练习。

如果说,前5项要求侧重学科,那么后5项要求则可以认为是侧重学生。遵循这10项要求,提高每一题的质量,才能让练习实现以少胜多!

四、数学练习设计的准备

为了提高数学练习设计的有效性,做好以下三方面的前期准备工作是十分必要的。

1. 钻研教材

这在本章第一节已作探讨,这里再强调要点,即学习课程标准、解析教材、研读教参三者结合。从而在明晰教材编排意图、准确把握教学方向的基础上,梳理出某一册或某一单元的知识点与认知要求、技能点与能力要求,为练习设计提供依据。

在这方面,过去成熟教师的两种表现值得我们借鉴。

一是每当讨论题目时,经常听到"超纲"之类的评价语。这说明当时的教师都非常重视吃透教学大纲的要求,对其中的规定耳熟能详。现在,"教学大纲"变成了"课程标准",却几乎听不到"超标"的说法了。诚然,客观原因是过去的"学期要求"变成了现在的"年段目标",教材编写者的创意空间增大了，教师对课标各条目的亲近程度和使用率却下降了。尽管如此，我们还是应该重视对课程标准的学习，因为它对把握教学的整体要求与方向（如学科核心素养的指向），具有其他参考材料所无法替代的价值。

二是每当研究教材时，对一个单元的"双基"与能力"如数家珍"。这说明当时的教师在吃透教材上是下了一番功夫的，对教学内容"了然于胸"。

其实，数学的知识点具有一定的稳定性和内在逻辑联系，无须刻意记忆。一般用心教了一遍后，自然也就记住了。如果做到了心中有教材、有尺度，那么设计练习也就水到渠成了。

2. 了解学生

这是本章第二节所探讨的内容。经验表明，要想减少重复、低效的练习，加强练习的针对性，就必须深入了解学生的学习特点、已有基础与认知水平，及时掌握教学过程中本班学生对某一知识理解得如何，掌握了多少，存在哪些问题等。

一般来说，学完某一内容后的第一批习题，可以着重依据小学生的共性来设计；而紧跟其后的第二批练习，就应当更多地依据学生的个性，以及他们在学习过程中出现的实际情况和具体反映，作出适当的调整或补充设计。

实践表明，根据教学进展过程中学生的动态表现来调整预设练习，剔除学生已经理解、掌握的重复内容，充实针对性的跟进练习，是增强练习实效的重要对策。因此，应将"了解学生"持续地贯穿于教学过程的始终。

3. 收集资料

过去，教师积累习题主要靠手抄及积累历年试卷。如今，除了教材以及与之配套的练习册、各种习题集等教辅书籍，还有小学数学方面的专业期刊，互联网上也能检索到大量的练习题资源。笔者认为，其中最值得浏览的是各版本教材的电子教材。因为教材上的例题、习题都是精心推敲、反复修改的，且经过了国家的审定，其科学性和适切性远超其他资料。这样高品质的"免费午餐"弃置不用，实在可惜。试举一例。

案例 4-68　苏教版电子教材中的一道题(图4-89)[1]。

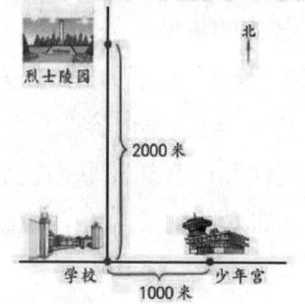

图 4-89

上题的已知条件除了时间与速度,还有两段路程,有一定的迷惑性。两个问题不仅涉及路线与图上东南西北方向的辨别,还要求学生动手在图上标注。也就是说,读懂题目,才知道怎么解答,与当前试题设计增加阅读量的趋势比较吻合。

两个问题中都没有求路程的明确指示,学生只有理解了题意,才能想到要计算 70×15=1050(米),并知道该怎么用。

两问的解答都要求学生自觉应用数的大小比较:因为1050大于1000,所以"在少年宫的东面";因为1050稍大于2000的一半,所以"·"应标在图上学校至烈士陵园路线中点处偏北一点。学生无须考虑量(长度)的纯粹数感在此得到了充分显现。

笔者曾在一次教学质量调研中使用了上题,分析时道明了出处,由此激活了教师们使用"一标多本"资源的积极性。

很多教师都有个人的"题库",随着教龄的增长,题库也在不断扩充。这就要求教师不断地"吐故纳新";否则,"积累"越多的教师,学生的练习负担就有可能越大,岂不可怕! 这是必须防止的。

五、数学练习设计的方式

1. 筛选

即根据需要,从各种习题资源(包括教材)或自己的题库里精选练习或对

---

[1] http://www.xxsx.cn/uploads/t_dzkb/000553_1.jpg(苏教版义务教育课程标准实验教科书小学数学三年级下册第37页)

其略作修改，使练习题组整体上符合前文所阐述的设计要求。

常年在教学第一线的教师，他们的工作任务都比较繁重，能够用于设计练习的时间其实并不多。因此，"筛选"是教师最常用的练习设计方式。

应该养成习惯的是，对筛选后的题组，教师必须亲自"下水"做一遍，而不是"看一遍"。众多教师的实践经验表明，这是确保练习避免重复且不超量的最简单、最有效的措施。

2. 改编

小学数学的变式练习设计，比较常用的有以下几种改编方式。

（1）扩缩改编。

"扩"是指将比较简单的习题改编成稍复杂的练习题；"缩"则相反。"扩"是为了促进学习的迁移与深化；"缩"是为了启迪学生"化繁为简"。"扩"与"缩"是相对的，两者常常结合使用，以帮助学生形成"以简驭繁"的思路。

过去，扩缩改编常用于应用题的练习设计。事实上，其他类型的小学数学练习也可以运用。试举一例。

案例 4-69 解方程。

由 $9x-6=12$ 经过"扩"与"缩"得到以下题组：

$$9x-2\times3=12 \quad 3(3x-2)=12 \quad 2x+7x-6=12 \quad \text{"扩"}$$

$$9x-6=12$$

$$y-6=12 \quad 9x=18 \quad \text{"缩"}$$

显然，这样一组练习不但覆盖了小学数学简易方程的大部分类型，而且能让学生通过练习自己看出它们之间的内在联系，对于清晰解方程的化简思路也有明显的帮助。

（2）可逆改编。

即交换已知数与未知数的位置，使顺向思考的问题与逆向思考的问题相互变换。

不断有研究表明，思维的可逆性是数学思维的重要成分，应当不失时机地通过适当的练习加以培养。

有必要指出，逆向变换要注意教学内容的年段安排范围。后继教学将出现的内容，一般不宜超前练习。例如，"已知两数，求和、差、倍"的问题，是小学低年级的学习内容；逆向变换成"已知两数之和、差、倍中的两个条件，反过来求两数"的问题，则是小学高年级的学习内容。又如，"已知正方形边长求面积"的逆向变换"已知正方形面积求边长"，则是初中的学习内容了。

有时，可以根据教学需要，把习题的改编权交给学生。

案例 4-70 实际问题的改编。

① 老师买了 15 个溜溜球和 8 个魔方，溜溜球每个 10 元，魔方每个 12 元。共用去多少元？

② 把你算出的总价作为四个已知条件之一，并选择上题中的一个条件作为问题，改编成两个实际问题，使一个求单价、一个求数量。

③ 想一想，采用什么方法来解你自己改编的两道题，能使三道题统一成一个数量关系式？

不难看出，这组练习旨在启发学生比较算术解法与代数解法的区别与联系，体会列方程求解的优势。

此外，将顺向思考的问题改编成逆向思考的问题，有时会使问题具有很大的开放性。举一个简单的例子，将"解方程 $9x-6=12$"的练习改编为"写出解是 $x=2$ 的方程"，答案就有无数种。当然，可以根据情况加以限制，如只要求"写出三个解是 $x=2$ 的方程"。若有学生把"$x=2$"作为三个方程之一，也是可以的，因为它是最简单的方程。

（3）情境改编。

即变换实际问题的情境内容，使学生透过不同的现实情境，抽象出相同的数学模型。

过去，我们经常采用情境改编方式来设计应用题的变式练习。

案例 4-71 变中找不变的练习。

把相遇问题的情境由两个物体相向运动变换成师徒两人合作加工一批零件，或者两个施工队从两头共同修筑一段路、开挖一条隧道等。进一步，还可以设计其他一些情境。例如：

① 苹果每千克多少元?(图4-90)[1]

图 4-90

② 小明和小红在学校门口分开,7分钟后他们同时到家。小明平均每分钟走45米,小红平均每分钟走多少米?(图4-91)[2]

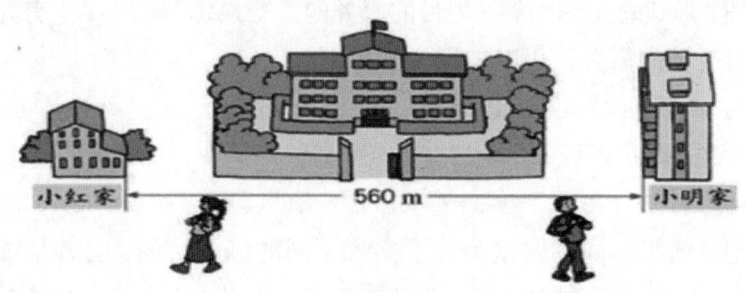

图 4-91

③ 面积为3900平方米的果园里,种了300棵桃树和300棵梨树,平均每棵桃树占地4平方米,平均每棵梨树占地多少平方米?

三题情境迥异,分别是购物、行程、种植,但它们的数学表达式却都是 $ax+ab=c$ 或 $a(x+b)=c$。因此,这也不失为一种数学抽象或者说渗透数学模型思想的辅助练习。

正如前文指出,小学数学教学所选用的现实情境,宜从联系儿童生活开始,随着学生年级的升高和常识的丰富,逐步拓展联系实际的范围。

---

[1] 课程教材研究所,小学数学课程教材研究开发中心. 义务教育课程标准实验教科书·数学(五年级上册)[M]. 北京:人民教育出版社,2006:69.

[2] 课程教材研究所,小学数学课程教材研究开发中心. 义务教育课程标准实验教科书·数学(五年级上册)[M]. 北京:人民教育出版社,2006:77.

■ **案例 4-72** 天宫课堂。

学校组织学生收看"天宫课堂",数学教师利用该素材自行开发习题:

2021年12月9日15时40分,"天宫课堂"第一课开讲,神舟十三号乘组航天员翟志刚、王亚平、叶光富在中国空间站进行了55分钟太空授课。这节课几时几分下课?

将经过时间的计算问题放在"天宫课堂"的情境中,充分引起了学生的关注与兴趣。

作为教师不能只知课堂事,多关注时事可以为练习设计找到更多有趣又有意义的情境。比如,每一次人口普查的结果可以与大数的读写相结合;2021年云南大象北迁事件可以和位置的表示相联系;等等。

(4)形式改编。

所谓"形式改编",主要是指根据练习的意图选用适当的题型或答题方式。如前文所述,形式总是为内容、为目的服务的。变换练习的形式,首先应当考虑满足练习意图的需要。仍以方程为例。

设计为计算题:解方程 $9x-6=12$;

设计为选择题:方程 $3x-6=12-6x$ 的解是( )。

A. $x=9$ B. $x=6$ C. $x=3$ D. $x=2$

很明显,选用不同的题型是为了实现不同的练习目的:前者是练习解方程;后者是期望学生看到方程两边都有未知项,改用代入求值的方法找出正确答案,意在应用"方程的解"的概念来练习解方程的检验。再举一例。

■ **案例 4-73** 科考天数的计算。

一位使用沪教版教材的教师看到人教版小学数学教材上的一道例题图文并茂(图4-92),比较适宜引发学生问题解决策略的多样化。同时,考虑到学生的阅读能力和审题能力需要加强训练,于是改编成如下填空题。

图 4-92

要求"科学考察队实际用了多少天",有以下三种解法。

解法一:31×2+30×2+26;

解法二:(31+30)×2+26;

解法三:7×21+1。

① 解法一中,31×2是求(　　　　)的天数;

② 解法二中,31+30是求(　　　　)的天数;

③ 解法三中,7×21是求(　　　　)的天数;

④ 比较解法一和解法二,其中31×2+30×2=(31+30)×2,符合(　　　　)律;

⑤ 如果科学考察队实际返回时间是8月3日,计算"科学考察队实际用了多少天",算式是(　　　　)。

题目本身的新颖性、趣味性与可读性吸引了学生,练习效果非常明显。

(5)数据改编。

小学数学的多数练习涉及数的计算,根据实际需要选择、变换数据,是小学数学教师的一项基本功。

数据选择的依据:一是计算本身的特点,即过程、要领的特点;二是学生的特点,即小学生掌握计算的共性特点与本班学生的个性特点。

小学生的共性特点,包括在小数加大数以及有关7的加减法方面[1],比较容易出错,需要适当调整相关算式的出现频率。下面,以笔算练习为例,对数据改编作相关说明。

■ 案例 4-74　笔算数据。

有教师将计算题"5027-618"与"13182÷26"的数据分别改为"5007-618"和"13236÷26"。

第一题的意图比较明显,是让学生练习连续退位的减法。那么,第二题的意图是什么呢?原来,教师是想让学生练习商5、商9的试商方法。

又如,除数是小数的除法。下列计算题的数据选择已经是经过了相当周全的考虑:

$1.7\overline{)6.8}$　$1.2\overline{)2.88}$　$0.25\overline{)8}$　$0.04\overline{)20}$

分别将除数转化成整数:第一题是整数除以整数,第二题是小数除以整数,第三题被除数需要补0;第四题被除数本身有一个0,容易对补0产生干

---

[1] 谢娟.有关"7"的计算为什么容易错[J].小学数学教师,1983(6):42-43+9.

扰。四题试商都比较简单，便于学生将注意力集中在"转化"环节上。然而，还是有教师变换了数据：

1.6⟌6.8　　1.2⟌3.48　　0.25⟌9　　0.08⟌20

原来，该教师基于本班学生基础较好的情况，试图提高试商的难度。

无疑，数据选择同练习设计的其他方面一样，"适切"为佳。而且，计算本身的特点与学生的特点也应当结合起来考虑。

有时，数据改编还应当考虑一些特殊数据的特殊教学效用。例如，四则运算中的 0 和 1，几何求"积"（面积、体积）计算中的 2、4、6（参见案例 4-38），等等。

3. 组合

即根据教学需要，编制成由易到难、由浅入深、由此及彼的题组，以提高练习的效能。

■ **案例** 4-75 分配律的应用题组。

（1）计算：36×78+22×36。

（2）上衣每件 188 元，裤子每条 112 元，买 3 套这样的上衣和裤子要多少钱？

（3）求长方形操场扩建后的面积（图 4-93）。（单位：米）

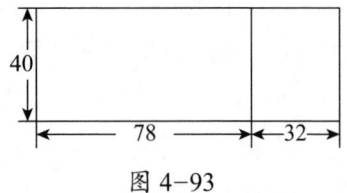

图 4-93

（4）先化简，再求值：$8a+7a+15$，其中 $a=9$。

（5）解方程：$3.6x+2.8x=12.8$。

（6）统计射击运动员的命中总环数：8，9，10，9，8，7，7，10。

（7）小明把 5×(★+2.5) 错算成了 5×★+2.5，他的计算结果与正确结果相差多少？

组合的意图主要是让学生看到乘法对加法的分配律的广泛之应用。特别地，所有数据都可以口算，以利于学生将注意力集中到算法的选择上。

4. 自编

即原创。练习设计需要有创意，也应该推陈出新。本节前面的案例大多是原创题。下面再举几例。

案例 4-76 原创的练习。

（1）38×99=38×100-38，它的含义是把（   ）个38看作（   ）个38减去（   ）个38。

（2）体育课上，小方听口令原地连续（   ）次"向右转"，正好旋转了360°；如果原地连续"向后转"，转（   ）次正好旋转了360°。

（3）爸爸给小明63元人民币，其中至少有（   ）张纸币。

（4）连减可以这样算，$a-b-c-d=a-(b+c+d)$；

连除呢？ $a÷b÷c÷d=a÷($ $)$。（其中，b、c、d都不为0）

（5）如图（图4-94），量一量，画一画。

① 量出正方形的边长是（   ）厘米；

② 以 O 为端点，画出经过正方形顶点 D 的射线 OE（E 在正方形外）；

③ 量出∠ADE 的度数，∠ADE=（   ）；

④ 以 O 为圆心、OA 为半径画一个圆；

⑤ 以圆 O 的直径为边长，画一个正方形，使正方形与圆相交于四点。

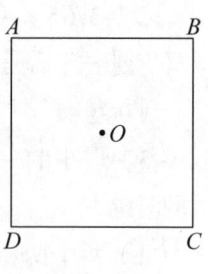

图 4-94

第（1）题是针对乘法分配律的应用与简便运算的算理而自编的练习。

第（2）题是在认识了周角、平角之后，将有关概念应用于新情境的练习。

第（3）题在巩固人民币知识的同时，使学生进一步感受到教学知识与现实生活之间的联系。

第（4）题是给学有余力的学生设计的"合情推理"练习题。

第（5）题的起点较低，逐步提高测量与作图要求。其中，第⑤小题渗透了圆的外切正方形，其他各小题难度并不大，但对小学生的数学阅读能力和理解能力均提出了较高要求，而这恰恰是小学数学教学长期以来的薄弱环节。比如，射线的字母标注，∠ADE 的识别等，都是学生感到陌生的。

原创设计不是为了"炫技"，更不是"炫酷"，而是基于教学的实际需要，以提高练习题的品质。

六、值得重视的问题

这里着重探讨当下影响数学练习设计有效性的两个问题。

1. 练习着重点的把握问题

笔者经常收到各地教师发来的短信、微信、邮件，咨询数学练习题的正确答案。其中，多数题目似是而非，缺乏深究的意义。例如，曾经接连收到几条咨询短信，所述问题居然都与零有关，整理如下。

填空题。

（1）三位小数的近似数是 2.87，这样的三位小数有（　　）个。[困惑在于：2.870 算不算三位小数？]

（2）3.65×4 的积是（　　）位小数。[疑问是：积划去末尾的零前是 14.60，划去零后是 14.6，应该取哪个？]

判断题。

（3）最小的一位数是 0。（　　）[一直争论不休的问题：最小的一位数是 0 还是 1？]

（4）两个两位小数相乘的积一定是一个四位小数。（　　）[两个两位小数相乘，积的小数部分有可能出现 1~4 个 0。]

看着这些问题，不由得想起一位教师的述说：在上海市新一轮课改新教材逐年推进过程中，他同时任教两个年级的数学课。在使用新教材的班里，他必须强调"0 是自然数"；下一节课，到了使用老教材的班里，又要改口"同学们，你们用的教材中，0 不是自然数，最小的自然数是 1"。小学数学教学竟然也有"黑色幽默"。

按照课程标准，0 是自然数。对于小学生来说，知道就行了，需要反复练习、死记硬背吗？

有教师根据教材关于小数乘法法则的叙述"看因数中一共有几位小数，就从积的右边数出几位，点上小数点"，认定积的小数位数是指划去小数末尾零前的积。因此，认为 3.65×4 的积是两位小数；两个两位小数相乘的积一定是一个四位小数。不无道理。但是，教材叙述的特定语境是"小数乘法，先按整数乘法算出积"，由此，又可以认为是在整数"积的右边数出几位"，而"点上小数点"之后的才是小数。

也有教师认为，小数乘法中学生最容易出错的是点错小数点，为此教学时一再强调"先点小数点，再划去小数末尾的零"。为配合教学，主张积的小数位数是指划去末尾零前的积。教学需要也是一种理由。

可是，无论是教材特定语境下的"叙述"，还是基于学生的"教学需要"，都不足以成为数学判断的依据。事实上,"一位数"也好,"几位小数"也罢,都是"日常教学用语",并非"数学术语",似乎没有也不必给出严格的定义。既然没有公认的定义,又何来"标准答案"?热衷于争论这些问题,无异于小学数学的"自娱自乐"。因为到了初中数学引入了有效数字概念之后,这些问题就都不存在了!

应当形成共识的是:喜欢钻牛角尖可以是教师的个人"偏好",但不应将个人"偏好"强加给学生!让小学生练习那些连教师都争论不清的题目,于心何忍?

多年前,笔者曾撰文呼吁警惕数学教学中的"形式主义"[1],时至今日,当时剖析的"形式主义"现象有些有所改观,有些则出现新的样式。

一次,一位高校数学教师出示孩子一年级数学练习卷上的一道题(图4-95),说是夫妇俩研究了一晚上都没想明白。

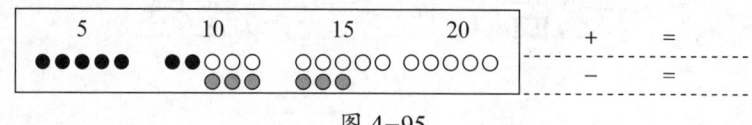

图 4-95

原来,教材引进了一种叫做"双色片"的学具,上图是教材中 7+6 与 13-6 的"双色片"操作图示,却被教师用作看图写算式的练习,令人费解。

诸如此类枉费教师一番心血的"雷人"数学练习提醒我们:设计练习不宜在非本质的细枝末节方面纠缠不清,也不能沉迷于形式上的花样翻新;必须保持清醒的反思意识,审视练习的价值取向,把握好练习的着重点。

2. 练习量与度的调控问题

习惯多练的教师往往认为,"没有数量就没有质量"。这句话没错,但前提是要确保"质"。不讲究质量的练习越多越低效,越多越加重学生的负担。类似地,"熟能生巧"不错,但理论和实践都已告诉我们,"熟也可能生笨、生

---

[1] 曹培英.警惕数学教学中的形式主义[J].小学数学教师,2003(04):1-13+4.

厌"[1][2]，这是必须引以为戒的。

同样，练习的"度"包括深度与广度，也应"适切"，适度的练习才有促进学生提高、获得进一步发展的效果。

本节围绕小学数学练习设计所作的阐述与案例剖析，归结为一点，就是追求有效、高效的练习。如果还要提炼几个关键词的话，那就是关注"理解"与"能力"，重视"合理"与"适切"，讲究"效率"与"效益"。其背后的价值取向可概括为让每个学生都能通过必要的付出，拥有自己的、真正的数学素养。

第六节　提高课堂应变力，灵活调控教学进程

课堂教学是一种有目的、有计划的教育活动，预设是课堂教学的基本特性，也是保证教学质量的必要举措。

早在《礼记·中庸》中就有"凡事豫则立，不豫则废"的表述，其中"豫"亦作"预"，是预备、准备之意。《论语·述而》中孔子的名言"不愤不启，不悱不发"则是从启发时机的角度揭示了教学的生成性。

也许是"豫则立"更易形成规范，依样操作即可。然而，抓住"愤悱"的契机则更难做到，以致在很长一段时间里，上课演变为执行教案的过程，认为教师的教和学生的学最理想的进程就是完成教案。

如果类比医疗的发展，经验上升为科学的标志之一，就是逐步研制出了一系列的治疗标准，按标准施治。那么，只要教案编制合理，按教案施教，守住

---

[1] 李士锜．"熟"会不会生"笨"？——二谈"熟能生巧"问题[J]．小学数学教师，1999（10）：16-20．

[2] 李士锜．"熟"会不会生"厌"？——三谈"熟能生巧"问题[J]．小学数学教师，1999（11）：7-11．

教学质量的底线，本不该非议。

问题的另一面是，任何学科的教学都是教师与学生、学生与学生，以及师生与教学内容等多方面共同交互的动态过程。课堂的主体即学生与教师所蕴含的生命活力，使得教学过程具有参差错落的复杂性以及变动不居的流动性，再完备的教学设计也不能完全预设课堂上可能发生的一切。因此，讨论教学实施的灵活性与变通性是很有必要的。

一、做好现场调整的预案

1. 教学详案的一个误区

教案所设计的本应是一节课的基本结构与大体进程，具体细节不可能也不必丝毫不差地作出预设，尤其是学生的回答。

然而，不知从何时起，喜欢写详案的教师把每一个提问的学生回答都写进了教案里。发展到今天，逐渐演变成对话式的教案：

师：12÷3=4 表示什么？

生：表示把 12 平均分成 3 份，每份是 4；也表示 12 里面有 4 个 3。

这样的对话，在各种教案集中、在期刊上，已经司空见惯。让人分不清这到底是教案、教学设计，还是教学实录。

要知道，事先设计好学生的正确回答，无形中使得执教者在心里便已确定了该问题的一个标准答案，这样的答案在客观上影响着教师的教学判断。上课时，教师往往自觉或不自觉地期望学生按教案的设想回答；若学生并未说出教师想要的答案，就苦心引导，直至从学生口中说出标准回答为止。在听课中我们经常发现，有的教师一连叫起数个学生回答同一问题，或不厌其烦地进行各种启发、暗示、再暗示，仅仅是为了让学生说出自己想要的那句话。

教案不是剧本，不需要设计好师生的对话；教学不是演戏，学生不是群众演员；上课不需要背台词，也不需要配对白。

2. 教案应考虑哪些预案

在复杂性科学的视域下，课堂上教与学的互动过程是师生思想相互交流、产生共鸣并不断碰撞的过程，是生命对生命的活的过程。再优秀的教师，也不可能课课都明察秋毫地预见到他的教学将如何发展。但是，他能在察言观色中发现学生的思维逻辑，从而选择合理的路径继续教学。

不可完全预测性是课堂教学生机与活力的一个特征。如果课堂中发生了与预设愿景不完全相符的情况，而教师仍然机械地按教案施教，自然会造成不良后果。

例如，学生理解新知识的难点尚未突破，教师为完成预设内容与任务，匆匆走过场，"煮成夹生饭"；学生提出了始料不及的问题，教师一时不知该如何回应，或怕耽误时间，便不予理睬；教学进展格外顺利，原定活动提前结束，于是出现冷场，或提前布置回家作业并在课堂上完成；教学实施意外受阻或学生争论欲罢不能，原定活动超时，教师仍"硬着头皮"执行教案，最后只得草草收场或严重拖堂。

有鉴于此，设计教案时，教师既要充分预设思维敏捷、机灵的学生可能会有的表现，也要预见反应迟钝、笨拙的学生可能会出现的问题。进而基于教学演进的"全息"思考，作出教学调整的相关预案，以免临场慌乱无措。

常有教师问，一些"名师"的教案大都粗线条、大步骤，是不是像这样的简案更灵活，更便于随机生成？其实，很多"名师"凭借丰富的经验，善于思考"表象式"的脑中教案，简洁、开放的书面计划背后实则隐藏着多种的周密应对预案。

通常，教学预案主要有以下三方面的考虑。

一是当原方案未能消解教学难点时，可选择什么备用方式或手段加以解决；可压缩哪些内容，且对全局影响不大。

二是当教学特别顺利、时间较宽裕时，有哪些备用内容可作补充，或有哪些深入理解点、拓展探究点可供选用。

三是学生可能会出现哪些误解、提出哪些疑问，对此可以怎样点拨、如何引导，从而化解疑难。

备课时教师应当充分考虑的，不是学生必须怎样回答，而是学生可能会怎样回答，进而设想教师应该怎样相应地给予肯定、补充，或纠正、启发。至于是否将这些设想写进教案，写到怎样的详尽程度，则因人因时而异。

总之，课前思考越透彻、视野越宽阔、预设越周密，课上发挥就越自如、应变就越灵活，也就越能迸发灵感，与学生、与教材碰撞出越多的智慧火花。

二、课堂教学的现场调控

1. 教学生成

尽管课堂教学预设与生成的理念越来越被广大教师所认同，但仍然可见认知与做法上的偏差。例如，以为改变教学计划，完全顺应学生的意愿，跟着学生走，就是符合课改理念的生成性教学。

我们认为，当学生的课堂行为与教学计划出现了不协调或反差时，不分青红皂白，完全顺其自然，任由学生偏离目标而逐渐步入学习的歧途，是教师放弃主导责任的不当处置。当然，也不能生拉硬拽地将学生拖回原来设定的教学轨道上。

那么，在具体的操作中，生成什么、怎样生成，似乎一切全是"天意"，可遇不可求，因而难以总结。

应该承认，小学数学的课堂生成千姿百态、不可穷尽，但还是可以梳理出几个较为主要的方面。

（1）目标的生成。

随着社会的发展，标准、设计与技术创造出了一个高效的工业化社会。反映到教学上，表现为缜密的课时目标、周密的教学设计、细密的课堂执行。这是必要的，但又是不够的。

按教学的系统观，目标缜密的意蕴是学生发展的"内在连续性"。在课堂际遇中，教学目标处于一种涌现生成的状态，是可以修正并发展的。

案例 4-77 教学乘法的初步认识。

教师创设了 5 只小猴摘桃的情境。第一次，5 只小猴分别摘了 1 个桃、2 个桃、3 个桃、4 个桃、5 个桃，引出加数不相同的连加 1+2+3+4+5；第二次，5 只小猴都摘了 3 个桃，引出相同加数的连加 3+3+3+3+3（图 4-96）。很明显，意在通过比较，凸显"同数连加"的特殊性。

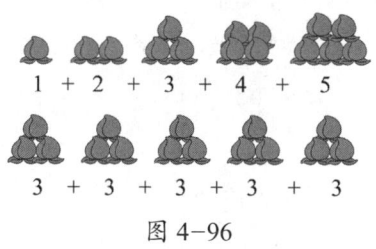

图 4-96

进入练习环节，一名学生突然举手要求发言："第一次 5 只小猴摘的桃也可以用乘法 3×5 计算。"居然还有同学呼应："对。第 5 只小猴给第 1 只小猴 2 个桃，第 4 只小猴……"

尽管预设的教学目标没有"将不同数连加转化为同数连加"这一条，教师还是当机立断，尝试让更多的学生也能够理解。

师：还有谁听懂了他们的想法，到黑板上来，把小猴第一次摘的桃搬一搬，让大家看看，是不是 5 个 3？

……

同一天，在另一个基础稍薄弱的班级，没有学生想到"转化"，教师也就不提。

因班制宜，不同班情，不同处理，值得肯定。

（2）内容的生成。

对于每节课的教学内容，教师一般都会作出较为全面、细致的预定。但有时由于教学过程中各种因素，特别是学生因素的变化，也会产生增补内容、删减内容的需要。

案例 4-78 多余的几分钟。

上"时、分、秒"一课，学生们的热情都很高，内容上得很快，一看手表，离下课还有几分钟，如何"打发"剩下的时间？

教师灵机一动，对学生说："最后老师给大家出个题，一节课 40 分钟，这节课 9 点 15 分上课，下课的时刻应是几时几分？"

大家很快算出，教师让学生们一起回答，大家齐声说："9 点 55 分。"这时铃声恰好响起，教师指了指时钟，诙谐地说："它正好告诉你们，是不是回答正确了。"[1]

多么精彩的结尾！下课铃声就在学生看着时钟、读出时刻、确认答案、收获自信的那一刻响起。

（3）方法、策略的生成。

机智的教师除了"就地取材"，临场挖掘有意义的教学资源"为我所用"，还能审时度势，及时更换或调整方法、策略，并能自然融合到教学中，不露任何斧凿痕迹。真所谓教无定法，贵在得法。

---

[1] 教育部师范教育司. 黄爱华与智慧课堂[M]. 北京：北京师范大学出版社，2006：106.

案例 4-79 问题解决难点的突破。

解决实际问题的练习课，最后一题：

甲乙两地间的公路长 600 千米，客车和货车同时从甲地开往乙地。客车比货车早到 4 小时，客车到达乙地时，货车行了 400 千米。客车行完全程要多少小时？

（一）独立思考

学生纷纷感到迷惑，陷入沉思中。

（二）图示启发

师：画线段图来看一看。

实物投影仪展示一名学生的线段图（学生作品类似图 4-97）。

师：4 小时应该标在哪里？

根据学生回答，教师标注"4 小时"。

观察线段图，多数学生找到了一种解法：600÷[（600－400）÷4]-4=8（时）。

师：××同学画的线段图，两条线段的长短标准吗？

生：蛮标准的，400 差不多是 600 这 3 份中的 2 份。

教师课件演示自己画的线段图，先出示图 4-98，再出现等分线段（图 4-99）

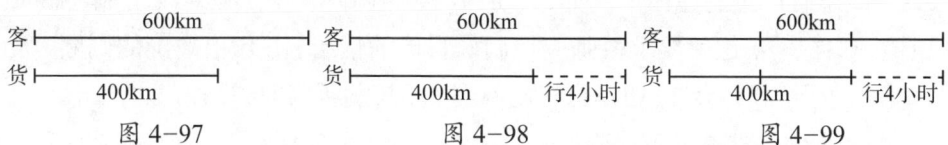

图 4-97　　　　　　　图 4-98　　　　　　　图 4-99

（三）小组讨论、交流

生 1：我觉得××同学画的线段图，虽然漏写了一个条件，但是能表示货车行 400 千米的时间，就是客车行 600 千米的时间，所以想到了简便算法 400÷[（600-400）÷4]。

生 2：我看老师画的线段图，想到了倍比法，4×[600÷(600-400)]-4。

生 3：倍比法还可以口算，货车行 400 千米的时间是 4 小时的 2 倍，是 8 小时，也就是客车行 600 千米的时间。

生 4：你的 2 是看出来的，算式呢？

生 3：2 是 400÷（600-400）的商。

从教师精心制作的课件中可以看出其教学意图：先诱导学生根据常见数

量关系"路程÷速度＝时间",找到一般解法;再启发学生运用已学过的倍比方法。

教师的灵活调控表现在以下两方面:

首先,发现多数学生独立尝试有困难,故不急于出现图4-98,而是提示学生画线段图,并展示学生画的不完整的图。于是有了意外的效果,"漏写一个条件"启发生1"想到了简便算法"。

其次,利用学生"不完整的图",即兴提问"××同学画的线段图,两条线段的长短标准吗",使学生自己发现两条路程线的倍比关系。

可见,"不可预约的生成"既离不开课前精心的预设,又需要现场灵活的调控。

2. 教学调控

数学课堂教学调控什么、怎样调控,好像全凭教师的教学智慧,随机处置;似乎只能意会,很难言传。

我们说,教学既是艺术,也是科学。教师灵活调控的内容与做法,是可以梳理、提炼的。

首先,从调控的要求看,最基本的是妥善处置突发事件。突发事件具有偶发性,但总有产生的原因。例如,个别学生的好胜、逞强、爱表现可能会造成"顶撞""拌嘴",这就要求教师应控制好自己的情绪,并作出准确的判断,及时化解"矛盾""误会"。切不可置之不理,任其发展,以致失控。

进一步的要求是善于营造氛围(和谐、意趣),善于调控节奏(张弛有度)。更高的要求则是善于随机应变(灵活应对),善于因势利导(顺势而为)。

其次,从调控的内容与方法上看,主要是教学活动的展开与简化,教学环节的拆分、穿插或归并,对话互动的定向与转向、引导与启发等。

关于偶发事件的处理,提炼得到的成功经验是:化危机为契机,化消极为积极,尽可能使偶发事件成为教学过程中跌宕起伏、引人入胜的环节。

关于调控应变的策略,已有不少总结。例如,问题转化、借题发挥、将错就错、实话实说、暂时搁置、欲抑先扬、欲进先退、铺设台阶、巧妙暗示、爱心感化、幽默调侃,等等。总而言之,即换角度、变做法,以智取胜。这里不再一一详述。

下面,着重讨论三个较为主要的问题。

(1) 调控的机制。

教学调控的决策与实施是一个持续的、循环的历程，其一般过程与机制，可简略以图示（图4-100）说明：

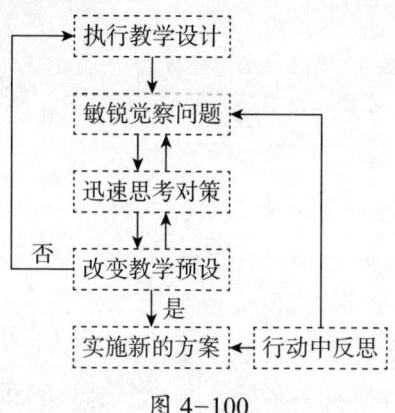

图 4-100

为了尽可能地在教学中发现、解释并发展各种可能性，敏锐捕捉信息、觉察问题与迅速思考、作出决策这两个环节至关重要。

(2) 问题的捕捉与判断。

教学过程中，是继续执行还是调整原定的教学方案，取决于课堂上的实际情况。教师在教学中，常常会遇到判断是否需要调整教学预设的情况，而这大多源于为了解决一系列来自学生的"突发"问题。这些不期而至的问题，大多信息并不清晰、完整，相关因素与对策也具有一定的模糊性。它们如同是结构不良的棘手问题，教师往往一时难以预见能否调动已有经验和曾经的做法，将其转化为结构良好的问题。

这就迫使教师不得不根据变化了的情况，从学生表现的动因与问题、教学的目标与内容，以及剩余时间等不同角度来重新审视问题，并当即作出判断。

(3) 应对的对策与实施。

适切的对策与实施是课堂上教师发挥主导作用、有效组织教学的主要表现，也反映了教师坚定的教学信念、敏锐的课堂感知力、灵活的教学思维，以及扎实的学科素养与娴熟的教学技能。

自然，这样的能力并非经验资深型教师的"专利"，职初教师也可能有可圈可点的表现。

案例 4-80　20以内退位减的特殊算法。

一位教龄不满三年的青年教师在刚完成"12-8"的新授课而准备转向巩固练习时，没想到一位学生说他还想到了一种算法：先算8-2=6，再算10-

6=4。学生纷纷表示"太奇怪了""碰巧对了吧"。

教师当即无法确定这一算法是否具有一般性,她的应对是老老实实承认:"我也是第一次看到这样的方法,到底对不对?你们继续做课堂作业,让老师再想想。"

通过推导(设被减数的个位是 a,减数为 b):$10+a-b=10-b+a=10-(b-a)$,确认这一与众不同的算法是对的。于是给予表扬"发明了一种新的口算方法",令该生兴奋不已。

其实,该生的算法可以解释为被减数、减数都减去 2,差不变,即 12-8=10-6=4。只是被减数减 2,他直接写成了 10,减数减 2 用了 8-2=6 表示。

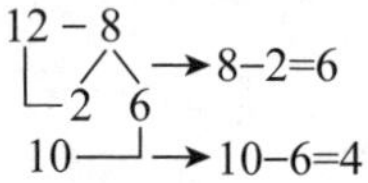

图 4-101

考虑到学生的理解能力与教学需要,将其归结为分拆减数的"连减法",能使更多的学生理解。即:把 8 分成 2 和 6,先算 12-2=10,再算 10-6=4。只是该生把 8 的"分拆"说成 8-2=6,并省略了 12-2=10 的过程(图 4-101)。这都是可以的。

在实际教学中,教师对问题的觉察、分析与决策、行动总是在瞬间一气呵成而作出的。因此,即使是老教师,其个人积累的直接经验与学习同仁所得的间接经验也毕竟有限,遇到学生意料之外的表现,一时间"吃不准"非常正常。

如何应对课堂上的"尴尬"?用所谓的"机智""将错就错"加以掩盖,合适吗?比如,明明不小心写错了,被学生指出,却以"老师故意考考你们"掩饰笔误。这种被一些学者称之为"假(伪)机智"的教学行为,实则并不可取。

与其刻意遮掩,不如坦率承认自己的失误或不知,像上例中的青年教师那样,给学生树立一个诚实、实事求是的榜样。小学数学也是科学,来不得半点"虚伪"。当然,有意留下破绽让学生识别,则另当别论。

第五章
深度学习的关键表现与评价

深度学习最终发生在学生身上，学生怎样的表现标志着他们进入深度学习的努力与收效？

我们基于长期实践研究，识别、筛选、提取了三个颇为敏感的表现指标。本章将逐一阐述、举例实证。

最后，针对怎样获得学生深度学习的证据问题，本章在介绍教学逆向设计的基础上，展开促进学习的评价研究与学习相融的表现性评价研究，力求使教、学、评真正成为一体化的教学行为。

第一节 学生视角：探寻深度学习的关键表现

前面，我们主要是从教师的角度讨论了深度学习的设计与实施。换个角度，从学生的视角，深度学习有哪些表现？若按"四基"的落实、"四能"的发展、各种学科核心素养的提升等方面展开，则过于烦琐，也难以操作。能否跳出现有框架，识别、筛选学生的关键表现，提取敏感指标呢？

循着这一思路，我们首先提炼出深度学习具有数学学科特征的主要表现。一是建立数学知识内部的联系，表现为融会贯通；二是建立数学知识与外部的联系，表现为灵活应用。

深入实践发现，数学知识的内部与外部是相对的，融会贯通与灵活应用更是你中有我、我中有你。所以，两方面的表现可以概括为建立联系。

考虑到建立联系因知识而异，因此还有必要找到不同内容共同的学习表现。

观察深度学习的课堂，学生的表现常常具有鲜明的个性化特征。而个性化最为突出的就是表达的个人色彩。作为反证，如果学生的回答都是清一色的标准语言，鹦鹉学舌，显然谈不上深度学习。

再进一步，学生深入思考的显性表现就是质疑问难，能够发现问题、提出问题。同样可以反证，如果一节课始终都是教师提出问题，学生回答问题，也很难讲学习进入了深层次。

上海市教育科学研究院学习基础素养项目构建了一个学习基础素养星体模型（图5-1），星体的核心包含提出问题、建立联系和个性化表达三大学习能力[1]，与我们提出的三种表现不谋而合，构成一种互证。

---

[1] 夏雪梅.素养何以在课堂中生长[M].上海：华东师范大学出版社，2017：15-16.

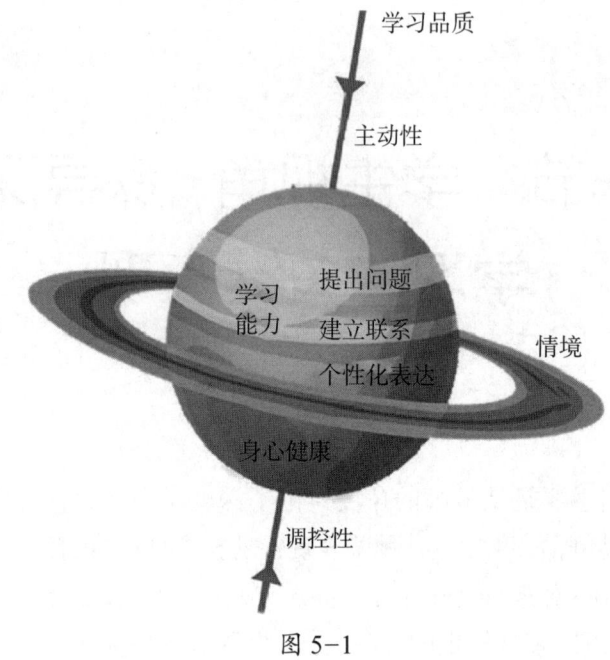

图 5-1

反复的实践检验表明,这三个表现是课堂教学进入深度学习的相当敏感的标志。

一、建立联系

为求展开,分别从内、外两方面进行探讨。

1. 内部联系:融会贯通

融会贯通,是指各方面的知识或道理融合贯穿起来,从而得到系统透彻的理解。它出自宋·朱熹《朱子全书》:"举一而反三,闻一而知十,及学者用功之深,穷理之熟,然后能融会贯通,以至于此。"

可以说,融会贯通的过程就是学生获得感悟的过程,触类旁通、举一反三的过程。我们常常抱怨学生不能举一反三,其实问题往往在于教师。

(1) 举一触类。

实践表明,教师"举一触类",学生便能"旁通反三"。

■ 案例 5-1　整数的认识。

教学"万以内数的认识",在"10 个一百是一千、10 个一千是一万"的基

础上,调动学生的生活经验(图5-2):

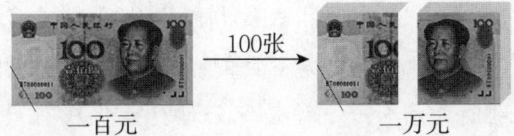

图 5-2

然后启发他们从10个一百是一千,10个一千是一万,推出100个一百是一万,使"事理"与"数理"融为一体。

进而,教学"大数的认识"时,就可以让学生自己通过类推,理解"亿"为什么又叫做"万万"(图5-3),这是每个中国孩子应该知晓的常识。

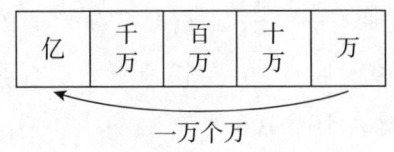

图 5-3

这里,满十进一的递推具有"举一触类"的作用,一般学生都能"旁通反三"。例如:

① 1000个一千是(　　)万;

② 1360里面有(　　)个十;

③ 1360万里面有个136个(　　)。

"举一触类",意味着举例触及规律、以小见大、揭示规律,由此"旁通反三",亦即由此及彼、联想迁移,便是自然而生的表现了。

(2)凸显结构。

前面已经多次阐述教学结构的作用及其在教学设计中的应用与提升,这里再来看看凸显结构引发学生反应的例子。

有限小数化分数,只要根据小数的意义,先将小数改写成分数,能约分的再约分即可。反过来,分数化小数,一般方法是根据分数与除法的关系,用分子除以分母。由此,常有学生提出问题:什么样的分数能化成有限小数?目前教学中是避而不谈的。那么,高年级小学生能探究、理解吗?

案例 5-2 分数化有限小数。

我们知道,小数是分母为10、100、1000…的分数。

① 下面哪些分数能够根据分数的基本性质改写成分母为10、100、1000…的分数?

$\dfrac{1}{2}, \dfrac{2}{3}, \dfrac{3}{4}, \dfrac{7}{5}, \dfrac{4}{7}, \dfrac{9}{12}, \dfrac{9}{25}$

② 上面哪些分数能够化成有限小数？

③ 你能总结分数能否化有限小数的判断方法吗？试试看。

学生容易发现前两问的答案是一致的。第③问可以组织小组讨论，并酌情给予提示。如：判断时看分子，还是看分母？能化成有限小数的分数，分母的质数因数（质因数）有什么特点？

实践表明，凭借集体的智慧，学生能得出比较完整的结论。例如：一个最简分数分母的质因数，如果只有2或5，没有其他的，就一定能化成有限小数。

究其原因，教师的结构化设计功不可没。例如：$\frac{9}{12}$即$\frac{3}{4}$，提醒学生关注"最简分数"的前提；反例有$\frac{2}{3}$和$\frac{4}{7}$；正例既有分母是2、5的分数，又有分母只含质因数2×2、5×5的分数，从而诱导学生根据分数的基本性质分别乘5×5、2×2，改写成分母是10、100的分数。

可见，问题结构蕴含知识结构，有利于突破知识的类别，生成更广泛的知识关联，更深刻的融会贯通。

（3）适当留白。

"教"有"留白"，"悟"才有"空间"。让学生经历有层次的尝试、归纳、猜想、验证，才能获得更深刻与本质的感悟。

■ 案例 5-3 长方形周长与面积的关系。

先填表，再说说你发现了什么。

长/厘米	宽/厘米	周长/厘米	面积/平方厘米
9	1		
8	2		
7	3		
6	4		

生1：我发现这4个长方形的周长都相等，它们的长、宽越来越接近，面积越来越大。

生2：我觉得少画了一行，下面应该还有长5厘米、宽5厘米，它的周长也是20厘米，面积是25平方厘米，最大。

可见，教师有意留白，旨在让学生成为发现者。后续还可以进一步予以启发："长方形越来越'方'，面积越来越大，再继续，面积还会更大吗？"为后面探究发现"周长相等的平面图形中，圆的面积最大"埋下伏笔。

自然，留白能否如教师所愿，那就要看问题的设计是否具有启发性了。

2. 知识外部：灵活应用

加强数学与外部世界的联系，不仅有助于培养学生的数学应用意识与数学应用能力，有利于加深对所学知识的意义理解，增进记忆，同时也是小学数学教学过程中培养学生"四能"以及创新意识与实践能力的重要途径。

关于数学应用意识的培养，在《跨越断层，走出误区："数学课程标准"核心词的解读与实践研究》一书中有较为详尽的阐述；关于"四能"的培养，在《跨越断层，走出误区：小学数学问题解决教学研究》一书中作了相当深入的探讨。

因此，这里着重从项目学习与表现性评价相结合的视角，探讨如何展现学生深度学习的表现。

先看一个典型实例。教师组织学生围绕"校园中的数学问题"来开展小研究。下面是一个小组的研究报告。

■ **案例** 5-4 测量旗杆的高度。

我们组进行了"测量旗杆"的主题活动。在这个活动中，我们经历了确定主题、选择方案、具体实施、优劣分析、得出结果这五个阶段，很好地完成了任务。

（一）确定研究主题

（1）小组每个成员提出自己的研究主题。

顾子牧先提了意见："我们就测身后那排柜子的高度吧。"

黎雨阳："我们最近刚学了平均数，可以算每个年级的平均人数。"

宋含章："如果在操场草坪上画一个最大的圆，它的面积是多少？"

刘呈祥："用一升水拖地，最多能拖多少平方米的地板？"

李天豪："一个教室里大约有多少块地板板材？"

我受了可以量高度的启发，一转头，刚好看到了高高耸立在操场上的旗杆，就说："看那根旗杆，那么高，测起来肯定有些难度，要不我们测它的高度吧。"

（2）小组讨论确定研究主题。

同学们很快就否决了顾子牧的方案，因为它太简单了，只需要用尺子量一量就能得到答案。

黎雨阳的方案也被否决了，因为需要去每个班级数人数才能算出来，太麻烦了。

宋含章的方案，我们能确定圆心、测量半径，但圆面积公式是六年级学习的内容。

刘呈祥的方案，因为太复杂，无法计算出来，所以也被否决了。

李天豪的方案太简单，只需要用教室面积除以每块板材的面积，就得到了结果。

最后，只剩下我的方案了，同学们都觉得不错。于是，它就成了我们小组的研究主题了。

（二）选择研究方案

确定了主题后，我们一共提出了四个研究方案。

（1）影子方案。

我们很快就想出了用影子来测量的方法。可是，怎么才能知道影子和旗杆高度的倍数关系呢？顾子牧想出了一个不错的主意。他说，为什么我们不能把自己的影子和身高的倍数算出来呢？于是，用影子进行测量的方法就成立了。

（2）拉绳方案A。

我想到用测量升旗绳的方法来测量旗杆的高度。需要三个人配合：第一人升旗，旁边一个人用尺测量刚才升旗绳的长度，第三人做记录，并把所有长度加起来。

（3）拉绳方案B。

它是测量升旗次数的估算方法。升旗的动作是双手轮流向下拉绳子，只要每次手臂的动作幅度差不多，那么把拉的次数乘每次拉的距离，就可以知道旗杆的高度了。算完之后再加上手到地面的距离和国旗的宽度，就是最终的答案。

（4）估算方案。

还有一种估算的方法：让一个人贴着旗杆站直，其他人跑到离旗杆远一点的地方，用手比划一下，看看旗杆有多少个那个人的身高。用个数乘身高，就能得出答案。

（三）具体实施

经过1个星期的准备，我们开始实施方案。刘呈祥带来了20米的卷尺，李天豪量了身高，是1.40米。上面四个方案的具体实施如下：

（1）影子方案（图5-4）。

我们先测出了李天豪的影子长度是1.75米，$1.75 \div 1.40 = 1.25$。

同时间又测出了国旗的影子长度是15.5米，$15.5 \div 1.25 = 12.4$（米）。

所以，这个方案的结果就是12.4米。

图 5-4 测量旗杆影子长度

（2）拉绳方案 A（图 5-5）。

因为现场发现新条件，没有执行原方案，改成了新方案。在把国旗降下来以后，我们发现国旗是用夹子夹上去，不是缝上去的，于是就灵机一动，想出了替代方案：用顶端的夹子夹住卷尺的头，用另一个夹子把卷尺固定在旗绳上。再把国旗升到顶，看垂到地下是多少米。只是它有些不太容易操作，夹子夹不紧卷尺，我们在升到一半的时候，掉了好几次。这个方案的结果是 12.07 米。但是它也有不足之处，那就是两个夹子之间的尺不直，有点弯曲，比实际结果要长出几厘米。

图 5-5 测量拉绳的长度

（3）拉绳方案 B（图 5-6）。

我们让李天豪升旗，测出他的两只手之间的距离大约是 20 厘米。他一共拉了 47 次，47×0.20 米等于 9.40 米，加上手到地面的距离是 1 米。宋含章帮我们做了计算,国旗上木杆的长为1.40米,一共是11.80米。

图5-6 测量两手之间的距离

(4)估算方案(图5-7)。

李天豪站在杆旁,我和黎雨阳站到足球场的中场,用手估测李天豪和旗杆的高度,国旗有8~9个李天豪的身高。计算结果是11.20~12.60米,正好在前面结果的范围内。我们取它的中间数,是11.90米。

图5-7 估算身高和旗杆高度的比例

(四)四个方案的优劣分析

方案1:旗杆比较细,影子不太清晰,可能会差几厘米,而且旗杆下面有台阶,影子变形了,所以测量结果会有一些偏差。

方案2:测量原理是比较准确的,但是尺子的弯曲影响了准确性,而且操作也不容易。

方案3:很容易操作,但是不准确,因为每次拉绳子的距离不可能都相等。

方案4:和方案3一样,容易但不准确。

（五）得出结果

根据以上分析，四个方案的结果都不太准确，所以我们就取了平均数。用 12.40、11.90、11.80、12.07 算平均数，最终的结果约等于 12.04 米。

（六）学习体会

我们终于胜利地完成了任务！

回想整个项目的过程，我们有几点体会：

（1）要准备多个方案。如果我们只想了 1 个方案，那么很可能无法执行或不够精确。无论是做数学题，还是解决实际生活问题，都需要多准备一些方法，才能得到最准确的结果。

（2）要灵活应变。比如，执行方案 2 的时候，我们发现了更好的方案，及时修改了它。

（3）团结很重要。做事情要群策群力，才能做得更好。在确定主题时，只有大家都积极参与，才能想出这么多主题；在确定方案时，才能想出很多方案；在实施方案时，需要大家一起配合，才能完成。

这个活动特别好，它不仅有趣，让我们学以致用，而且让我们小组更团结了。我想，如果以后有更困难的任务，我们小组也一定能完成！

审视上述案例，不难获得以下启示：

其一，项目学习与综合实践活动的区别在于，它是学生的原创而非命题作文，并且自始至终都是学生说了算，自主决策、自主实施、自主评价。

其二，学生发现、提出问题和分析、解决问题所涉及的各种知识及其方法都是在课堂中学到的，只是综合用到了现实情境中，而且用得恰当。换句话说，每一个问题的提出、每一个方案的设想与实践，都在沟通、建立数学与外部现实的联系，都相当于自我命题、自我作答的表现性评价。

其三，学生在这个过程中不但获得了灵活解决问题的成功体验，享受了在应用中学习的乐趣，感受到了同伴协作的魅力，更为重要的是激活了创新意识，积累了数学问题解决的全程经验。

二、个性表达

1. 个性语言

人们常说中华民族的语言是丰富多彩的，其实数学的语言也并非只是干巴巴的符号语言，它的丰富不在于辞藻的华丽，而在于可以基于自己的领会用不同的方式来表达自己对数学的理解。

案例 5-5　三角形按角分类。

教学时，教师让学生尝试将 7 个三角形分类，通过交流确认正确的分类结果（图 5-8），在此基础上请学生给三类三角形命名。

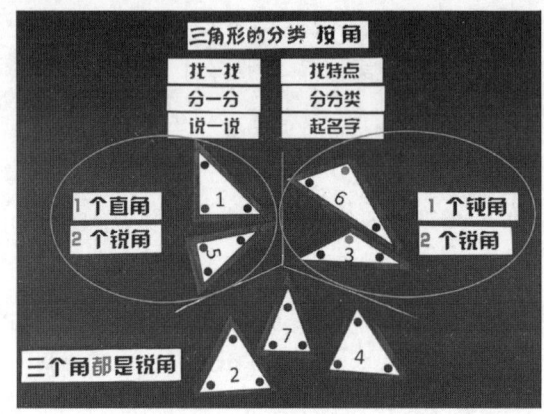

图 5-8

生 1：我给它们起的名字叫做"一直两锐三角形""一钝两锐三角形""三锐三角形"。

生 2：这样的名字不好听，不好记。

生 3：不管什么三角形，都有两个锐角，所以"两锐"是多余的，就叫"一个直角的三角形""一个钝角的三角形""都是锐角的三角形"。

生 4：我觉得这样的名称有点啰唆，就叫"直角三角形""钝角三角形""锐角三角形"。

师：不错，数学家就是这么命名的。

生 1：老师，如果这样命名，就不是按角分类，是按最大的角分类。

师：老师同意你的看法。通过按角分类，我们发现区别在于最大的角，所以三角形按角分类也就是按最大的角分类、按最大的角命名。

多么生动的课堂教学场景，多么鲜活的逻辑思维："按角分"要考虑三个角；"按最大的角分"只看一个角。

确实，三角形按角分类的实质就是按最大角分类。

遗憾的是，在如今多数一线城市的学校里，这样的场景已经很难寻觅了。由于超前学习，学生知道了名称，"按自己的理解命名"的教学活动就很难组织起来。

给出这个案例是想说明：正常情况下，小学生的数学表达是富有个性色彩的，他们能够用自己的语言陈述自己的领会。不仅如此，个性化语言还可能碰撞出思维的火花，使认识、理解走向深化。

2. 个性表征

前面在讨论数学理解的表现时，谈到了表征的概念与双重编码理论。通俗地说，表征是指可以指代某种事物的符号或信号，即某种东西缺席时，它能代表该事物。学生对数学知识的认知状态和过程就是由某种表征的出现、变换和存储组成的。

上例中学生关于三角形的命名就是一种源于表象的语言表征，即心理语言的外显。事实上，小学生的形象表征系统也是非常活跃的。

案例 5-6 盈亏问题。

针对这一内容，教师在设计补充练习时，有意交换了两组条件与问题的叙述顺序：

原题：猴王给小猴分桃。如果每只小猴分3个，就少18个桃；如果每只小猴分2个，还多12个桃。一共有多少只小猴，多少个桃？

改编：猴王给小猴分桃。如果每只小猴分2个，还多12个桃；如果每只小猴分3个，就少18个桃。一共有多少个桃，多少只小猴？

这样改编，意在加大学生解方程的挑战性。因为根据桃的总数相等的数量关系，多数学生会按题目叙述的先后列方程得 $2x+12=3x-18$（设有 x 只小猴）。由于学生没有学过正负数加减运算，解这样的方程只能灵活处理：

$3x-18=2x+12$（将等号两边交换）；

或 $12+18=3x-2x$（将 $2x$ 移到右边）。

没想到，有多位学生画图发现，$12+18$ 即为小猴只数（图5-9）。

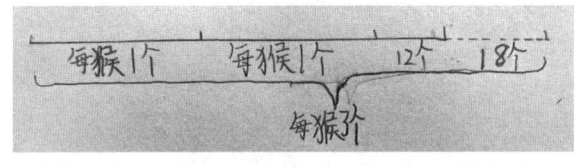 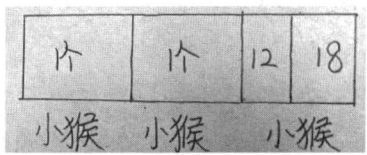

图 5-9

还有一名学生没画图,凭形象思维也发现了"多余的 12 个桃补上 18 个桃,正好让每只小猴再分 1 个桃"。

小学生的思维特点决定了他们的图形表征、情境表征的多样化表现,虽然不够严谨,甚至词不达意,但幼稚背后的想法,有时绝不亚于成人。

3. 奇思妙想

童年是人一辈子中最富有幻想的时期,儿童时常有成人意想不到的"奇思妙想"。例如,一位二年级小学生设想有一支能够变化出各种颜色的笔,更神奇的功能是如果写字姿势不正确,笔头就会自动缩进去,等到你的姿势端正了,它才伸出笔头来。

难道数学课就一定不能像语文课、美术课、自然课那样,让学生展开创想的翅膀吗?其实不然,教师只要给学生创设发挥的空间,给孩子多一点鼓励,就会发现他们也有数学"创造"的天分。

■ **案例** 5-7 *多边形的面积。*

学习三角形的面积之后,教师用教具摆出组合图形(图5-10),然后请学生求涂色部分的面积(尺寸略)。

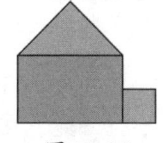

图 5-10

这类直接使用公式进行计算的习题,对绝大多数学生毫无难度可言。因此,教师又问:请用你们手中的这三个图形(一面蓝色,一面白色)拼成一个图案,并求蓝色部分的面积。

如果说前一问属于操作技能的练习,那么后一问就是智力技能的练习了,给了学生展现个性的机会。

从图 5-11 中四幅学生作品可以看到,第一位学生还处在模仿教师所给样例的阶段,当然重新组合也是该生的个性表达;后三位学生的作品体现了各人的创意,他们想到了使用图片的两面,用白色部分表示空白。因此,后三个组合图形的面积就从原先的连加组合转变为加减组合。学生的思维广度有了拓展。

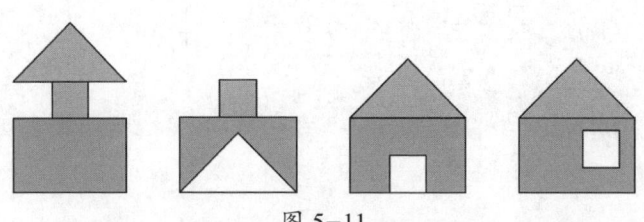

图 5-11

为了激发学生的潜能，教师又给出了这样一个情境：发挥你的创意，设计一个面积是6平方厘米的平面图形。

多数学生画了单一的长方形、平行四边形、三角形等。一些学生设计出组合图形，图5-12是其中的两幅作品（单位：厘米）。

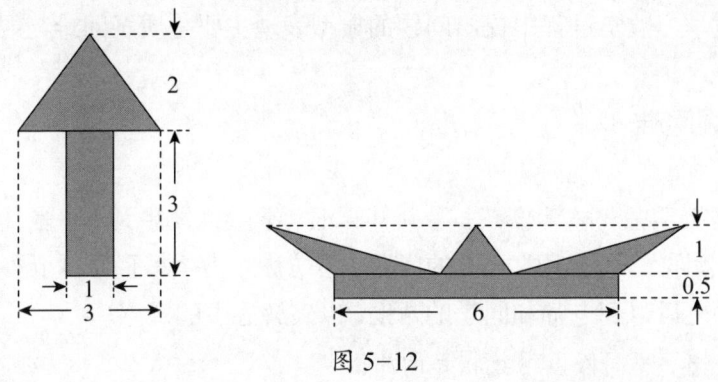

图 5-12

有学生对上右图的设计感到好奇，问作品主人："你画的是什么呀？"答："古代的官帽。"真是奇特的想象。

又有学生提出："你没有告诉三个三角形的底是不是相等。"答："不需要告诉，可以合并成一个三角形计算。"学生将等底等高三角形面积相等

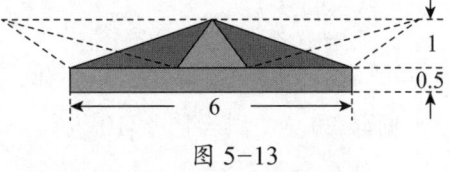

图 5-13

的知识应用到了新的问题情境中，简化了解决问题的过程（图5-13）。

教师不失时机引导观察："两图差异那么大，有共同点吗？""都是面积为3平方厘米的长方形与面积为3平方厘米的三角形。"学生用创意呈现了一组"形变积不变"的绝佳实例。

与众不同的设计背后，反映出学生思维的独特性。通过交流、检验，生成新的发现，使全班学生对图形面积计算的认识上升到一个新的高度，至少进入了关联结构水平。

深度学习激发创新精神的魅力，可见一斑。

三、提出问题

长期以来，我们相信教师的提问是促进学生思考的有效手段。由此精心设计课堂上的提问，从"大问题"到"关键问题""核心问题"，教师的提问控制着教学的进程，学生似乎只有回答问题的权利。正是在这样的课堂上，儿童

不再是"天生的提问者",所谓学习,只是学会了回答有现成答案的问题而已。

学生提问作为一项主动的高阶学习任务,是学生内部思维发展和主动探究的外显表征,是导向新的发现的转折点,因而是学生进入深度学习的重要标志即关键表现。

小学生学习数学过程中提出问题的典型表现主要是质疑问难与寻根究底。

1. 质疑问难

在课堂教学中,每当学习一个新知识时,学生自发想到的"是什么""为什么""怎么样""怎么用"之类的问题,不妨称之为"真不懂"问题。他们希望提出问题之后得到老师和同学的帮助,以破解心中的疑惑。

■**案例** 5-8 不同假设得数相等的原因。

学校田径队男同学平均体重41千克,女同学平均体重35千克,女同学的人数是男同学的一半。田径队全体同学的平均体重是多少千克?

知道因为男女同学人数不相等,所以不能把两个部分平均数相加再除以2的学生,常常想到"假设法"。例如,假设男同学2人,则女同学1人,或者假设男同学20人,则女同学10人。令他们惊奇的是,相差那么大的不同假设,为什么结果会相同?

教师只需将两个算式上下排列,以便学生观察、对比:

$(41×2+35×1)÷(2+1)=117÷3=39$(千克),

$(41×20+35×10)÷(20+10)=1170÷30=39$(千克)。

学生就不难发现"原来是商不变规律的原因"。

类似的问题还有已知上下山的速度(原路返回),求往返的平均速度,等等。这些平均数问题与案例3-32中工程问题、圆环比率问题的化简依据是一致的。

鉴于小学数学比较两个量,除了用除法或分数"比倍",还有用减法"比差",由此联想,"比差"会不会有相似情况呢?请看:

四个小朋友比较身高,甲比乙高3厘米,乙比丙矮7厘米,丙比丁高10厘米。甲与丁谁高?高多少?

学生往往觉得"凭空推算"太难,画线段图麻烦,不如假设。例如,有学生假设甲身高100厘米,则乙97厘米,丙104厘米,丁94厘米,得甲比丁高6厘米;还有学生假设甲身高120厘米,则乙117厘米,丙124厘米,丁114厘米,得甲比丁高6厘米。

采用上述教学对策：

100-（100-3+7-10）=100-94=6（厘米），

120-（120-3+7-10）=120-114=6（厘米）。

学生同样能看出"原来是差不变规律在起作用"。

小学生富有童真的"为什么"，常常与数学知识的理解相关联，应当引起教师的重视。

伴随"为什么"，学生还常常会问"有什么用"。有时，学完新课就有了答案；也有时，到了单元复习还不见踪影。既然教材没有回答，那就算了？这显然不是上策。

例如，探究和的奇偶性之后，常有学生问："这些规律在生活中有什么用呢？"案例 2-3 给出了沪教版二年级教材教学奇偶性之和的引例"有奖游戏"，比较适合低年级学生。尽管"有奖游戏"可改为"购物满 200 元参加转盘抽奖"（规则不变），但对于五年级学生来说还是有点"小儿科"，因为他们一下就能识破，现实生活中也不可能有如此低智商的促销抽奖。因此，有必要给出更贴近实际的应用举例。

■**案例** 5-9　奇偶数之和规律的应用。

（1）一个旅行团共 75 人，按惯例同性两人住一个双人间，导游应该预订几个单人间？需要知道男、女旅客各有多少人吗？

（2）公路一边每隔相同整米数种一棵树。如果把 3 块"爱护树木"的木牌分别挂在 3 棵树上，无论怎么挂，总有 2 棵挂牌树之间的距离是偶数（以米为单位）。这是为什么呢？

两个实际问题，都用到了奇偶数的性质：

（1）因为男性旅客人数 + 女性旅客人数 =75（奇数），说明两个加数必定一奇一偶，所以只要定一个单人间。

（2）看似抽象，其实很简单。设 3 棵挂牌树中，相邻两树之间的米数分别为 a、b。若 a、b 中有一个是偶数，则结论成立；若 a、b 都是奇数，则 $a+b$ 就是偶数。

这样的解惑（最好是启发学生自己寻找实例），既有助于培养学生的数学应用意识，又能引起学生的认知兴趣，增强深度学习的积极情感体验。

教师应当清楚，并非所有数学知识都能找到适合小学生理解的生活应用。例如质数，无论是密码学中的应用，还是齿轮设计等工农业上的应用，几乎都是学生所不熟悉的。尤为重要的是，纯数学的研究者从不考虑自己的探索成果有什么用,因为"是金子总会发光"。前面已经多次提到数学史上曾经被人鄙视、斥为无用的发现。必要时,可择其一二,略作介绍,帮助学生认识数学应用的滞后性。

2. 寻根究底

在学生的提问中,还有一些"为什么"问题指向了探寻知识的来龙去脉,或者知识的引申、拓展,我们统称为"寻根究底问题"。这类问题的特质就是追寻知识的"根",导向深入学习。

例如,在小数、分数初步认识的基础上学习小数的意义(图5-14):

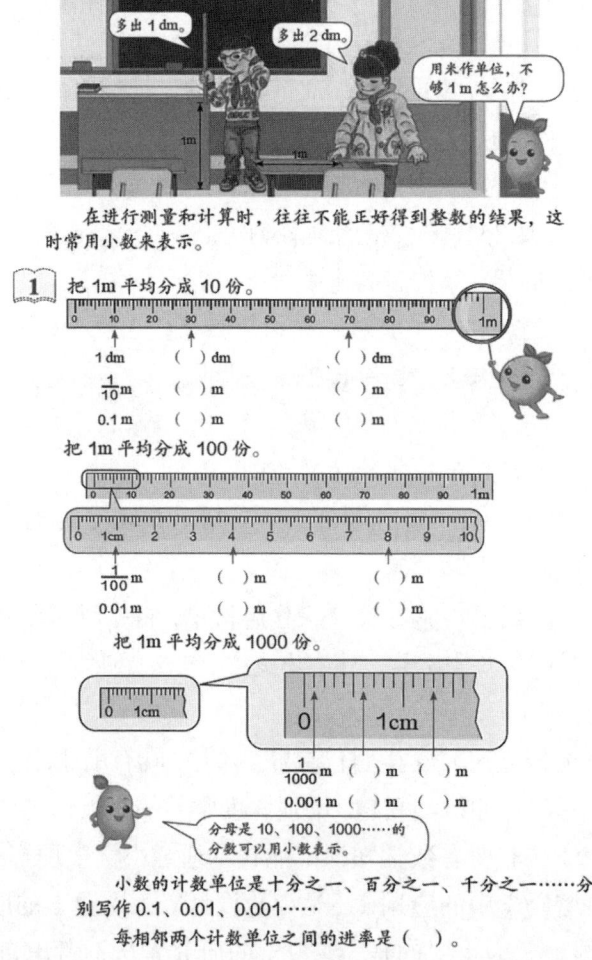

图 5-14

常有学生针对课本上的陈述"分母是10、100、1000……的分数可以用小数表示"提出疑问,如"为什么有了分数还要学习小数""分数好好的,为什么要用小数表示"。

通常,教师的第一反应是小数的优势在于加减乘除可以像整数那样教学计算。可是,这要到学了小数的四则运算才能体会。小数的意义学习阶段该怎样回应呢?

如果在数的认识知识系统背景下设计、展开教学,问题就能迎刃而解。

■ **案例** 5-10 小数的意义。

四年级第二次认识小数,由再现十进制引入新授。整数从低位到高位,计数单位满十进一(出示图5-15①,凸显"十进"):

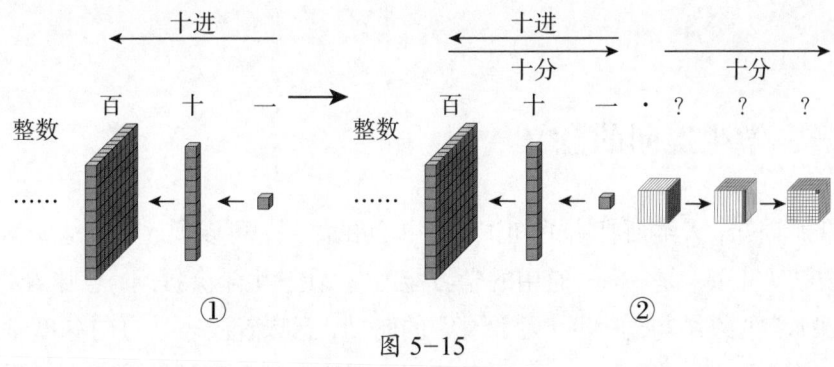

图 5-15

反过来,从高位到低位呢?(根据学生的回答,课件凸显"十分")计数单位"一"继续"十分",可以得到哪些计数单位呢?(出示图5-15②)

让学生独立思考,填写小数计数单位,通过交流,课件逐步演示形成图5-16:

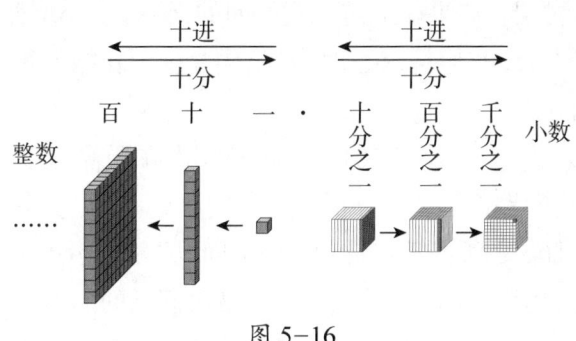

图 5-16

从而使学生较为深刻地感悟小数的优点:与整数统一,同样采用十进制,从低位到高位,也是"十进"。数形结合增强了感知的效果。

学生提出寻根究底、追根溯源的问题是高阶学习的表现,教师理应尽可能地帮助他们释疑。

第二节　攻坚克难:突破学生提出问题的短板

一、学生提问的意义

众所周知,人类所拥有的知识都是提问的结果,可以说,提问是人类特有的重要智力工具,是一种"通用的学习能力"。让学生学会提问,意味着"教师中心课堂"的终结与"学生中心课堂"的萌动,意味着浅表学习向深度学习的转变,意味着探究能力、思维品质的提升,因此也是深度学习的有力抓手和重要组成部分。

为学生的终身发展着想,未来社会需要具有批判性思维、创造性思维能力的人,在学生阶段培养提问能力就是为获得未来社会应具备的素养做好准备。小学是学生观念意识和个性心理形成的初期阶段,也是培养自主提问意识和创新意识的关键时期。如果能适应儿童好问的天性,从小培养敢问、想问、会问的学习习惯与能力,克服从众心理,就能为学生创新能力和实践能力的发展打下良好的基础。

《义务教育数学课程标准(2011年版)》首次在课程总目标中明确提出了"增强发现和提出问题的能力、分析和解决问题的能力"。毫无疑问,"四能"是一个有机的整体,之所以重点针对"提出问题",一是因为它是发现问题的深入与表现,二是因为中国学生分析问题、解决问题的能力早已被公认为世界第一。以2009年和2012年两届PISA测试为例,上海单独参加,不仅是全球第一,还和第二名还拉开了明显的差距(图5-17)。

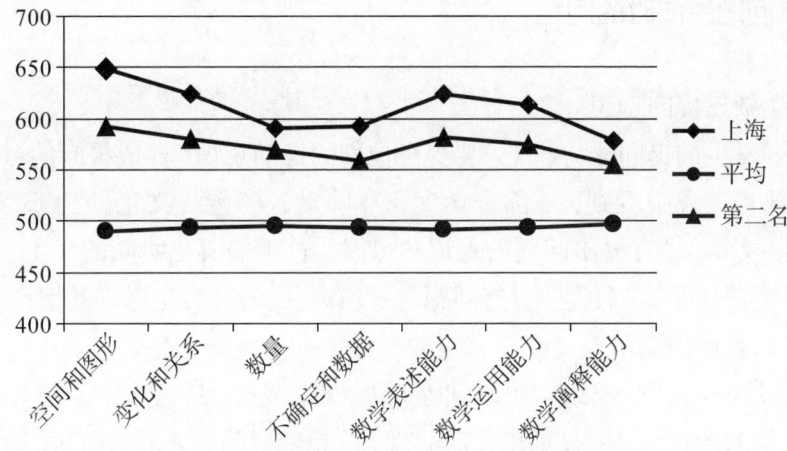

图 5-17　PISA 数学（2012）上海学生的表现

而提出问题恰恰是我国数学教育长期以来的短板。蔡金法教授曾做过一项中美学生数学问题提出与解决的认知差异比较研究，发现中国学生分析问题、解决问题的能力总体强于美国学生，但在数学问题提出方面没有优势，有些表现还不如美国学生[1]。

因此，无论是考虑长远，还是立足当前，重视问题提出能力的培养的意义不容低估。

二、学生提问的现状

有学者指出：自两千多年前苏格拉底借助提问使弟子陷入思维的两难困境开始，教师的"提问"就是测量教育质量的重要指标；从某种意义上说，苏格拉底造就了借助教师的提问来控制一切的不良传统[2]。"教师历来被这一不良传统所束缚，为促进学生的思考而苦心孤诣地发出完美的提问。"[3]

根据现状调研所获信息，将目前存在的主要问题按提问的前后时段加以梳理、分析。

---

[1] 蔡金法. 中美学生数学学习的系列实证研究——他山之石，何以攻玉[M]. 北京：教育科学出版社，2007：136-139.

[2] 钟启泉. 学会提问：砥砺多样思维能力的方略[J]. 比较教育学报，2020（3）：3-10.

[3] Rothstein D, Santana L. 跨出一小步：学会提问[M]. 吉田新一郎. 译. 东京：新评论股份公司，2017：55.

1. 问题生成时的问题

（1）缺乏提问意识。

培养学生的提问能力，首先要提高他们的提问意识，养成提问的习惯。但是，从现状调查中看到，一部分学生在尊师重教的传统文化影响下，相信课本、相信权威，没有提出问题的意识和习惯。这类安心当听众的学生，对于教师提问鼓励的回应往往是"没有问题"。没有问题的背后是思维的惰性。

（2）缺少提问勇气。

一部分学生因性格或学习基础等原因，自信心不足，生怕被同学嘲笑而不敢提问。这类学生往往显示出矛盾心理，既想要提问，又害怕提问，结果常常成为教学活动的旁观者。

（3）缺失问题表达能力。

还有一些学生有问题，也敢于提出问题，但是往往提的问题与本节课的关系不够紧密甚至偏离主题，或者因为表达不清而让听众不知所云，属于"不会提问"。

2. 问题提出中的问题

（1）陷入提问套路。

比较常见的现象是课始教师出示课题，让学生提问。学生针对课题提出的问题如同众多领域的"5W1H"（What，Who，When，Where，Why，How），不用多久师生都会失去兴趣，因为提问成了一种套路，每天都是这么几个问题。

类似地，课末让学生提问，似乎只是完成一个规定动作。最常见的以"好，没有问题了"宣布下课。

当课堂教学陷入这样一种结构之后，让学生提出问题就成了例行公事。学生学会的是"应付"而不是"发问"，更不要说问题切入要害，导向深度学习了。

（2）"广种薄收"。

这又是一种比较普遍的现象，教师叫起一个又一个学生，让他们说出自己的问题，不置可否，直到符合意图的问题出现。如果始终没有令人满意的，就抛出预设的问题。

教师有足够的耐心，静待花开，是好的。但问题是部分学生有思考力，也敢于表达，只是词不达意，导致问题指向不明。对此，教师应当给予点拨、帮助。

例如，教学"圆的认识"，教师让学生提出问题时的一段对话。

■ **案例** 5-11　关于圆的提问。

生：怎样发现一个圆？

师：什么叫"怎样发现"？你是想问怎样画出一个圆，还是怎样判断一个图形是不是圆？

生：是的、是的，两个问题我都想问。因为我用圆规画圆，有时不圆。所以想问怎样判断我画的是圆。

师：很好，怎样画圆？什么样的图形是一个圆？都是值得研究的问题。

……

后一个问题，涉及圆的定义，超出了小学数学的基本要求，但可以用"一中同长"来替代。

从某种意义来说，提问的过程是一种对话过程，而与小学生对话要求教师不但要揣摩儿童的思维，理解他们的想法，还要悉心施加援手，引导他们表达。

（3）成人思维。

教师都知道要善待学生的提问，以保护他们发问的积极性。然而，不经意间，又常常因成人思维，对学生的问题不屑一顾。

例如，一年级学习"加减混合运算"后，有学生问：连加、连减都是从左往右依次计算的，为什么有加、有减也是从左往右依次计算？对于这样的问题，教师认为这就是同级运算的顺序，是规定，没有必要讨论研究。但是对于学生来说，又确是他们认知中存在的与数学学习有关的疑问。

因此，还是应该正面回答，让学生知道怎样做是正确的。至于为什么，可以留待以后学习相关知识时再作解释或启发学生理解。

小学生的有些问题与数学关系不大，且难以回答。例如，人民币是怎么印出来的？量角器是谁发明的？与其置之不理，不如以诚实的态度，承认"老师也不知道"。

3. 问题提出的后续

不少教师对学生提出的问题采取"课课清"的处理方式，即本课能解决就回答，不能或没时间解答就丢弃。迄今还很少有教师将学生每节课上提出的问题一一记录下来，以致提问教学始终处于自生自灭状态。

教师应当将学生的问题视作教学的资源、教研的素材，视作后续教学可供选择的深度学习点。要知道这也是研究学生的问题意识、研究培养学生的提问能力必不可少的资料积累。

三、激活问题意识的策略

关于培养学生提出问题能力的反思性实践研究，在本套丛书的《跨越断层：走出误区：小学数学问题解决教学研究》中已经有了比较充分的讨论与丰富的案例，这里针对上述现状，仅就课堂环境与问题管理给出可行对策。

1. 营造安全、尊重、平等的课堂氛围

我们的孩子年级越高、问题越少的重要原因，一是缺少提问的机会，二是提问遭到冷遇。除了那些思考力出众的孩子持续保持问题意识，多数孩子都被磨得没想法了。因此，营造安全、尊重、平等的课堂氛围是培养提问能力的首要条件。

有教师组织学生讨论，如何建立这样的课堂？这样的课堂氛围营造可以从哪些方面入手？师生一致认为，可以从制定课堂常规入手。经过学校教研组的研讨，拟出如下课堂规则：

（1）主动提问。

① 大胆举手，敢于表达，能勇敢地提出自己的问题。

② 努力在课前、课中、课后及时提出自己的困惑。

③ 课前预习，至少提出一个问题。课后解决课前提出的问题，并写下至少一个还弄不清的问题。

（2）认真倾听。

① 同学发言时，不随意打断或插嘴。不赞同所说内容时，举手示意，等发言结束再提出疑问。

② 边听边想，理解别人的意思，思考自己的想法和他有什么不同，提出有针对性、有价值的问题。

（3）合作学习。

① 反驳别人的看法要以理服人。

② 有补充时，可以说：我基本同意你的想法，但是……

③ 组内讨论要轻声，能适时给同伴提出有益建议。

④ 分工明确，共同参与，合作解决问题。

教师不仅仅是学生遵守规则的督促者，也是自觉遵守规则的榜样。以此潜移默化，引导学生做一个守规则的人。当学生提问时，教师应朝向学生，保持眼神交流或轻微点头，以示听懂。

还可以在教室墙上设置问题栏（讨论区）。学生可以把自己的问题贴出来，寻求同伴的回应。这些问题以学科学习中发现的问题为主，每个学生都可回复、追问。有的学校将这样的墙面称作"思维创新实验室"，成为学生提出问题与解决问题的成果展示区。

2. 做好年级交接，力求有问必有答

教师应及时将课堂中学生提出的问题加以整理。对于尚未解决的问题，可分为现阶段能解决的、未来学习中待解决的。对于未来学习中待解决的问题，应在学年交接时与学生成绩档案一并转给接任教师，以帮助新接班的教师从中了解学生的学习基础，知道他们的疑惑点，进而纳入教学计划。

事实上，瞻前顾后本就是教学整体设计必须关注的事项。

案例 5-12 长方体的体积与表面积。

三年级学生已经知道面积相等的长方形，长、宽相等时周长最小。到五年级学了长方体的表面积、体积计算后，就能加以引申。让学生先猜想，再验证。

考虑到立体图形的计算量较大，可建议学生采用小组合作的方式，先讨论列出各种可能情况，再分头完成一系列的计算。

序号	长 /cm	宽 /cm	高 /cm	表面积 /cm^2	体积 /cm^3
1	64	1	1		64
2	32	2	1		64
3	16	4	1		64
4	16	2	2		64
5	8	8	1		64
6	8	4	2		64
7	4	4	4		64

通过探究，学生验证了之前的猜想：体积相等的长方体，当长、宽、高越来越接近时，表面积会越来越小，长、宽、高相等时表面积最小。

小学数学应该尽可能地引导学生不断类比，形成猜想链。例如：

三年级学习长方形周长与面积后，猜想：面积相等的平面图形，正方形的周长最小，圆的周长更小。这到六年级就能加以验证。

五年级学习长方体表面积与体积后，猜想：体积相等的立体图形，正方体的表面积最小，球的表面积更小。尽管这要到中学才能验证，但也是非常有益的。

3. 多一些激励措施

"激励"如今已成为管理学的常用术语。它是引发动机、点燃热情的有效手段，学生的学习尤其需要激励，在小学数学问题提出教学中更是如此。因为提出问题原本就不是学生习惯的学习方式，它更需要在教师、同伴的激励中慢慢生长。

平时教学中教师给出的即时反馈，一个点赞、一次掌声、一个赞同的回应都是有效的激励方式。

进一步的激励方式是将学生提出的有价值的问题展示出来，让小伙伴们一起去深入研究。这种无声的激励能让学生感受到自己提出了一个好问题，这个问题是有价值的、值得探究的。展示的地点可以和上述氛围营造的方法结合起来，如班级的提问墙、学校的思维创新实验室。

总之，小学数学教学的展开要适当降低教师讲授用时占比，增加由学生提问的环节，以"问题"作为教与学的中介，通过问题的发现、表达、澄清、解决和反思驱动学与教的互动和演进。

第三节　评价转型：实施教、学、评合一的学习性评价

"评价"按字面解释即"评定价值"。而评定价值的目的，无非是"增值"。

教育评价是一个广泛的概念，其中的"中考""高考"，由于其"高利害"而长期处在风口浪尖。课程教学改革的评价，也一直被称为"指挥棒""风向标"。这并非贬义，指向解决教育"功利化""短视化"问题的评价，是当之无愧的"指挥棒""风向标"。

课堂教学过程中的评价，去掉了选拔功能，使"增值"更加纯粹。这也是推进深度学习所需要的。

一、学习性评价

1. 学习评价

一般认为，学习评价是以学习目标为依据，运用观察、反思、调查、测验等方法，来收集学习过程及学习结果等方面的客观资料，并进行相应的处理，进而对学习效果作出鉴定和价值判断，对学习目标进行反思和修订的活动。

教育评价理论认为，学习评价根据其功能可分为诊断性评价、形成性评价和总结性评价。它们各自的意义与作用可以从名称上探知，无须过多阐述。

从实施时段来看，三类评价说白了就是教学前、中、后的评价。

从教学实际来看，三类评价的严格区分实乃教条。

例如，以往的单元测验、期中与期末考试，看似都属于不同教学阶段的总结性评价。但有责任心、有经验的教师都会自觉利用这些所谓的"总结性评价"作为下一阶段教学"长善救失"的"诊断性评价"。尤其是单元测验，不仅相对于一学期来说是一种形成性评价，就是对于这一单元来讲也是一种形成性评价。因为通过试卷分析发现了问题，除了上好测验的讲评课，还会根据需要，补充针对性的练习课，加以弥补、矫正。从某种意义上讲，平时的课堂练习、回家作业，其结构性设计、及时批改和反馈，实际上也在发挥形成性评价的功能。

这就是说，常态下的教学长程与三类学习评价相互融入、成为一体，是非常自然的，且具有实践的合理性。至于评价理论对诊断性、形成性、总结性评价的种种阐述，特别是各自的功能与要点，可供改进常规测评工作时参考。

2. 学习性评价

粗略地说，学习评价的演进历程，其实质可大体归结为，从"刻画学习的评价"向"促进学习的评价"发展。

"刻画学习的评价"由来已久，如学历测验、智力测验、人格测验等，都是早已成熟的、刻画学习的总结性评价。这些基于心理测量理论、凌驾于教学过程之上的测验，主要区分学生个体特定的学业成就以及那些比较稳定的学习心理特质。但在课堂教学场域中，学生的学习表现不是稳定不变的，而是直接受到教学内容和师生的多重影响，不断发展变化的，需要课堂内部非正式的"促进学习的评价"持续地跟进。

（1）内涵与要素。

学习性评价正是以"促进学生发展、教师提高和改进教学实践"为目的，发生在课堂内部的非正式评价。这种在学习中、为学习的评价，必然成为有效教学的有机组成部分。

一般认为，学习性评价由形成性评价演变而来。与形成性评价和终结性评价相比，学习性评价兼顾发展取向、过程取向和目标取向，其根本特征是促进学生有效学习与教师专业发展[1]。

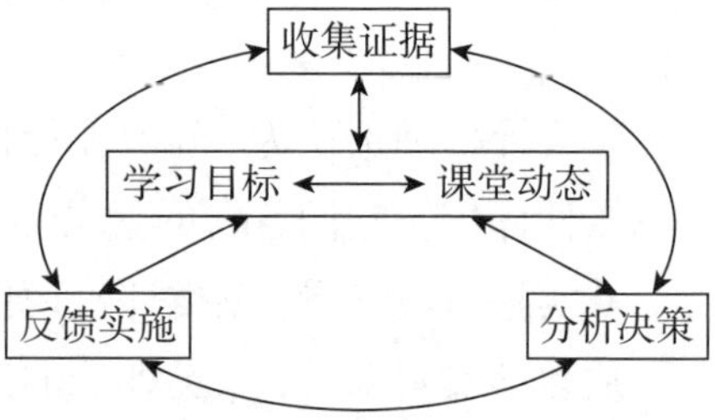

学习性评价的核心要素，首先是明确学习目标，然后是基于学习目标与课堂动态收集证据、分析决策、反馈实施（图5-18）。

图5-18

（2）方法与技术。

在第四章中，我们探讨了目标设计的多种技术，剖析了课堂上基于教学动态的分析决策与相应的调控，即反馈实施问题，总结了一些成功的经验。进而，还需解决学习证据的收集问题。

由于长期受到外部总结性评价的影响，一线教师学习证据意识较为淡薄，分析决策与反馈实施经验不足，尤其是缺失证据收集方式的设计技术。这也反映在我国教师特有的教学研究"磨课"中，表现为习惯于经验判断，不善于

---

[1] 丁邦平.学习性评价：涵义、方法及原理[J].比较教育研究，2006（2）：1-6.

基于证据开展教学改进的行动研究。

因此，强化证据意识，掌握证据收集技术，以改进问题设计、学习任务设计，使之显现更明显的证据信息，是有效推进深度学习必须弥补的短板。

（3）课堂即时评价。

课堂即时评价作为贯穿教学过程始终的非正式评价，自然属于学习性评价。它是教师在教学过程中的即兴行为，几乎无需专门设计，但却具有丰富的内容。

课堂即时评价的内容包括知识、能力、过程方法、情感态度的评价，评价方式有言语评价、非言语评价（表情、肢体动作等），评价性质有肯定性评价、否定性评价之分，评价对象有学生个体、学生群体之别，评价效能又可分为正效评价、负效评价、零效评价。负效评价，如教师不当斥责，引起学生逆反；零效评价，如反复不断的"你真棒"，造成审美疲劳。

从目前的课堂教学来看，教师大多比较重视学生参与积极性和情感体验的评价，以营造和谐、民主、宽松的学习氛围；也都能适时（即时或延时）给出对错的评价，以帮助学生正确解题。然而，促进深度学习的课堂即时评价，还要求教师的评价尽可能地指向学生的高阶认知、核心素养以及过程方法的感悟。

研究表明，基于学科固有逻辑的具体评价，具有更为良好的效果。以言语评价为例，描述性肯定、改问、追问以及要求更好回答，促进思考的有效率都在 90% 以上。

二、逆向设计

所谓逆向设计，原是工业设计方法，即对目标样品进行逆向分析与研究，从而演绎并得出该产品的处理流程，以提高开发效益。工业领域的这种方法在产品造型设计中形成，并借助数字技术的加持逐渐走向成熟。

教学的逆向设计思路源于常识性的隐喻：你想把学生带到哪里去（目标设计）？怎样知道学生到了那里（评价设计）？怎样把学生带到那里去（过程设计）？

让评价设计先行，有利于回归教学"为学而教"的本意，使教学的活动过程设计更加精准。

道理非常简单，课程、教学改革最终发生在学生身上，重视学生学习成效证据的课程修订、教学改进才能切合实际（图5-19）：

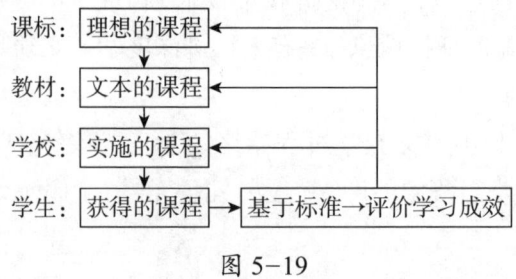

图 5-19

由此易见，教学逆向设计的积极意义在于，借助流程促使教师聚焦学生的学，强化证据意识。它对于课程、教材建设的返璞归真，对于课堂教学走出花样翻新的形式主义误区，以及基于证据的教学改进都是有益的。

理论与实践都告诉我们，教了≠学了≠会了≠懂了。教学的设计与实施关注学生是否"真学""真会""真懂"，本就是教学品质的题中之意。

自然，教学逆向设计也有它的局限性。一方面，如前面分析所指出的，不是所有教学目标都能在课堂上即时获得实质性证据；另一方面，过于关注一节课的得失也会影响教学的格局。因此，逆向设计与教学系统观指导下的整体设计相结合，才是上策。

三、指向数学学习深度的评价

在第二章中，我们选用SOLO分类刻画了深度学习的群体表现，进而还需要解决评价学生个体学习水平的问题。

1. 测评框架

课堂上学生个体的学习评价，光靠即时性语言评价是不够的。要让每个学生参与，最为高效的可操作方式当推问题解决的任务与习题。在这方面，PISA测试多年的成功实践可供借鉴。

经济合作与发展组织（OECD）自2000年起，对15周岁在校学生（义务教育结束阶段），开展了大规模（2018年有79个国家或地区参与）国际学生评估项目（PISA）。测评领域主要为阅读、数学、科学。各领域素养测评框架每

9年修订一次。PISA2021数学素养测评框架如图5-20所示[1]。

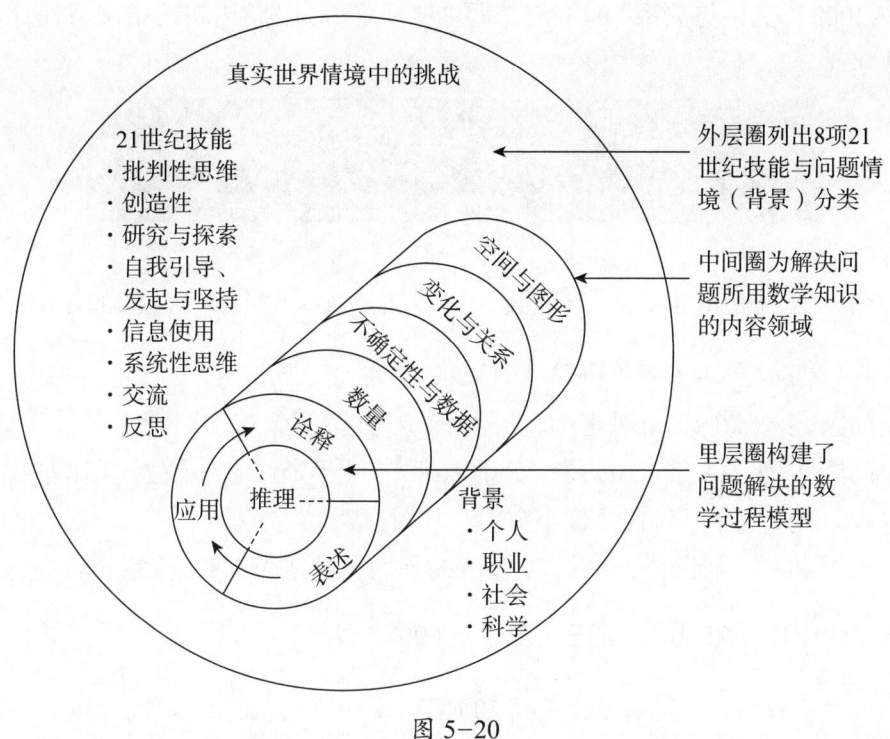

图 5-20

PISA本着评价学生应用知识与技能适应未来生活能力的根本宗旨，坚持"能力立意"的命题导向，通过设置测试情境、设计以推理为核心的问题解决试题，实现对学生数学学科素养的深度测评。

其中，数学素养水平根据试题难度分为6级。有学者将之与SOLO水平层次进行比较，得出如下对应结果[2]。

表 5-1

PISA数学素养水平	水平1	水平2	水平3	水平4	水平5	水平6
SOLO水平层次	单点结构	多点结构	低关联结构	中关联结构	高关联结构	拓展抽象结构

---

[1] 董连春,吴立宝,王立东.PISA2021数学素养测评框架评介[J].数学教育学报,2019（4）:6-11+60.

[2] 李佳,高凌飚,曹琦明.SOLO水平层次与PISA的评估等级水平比较研究[J].课程·教材·教法,2011（4）:91-96+45.

但实际上达到水平 6 的试题，其内涵与深度并非都很理想。以 PISA2003 "变化与关系"的一道试题 "步行"[1] 为例（语句按中文习惯作了修改）。

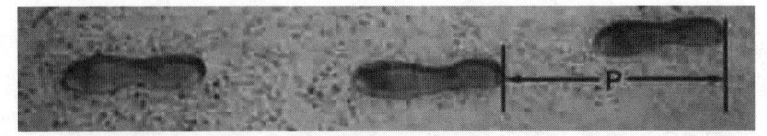

图 5-21

图 5-21 中是成年男子步行的脚印。p 表示连续两个脚印之间的距离，叫做步长（单位：米），n 表示每分钟的步数，已知 $\frac{n}{p} = 140$。

问题 1：李叔叔每分钟走 70 步，他的步长是多少？（写出过程）

问题 2：张叔叔步长 0.8 米，分别以米/分、千米/时为单位，求出张叔叔的速度。（写出过程，保留一位小数）

根据 PISA 的评分标准[2]，难度值的平均数设定为 500，约参测学生总数（PISA2003 超过 25 万人）的 $\frac{2}{3}$ 在 400 至 600 之间。

问题 1 算出正确答案 0.5 米或 50 厘米，评 1 分（若答案写作 $\frac{1}{2}$ 米，则不写单位不扣分），难度值 611，处于水平 5（606.6～668.7）的低端。

问题 2：正确答案 89.6 米/分、约 5.4 千米/时，评 3 分（评 2 分、1 分的标准略），难度值 723，属于水平 6。

我们将此题给上海部分小学的五年级学生解答，得分率分别为 96%、83%。可见，15 岁学生国际水平标准低于我国 11 岁学生的实际水平。

不难发现，PISA 的 6 级水平是根据试题难度区分的，类似于常模参照。因此，概括各难度水平的描述，以及它与 SOLO 层次的对应，颇为牵强，意义不大。

例如，将"步行"问题 1 的解答归为"关联结构"就已牵强，将问题 2 的解答扯上"拓展抽象结构"就更显"穿凿附会"。有经验的教师都知道，速度单位

---

[1] 经济合作与发展组织（OECD）.面向明日世界的学习——国际学生评估项目（PISA）2003 报告[M].国际学生评估项目上海研究中心，译.上海：上海教育出版社，2008：42-43.

[2] 同[1].

是两种单位的复合,本是难点,由"米/分"改写为"千米/时",历来错误率极高。与其攀附"拓展抽象",还不如说是"仔细熟练"。有研究者将PISA的6级水平干脆称为"精熟度"[1],倒也不无道理。

跳出来审视,无论是PISA的水平还是SOLO的层次,实质都是显示思维、学习的递进发展状态。至于层级的区分,用得分率即难度作为指标,或者用可观察的结果来描述,都未尝不可。大可不必抠字眼,拘泥于某种表述的概括。

既然如此,我们完全可以从小学数学实际出发,参照SOLO分类,建立朴实的水平层级框架:

表 5-2

数学水平层级	水平1	水平2	水平3	水平4	水平5
问题解决表现	无解答或错误	有失误或方法欠佳	方法一般解释牵强	方法较优解释清晰	灵活、创意解释清晰
SOLO水平层次	前结构	单点结构	多点结构	关联结构	拓展抽象结构

多数情况下,面对学习性评价的问题解决任务与习题,学生的应答落在水平2至水平4之间较为合适,其表现可以根据任务与问题的具体情况,给出更贴切的描述。

重要的是:学习性评价绝不是游离于教学内容之外的智力测试,而是紧扣教学内容的学习活动、增值练习。这与PISA测试有着质的不同。

2. 测评案例

一般来说,小学低中年级的学习性评价题,不宜也无须多层级的水平划分,只要能够较为明显地显示学生是否理解、掌握,能否灵活应用即可。

---

[1] 金彩,邵光华.PISA数学素养之精熟度水平及典型试题分析——PISA数学素养测试研究之二[J].中国数学教育,2018(19):6-9+14.

案例 5-13 基本概念的学习性评价。

（1）乘法概念。

图 5-22 中有（　　）个圆片，你是怎么数的？

多数二年级学生的数法是 3 个 6 加 2，也有学生想到 4 个 6 减 4，少数学生的数法是 2 个 4 加 4 个 3，个别学生发现可移动 3 个圆片，转化为 5×4。

图 5-22

（2）速度概念。

三年级学生领会速度概念的语言表征"跑得多用时少"，其实是一种非常不错的意义建构。鉴于此，设计如下问题：

①

	时间/分	路程/米
小象	7	280
小牛	6	360
小熊	6	300

②

	时间/分	打字/个
小红	7	343
小芳	6	300
小刚	6	410

（　　）最快，因为_____

（　　）最慢，因为_____

（　　）最快，因为_____

（　　）最慢，因为_____

问题②的计算比较还有不同表现：直接判断小刚最快，小红、小芳计算比较；以小芳每分 50 个为标准，估算小刚每分大于 50 个，小红每分小于 50 个。

通过交流、点评，全班都能受到灵活解决问题的启发。

以上两项评价，学生正确解答的水平区分可简单描述为：

层级	水平 2	水平 3	水平 4
表现	6×3+2	6×4-4 4×2+3×4	5×4

层级	水平 2	水平 3	水平 4
表现	用公式 计算比较	直接比较 解释不清	直接比较 解释清晰

作为促进学习的评价，教师对学生的表现作出事实判断与价值判断，从中获得教学效果的实证是次要的，重要的是促成学生的意义建构。所以，水平层级及其描述只是为教师分析判断提供参考线索。面对学生时，用 1、2、3 颗

星表征,学生反而喜闻乐见。

对于小学高年级的学习性评价题,遇到合适的教学内容时,教师也可以创造条件,给学生提供发挥更高水平的机会。

■ **案例 5-14** 分数加法计算规律的探究。

五年级的分数加减法,因为不涉及带分数,且分子、分母的取值受到控制,所以比较简单。利用计算技能降低要求所释放的空间,适当增添思维的挑战性,让学生通过学习性评价活动寻找计算规律,收效甚佳。例如:

(1)探究一:分母是 n 的所有真分数相加,和有什么规律?

分母	2	3	4	5	6	…	10	…	n
所有真分数的和									

当有必要降低发现规律的难度时,可在第二行的空格里都放入 $\dfrac{(\ )}{2}$。因为只要将和写成分母是 2 的分数:$\dfrac{1}{2}, \dfrac{2}{2}, \dfrac{3}{2}, \dfrac{4}{2}, \dfrac{5}{2}, \cdots, \dfrac{9}{2}$,规律就显而易见,即分母是 n 的所有真分数相加,和是 $\dfrac{n-1}{2}$。这常常令学生感到惊讶:那么难发现的规律,用字母表示居然如此简单。

如果前面有过利用梯形面积的习题(图 5-23)[1],让学生尝试计算 $1+2+3+\cdots+100$ 的经历,那么推导证明就不难了。

我们经常见到圆木、钢管等堆成像下图的形状。通常用下面的方法求总根数:

(顶层根数+底层根数)×层数÷2

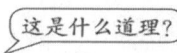

算出图中圆木的总根数。

图 5-23

常有教师将"圆木总根数"的算法改为等差数列求和公式"(首项+末项)× 项数 ÷2",于是分子的和为:

$1+2+3+\cdots+n-1=(1+n-1)×(n-1)÷2=n×(n-1)÷2$。

---

[1] 人民教育出版社 课程教材研究所,小学数学课程教材研究开发中心. 义务教育教科书·数学(五年级上册)[M]. 北京:人民教育出版社,2014:98.

除以分母 n，即得 $\frac{n(n-1)}{2} \times \frac{1}{n} = \frac{n-1}{2}$。这对小学生来讲，可以说迈入了"拓展抽象结构"水平。

（2）探究二：观察下面的等式，有什么规律？

$\frac{1}{2} - \frac{1}{3} = \frac{1}{2} \times \frac{1}{3}$，都等于 $\frac{(\ \ )}{(\ \ )}$；

$\frac{2}{5} - \frac{2}{7} = \frac{2}{5} \times \frac{2}{7}$，都等于 $\frac{(\ \ )}{(\ \ )}$；

$\frac{4}{7} - \frac{4}{11} = \frac{4}{7} \times \frac{4}{11}$，都等于 $\frac{(\ \ )}{(\ \ )}$。

① 你能根据规律，再写出两个这样的等式吗？

② 你能用字母表示这个规律吗？试试看。

$\frac{b}{a} - \frac{(\ \ )}{(\ \ )} = \frac{(\ \ )}{(\ \ )} \times \frac{(\ \ )}{(\ \ )}$。

学生不难发现，分母相差几，分子就是几，据此很容易写出同类算式并用字母表示。部分代数思维能力较强的学生也能用字母表示通分过程，从而推导证明：

$\frac{b}{a} - \frac{b}{a+b} = \frac{b(a+b)}{a(a+b)} - \frac{ab}{a(a+b)} = \frac{b^2}{a(a+b)} = \frac{b}{a} \times \frac{b}{a+b}$。

这是小学生名副其实的拓展抽象水平了。

像这样，小学高年级学生也能作出形式化推导的内容并不多，一般能口头讲清算理即可。

3. 表现性评价

作为一种评价方式，表现性评价其实并不是什么根本性的创新。尽管最初并无表现性评价这一术语，但其实践却有着悠久的历史。

在中国，表现性评价至少可以追溯到唐代，科举制度中"武举"的考试科目马射、步射、平射、马枪等，无疑都属于表现性评价。事实上，工匠师傅通过观察徒弟在完成具体任务时的表现来对其评价，教练通过观看运动员在比赛和对抗中的表现来对其评价，等等，都是比较典型的表现性评价。

20世纪中期，伴随定量研究向定性研究的回归，自1986年斯蒂金斯（Richard J.Stiggins）明确地提出"表现性评价"这一概念之后，表现性评价获得较为迅速发展。

在我国新一轮的课程改革中，表现性评价作为质性评价的典范之一，以其发展性特征而备受关注。但其有别于传统评价方式的"实作"特征,使它难以进入小学数学的课堂教学中。

(1)操作性界定。

我们的实践研究给出了小学数学表现性评价的操作性定义:通过观察学生完成"实作性"问题解决任务的表现,来判别学生理解、应用数学知识以及各方面综合能力的评价方式。

所谓"实作性"问题解决任务,是指与所学数学知识相关的,具有一定新颖性、挑战性、开放性、操作性,能显示学生解决问题的过程、方法,能评定学生综合能力的任务。这样的任务,与那些冠以"闯关""游园"等名称,讲究环境布置、道具准备、活动规则的评价活动,具有质的不同。

(2)国外的案例。

国际数学与科学教育成就趋势调查(TIMSS)曾在1997年组织了一次大规模的全球性(全球1500所学校的15000名学生参加)表现性评价。由各参与国的数学、科学和表现性评价方面的专家共同设计了12道测试题(包括科学、数学与综合)。与数学直接相关的五道测试题如表5-3所示[1]。

表 5-3

任务	描述	相关知识	表现期望
骰子	将摇动骰子得到的点数根据给定的算法转换成另一组数	整数运算 数据表示与分析 概率	实施常规与复杂的数学程序 猜想
计算器	用计算器得出一组数的乘积,发现规律,解决新问题;根据描述用计算器找出两个因数	整数意义与运算 数据表示与分析	利用设备回忆数学对象与性质 实施常规与复杂的数学程序 探究与描述策略预测
剪纸	通过折叠与裁剪复制对称的图形,并找出图形的对称轴	几何对称、变换	问题解决 预测
拐弯	利用模型确定一件家具是否可以通过转弯口	测量与单位 位置、直观与图形	实施常规与复杂的数学程序 问题解决

---

[1] 顾非石,隋文静.做中学——TIMSS表现性评价简介[J].数学教学,2010(1):13-16.

（续表）

任务	描述	相关知识	表现期望
打包	设计三种不同的盒子，使其恰好装下4个小球，画出展开图，并按实际大小制作出一个盒子	测量与单位 位置、直观与图形	实施常规与复杂的数学程序 问题解决

据介绍，施测时，设置了几个工作台，学生轮换上各台完成任务。每题完成时间30分钟。五道数学题中"计算器""剪纸"两题无需工作台，且比较易于操作。以"剪纸"为例：

给你9张白纸，一把剪刀和一个信封。你的任务是：剪出下面给定的图案（图5-24），你可以将纸片任意折叠，但只能沿直线剪一刀。

① 在折、剪下面前3个图形时，如果不成功，可以重新拿一张纸再试一次，但每个图形最多试3次，把每次剪的结果写上序号与你的名字，装入信封。

② 要得到下面第4个图形，不实际折叠，只凭想象，该如何折叠？用虚线画出折痕，用实线画出最后剪的这一刀。

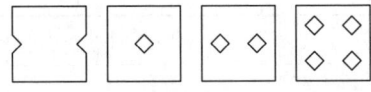

图 5-24

TIMSS的测试题能给表现性评价任务的开发带来一些启示，但毕竟脱离具体的教学内容，且费时过多，难以进入小学数学课堂。

（3）我们的案例。

首先，本着"立足课堂实际，重在促进学习"的初衷，学习性评价是否选择表现性评价，取决于具体内容、具体学生的教学需要。

其次，表现性任务必须在费时少、易实施的前提下尽可能满足新颖性、挑战性、开放性、操作性的要求。

这是我们开展表现性评价实践研究的两条基本准则。

案例 5-15 周长概念的表现性评价。

三年级教学面积概念时，让学生在方格纸上画出指定面积的各种图形，是一种简便易行的表现性评价。教学周长概念时，也能设计类似的问题解决任务：

① 我们已经知道，周长是平面封闭图形外围一周的总长。请你在给出的方格纸中画出一个与众不同的图形，要求沿着格子线画，使图形的周长尽

可能大。

② 先独立完成,再小组交流、评比出最佳作品,最后全班交流。

最后,全班一致同意下面两个图形(周长相等)是符合要求的最佳创作。(图 5-25)

图 5-25

让学生成为评价的主体,正是学习性评价变教师控制为学生参与的体现。

■ **案例** 5-16 解决行程问题的表现性评价。

五年级行程问题的练习课,给出如下表现性任务:

一条笔直的跑步道上有相距 800 米的 A、B 两个出发点,甲、乙两人同时从两点出发。甲每分钟跑 120 米,乙每分钟跑 80 米,3 分钟后他们相距多少米?你能想到那几种情况?画图表示,并列式计算。

独立完成后,通过交流,学生达成共识,有如下四种情况(如图 5-26,单位:米)。

① 相向而行:

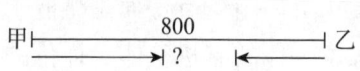　　　　　　　　800−120×3−80×3=200

② 背向而行:

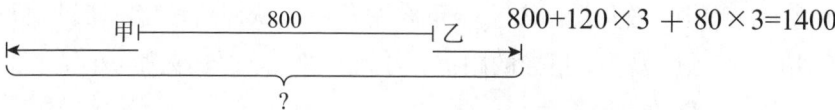　800+120×3 ＋ 80×3=1400

③ 同向而行,甲在后:

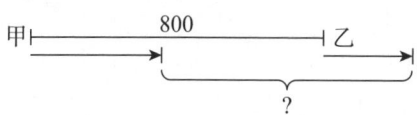　　800−120×3+80×3=680

④ 同向而行,甲在前:

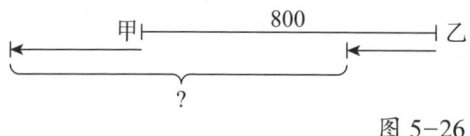　800+120×3−80×3=920

图 5-26

经教师提议，学生一致同意采用星级评价标准：答对一种情况，评一颗星，最高四颗星。

教师说，感兴趣的同学课后可以继续探究，我这里还有4颗星，奖励给发现者。探究问题是：如果继续跑下去，两人的相距情况会有什么变化？

这是一个颇有挑战性的探究问题，相当于"小课题研究"。个别学生给出答案的同时，还发现了相关情况之间的转化：

① 相向而行：经过4分钟相遇（相距0米）；再继续，变成背向而行，每分钟距离增加200米，距离越来越大。

② 背向而行：距离越来越大。

③ 同向而行，甲在后：经过20分钟甲追上乙（相距0米）；再继续，变成甲在前，每分钟距离增加40米，距离越来越大。

④ 同向而行，甲在前：距离越来越大。

学生乐此不疲，为进入"8星级"而不断努力。

这个案例有两点值得肯定。

一是改变评分标准由教师制定的习惯，由学生自定标准。当条件允许时，有助于使学生成为评价的主体。

二是学习性评价与探究性学习、课内学习与课外探究"你中有我、我中有你"，边界的模糊恰恰是学习性评价走向成熟的标志。

总之，学习性评价不再是教学过程终结之后的一个环节，而是镶嵌于教与学过程之中的一个成分，教、学、评构成了三位一体的有机整体。评价的目的也不再仅仅是对学生学习成效的鉴别与求证，而是支持学生深度学习的活动。

在这一过程中，教师扮演着十分重要的角色。从评价情境、项目、问题的开发到评价的实施、观察、指导的跟进，再到反馈、点评、鼓励与小结，都要求教师不断提高自身的评价素养。

我们深信，教学相长，在推进深度学习的进程中，学生与教师必将共同成长。

图书在版编目（CIP）数据

跨越断层，走出误区.小学数学深度学习教学研究 / 曹培英，顾文著. — 上海：上海教育出版社，2022.8(2025.11重印)
ISBN 978-7-5444-4196-4

Ⅰ.①跨… Ⅱ.①曹… ②顾… Ⅲ.①小学数学课－教学研究 Ⅳ.①G623.502

中国版本图书馆CIP数据核字(2022)第138299号

策　　划	蒋徐巍
责任编辑	树　边
封面设计	王　捷

Kuayue Duanceng Zouchu Wuqu Xiaoxue Shuxue Shendu Xuexi Jiaoxue Yanjiu

跨越断层，走出误区：小学数学深度学习教学研究
曹培英　顾　文　著

出版发行	上海教育出版社有限公司
官　　网	www.seph.com.cn
地　　址	上海市闵行区号景路159弄C座
邮　　编	201101
印　　刷	上海普顺印刷包装有限公司
开　　本	700×1000　1/16　印张 23.25　插页 3
字　　数	390 千字
版　　次	2022年8月第1版
印　　次	2025年11月第4次印刷
书　　号	ISBN 978-7-5444-4196-4/G·3286
定　　价	68.00 元

如发现质量问题，读者可向本社调换　电话：021-64373213